समाज
और
ईश्वरीय समाज

notionpress
.com

समाज
और
ईश्वरीय समाज

लव कुश सिंह "विश्वमानव"

सत्यकाशी पीठ
पांचवां और अन्तिम शंकराचार्य पीठ

Notion Press

Old No. 38, New No. 6
McNichols Road, Chetpet
Chennai - 600 031

First Published by Notion Press 2020

ISBN 978-16-49190-35-2

समर्पण

यह पुस्तक समर्पित है -

उन सभी खोजी आत्माओं को,

जो सत्य की ज्योति को अपने भीतर

और संसार के हर कोने में जलाना चाहते हैं।

भारतीय संविधान के धारा-51 (ए)
नागरिक का मौलिक कर्तव्य के अनुसार

01. संविधान के प्रति प्रतिबद्धता, इसके आदर्शों, धाराओं, राष्ट्रीय ध्वज व राष्ट्रीय गान का आदर करना।
02. स्वतंत्रता के लिए संघर्ष हेतु प्रेरित करने वाले सुआदर्शों का अनुकरण करना व उन्हें चिरस्थायी बनाना।
03. भारत की सर्वोच्चता, एकता और अखण्डता की रक्षा करना तथा समर्थन करना।
04. जब भी आवश्यकता पड़े देश की रक्षा करना व राष्ट्रीय सेवाओं हेतु समर्पित होना।
05. समाज में भाई-चारें की भावना का विस्तार करना, मातृत्व भाव, धार्मिक, भाषायिक, क्षेत्रीय विभिन्नताओं में एकता कायम करना तथा नारी सम्मान आदि का ध्यान देना।
06. अपने मिश्रित संस्कृति का मूल्यांकन करना उसको स्थायित्व देना और इसकी परम्परा को कायम रखना।
07. प्राकृतिक सम्पदा की रक्षा करना जिसमें जलवायु, जंगल, झील, नदियां, जंगली जीवों व समस्त जीवों के प्रति दया का भाव सम्मिलित है।
08. वैज्ञानिक भावना को प्रोत्साहित करना, मानवीय भावनाओं के स्वरूप की परख करते रहना।
09. जन सम्पत्ति की सुरक्षा करना और हिंसा आदि का परित्याग करना।
10. व्यक्तिगत, सामूहिक गतिविधियों के प्रत्येक क्षेत्र में सर्वोच्चता हासिल करना, जिससे राष्ट्र शतत उत्थान, प्रयत्न व प्राप्ति की ओर अग्रसर होता रहे।
11. जो कि माता-पिता या अभिभावक हो, वे अपने 6 साल से 14 साल के बच्चों को शिक्षा या अन्य ऐसे सुअवसरों का लाभ उन्हें मुहैया करावें।

मूल जीवन मंत्र

"हे प्रभु, तेरे प्यार में बस दो ही बातें है। एक तो अपना कल्याण करूँ, दूसरा तुझ जैसा बन सबका कल्याण करूँ"

विषय- सूची

भाग-1: समाज

भाग-2: धर्म

भाग-3: ईश्वरीय समाज

(Satyakashi Universal Integration Science University-SUISU)
"सत्यकाशी महायोजना" (वाराणसी-विन्ध्याचल-शिवद्वार-सोनभद्र के बीच का क्षेत्र)
एक विश्व - श्रेष्ठ विश्व के निर्माण के लिए आवश्यक कार्य
एकात्मकर्मवाद और विश्व का भविष्य
विश्व का मूल मन्त्र- "जय जवान-जय किसान-जय विज्ञान-जय ज्ञान-जय कर्मज्ञान"
विश्वव्यापी स्थापना का स्पष्ट मार्ग

भाग-4: सत्य आमंत्रण

पाँचवें युग - स्वर्णयुग के तीर्थ सत्यकाशी क्षेत्र में प्रवेश का आमंत्रण
पाँचवें युग - स्वर्णयुग में प्रवेश का आमंत्रण

भाग-5: समष्टि धर्म दृष्टि

अनिर्वचनीय कल्कि महाअवतार भोगेश्वर श्री लव कुश सिंह "विश्वमानव" का मानवों के नाम खुला चुनौती पत्र
अनिर्वचनीय कल्कि महाअवतार का काशी-सत्यकाशी क्षेत्र से विश्व शान्ति का अन्तिम सत्य-सन्देश

भाग-6: परिवर्तन

सीधी समझ
नये भारत में, नये मनुष्य के उदय के लिए
व्यवस्था के परिवर्तन या सत्यीकरण का पहला प्रारूप और उसकी कार्य विधि
वे शब्द जिसके बिना युग परिवर्तन सम्भव नहीं

भाग-7: केन्द्र या मध्य (भारत) में पांचवां और अन्तिम सत्यकाशी पीठ

सत्यकाशी पीठ: स्थान
सत्यकाशी पीठ: इतिहास और उद्देश्य
पाँचवाँ और अंतिम शंकराचार्य पीठ: इसकी विशेषता

भाग-8: सत्यकाशी पीठ के कार्य

धारा-उद्धार: धर्म की पुनर्स्थापना
मनुष्य चेतना का रूपांतरण
साधना, दीक्षा और आध्यात्मिक अनुष्ठान
वैश्विक कार्य: मानवता के लिए संदेश
शिव-तत्व और कल्कि-तत्व का मिलन
"सार्वभौम सत्य-सिद्धान्त" पर आधारित "युग परिवर्तन श्रृंखला" के नवयुग के शास्त्र-साहित्य

मुख पृष्ठ की व्याख्या

इस पुस्तक का मुख पृष्ठ "समाज" और "ईश्वरीय समाज" के द्वंद्व और उनके दिव्य मेल की एक भव्य, प्रतीकात्मक और अत्यंत आध्यात्मिक कल्पना को प्रस्तुत करता है। शीर्ष पर बड़े, उज्ज्वल पीले अक्षरों में लिखा शीर्षक तुरंत ध्यान खींचता है, मानो मानव समाज के सतही रूप से ऊपर उठकर एक उच्चतर दिव्य चेतना की ओर देखने का आमंत्रण दे रहा हो।

मुख पृष्ठ के मध्य में एक खुला हुआ पवित्र ग्रंथ है, जिसके ऊपर एक विशाल जीवन-वृक्ष उगा हुआ है। यह वृक्ष ज्ञान, संस्कृति और चेतना के विस्तार का प्रतीक है-संदेश देता है कि किसी भी महान समाज की जड़ें सदैव ज्ञान में, और ज्ञान की जड़ें सदैव सत्य में होती हैं। ग्रंथ से फैलती सुनहरी किरणें इस बात का संकेत हैं कि ईश्वरीय समाज का आधार केवल श्रद्धा नहीं, बल्कि प्रकाशमान ज्ञान है।

ग्रंथ के पीछे ध्यानमग्न साधकों की आकृतियाँ आध्यात्मिकता की उस सूक्ष्म शक्ति को दर्शाती हैं, जो समाज को भीतर से बदलती है। ये छायाकार सन्त वैश्विक ध्यान–चेतना के प्रतिनिधि हैं-वे बताते हैं कि समाज का उत्थान केवल कानूनों या व्यवस्थाओं से नहीं, बल्कि मन के अनुशासन और आंतरिक साधना से होता है।

मुख पृष्ठ के निचले भाग में पृथ्वी का चमकदार रूप दिखाया गया है, जिसके चारों ओर विभिन्न परंपराओं और आचार–विचारों के संत और गुरु हाथ पकड़कर एक वृत्त बनाते हैं। यह दृश्य "ईश्वरीय समाज" की विश्वव्यापी कल्पना का प्रत्यक्ष प्रतीक है-जहाँ पूरी मानवता एक परिवार, एक चेतना और एक दिशा में खड़ी है।

इसके नीचे प्रमुख लाल–पीले अक्षरों में लिखा **"सत्यकाशी पीठ"** कवर को एक आध्यात्मिक-प्रामाणिक पहचान देता है, और उपशीर्षक **"पाँचवाँ और अन्तिम शंकराचार्य पीठ"** इस ग्रंथ की परंपरा और उसके दार्शनिक मर्म को और गम्भीर बनाता है।

समग्र रूप से यह मुख पृष्ठ मानव समाज की वर्तमान स्थिति और उसके उच्चतम दिव्य रूप-*ईश्वरीय समाज*-दोनों को एक ही चित्र में समेटता है। यह ज्ञान, ध्यान, संतत्व, और वैश्विक एकता का ऐसा संगम है, जो पुस्तक के विषय को अत्यंत प्रभावशाली ढंग से व्यक्त करता है।

भूमिका

मानव सभ्यता का इतिहास यह बताता है कि समाज केवल मनुष्यों के समूह से नहीं बनता-वह उन विचारों, मान्यताओं, आदर्शों और लक्ष्यों से बनता है जिन्हें मनुष्य अपनी सामूहिक चेतना में स्थान देता है। जब विचार ऊँचे होते हैं, समाज उठता है; जब विचार गिरते हैं, समाज का पतन होता है। इसी सरल सत्य को व्यापक, वैज्ञानिक और आध्यात्मिक दृष्टि से समझाने का प्रयास इस पुस्तक *"समाज और ईश्वरीय समाज"* में किया गया है।

समाज निरंतर परिवर्तनशील है-शिकारी समाज से लेकर कृषि, औद्योगिक, उत्तर-औद्योगिक और आज के ज्ञान-समाज तक मानवीय यात्रा एक निरंतर खोज की यात्रा रही है । मनुष्य अपने जीवन को बेहतर बनाने के लिए विज्ञान और तकनीक का सहारा ले रहा है, और "पृथ्वी को स्वर्ग बना देने" के प्रयास में लगा है । किंतु समाज तभी पूर्ण बन सकता है जब उसकी प्रगति बाहरी ही नहीं, आंतरिक भी हो-जहाँ वैज्ञानिक चेतना के साथ आध्यात्मिक चेतना का संतुलन बना रहे, जैसा स्वामी विवेकानन्द कहते हैं कि दोनों का अभाव मानव अस्तित्व को संकट में डाल देता है ।

इसी पृष्ठभूमि में यह पुस्तक उस उच्चतर रूप की चर्चा करती है जिसे **"ईश्वरीय समाज"** कहा गया है-एक ऐसी व्यवस्था जहाँ मनुष्य का विकास केवल भौतिक उन्नति पर आधारित न होकर मन की परिपक्वता, नैतिकता, आत्मज्ञान और वैश्विक उत्तरदायित्व पर आधारित हो। सेलर्स जैसे आधुनिक विचारकों की तरह पुस्तक यह बताती है कि धर्म का भविष्य अंधविश्वास या पारलौकिकता में नहीं, बल्कि अनुभूत सत्य और मानवीय नैतिकता की वैज्ञानिक व्याख्या में है ।

पुस्तक में यह स्पष्ट किया गया है कि विश्व के राजनीतिक ढाँचे-संयुक्त राष्ट्र संघ से लेकर विश्व-स्तरीय शांति सम्मेलनों तक-मानवता को एक वैश्विक समाज बनाने के प्रयास कर रहे हैं, जिनका एक महत्त्वपूर्ण उदाहरण मिलेनियम शिखर सम्मेलन है, जहाँ विश्व नेताओं ने शांति, निरस्त्रीकरण, विकास, मानवाधिकार और सुशासन पर आठ सिद्धांतों पर सहमति व्यक्त की थी । यह वैश्विक विमर्श बताता है कि पृथ्वी एक "विश्व-ग्राम" है, और इसके लिए नई चेतना व नई व्यवस्था की आवश्यकता है।

इसी आवश्यकता की पूर्ति के लिए पुस्तक *"विश्वशास्त्र"-द नॉलेज ऑफ फाइनल नॉलेज*-की अवधारणा प्रस्तुत करती है, जो बताती है कि लोकतंत्र तभी सुदृढ़ होगा जब मतदाता केवल भावनाओं पर नहीं बल्कि विश्व-स्तरीय ज्ञान पर निर्णय लेगा । समाज का सत्य आधारित होना तभी संभव है जब उसकी व्यवस्था सत्य पर आधारित हो-जिसे पुस्तक में "व्यवस्था सत्यीकरण" कहा गया है। यह मानकशास्त्र का आधुनिक संस्करण है, जो समाज को स्वयं को तौलने का औज़ार देता है।

शिक्षा के क्षेत्र में भी यह पुस्तक निर्णायक विचार प्रस्तुत करता है। शिक्षा का उद्देश्य केवल जानकारी देना नहीं, बल्कि व्यक्ति के मस्तिष्क को सही दिशा देना है, जैसा श्री अरविन्द कहते हैं कि शिक्षक ज्ञान नहीं, ज्ञान-प्राप्ति की दिशा देता है । इसी दिशा में "पूर्ण शिक्षा", "पूर्ण ज्ञान में प्रमाण पत्र", "विश्व शिक्षा पाठ्यक्रम" और "सत्य शिक्षा" जैसी अवधारणाएँ एक विश्वस्तरीय नागरिक के निर्माण का मार्ग सुझाती हैं ।

यह पुस्तक यह भी बताती है कि भारत का भविष्य-और उसके द्वारा विश्व का भविष्य-उसकी ग्राम्य-जड़ों और उसके नागरिक के मस्तिष्क में छिपा है। समाज का वास्तविक पुनर्निर्माण वहीं से आरंभ होता है-जब

व्यक्ति स्वयं को विकसित करता है, तब राष्ट्र और विश्व स्वयं विकसित हो जाते हैं । इसीलिए भारत को विश्वगुरु बनने के लिए अपने संविधान में वैश्विक नागरिकता की शिक्षा को स्थान देना आवश्यक है ।

अंततः इस पुस्तक का संदेश अत्यंत स्पष्ट है-

कि समाज को ईश्वरीय समाज की दिशा में ले जाने का मार्ग विज्ञान और वेदांत, व्यवस्था और नैतिकता, राजनीति और करुणा, तथा व्यक्तिगत विकास और सामूहिक चेतना के संतुलित संगम में निहित है। जब मनुष्य स्वयं को, अपने समाज को और अपने विश्व को एक ही जीवन-चक्र का भाग समझेगा, तभी वह पृथ्वी के नागरिक से "विश्व-नागरिक" बनेगा-और वही ईश्वरीय समाज की पहली सीढ़ी है।

✍ ***लव कुश सिंह "विश्वमानव"***

एक शोधक, चिंतक और मार्गदर्शक, जिन्होंने अपना जीवन *मानवता, आत्मा और नव-सृष्टि* के अध्ययन एवं लेखन को समर्पित किया है।

- प्रमुख ग्रंथ: *विश्वशास्त्र*
- दृष्टि: *नव-मनुष्य और नव-संसार का निर्माण*

समाज

समाज (society) एक से अधिक लोगों के समुदायों से मिलकर बने एक वृहद समूह को कहते हैं जिसमें सभी व्यक्ति मानवीय क्रियाकलाप करते हैं। मानवीय क्रियाकलाप में आचरण, सामाजिक सुरक्षा और निर्वाह आदि की क्रियाएं सम्मिलित होती हैं। समाज लोगों का ऐसा समूह होता है जो अपने अंदर के लोगों के मुकाबले अन्य समूहों से काफी कम मेलजोल रखता है। किसी समाज के आने वाले व्यक्ति एक दूसरे के प्रति परस्पर स्नेह तथा सहृदयता का भाव रखते हैं। दुनिया के सभी समाज अपनी एक अलग पहचान बनाते हुए अलग-अलग रस्मों-रिवाज़ों का पालन करते हैं।

व्यक्ति का व्यवहार कुछ निश्चित लक्ष्यों की पूर्ति के प्रयास की अभिव्यक्ति है। उसकी कुछ नैसर्गिक तथा अर्जित आवश्यकताएँ होती हैं। जैसे काम, क्षुधा, सुरक्षा आदि। इन अवश्यकताओं की पूर्ति के अभाव में व्यक्ति में कुंठा और मानसिक तनाव से ग्रसित हो जाता है। वह इनकी पूर्ति स्वयं करने में सक्षम नहीं होता है। अत: इन आवश्यकताओं की सम्यक् संतुष्टि के लिए अपने दीर्घ विकास क्रम में मनुष्य ने एक समष्टिगत व्यवस्था को विकसित किया है। इस व्यवस्था को ही हम समाज के नाम से सम्बोधित करते हैं। यह व्यक्तियों का ऐसा संकलन है जिसमें वे निश्चित संबंध और विशिष्ट व्यवहार द्वारा एक दूसरे से बँधे होते हैं। व्यक्तियों की वह संगठित व्यवस्था विभिन्न कार्यों के लिए विभिन्न मानदंडों को विकसित करती है, जिनके कुछ व्यवहार अनुमन्य और कुछ निषिद्ध होते हैं।

समाज में विभिन्न कर्ताओं का समावेश होता है, जिनमें अंत:क्रिया होती है। इस अंत:क्रिया का भौतिक और पर्यावरणात्मक आधार होता है। प्रत्येक कर्ता अधिकतम संतुष्टि की ओर उन्मुख होता है। सार्वभौमिक आवश्यकताओं की पूर्ति समाज के अस्तित्व को अक्षुण्ण बनाए रखने के लिए अनिवार्य है। तादात्म्यजनित आवश्यकताएँ संरचनात्मक तत्वों के सहअस्तित्व के क्षेत्र का नियमन करती हैं। क्रिया के उन्मेष की प्रणाली तथा स्थितिजन्य तत्व, जिनकी ओर क्रिया उन्मुख है, समाज की संरचना का निर्धारण करते हैं। संयोजक तत्व अंत:क्रिया की प्रक्रिया को संतुलित करते हैं। वियोजक तत्व सामाजिक संतुलन में व्यवधान उपस्थित करते हैं। वियोजक तत्वों के नियंत्रण हेतु संस्थाकरण द्वारा कर्ताओं के संबंधों तथा क्रियाओं का समायोजन होता है। इससे पारस्परिक सहयोग की वृद्धि होती है और अंतर्विरोधों का शमन होता है। सामाजिक प्रणाली में व्यक्ति को कार्य और पद, दंड और पुरस्कर, योग्यता तथा गुणों से संबंधित सामान्य नियमों और स्वीकृत मानदंडों के आधार पर प्रदान किए जाते हैं। इन अवधारणाओं की विसंगति की स्थिति में व्यक्ति समाज की मान्यताओं और विधाओं के अनुसार अपना व्यवस्थापन नहीं कर पाता और उसका सामाजिक व्यवहार विफल हो जाता है। ऐसी स्थिति उत्पन्न होने पर उसके लक्ष्य की सिद्धि नहीं हो पाती है। कारण यह कि उसे समाज के अन्य सदस्यों का सहयोग नहीं प्राप्त होता। सामाजिक दंड के इसी भय से सामान्यतः व्यक्ति समाज में प्रचलित मान्य परंपराओं की उपेक्षा नहीं कर पाता है। वह उनसे समायोजन का हर संभव प्रयास करता है।

चूँकि समाज व्यक्तियों के पारस्परिक संबंधों की एक व्यवस्था है इसलिए इसका कोई मूर्त स्वरूप नहीं होता। इसकी अवधारणा अनुभूतिमूलक है। पर इसके सदस्यों में एक दूसरे की सत्ता और अस्तित्व की प्रतीति होती है। ज्ञान और प्रतीति के अभाव में सामाजिक संबंधों का विकास संभव नहीं है। पारस्परिक सहयोग एवं संबंध का आधार समान स्वार्थ होता है। समान स्वार्थ की सिद्धि समान आचरण से ही संभव होती है। इस प्रकार का सामूहिक आचरण समाज द्वारा निर्धारित और निर्देशित होता है। वर्तमान सामाजिक मान्यताओं की समान लक्ष्यों से संगति के संबंध में सहमति अनिवार्य होती है। यह सहमति पारस्परिक विमर्श तथा सामाजिक प्रतीकों के आत्मीकरण पर आधारित होती है। इसके अतिरिक्त प्रत्येक सदस्य को यह विश्वास रहता है कि वह जिन सामाजिक विधाओं को उचित मानता और उनका पालन करता है, उनका पालन दूसरे भी करते हैं। इस प्रकार की सहमति, विश्वास एवं तदनुरूप आचरण सामाजिक व्यवस्था को स्थिर रखते हैं। व्यक्तियों द्वारा सीमित आवश्यकताओं की पूर्ति हेतु स्थापित विभिन्न संस्थाएँ इस प्रकार कार्य करती हैं, जिससे एक समवेत इकाई के रूप में समाज का संगठन

अप्रभावित रहता है। असहमति की स्थिति अंतर्वैयक्तिक एवं अंत:संस्थात्मक संघर्षों को जन्म देती है जो समाज के विघटन के कारण बनते हैं। यह असहमति उस स्थिति में पैदा होती है जब व्यक्ति सामूहिकता के साथ आत्मीकरण में असफल रहता है। आत्मीकरण और नियमों को स्वीकार करने में विफलता कुलगति अधिकारों एवं सीमित सदस्यों के प्रभुत्व के प्रति मूलभूत अभिवृत्तियों से संबद्ध की जा सकती है। इसके अतिरिक्त ध्येय निश्चित हो जाने के पश्चात अवसर इस विफलता का कारण बनता है। सामाजिक संगठन का स्वरूप कभी शाश्वत नहीं रहता। समाज व्यक्तियों का समुच्चय है। यह विभिन्न लक्ष्यों की प्राप्ति के लिए विभिन्न समूहों में विभक्त है। अत: मानव मन और समूह मन की गतिशीलता उसे निरंतर प्रभावित करती रहती है। परिणामस्वरूप समाज परिवर्तनशील होता है। उसकी यह गतिशीलता ही उसके विकास का मूल है। सामाजिक विकास परिवर्तन की एक चिरंतन प्रक्रिया है जो सदस्यों की आकांक्षाओं और पुनर्निर्धारित लक्ष्यों की प्राप्ति की दिशा में उन्मुख रहती है। संक्रमण की निरंतरता में सदस्यों का उपक्रम, उनकी सहमति और नूतनता से अनुकूलन की प्रवृत्ति क्रियाशील रहती है। समाज में होने वाले क्रियाकलाप ही समाज को बाँध कर रखती हैं।

परिभाषा

विभिन्न विद्वानों ने समाज की भिन्न-भिन्न परिभाषा की है-

ग्रीन ने समाज की अवधारणा की जो व्याख्या की है उसके अनुसार समाज एक बहुत बड़ा समूह है जिसका कोई भी व्यक्ति सदस्य हो सकता है। समाज जनसंख्या, संगठन, समय, स्थान और स्वार्थों से बना होता है।

एडम स्मिथ- मनुष्य ने पारस्परिक लाभ के निमित्त जो कृत्रिम उपाय किया है वह समाज है।

डॉ0 जेम्स- मनुष्य के शान्तिपूर्ण सम्बन्धों की अवस्था का नाम समाज है।

प्रो0 गिडिंग्स- समाज स्वयं एक संघ है, यह एक संगठन है और व्यवहारों का योग है, जिसमें सहयोग देने वाले व्यक्ति एक-दूसरे से सम्बंधित है।

प्रो0 मैकाइवर- समाज का अर्थ मानव द्वारा स्थापित ऐसे सम्बंधों से है, जिन्हें स्थापित करने के लिये उसे विवश होना पड़ता है।

संक्षेप में यह कहा जा सकता है, समाज एक उद्देश्यपूर्ण समूह होता है, जो किसी एक क्षेत्र में बनता है, उसके सदस्य एकत्व एवं अपनत्व में बंधे होते हैं।

समाज की विशेषताएँ

समाज की कतिपय विशेषताएँ निम्नलिखित हैं जिन्हें सामान्यतया सभी समाजशास्त्री स्वीकार करते हैं-

एक से अधिक सदस्य
वृहद संस्कृति
क्षेत्रीयता
सामाजिक संबंधों का दायरा
श्रम विभाजन

समाज के विभिन्न रूप

समाज के कुछ रूप निम्नलिखित हैं-

1. पूर्वी समाज तथा पश्चिमी समाज
2. पूर्व-औद्योगिक समाज (शिकारी समाज, पशुपालक समाज, उद्यान-समाज, कृषि समाज, सामन्तवादी समाज), औद्योगिक समाज, तथा उत्तर-औद्योगिक समाज
3. सूचना समाज तथा ज्ञान समाज
4. कुछ शैक्षणिक, व्यावसायिक और वैज्ञानिक संघ अपने आप को "समाज" (सोसायटी) कहते हैं, जैसे अमेरिकी गणितीय समाज (American Mathematical Society), रॉयल सोसायटी आदि
5. कुछ देशों में, कभी-कभी व्यापारिक इकाइयों को भी "समाज" कहा जाता है, जैसे कॉ-ऑपरेटिव सोसायटी

नये समाज के निर्माण का आधार

"आकाश शब्द मंय" अर्थात आकाश शब्द रूप में है। विचार ही आविष्कार का जन्मदाता है। फिर वही व्यापार का मूल होता है। आध्यात्म जगत हो या भौतिक जगत विचार द्वारा ही आविष्कार और व्यापार चल रहे हैं। आविष्कारकों के साथ निम्न विचार अवश्य जुड़ जाते हैं। उनके सत्य अर्थ को जानना आवश्यक है-

1. **"बहुत पहुँचे हुये हैं"** - इसका अर्थ होता है- पहला अन्तर्जगत के सम्बन्ध में - आध्यात्मिक सार्वभौम सत्य-सिद्धान्तों का अनुभव, दूसरा बाह्य जगत के सम्बन्ध में - उच्च पीठासीन राजनेता और धर्माचार्य से सम्बन्ध। जिससे कल्याण व स्वार्थ का कार्य सम्पन्न कर सकें। तीसरा कोई अर्थ नहीं होता।
2. **"दर्शन"** - इसका अर्थ होता है- पहला अन्तर्जगत के सम्बन्ध में - उनके सम्पूर्ण रूप जीवन, ज्ञान व कर्म को देखना, दूसरा बाह्य जगत के सम्बन्ध में - केवल शरीर, संसाधन और महिमामण्डन को देखना। तीसरा कोई अर्थ नहीं होता। दूसरे प्रकार के दर्शन से दर्शन करने वाले को कोई लाभ नहीं होता।
3. **"आशीर्वाद"** - इसका अर्थ होता है- पहला अन्तर्जगत के सम्बन्ध में - उनसे अपने कल्याणार्थ शब्द सुनना।, दूसरा बाह्य जगत के सम्बन्ध में - उनसे अपने कल्याण के लिए कार्य लेना या उनके ज्ञान को अपने कल्याण के लिए जीवन में उपयोग करना। तीसरा कोई अर्थ नहीं होता। पहले प्रकार के आशीर्वाद से आशीर्वाद लेने वाले को कोई लाभ नहीं होता।

अ. भौतिक जगत द्वारा आविष्कार और व्यापार

भौतिक जगत में जैसे ही कोई आविष्कार होता है वह व्यापार बन जाता है परन्तु आविष्कारक का जीवन व्यापार नहीं बन पाता है। केवल आविष्कारक का ज्ञान और उत्पाद ही व्यापार में परिवर्तित होता है। पुनः आविष्कारक के ज्ञान और उत्पाद पर आधारित अन्य आविष्कार भी होने लगते हैं जैसे- बिजली का आविष्कार हुआ तो बिजली का आविष्कार जिस सिद्धान्त से हुआ वह और उस पर आधारित अनेक आविष्कार जैसे बल्ब, मोटर, जेनरेटर, बैटरी इत्यादि अनेक आविष्कार हो गये और उस पर आधारित अनकों प्रकार के व्यापार विकसित हो गये। लेकिन आविष्कारक का जीवन व्यापार नहीं बन पाया। वर्तमान समय में भौतिक जगत ने इतने अधिक आविष्कार दिये हैं कि मनुष्य के जन्म के पूर्व से ही वह भौतिक आविष्कारों का उपभोक्ता बन चुका है। और यह क्रम जारी भी है। भौतिक आविष्कारों से मनुष्य को संसाधन प्राप्त होता है।

ब. आध्यात्म जगत द्वारा आविष्कार और व्यापार

आध्यात्म जगत में जैसे ही कोई आविष्कार होता है वह व्यापार बन जाता है जो आविष्कारक के जीवन, ज्ञान और कर्म से जुड़ा होता है। पुनः आविष्कारक के जीवन, ज्ञान और कर्म पर आधारित अन्य आविष्कार भी होने लगते हैं। जैसे - श्रीराम, श्रीकृष्ण, शिव-शंकर, बुद्ध, माँ वैष्णों देवी, सांई बाबा, विश्व के तमाम धर्म संस्थापकों के जीवन, ज्ञान व कर्म पर अनेकों व्यापार विकसित हो गये हैं। भारतीय आध्यात्म और दर्शन जगत ऐसे उदाहरणों से भरा हुआ है। वर्तमान समय में आध्यात्म जगत ने इतने अधिक आविष्कार दिये हैं कि मनुष्य के जन्म के पूर्व से ही वह आध्यात्मिक आविष्कारों द्वारा ही संचालित है। और यह क्रम जारी भी है। आध्यात्मिक आविष्कारों से मनुष्य को सुख व ईश्वरत्व की ओर विकास प्राप्त होता है।

श्री विष्णु पुराण (तृतीय अंश, अध्याय-दो) में लिखा है कि -स्थितिकारक भगवान विष्णु चारों युगों में इस प्रकार व्यवस्था करते हैं- समस्त प्राणियों के कल्याण में तत्पर वे सर्वभूतात्मा सत्ययुग में कपिल आदिरूप धारणकर परम ज्ञान का उपदेश करते हैं। त्रेतायुग में वे सर्वसमर्थ प्रभु चक्रवर्ती भूपाल होकर दुष्टों का दमन करके त्रिलोक की रक्षा करते हैं। तदन्तर द्वापरयुग में वे वेदव्यास रूप धारण कर एक वेद के चार विभाग करते हैं और सैकड़ों

शाखाओं में बाँटकर बहुत विस्तार कर देते हैं। इस प्रकार द्वापर में वेदों का विस्तार कर कलियुग के अन्त में भगवान कल्किरूप धारणकर दुराचारी लोगों को सन्मार्ग में प्रवृत्त करते हैं। इसी प्रकार, अनन्तात्मा प्रभु निरन्तर इस सम्पूर्ण जगत् के उत्पत्ति, पालन और नाश करते रहते हैं। इस संसार में ऐसी कोई वस्तु नहीं है जो उनसे भिन्न हो।

श्री विष्णु पुराण (तृतीय अंश, अध्याय-तीन) में लिखा है कि - वेद रूप वृक्ष के सहस्त्रों शाखा-भेद हैं, उनका विस्तार से वर्णन करने में तो कोई भी समर्थ नहीं है अतः संक्षेप यह है कि प्रत्येक द्वापरयुग में भगवान विष्णु व्यासरूप से अवतीर्ण होते हैं और संसार के कल्याण के लिए एक वेद के अनेक भेद कर देते हैं। मनुष्यों के बल, वीर्य और तेज को अलग जानकर वे समस्त प्राणियों के हित के लिए वेदों का विभाग करते हैं। जिस शरीर के द्वारा एक वेद के अनेक विभाग करते हैं भगवान मधुसूदन की उस मूर्ति का नाम वेदव्यास है।

इस वैवस्वत मनवन्तर (सातवाँ मनु) के प्रत्येक द्वापरयुग में व्यास महर्षियों ने अब तक पुनः-पुनः 28 बार वेदों के विभाग किये हैं। पहले द्वापरयुग में ब्रह्मा जी ने वेदों का विभाग किया। दूसरे द्वापरयुग के वेदव्यास प्रजापति हुए। तीसरे द्वापरयुग में शुक्राचार्य जी, चौथे द्वापरयुग में बृहस्पति जी व्यास हुए, पाँचवें में सूर्य और छठें में भगवान मृत्यु व्यास कहलायें। सातवें द्वापरयुग के वेदव्यास इन्द्र, आठवें के वसिष्ठ, नवें के सारस्वत और दसवें के त्रिधामा कहे जाते हैं। ग्यारहवें में त्रिशिख, बारहवें में भरद्वाज, तेरहवें में अन्तरिक्ष और चौदहवें में वर्णी नामक व्यास हुए। पन्द्रहवें में त्रय्यारूण, सोलहवें में धनंन्जय, सत्रहवें में क्रतुन्जय और अठ्ठारवें में जय नामक व्यास हुए। फिर उन्नीसवें व्यास भरद्वाज हुए, बीसवें गौतम, इक्कीसवें हर्यात्मा, बाइसवें वाजश्रवा मुनि, तेइसवें सोमशुष्पवंशी तृणाबिन्दु, चौबीसवें भृगुवंशी ऋक्ष (वाल्मीकि) पच्चीसवें मेरे (पराशर) पिता शक्ति, छब्बीसवें मैं पराशर, सत्ताइसवें जातुकर्ण और अठ्ठाइसवें कृष्णद्वैपायन। अगामी द्वापरयुग में द्रोणपुत्र अश्वत्थामा वेदव्यास होंगे।

"कल्कि" अवतार के सम्बन्ध में कहा गया है कि उसका कोई गुरू नहीं होगा, वह स्वयं से प्रकाशित स्वयंभू होगा जिसके बारे में अथर्ववेद, काण्ड 20, सूक्त 115, मंत्र 1 में कहा गया है कि "ऋषि-वत्स, देवता इन्द्र, छन्द गायत्री। अहमिद्धि पितुष्परि मेधा मृतस्य जग्रभ। अहं सूर्य इवाजिनि।। "अर्थात "मैं परम पिता परमात्मा से सत्य ज्ञान की विधि को धारण करता हूँ और मैं तेजस्वी सूर्य के समान प्रकट हुआ हूँ।" जबकि सबसे प्राचीन वंश स्वायंभुव मनु के पुत्र उत्तानपाद शाखा में ब्रह्मा के 10 मानस पुत्रों में से मन से मरीचि व पत्नी कला के पुत्र कश्यप व पत्नी अदिति के पुत्र आदित्य (सूरय) की चैथी पत्नी छाया से दो पुत्रों में से एक 8वें मनु - सावर्णि मनु होंगे जिनसे ही वर्तमान मनवन्तर 7वें वैवस्वत मनु की समाप्ति होगी। ध्यान रहे कि 8वें मनु - सावर्णि मनु, सूर्य पुत्र हैं। अर्थात कल्कि अवतार और 8वें मनु - सावर्णि मनु दोनों, दो नहीं बल्कि एक ही हैं और सूर्य पुत्र हैं।

"सार्वभौम" गुण 8वें सावर्णि मनु का गुण है। अवतारी श्रृंखला अन्तिम होकर अब मनु और मनवन्तर श्रृंखला के भी बढ़ने का क्रम है क्योंकि यही क्रम है। वैदिक-सनातन-हिन्दू धर्म के पुराणों में 14 मनुओं का वर्णन किया गया है। इन्हीं के नाम से मन्वन्तर चलते हैं। जो निम्नलिखित हैं-

1. मनुर्भरत वंश की प्रियव्रत शाखा

अ. पौराणिक वंश

वंश	अवतार	काल
01. स्वायंभुव मनु	यज्ञ	भूतकाल
02. स्वारचिष मनु	विभु	भूतकाल
03. उत्तम मनु	सत्यसेना	भूतकाल
04. तामस मनु	हरि	भूतकाल
05. रैवत मनु	वैकुण्ठ	भूतकाल

2. मनुर्भरत वंश की उत्तानपाद शाखा

वंश	अवतार	काल
06. चाक्षुष मनु	अजित	भूतकाल

ब. ऐतिहासिक वंश

07. वैवस्वत मनु	वामन	वर्तमान

स. भविष्य के वंश

08. सावर्णि मनु	सार्वभौम	भविष्य
09. दत्त सावर्णि मनु	रिषभ	भविष्य
10. ब्रह्म सावर्णि मनु	विश्वकसेन	भविष्य
11. धर्म सावर्णि मनु	धर्मसेतू	भविष्य
12, रूद्र सावर्णि मनु	सुदामा	भविष्य
13. दैव सावर्णि मनु	योगेश्वर	भविष्य
14. इन्द्र सावर्णि मनु	वृहद्भानु	भविष्य

पहले मनु - स्वायंभुव मनु से 7वें मनु - वैवस्वत मनु तक शारीरिक प्राथमिकता के मनु का कालक्रम हैं। 8वें मनु - सावर्णि मनु से 14वें और अन्तिम - इन्द्र सावर्णि मनु तक बौद्धिक प्राथमिकता के मनु का कालक्रम है इसलिए ही 9वें मनु से 14वें मनु तक के नाम के साथ में "सावर्णि मनु" उपनाम की भाँति लगा हुआ है। अर्थात 9वें मनु से 14वें मनु में सार्वभौम गुण विद्यमान रहेगा और बिना "विश्वशास्त्र" के उनका प्रकट होना मुश्किल होगा।

मनुष्य की रचना "पावर और प्राफिट (शक्ति और लाभ)" के लिए नहीं बल्कि असीम मस्तिष्क क्षमता के विकास के लिए हुआ है। फलस्वरूप वह स्वयं को ईश्वर रूप में अनुभव कर सके, जहाँ उसे किसी गुरू की आवश्यकता न पड़ें, वह स्वंयभू हो जाये, उसका प्रकाश वह स्वयं हो। एक गुरू का लक्ष्य भी यही होता है कि शिष्य मार्गदर्शन प्राप्त कर गुरू से आगे निकलकर, गुरू तथा स्वयं अपना नाम और कृति इस संसार में फैलाये, ना कि जीवनभर एक ही कक्षा में (गुरू में) पढ़ता रह जाये। एक ही कक्षा में जीवनभर पढ़ने वाले को समाज क्या नाम देता है, समाज अच्छी प्रकार जानता है। "विश्वशास्त्र" से कालक्रम को उसी मुख्यधारा में मोड़ दिया गया है। एक शास्त्राकार, अपने द्वारा व्यक्त किये गये पूर्व के शास्त्र का उद्देश्य और उसकी सीमा तो बता ही सकता है परन्तु व्याख्याकार ऐसा नहीं कर सकता। स्वयं द्वारा व्यक्त शास्त्र के प्रमाण से ही स्वयं को व्यक्त और प्रमाणित करूँगा- शास्त्राकार महर्षि व्यास (वर्तमान में लव कुश सिंह "विश्वमानव")

शब्द से सृष्टि की ओर...
सृष्टि से शास्त्र की ओर...
शास्त्र से काशी की ओर...
काशी से सत्यकाशी की ओर...
और सत्यकाशी से अनन्त की ओर...
एक अन्तहीन यात्रा................................

वर्तमान सृष्टि चक्र की स्थिति भी यही हो गयी है कि अब अगले अवतार के मात्र एक विकास के लिए सत्यीकरण से काल, मनवन्तर व मनु, अवतार, व्यास व शास्त्र सभी बदलेंगे। इसलिए देश व विश्व के धर्माचार्यों, विद्वानों, ज्योतिषाचार्यों इत्यादि को अपने-अपने शास्त्रों को देखने व समझने की आवश्यकता आ गयी है क्योंकि कहीं श्री लव कुश सिंह "विश्वमानव" और "आध्यात्मिक सत्य" आधारित कार्य "विश्वशास्त्र" वही तो नहीं है? और यदि नहीं तो वह कौन सा कार्य होगा जो इन सबको बदलने वाली घटना को घटित करेगा?

शनिवार, 22 दिसम्बर, 2012 से प्रारम्भ हो चुका है-

1. काल के प्रथम रूप अदृश्य काल से दूसरे और अन्तिम दृश्य काल का प्रारम्भ।
2. मनवन्तर के वर्तमान 7वें मनवन्तर वैवस्वत मनु से 8वें मनवन्तर सावर्णि मनु का प्रारम्भ।
3. अवतार के नवें बुद्ध से दसवें और अन्तिम अवतार-कल्कि महावतार का प्रारम्भ।
4. युग के चौथे कलियुग से पाँचवें युग स्वर्ण युग का प्रारम्भ।
5. व्यास और द्वापर युग में आठवें अवतार श्रीकृष्ण द्वारा प्रारम्भ किया गया कार्य "नवसृजन" के प्रथम भाग "सार्वभौम ज्ञान" के शास्त्र "गीता" से द्वितीय अन्तिम भाग "सार्वभौम कर्मज्ञान", पूर्णज्ञान का पूरक शास्त्र", लोकतन्त्र

का "धर्मनिरपेक्ष धर्मशास्त्र" और आम आदमी का "समाजवादी शास्त्र" द्वारा व्यवस्था सत्यीकरण और मन के ब्रह्माण्डीयकरण और नये व्यास का प्रारम्भ।

जिस प्रकार लोग आत्मा की महत्ता को न समझकर शरीर को ही महत्व देते हैं उसी प्रकार लोग भले ही पढ़कर ही विकास कर रहें हो परन्तु वे शास्त्राकार लेखक की महत्ता को स्वीकार नहीं करते। जबकि वर्तमान समय में चाहे जिस विषय में हो प्रत्येक विकास कर रहे व्यक्ति के पीछे शास्त्राकार, लेखक, आविष्कारक, दार्शनिक की ही शक्ति है जिस प्रकार शरीर के पीछे आत्मा की शक्ति है।

सदैव मानव समाज को एकात्म करने के लिए शास्त्र-साहित्य की रचना करना लेखक का काम रहा है। सामूहिक रूप से ऐसे कार्य करने वाले को व्यास कहते हैं। चाहे वह आध्यात्म दर्शन (अदृश्य विज्ञान) के क्षेत्र में हो या पदार्थ विज्ञान (दृश्य विज्ञान) के क्षेत्र में हो। इस प्रकार सभी लेखकों के आदर्श आदि पुरूष व्यास ही हैं।

मात्र एक विचार- "ईश्वर ने इच्छा व्यक्त की कि मैं एक हूँ, अनेक हो जाऊँ" और "सभी ईश्वर हैं", यह प्रारम्भ और अन्तिम लक्ष्य है। आध्यात्म जगत द्वारा आविष्कार और व्यापार के मुख्य रूप में इस प्रकार हैं-

01. सत्युग (सार्वभौम सत्य)

01. वैदिक/सनातन धर्म-ऋषि-मुनि गण ई0पूर्व 6000-2500 चार वेद और वैदिक साहित्य

1. ईश्वर कृत - ऋगवेद, सामवेद, यजुवेद व अथर्ववेद

2. ऋषि-मुनि कृत - संहिता, ब्राह्मण कृत ब्राह्मण (कर्म काण्ड) व आरण्यक (ज्ञान काण्ड), उपनिषद्, वेदांग या सूत्र-साहित्य शिक्षा (स्वर विज्ञान), कल्प (धर्मानुष्ठान)-श्रौत सूत्र, शुल्व सूत्र, गृह्य सूत्र, धर्म सूत्र, व्याकरण, निघण्टु, निरूक्त (व्युत्पत्ति), छन्द, ज्योतिष, उपांग - सांख्य दर्शन (प्रकृति आधारित), वैशेषिक दर्शन (काल या समय आधारित), मीमांसा दर्शन (कर्म आधारित), चार्वाक दर्शन, अपौरूषेय दर्शन, योग दर्शन (पुरूषार्थ आधारित), न्याय दर्शन (परमाणु आधारित), वेदांत दर्शन (ब्रह्म आधारित)

उपवेद- आयुर्वेद, धनुर्वेद, गान्धर्वेद, अथर्वेद।

पुराण - मत्स्य, मार्कण्डेय, भागवत, भविष्य, ब्रह्म, ब्रह्माण्ड, ब्रह्म बैवर्त, वायु, विष्णु, बाराह, बामन, अग्नि, नारदीय, पद्म, लिंग, गरूण, कूर्म, स्कन्द।

02. त्रेतायुग यज्ञ (अदृश्य कर्म)

1. भगवान परशुराम कृत - परशुराम परम्परा - साकार आधारित लोकतंत्र व्यवस्था।
2. महाकाव्य- वाल्मीकि रचित - रामायण - आदर्श मानक व्यक्ति चरित्र का प्रस्तुतीकरण।

03. द्वापरयुग (भक्ति और प्रेम)

01. वेदान्त अद्वैत धर्म - श्रीकृष्ण - ई0 पूर्व 3000 - गीता - अद्वैत दर्शन

भगवान श्री कृष्ण कृत - साकार आधारित परशुराम परम्परा का नाश, पूर्ववर्ती सभी मतों का समन्वय व एकीकरण करत हुये निराकार आधारित लोकतंत्र व्यवस्था के प्रारम्भ का बीज शास्त्र "गीता/ गीतोपनिषद्"

व्यास रचित - महाभारत - आदर्श मानक व्यक्ति चरित्र समाहित आदर्श मानक सामाजिक व्यक्ति चरित्र अर्थात व्यक्तिगत प्रमाणित आदर्श मानक वैश्विक व्यक्ति चरित्र का प्रस्तुतीकरण।

04. कलियुग संघ और योजना (दृश्य कर्म)

01. बौद्ध - भगवान बुद्ध - ई0पू0 1567-487 - बौद्ध दर्शन
02. कन्फ्यूसी - कन्फ्यूसियश - ई0पूर्व 551-479
03. टोईज्म - लोओत्से - ई0पूर्व 604-518

04. जैन - भगवान महावीर - ई0पूर्व 539-467 - जैन दर्शन
05. पारसी - जरथ्रुसट - ई0 पूर्व 6 - जेन्दा अवेस्ता
06. ईसाई - ईसा मसीह - सन् 33 ई0 - बाईबल
07. इस्लाम - मुहम्मद पैगम्बर - सन् 670ई0 - कुरआन शरीफ
08. वेदान्त अद्वैत धर्म - आदि शंकराचार्य - सन् 830 ई0 - अद्वैत दर्शन
09. वेदान्त विशिष्टाद्वैत धर्म - रामानुज - सन् 1200 ई0 - विशिष्टाद्वैत दर्शन
10. वेदान्त द्वैत - माध्वाचार्य - सन् 1300 ई0 - द्वैत दर्शन
11. भक्ति धर्म - चैतन्य महाप्रभु - सन् 1485-1533ई0 - भक्तियोग दर्शन
12. सिक्ख - गुरु नानक - सन् 1510 ई0 - गुरुग्रन्थ साहिब
13 वेदान्त अद्वैत धर्म - स्वामी विवेकानन्द - सन् 1863-1902ई0 - विश्व धर्म दर्शन

05. सत्ययुग/स्वर्णयुग (सार्वभौम सत्य-सिद्धान्त)

14. विश्व धर्म / वेदान्त धर्म / अद्वैत धर्म / एकता धर्म / लोकतन्त्र धर्म / समष्टि धर्म / प्राकृतिक धर्म / सत्य धर्म / संयुक्तमन धर्म / ईश्वर धर्म / हिन्दू धर्म / सार्वजनिक धर्म / दृश्यधर्म / मानवधर्म / धर्मनिरपेक्ष धर्म - लव कुश सिंह "विश्वमानव" - सन् 2012 ई0 - पूर्ववर्ती सभी धर्मों व मतों का समन्वय व एकीकरण करते हुये निराकार आधारित लोकतंत्र व्यवस्था का वृक्ष शास्त्र विश्व-नागरिक धर्म का धर्मयुक्त धर्मशास्त्र-कर्मवेद: प्रथम, अन्तिम तथा पंचम वेदीय श्रृंखला विश्व-राज्य धर्म का धर्मनिपेक्ष धर्मशास्त्र: विश्वमानक शून्य-मन की गुणवत्ता का विश्वमानक श्रृंखला, आदर्श मानक सामाजिक व्यक्ति चरित्र समाहित आदर्श मानक वैश्विक व्यक्ति चरित्र अर्थात सार्वजनिक प्रमाणित आदर्श मानक वैश्विक व्यक्ति चरित्र का प्रस्तुतीकरण।

पूर्ण प्रत्यक्ष अवतार से पूर्ण प्रेरक अवतार तक की यात्रा यहीं समाप्त होती है।

उपरोक्त मुख्य मूल आविष्कार के उपरान्त अनेक आविष्कार पर आविष्कार होते गये और मनुष्य आविष्कारक के जीवन, ज्ञान व कर्म से सम्बन्धित व्यापार से अपने जीवन को विकास की ओर ले जा रहा है। कोई भी विचारधारा (आविष्कार) चाहे उसकी उपयोगिता कालानुसार समाज को हो या न हो, यदि वह संगठन का रूप लेकर अपना आय स्वयं संचालित करने लगती है तो उसके साथ व्यक्ति जीवकोपार्जन, श्रद्धा व विश्वास से जुड़ता है न कि ज्ञान के लिए।

सृष्टि में साकार और निराकार सृष्टि के दो रूप हैं। साकार सृष्टि यह हमारा दृश्य ब्रह्माण्ड है तो निराकार सृष्टि सार्वभौम सत्य-सिद्धान्त है। इसी प्रकार मानव के सम्बन्ध में भी है निराकार मानव, मानव का अपना विचार है और साकार मानव, मानव का दृश्य शरीर है। भारतीय आध्यात्म-दर्शन इसे मानव सभ्यता के विकास के प्रारम्भ में ही समझ गया था इसलिए वह सदैव मानव समाज के एकीकरण के लिए मानक का विकास करता रहा है। जिसके निम्न विकास क्रम हैं-

अ. व्यक्तिगत प्रमाणित अदृश्य निराकार एवं साकार मानक

01. सार्वभौम मानक - सार्वभौम आत्मा या ईश्वर का आविष्कार।
02. सार्वभौम मानक के पुस्तक - वेद का आविष्कार।
03. सार्वभौम मानक का नाम - ॐ का आविष्कार।
04. सार्वभौम मानक के नाम के व्याख्या का पुस्तक - उपनिषद् का आविष्कार।
05. सार्वभौम व्यक्तिगत व्यक्ति का मानक - ब्रह्मा (सत्व गुण) का आविष्कार।
06. सार्वभौम सामाजिक व्यक्ति का मानक - विष्णु (सत्व-रज गुण) का आविष्कार।
07. सार्वभौम वैश्विक व्यक्ति का मानक - शिव-शंकर (सत्व-रज-तम गुण) का आविष्कार।
08. सार्वभौम व्यक्तिगत व्यक्ति के मानक के कृति का पुस्तक - ब्रह्मा आधारित पुराण का आविष्कार।

09. सार्वभौम सामाजिक व्यक्ति के मानक के कृति का पुस्तक - विष्णु आधारित पुराण का आविष्कार।
10. सार्वभौम वैश्विक व्यक्ति के मानक के कृति का पुस्तक-शिव-शंकर आधारित पुराण का आविष्कार।

ब. सार्वजनिक प्रमाणित दृश्य निराकार एवं साकार मानक

1. शरीर की अवस्था-आश्रम के मानक का निम्न रूप है-

1. ब्रह्मचर्य आश्रम - 5 से 25 वर्ष उम्र तक - ज्ञान-विज्ञान-तकनीकी शिक्षा तथा व्यवहार।
2. गृहस्थ आश्रम - 26 से 50 वर्ष उम्र तक - पारिवारिक जीवन में ज्ञान युक्त कत्र्तव्य और दायित्व।
3. वानप्रस्थ आश्रम - 51 से 75 वर्ष उम्र तक – माँगे जाने पर अपने अनुभव से परिवार व समाज का मार्गदर्शन।
4. सन्यास आश्रम - 76 से शरीर त्याग तक - आत्मा में स्थित होकर ब्रह्माण्डीय दायित्व व कर्तव्य।

2. कर्म की अवस्था-वर्ण के मानक का निम्नरूप है-

1. ब्राह्मण वर्ण- सूक्ष्म बुद्धि व आत्मा में स्थित हो धर्म से कार्य।
2. क्षत्रिय वर्ण- भाव व मन में स्थित हो बल से कार्य।
3. वैश्य वर्ण- इन्द्रिय व प्राण में स्थित हो धन से कार्य।
4. शूद्र वर्ण- शरीर में स्थित हो शरीर से कार्य।

3. मानव का मानक -अवतारवाद-अवतारवाद का मुख्य उद्देश्य मानव समाज में मानव का मानक निर्धारित करना है। जिसका विकास क्रम निम्न प्रकार है-

01. **मत्स्यावतार** - इस अवतार द्वारा धारा के विपरीत दिशा (राधा) में गति करने का मानक विचार-सिद्धान्त स्थापित हुआ।
02. **कच्छप अवतार** - इस अवतार द्वारा सहनशील, शांत, धैर्यवान, लगनशील, दोनों पक्षों के बीच मध्यस्थ की भूमिका वाला गुण (समन्वय का सिद्धान्त) का मानक विचार-सिद्धान्त स्थापित हुआ।
03. **बाराह अवतार** - इस अवतार द्वारा सूझ-बुझ, सम्पन्न, पुरूषार्थी, धीर-गम्भीर, निष्कामी, बलिष्ठ, सक्रिय, अहिंसक और समूह प्रेमी, लोगों का मनोबल बढ़ाना, उत्साहित और सक्रिय करने वाला गुण (प्रेरणा का सिद्धान्त) का मानक विचार-सिद्धान्त स्थापित हुआ।
04. **नरसिंह अवतार** - इस अवतार द्वारा प्रत्यक्ष रूप से एका-एक लक्ष्य को पूर्ण करने वाले (लक्ष्य के लिए त्वरित कार्यवाही का सिद्धान्त) का मानक विचार-सिद्धान्त स्थापित हुआ।
05. **वामन अवतार** - इस अवतार द्वारा भविष्य द्दष्टा, राजा के गुण का प्रयोग करना, थोड़ी सी भूमि पर गणराज्य व्यवस्था की स्थापना व व्यवस्था को जिवित करना, उसके सुख से प्रजा को परिचित कराने वाले गुण (समाज का सिद्धान्त) का मानक विचार-सिद्धान्त स्थापित हुआ।
06. **परशुराम अवतार** - इस अवतार द्वारा गणराज्य व्यवस्था को ब्रह्माण्ड में व्याप्त व्यवस्था सिद्धान्तों को आधार बनाने वाले गुण और व्यवस्था के प्रसार के लिए योग्य व्यक्ति को नियुक्त करने वाले गुण (लोकतन्त्र का सिद्धान्त और उसके प्रसार के लिए योग्य उत्तराधिकारी नियुक्त करने का सिद्धान्त) का मानक विचार-सिद्धान्त स्थापित हुआ।
07. **राम अवतार** - इस अवतार द्वारा आदर्श चरित्र के गुण के साथ प्रसार करने वाला गुण (व्यक्तिगत आदर्श चरित्र के आधार पर विचार प्रसार का सिद्धान्त) का मानक विचार-सिद्धान्त स्थापित हुआ।
08. **कृष्ण अवतार** - इस अवतार द्वारा आदर्श सामाजिक व्यक्ति चरित्र के गुण, समाज में व्याप्त अनेक मत-मतान्तर व विचारों के समन्वय और एकीकरण से सत्य-विचार के प्रेरक ज्ञान को निकालने वाले गुण (सामाजिक आदर्श व्यक्ति का सिद्धान्त और व्यक्ति से उठकर विचार आधारित व्यक्ति निर्माण का सिद्धान्त) का मानक विचार-सिद्धान्त स्थापित हुआ।
09. **बुद्ध अवतार** - इस अवतार द्वारा प्रजा को प्रेरित करने के लिए धर्म, संघ और बुद्धि के शरण में जाने का गुण (धर्म, संघ और बुद्धि का सिद्धान्त) का मानक विचार-सिद्धान्त स्थापित हुआ।

10. **कल्कि अवतार-** इस अवतार द्वारा आदर्श मानक सामाजिक व्यक्ति चरित्र समाहित आदर्श मानक वैश्विक व्यक्ति चरित्र अर्थात सार्वजनिक प्रमाणित आदर्श मानक वैश्विक व्यक्ति चरित्र का मानक विचार-सिद्धान्त स्थापित करने का काम वर्तमान है और वो अन्तिम भी है।

उपरोक्त दस अवतार द्वारा स्थापित विचार-सिद्धान्त का संयुक्त रूप ही मानक पूर्ण मानव का रूप है। प्रत्येक पूर्व के अवतार द्वारा स्थापित विचार-सिद्धान्त अगले अवतार में वह संक्रमित अर्थात विद्यमान रहते हुये अवतरण होता है। इस प्रकार अन्तिम अवतार में पूर्व के सभी अवतार के गुण विद्यमान होंगे और अन्तिम अवतार ही मानव समाज के लिए मानक मानव होगा।

मानक का अर्थ - ”वह सर्वमान्य पैमाना, जिससे हम उस विषय का मूल्यांकन करते है। जिस विषय का वह पैमाना होता है।” इस प्रकार मन की गुणवत्ता का मानक व्यक्ति तथा संयुक्त व्यक्ति (अर्थात संस्था, संघ, सरकार इत्यादि) के मूल्यांकन का पैमाना है चूँकि आविष्कार का विषय सर्वव्यापी ब्रह्माण्डीय नियम पर आधारित है। इसलिए वह प्रत्येक विषयों से सम्बन्धित है जिसकी उपयोगिता प्रत्येक विषय के सत्यरूप को जानने में है। चूँकि मानव कर्म करते-करते ज्ञान प्राप्त करते हुये प्रकृति के क्रियाकलापों को धीरे-धीरे अपने अधीन करने की ओर अग्रसर है इसलिए पूर्णतः प्रकृति के पद पर बैठने के लिए प्रकृति द्वारा धारण की गई सन्तुलित कार्य प्रणाली को मानव द्वारा अपनाना ही होगा अन्यथा वह सन्तुलित कार्य न कर अव्यवस्था उत्पन्न कर देगा। यह वैसे ही है जैसे किसी कर्मचारी को प्रबन्धक (मैनेजर) के पद पर बैठा दिया जाये तो सन्तुलित कार्य संचालन के लिए प्रबन्धक की सन्तुलित कार्य प्रणाली को उसे अपनाना ही होगा अन्यथा वह सन्तुलित कार्य न कर अव्यवस्था उत्पन्न कर देगा। आविष्कार की उपयोगिता व्यापक होते हुए भी मूल रूप से व्यक्ति स्तर से विश्व स्तर तक के मन और संयुक्त मन के प्रबन्ध को व्यक्त करना एवम् एक कर्मज्ञान द्वारा श्रृंखला बद्ध करना है जिससे सम्पूर्ण शक्ति एक मुखी हो विश्व विकास की दिशा में केन्द्रित हो जाये। परिणामस्वरूप एक दूसरे को विकास की ओर विकास कराते हुऐ स्वयं को भी विकास करने के लिए पूर्ण स्वतन्त्रता प्राप्त हो जायेगी। सम्पूर्ण क्रियाकलापों को संचालित करने वाले मूल दो कत्र्ता-मानव (मन) और प्रकृति (विश्वमन) दोनों का कर्मज्ञान एक होना आवश्यक है। प्रकृति (विश्वमन) तो पूर्ण धारण कर सफलतापूर्वक कार्य कर ही रही है। मानव जाति में जो भी सफलता प्राप्त कर रहे हैं वे अज्ञानता में इसकें आंशिक धारण में तथा जो असफलता प्राप्त कर रहे हैं, वे पूर्णतः धारण से मुक्त है। इसी कर्मज्ञान से प्रकृति, मानव और संयुक्त मन प्रभावित और संचालित है। किसी मानव का कर्मक्षेत्र सम्पूर्ण ब्रह्माण्ड हो सकता है और किसी का उसके स्तर रूप में छोटा यहाँ तक कि सिर्फ स्वयं व्यक्ति का अपना स्तर परन्तु कर्मज्ञान तो सभी का एक ही होगा।

- लव कुश सिंह ”विश्वमानव”

"अकेले राजशक्ति के सहारे समाजिक बदलाव सम्भव नहीं"

- श्री अटल विहारी वाजपेयी (पूर्व प्रधानमंत्री, भारत)
(30 जून, 1999 को लखनऊ में राष्ट्रीय पुर्ननिर्माण वाहिनी के शुभारम्भ में)

श्री लव कुश सिंह "विश्वमानव" द्वारा स्पष्टीकरण

सतयुग में एक विचित्र स्थिति उत्पन्न हो गयी, हुआ यह कि एक प्रतापी, धर्मपरायण, प्रजावत्सल, सेवाभावी, दानवीर, सौम्य, सरल यानी सर्वगुण सम्पन्न राजा हुआ-बलि। लोग इसके गुण गाने लगे और समाजवादी राज्यवादी होने लगे। राजा बलि का राज्य बहुत अधिक फैल गया। समाजवादियों के समक्ष यानी मानवजाति के समक्ष एक गम्भीर संकट पैदा हो गया कि अगर राज्य की अवधारणा दृढ़ हो गयी तो मनुष्य जाति को सदैव दुःख, दैन्य व दारिद्रय में रहना होगा क्योंकि अपवाद को छोड़कर राजा स्वार्थी होंगे, परमुखपेक्षी व पराश्रित होंगे। अर्थात अकर्मण्य व यथास्थिति वादी होंगे। यह भयंकर स्थिति होगी परन्तु समाजवादी असहाय थे। राजा बलि को मारना संभव न था और उसके रहते समाजवादी विचारधारा का बढ़ना सम्भव न था। ऐसी स्थिति में एक पुरूष की आत्मा अदृश्य प्राकृतिक चेतना द्वारा निर्मित परिस्थितियों में प्राथमिकता से वर्तमान में कार्य करना, में स्थापित हो गयी। वह राजा बलि से थोड़ी सी भूमि समाज या गणराज्य के लिए माँगा। चूँकि राजा सक्षम और निश्चिंत था कि थोड़ी भूमि में समाज या गणराजय स्थापित करने से हमारे राज्य पर कोई प्रभाव नहीं पड़ेगा। इसलिए उस पुरूष को राजा ने थोड़ी भूमि दे दी। जिस पर उस पुरूष ने स्वतन्त्र, सुखी, स्वराज आधारित समाज-गणराज्य स्थापित किया और उसका प्रभाव धीरे-धीरे बढ़ता गया और वह राजा बलि के सुराज्य को भी समाप्त कर दिया और समाज या गणराज्य की स्थापना की गयी। चूंकि यह पुरूष बौना अर्थात् छोटे कद का तथा स्वभाव और ज्ञान में ब्राह्मण गुणों से युक्त था इसलिए कालान्तर में इसे "समाज" शब्द का जन्मदाता वामन अवतार का नाम दिया गया। राजा बलि द्वारा इस अवतार को दी गई भूमि का क्षेत्र ही वर्तमान का उ0प्र0 के मीरजापुर जनपद का चुनार क्षेत्र है। जिस पर इस अवतार के कार्य का प्रथम चरण प्रारम्भ हुआ था जिसके कारण ही चुनार का प्रचीन नाम चरणाद्रिगढ़ था। जहाँ आज भी मूल मानव जाति कूर्मि का बाहुल्य हैं।

महोदय आपके विचार सत्य हैं। राजशक्ति को ये भ्रम है कि वही जनता का कल्याणकर्ता है। जबकि पृथ्वी पर बहुत से ऐसे देश हैं जो राजशक्ति पर कम औद्योगिक व व्यवसायिक घरानों पर अधिक विश्वास रखती हैं। जब तक समाज शक्ति अपने देश-राष्ट्र के प्रति जिम्मेदारी ना निभाये, राजशक्ति केवल एक देश-राष्ट्र के प्रबन्धक के सिवा कुछ नहीं हैं। राजशक्ति को सदैव अपने नागरिक के बौद्धिक शक्ति को बढ़ाने पर अधिक ध्यान देना चाहिए नहीं तो राजशक्ति पर रोजगार देने का बोझ बढ़ता जायेगा और राजशक्ति की क्षमता से बाहर होने पर उससे विश्वास ही हटेगा। प्रत्येक देश के राजशक्ति को चाहिए कि वो अपने देश के प्रति समर्पित नागरिक के निर्माण के लिए शिक्षा पाठ्यक्रम को संविधान का अंग बनाये जिससे एक समान बौद्धिक शक्ति का निर्माण हो और देश-राष्ट्र शक्तिशाली बने।

भाग-1

समाज

राजा राम मोहन राय-ब्रह्म समाज

केशवचन्द्र सेन-प्रार्थना समाज

स्वामी दयानन्द-आर्य समाज

श्रीमती एनीबेसेन्ट-थीयोसोफीकल सोसायटी

राजाराम मोहन राय
ब्रह्म समाज

परिचय

राम मोहन राय का जन्म पश्चिम बंगाल के राधानगर ग्राम में 22 मई, 1772 ई. को हुआ था। उनके पिता रमाकान्त राय सभ्रान्त ब्राह्मण थे। इस्लामी व हिन्दू धर्म के मूल रूप में अध्ययन के फलस्वरूप मोहन राय ने मूर्तिपूजा का परित्याग कर एकेश्वरवाद को स्वीकार किया। जन्मजात सत्यान्वेषक होने के नाते उन्होंने लगभग 3 वर्ष सुदूर तिब्बत में बौद्धधर्म के परिज्ञानार्थ व्यतीत किये। ईस्ट इण्डिया कम्पनी की सेवा में रहकर राम मोहन राय ने ईसाई धर्म का अध्ययन किया तथा आंग्ल मनीषीयों से उनका सम्पर्क हुआ। राममोहन राय की प्रथम पुस्तक "तुहफतुल मुहाविद्दीन (एकेश्वरवादीयों के लिए एक उपहार)" ने यह सिद्ध करने का प्रयास किया कि एक ईश्वर में विश्वास सभी धर्म का सार है। उन्होंने हिन्दू एवं ईसाई दोनों के रूढ़िवादिता के विरूद्ध सफल संघर्ष किया। राममोहन राय का स्वर्गवास 27 सितम्बर, 1833 ई0 को ब्रिस्टल, इग्लैण्ड में हुआ जहाँ वे सामाजिक व रानैतिक उद्देश्य से गये थे।

ब्रह्म समाज

18 वीं सदी के अंत में भारत पाश्चात्य प्रभावों एवं राष्ट्रीय रूढ़ीवादिता के चतुष्पथ पर खड़ा था। शक्तियों के इस संघर्ष के फलस्वरूप एक नवीन गतिशीलता का उदय हुआ जो सुधार के उस युग का प्रतीक थी। जिसका शुभारम्भ पथान्वेषक एवं भारतीय नवजागृति के प्रथम अग्रदूत राजा राममोहन राय के आगमन के साथ हुआ। 23 जनवरी, (माघ, 11), 1830 ई. को ब्रह्म समाज की स्थापना, सगुण ब्रह्म की उपासना का प्रथम सर्वोपरि मन्दिर से नवीन धार्मिक आन्दोलन का जन्म हुआ। राममोहन राय द्वारा प्रवर्तित एकमेवाद्वितीय ब्रह्म की जाति, धर्म तथा निरपेक्ष उपासना ने प्रिंस द्वारिकानाथ के आत्मज महर्षि देवेन्द्र नाथ ठाकुर (1917-1905) पर अति गम्भीर प्रभाव डाला। देवेन्द्रनाथ ने ही ब्रह्म समाज को प्रथम सिद्धान्त प्रदान किये तथा ध्यानगम्य उपनिषदीय पवित्रता के अभ्यास का सूत्रपात किया। प्रथमाचार्य देवेन्द्रनाथ की उपासनाविधि इस प्रकार प्रधानतः उपनिषदीय थी। प्रेममय ईश्वर के अनुग्रह से प्राप्त अनुभूतिगम्य आत्मसाक्षात्कार उनका महत्वपूर्ण योग था। उन्होंने आध्यत्कि साधना हेतु एक संस्था "तत्वबोधिनी सभा" का आरम्भ किया। तत्वबोधिनी पत्रिका, सभा की प्रमुख पत्रिका के रूप में बहुतों के लिए प्रेरणा का स्रोत बनी। देवेन्द्रनाथ के नेतृत्व में एक अपूर्व निर्णय लिया गया कि वेद अच्युत नहीं हैं तथा तर्क एवं अन्तःकरण को सर्वोपरि प्रमाण मानना है। ब्रह्म समाज ने तथा समाज सुधार का कार्य अपने हाथ में लिया। ब्रह्म समाज के अन्तर्गत केशव चन्द्र सेन के आगमन के साथ ब्रह्म समाज को गति मिली। महर्षि देवेन्द्रनाथ ने उन्हें ब्रह्मानन्द की संज्ञा देकर समाज का आचार्य बनाया। केशव चन्द्र के आकर्षक व्यक्तित्व ने ब्रह्म समाज के आन्दोलन को स्फूर्ति प्रदान की। उन्होंने भारत के शैक्षिक, समाजिक तथा आध्यात्मिक पुनर्जनन में चिरस्थायी योग दिया। केशव चन्द्र के सतत अग्रगामी दृष्टिकोण एवं क्रियाकलाप के साथ-साथ चलना देवेन्द्रनाथ के लिए कठिन था, यद्यपि दोनों

महानुभावों की भावना में सदैव मतैक्य था। सन् 1886 ई. में केशव चन्द्र ने "भारतीय ब्रह्म समाज" की स्थापना की। इस पर देवेन्द्र नाथ ने अपने समाज का नाम "आदि ब्रह्म समाज" रख दिया। केशव चन्द्र के प्रेरक नेतृत्व में भारतीय ब्रह्म समाज देश की एक महती शक्ति बन गया। इसकी विस्तृताधारीय सर्वव्याप्ति की अभिव्यक्ति "श्लोक संग्रह" में हुई जो एक अपूर्व संग्रह है तथा सभी राष्ट्रों एवं सभी युगों के धर्म ग्रन्थों में अपने प्रकार की प्रथम कृति है। सन् 1878 ई. में केशव चन्द्र द्वारा अपनी 13 वर्षीय अल्पायु पुत्री का विवाह कूचबिहार के महाराजा के साथ करने पर इस समाज में एक और विभाजन हुआ और अधिकतम समर्थकों ने अलग होकर एक अलग संस्था "साधारण ब्रह्म समाज" की स्थापना कर ली। जबकि ब्रह्म समाज का उद्देश्य था- "समाज में व्याप्त बुराईयों जैसे सती प्रथा, बहुविवाह, वेश्यागमन, जातिवाद, अस्पृश्यता आदि को समाप्त करना"

केशवचन्द्र सेन
प्रार्थना समाज

परिचय

केशवचन्द्र सेन का जन्म 19 नवम्बर, 1938 को कलकत्ता में हुआ। उनके पिता प्यारे मोहन प्रसिद्ध वैष्णव एवं विद्वान दीवान राजकमल के पुत्र थे। बाल्यावस्था से ही केशवचन्द्र का उच्च आध्यात्मिक जीवन था। केशवचन्द्र सेन ने ही आर्य समाज के संस्थापक स्वामी दयानन्द सरस्वती को सलाह दी कि वे सत्यार्थ प्रकाश की रचना हिन्दी में करें। 1866 ई. में ब्रह्म समाज से अलग होकर भारतवर्षीय ब्रह्म समाज की स्थापना की। धर्मतत्व के तात्कालिन विचारधारा को नवीन रूप दिया। 1870 ई. में केशवचन्द्र ने इंग्लैण्ड की यात्रा की। इस यात्रा से पूर्व तथा पश्चिम एक-दूसरे के निकट आए तथा अन्तर्राष्ट्रीय एकता का मार्ग प्रशस्त हुआ। 1975 ई. में केशवचन्द्र ने ईश्वर के नवीन स्वरूप-नव विधान समरूप धर्म (औपचारिक रूप से 1880 ई. में घोषित) नवीन धर्म की सम्पूर्णता (संसिद्धि) का संदेश दिया। अपनी नवसंहिता में केशवचन्द्र ने इस विश्व धर्म का प्रतिपादन इस प्रकार किया - "हमारा विश्वास विश्वधर्म है जो समस्त प्राचीन ज्ञान का संरक्षक है एवं जिसमें समस्त आधुनिक विज्ञान ग्राह्य है, जो सभी धर्म गुरूओं तथा संतों में एकरूपता, सभी धर्मग्रन्थों में एकता एवं समस्त रूपों में सातत्य स्वीकार करता है, जिसमें उन सभी का परित्याग है जो पार्थक्य तथा विभाजन उत्पन्न करते हैं एवं जिसमें सदैव एकता तथा शान्ति की अभिवृद्धि है, जो तर्क तथा विश्वास योग्य तथा भक्ति तपश्चर्या, और समाजधर्म को उनके उच्चतम रूपों में समरूपता प्रदान करता है एवं जो कालान्तर में सभी राष्ट्रों तथा धर्म को एक राज्य तथा एक परिवार का रूप दे सकेगा।" केशवचन्द्र का विधान (दैवी संव्यवहार विधि), आवेश (साकार ब्रह्म की प्रत्यक्ष प्रेरणा) तथा साधु समागम (संतों तथा धर्मगुरूओं से आध्यात्मिक संयोग) पर विशेष बल देना। केशवचन्द्र सेन 8 जनवरी, 1884 ई. को दिवंगत हुए।

प्रार्थना समाज

आचार्य केशवचन्द्र सेन की प्रेरणा से महादेव गोविन्द रानाडे, डा0 आत्मारा पांडुरंग, चन्द्रावरकर आदि द्वारा सन् 1867 ई. में प्रार्थना समाज की स्थापना मुम्बई में हुई। जी.आर.भण्डारकर प्रार्थना समाज के अग्रणी नेता थे। प्रार्थना समाज के आलोचकों द्वारा किये गये असत्य प्रचार को मिटाने के लिए इन नेताओं को बहुत संघर्ष करना पड़ा। असत्य प्रचार के अन्तर्गत यह कहा जाता था कि प्रार्थना समाज ईसाई धर्म के अनुकरण पर आधारित है और यह देश के प्राचीन धर्म के विरूद्ध है। प्रार्थना समाज के नेताओं के अनुसार इसका उद्देश्य प्रार्थना और सेवा द्वारा ईश्वर की पूजा करना था। जैसा नाम से प्रकट है, प्रार्थना ही सामाज की आत्मा है। बंगाल के ब्रह्म समाज की भाँति उपनिषदों और भगवद्गीता की शिक्षाएँ प्रार्थना समाज की आधार हैं किन्तु एक बात से यह ब्रह्म समाज से भिन्न है, इसमें भारत के, विशेषतया महाराष्ट्र के, मध्यकालीन संतों- ज्ञानेश्वर, नामदेव, एकनाथ और तुकाराम की शिक्षाओं को गौरवपूर्ण स्थान प्राप्त है। जाति प्रथा का विरोध, स्त्री-पुरूष विवाह की आयु में वृद्धि, विधवा विवाह, स्त्री शिक्षा

इत्यादि प्रार्थना समाज के उद्देश्य थे। प्रार्थना समाज ने 19वीं सदी के नवें दशक में नारी जागरण की योजनाओं का आरम्भ किया। 1882 ई. में आर्य महिला समाज की स्थापना उन्हीं योजनाओं का फल है। 1878 ई. में प्रार्थना समाज द्वारा स्थापित पहला रात्रि विद्यालय जन-शिक्षा व प्रौढ़-शिक्षा के क्षेत्र में अग्रणी रहा। वासुदेव बाबाजी नौरंगे बालकाश्रम की स्थापना लालशंकर उमाशंकर द्वारा पंढरपुर में 1875 ई. में हुई। यह बालकाश्रम बाद में प्रार्थना समाज के संरक्षण में आ गया। यह अपने ढंग का सर्वाधिक प्राचीन और बड़ी संस्था है और यह 1975 में अपनी शताब्दी पूर्ण कर चुकी है। प्रार्थना समाज के संरक्षण में दो बालकाश्रम और चलते हैं- डी.एन सिकर होम, विले पार्ले मुम्बई और सतारा जिले के वाई नामक स्थान पर। "दि डिप्रेस्ड क्लास मिशन सोसायटी आफ इण्डिया" नाम की संस्था जो अछूतोद्धार के लिए प्रसिद्ध है, प्रार्थना समाज के एक कार्यकर्ता विठ्ठल रामजी शिंदे द्वारा स्थापित हुई। 1917 ई. में प्रार्थना समाज ने राममोहन अंग्रेजी विद्यालय की स्थापना की। अब इसके संरक्षण से दस से अधिक विद्यालय मुम्बई और उसके आस-पास चल रहें हैं। प्रार्थना समाज संस्था के सहयोग से कालान्तर में दलित जाति मण्डल, समाज सेवा संघ तथा दक्कन शिक्षा सभा की स्थापना हुई। पंजाब में इस समाज के प्रचार-प्रसार में दयाल सिंह प्रन्यास ने महत्वपूर्ण भूमिका का निर्वाह किया। दक्षिण भारत में विश्वनाथ मुदलियर के नेतृत्व में "वेद समाज" का नाम बदल कर "दक्षिण भारत वेद समाज" रखा गया।

स्वामी दयानन्द
आर्य समाज

परिचय

वेदामृत की धारा प्रवाहित करने वाले स्वामी दयानन्द सरस्वती जी का आभिवर्भाव सं. 1881 वि. 21 फरवरी, 1824 ई. को प्रतिष्ठित ब्राह्मण कुल में हुआ। इनके पिता अम्बाशंकर शिव के अनन्य उपासक थे। जन्म का नाम मूलशंकर था। माँ के आग्रह से इन्होंने शिव-व्रत प्रारम्भ किया परन्तु मूर्ति पर चूहों का उपद्रव देखकर इनका मन मूर्ति-पूजा से हट गया। बहन की अकाल मृत्यु से नश्वर संसार के प्रति वैराग्य हो गया।

स्वामी पूर्णानन्द जी से योग-दीक्षा एवं सन्यास लेकर दयानन्द नाम से प्रसिद्ध हुए। स्वामी विरजानन्द से वेदाध्ययन कर अपना गुरू स्वीकारा और उन्हीं के आदेश से वेद-प्रचारार्थ निकल पड़े। उस समय मूर्ति-पूजा, पाखण्ड और मत-मतान्तरों में फँसे हिन्दुओं को जाग्रत किया। 10 अप्रैल, 1875 को मुम्बई (तत्कालिन बम्बई) में "आर्य समाज" की स्थापना कर "सत्यार्थ प्रकाश (1874 ई.) की रचना की। स्वामी जी राजनैतिक स्वतन्त्रता के प्रबल समर्थक थे। कविवर दिनकर जी ने उन्हें हिन्दूधर्म का "रणारूढ़" नेता कहा। हिन्दी भाषा, देवनागरी लिपि और गौरक्षा को देश की प्रगति के लिए प्रमुखता दी। स्वामी दयानन्द द्वारा लिखी गई अन्य महत्वपूर्ण रचनाओं में "पाखण्ड खण्डन (1866 ई.), वेदभाष्य भूमिका (1876 ई.), ऋगवेद भाष्य (1877 ई.), अद्वैत मत का खण्डन (1873 ई.), पंचमहायज्ञ विधि (1875 ई), वल्लभाचार्य मत का खण्डन (1875 ई.) हैं।

जोधपुर नरेश के निमन्त्रण पर स्वामी जी जोधपुर आये। दुर्भाग्य से महराज के रसोइयें ने भोजन में काँच पीसकर दिया और समाजोत्थान का कार्य अधूरा छोड़कर दीपावली (30 अक्टुबर 1883) को अजमेर में यह दिव्य-ज्योति, अनन्त-ज्योति में विलीन हो गई।

स्वामी दयानन्द के योगदान के बारे में अन्य के विचार

"स्वामी दयानन्द हिन्दू पुनर्जागरण के मुख्य निर्माता थे"

- डा0 भगवान दास

"स्वामी दयानन्द पहले भारतीय थे जिन्होंने "भारत भारतीयों के लिए है", घोषणा की"

- श्रीमती एनी बेसेन्ट

"राष्ट्रीय भावना और जन-जागृति को क्रियात्मक रूप देने में प्रयत्नशील थे"

-रोमां रोलां, फ्रेंच लेखक

"गाँधी जी, राष्ट्रपिता हैं, पर स्वामी दयानन्द राष्ट्रपितामह हैं।"

- पट्टाभिराम सीतरमैया

"भारत की स्वतन्त्रता की नींव वासतव में स्वामी दयानन्द ने डाली थी"

- सरदार पटेल

"स्वामी दयानन्द, स्वराज के प्रथम संदेशवाहक थे"

- लोकमान्य तिलक

"स्वामी दयानन्द, आधुनिक भारत के निर्माता थे"

– नेताजी सुभाष चन्द्र बोस

"ऐसे विद्वान और श्रेष्ठ व्यक्ति थे, जिनका अन्य मतावलम्बी भी सम्मान करते थे"

- सर सैयद अहमद खां

आर्य समाज

आर्य शब्द का अर्थ है- श्रेष्ठ और प्रगतिशील। अतः आर्य समाज का अर्थ हुआ श्रेष्ठ और प्रगतिशीलों का समाज, जो वेदों के अनुकूल चलने का प्रयास करते हैं। दूसरों को उस पर चलने को प्रेरित करते हैं। आर्य समाजियों के आदर्श मर्यादा पुरूषोत्तम राम और योगिराज श्रीकृष्ण हैं। महर्षि दयानन्द ने उसी वेद मत को फिर से स्थापित करने के लिए आर्य समाज की स्थापना की। आर्य समाज के सब सिद्धान्त और नियम वेदों पर आधारित हैं। आर्‌य समाज के मान्यताओं के अनुसार फलित ज्योतिषि, जादू-टोना, जन्मपत्री, श्राद्ध, तर्पण, व्रत, भूत-प्रेत, देवी जागरण, मूर्ति-पूजा और तीर्थ यात्रा मन गढ़न्त हैं, वेद विरूद्ध हैं। आर्य समाज सच्चे ईश्वर की पूजा करने को कहता है, यह ईश्वर वायु और आकाश की तरह सर्वव्यापी है, वह अवतार नहीं लेता, वह मनुष्यों को उनके कर्मानुसार फल देता है। अगला जन्म देता है। उसका ध्यान घर में, किसी एकान्त में हो सकता है। इसके अनुसार दैनिक यज्ञ करना हर आर्य का कर्तव्य है। परमाणुओं को न कोई बना सकता है, न उसके टुकड़े ही हो सकते हैं। यानि वह अनादि काल से है। उसी तरह एक परमात्मा और हम जीवात्माएँ भी अनादि काल से हैं। परमात्मा परमाणुओं को गति देकर सृष्टि रचता है। आत्माओं को कर्म करने के लिए प्रेरित करता है। फिर चार ऋषियों के मन में 20,378 वेद मन्त्रों का अर्थ सहित ज्ञान और अपना परिचय देता है। आर्य समाज का मूल ग्रन्थ "सत्यार्थ प्रकाश" एवं अन्य माननीय ग्रन्थ हैं- वेद, उपनिषद्, षड् दर्शन, गीता व वाल्मिकि रामायण वगैरह। 18 घंटे समाधि में रहने वाले योगिराज महर्षि दयानन्द ने लगभग 8 हजार किताबों का मंथन कर अद्‌भुत और क्रान्तिकारी "सत्यार्थ प्रकाश" की रचना की।

आर्य समाज की मान्यताएँ

ईश्वर का सर्वोत्तम और निज नाम "ओम्" है। उसमें अनन्त गुण होने के कारण उसके ब्रह्मा, विष्णु, महेश, गणेश, देवी, अग्नि, शनि वगैरह अनन्त नाम हैं। इनकी अलग-अलग नामों से मूर्ति-पूजा ठीक नहीं है। आर्य समाज वर्ण व्यवस्था अर्थात ब्राह्मण, क्षत्रिय, वैश्य और शूद्र को कर्म से मानता है, जन्म से नहीं। आर्य समाज स्वदेशी, स्वभाषा, स्वसंस्कृति और स्वधर्म का पोषक है। आर्य समाज सृष्टि की उत्पत्ति का समय 4 अरब 32 करोड़ वर्ष और इतना ही समय प्रलय काल का मानता है। योग से प्राप्त मुक्ति का समय वेदों के अनुसार 31 नील 10 खरब 40 अरब यानी 1 परांत काल मानता है। आर्य समाज वसुधैव-कुटुम्बकम् को मानता है लेकिन भूमण्डलीकरण को देश, समाज और संस्कृति के लिए घातक मानता है। आर्य समाज वैदिक समाज रचना के निर्माण व आर्य चक्रवर्ती राज्य स्थापित करने के लिए प्रयासरत है। इस समाज में मांस, अण्डे, बीड़ी, सिगरेट, शराब, चाय, मिर्च-मसाले वगैरह वेद विरूद्ध होते हैं।

आर्य समाज के दस नियम

1. सब सत्य विद्या और जो पदार्थ विद्या से जाने जाते हैं, उन सबका आदि मूल परमेश्वर है।
2. ईश्वर सच्चिदानन्दस्वरूप, निराकार, सर्वशक्तिमान, न्यायकारी, दयालु, अजन्मा, अनन्त, निर्विकार, अनादि, अनुपम, सर्वाधार, सर्वेश्वर, सर्वव्यापक, सर्वाअन्तर्यामी, अजर, अमर, नित्य, पवित्र और सृष्टिकर्ता है, उसी की उपासना करने योग्य है।
3. वेद सब विद्याओं का पुस्तक है। वेद का पढ़ना, पढ़ाना और सुनना, सुनाना सब आर्यों का परम धर्म है।

4. सत्य के ग्रहण करने और असत्य को छोड़ने में सदा उद्यत रहना चाहिए।
5. सब काम धर्मानुसार अर्थात सत्य और असत्य को विचार करके करने चाहिए।
6. संसार का उपकार करना इस समाज का मुख्य उद्देश्य है अर्थात शारीरिक, आत्मिक और सामाजिक उन्नति करना।
7. सबसे प्रीतिपूर्वक, धर्मानुसार यथायोग्य वर्ताव करना चाहिए।
8. अविद्या का नाश और विद्या की वृद्धि करनी चाहिए।
9. प्रत्येक को अपनी ही उन्नति से संतुष्ट न रहना चाहिए, किन्तु सब की उन्नति में अपनी उन्नति समझनी चाहिए।
10. सब मनुष्यों को सामाजिक, सर्व हितकारी नियम पालन में परतन्त्र रहना चाहिए और प्रत्येक हितकारी नियम पालने में सबको स्वतन्त्र रहना चाहिए।

आर्य समाज और भारत का नवजागरण

आर्य समाज ने भारत में राष्ट्रवादी विचारधारा को आगे बढ़ाने में महत्वपूर्ण योगदान किया है। इसके अनुयायियों ने भारतीय स्वतन्त्रता आन्दोलन में बढ़-चढ़ कर भाग लिया। आर्य समाज के प्रभाव से ही भारतीय राष्ट्रीय कांग्रेस के भीतर स्वदेशी आन्दोलन आरम्भ हुआ था। आर्य समाज ने हिन्दू धर्म में एक नई चेतना का आरम्भ किया था। स्वतन्त्रता पूर्व काल में हिन्दू समाज के नवजागरण और पुनरूत्थान आन्दोलन के रूप में आर्य समाज सर्वाधिक शक्तिशाली आन्दोलन था। यह पूरे पश्चिम व उत्तर भारत में सक्रिय था तथा सुप्त हिन्दू जाति को जागृत करने में संलग्न था। यहाँ तक की आर्य समाजी प्रचारक फिजी, मारीशस, गयाना, ट्रिनिनाड, दक्षिण अफ्रीका में भी हिन्दूओं को संगठित करने के लिए पहुँच रहे थे। आर्य समाज ने सबसे बड़ा कार्य जाति व्यवस्था को तोड़ने और सभी हिन्दूओं में समानता का भाव जागृत करने में किया।

आर्य समाज की हिन्दी सेवा

आर्य समाज जुड़े लोग भारत की स्वतन्त्रता के साथ-साथ भारत की संस्कृति, भाषा, धर्म, शिक्षा आदि के क्षेत्र में सक्रिय रूप से जुड़े रहे। स्वामी दयानन्द की मातृ भाषा गुजराती थी और उनका संस्कृत का ज्ञान बहुत अच्छा था, किन्तु केशव चन्द्र सेन के सलाह पर उन्होंने "सत्यार्थ प्रकाश" की रचना हिन्दी में की। दयानन्द ने "सत्यार्थ प्रकाश" जैसा क्रान्तिकारी ग्रन्थ हिन्दी में रचकर हिन्दी को एक प्रतिष्ठा दी। आर्य समाज ने हिन्दी को "आर्य भाषा" कहा और सभी आर्यसमाजियों के लिए इसका ज्ञान आवश्यक बताया। दयानन्द जी ने वेदों की व्याख्या भी संस्कृत के साथ-साथ हिन्दी में भी की। स्वामी श्रद्धानन्द ने हानि उठाकर भी अनेक पत्र-पत्रिकाओं का प्रकाशन देवनागरी लिपि में लिखी हिन्दी में किया जबकि उनका प्रकाशन पहले उर्दू में होता था।

आर्य समाज का योगदान

आर्य समाज समाज-सुधार, शिक्षा एवं राष्ट्रीयता का आन्दोलन था। भारत के 85 प्रतिशत स्वतंन्त्रता संग्राम सेनानी, आर्य समाज ने पैदा किये। स्वामी जी ने धर्म परिवर्तन कर चुके लोगों को पुनः हिन्दू बनने की प्रेरणा देकर शुद्धि आन्दोलन चलाया। सन् 1886 ई. में स्वामा दयानन्द के अनुयायी लाला हंसराज ने दयानन्द एंग्लो-वैदिक कालेज की स्थापना लाहौर (पाकिस्तान) में की थी। सन् 1901 ई. में स्वामी श्रद्धानन्द ने कांगड़ा (भारत) में गुरूकुल विश्वविद्यालय की स्थापना की।

आर्य समाज का आदर्श वाक्य है- "कृण्वन्तो विश्वमार्यम्" जिसका अर्थ है- विश्व को आर्य बनाते चलो। प्रसिद्ध आर्य समाजी गणों में स्वामी दयानन्द सरस्वती, स्वामी श्रद्धानन्द, महात्मा हंसराज, लाला लाजपत राय, भाई परमानन्द, पं0 गुरूदत्त, स्वामी आनन्दबोध सरस्वती, पं0 वन्देमातरम रामचन्द्र राव, स्वामी अग्निवेष, बाबा रामदेव आदि आते हैं।

श्रीमती एनीबेसेन्ट
थीयोसोफीकल सोसायटी

परिचय

डा0 एनी वुड बेसेन्ट, अग्रणी थियोसोफिस्ट, महिला अधिकारों की समर्थक, लेखक, वक्ता एवं भारत-प्रेमी महिला का जन्म लन्दन शहर में 1 अक्टुबर, सन् 1847 ई. में हुआ था। इनके पिता अंग्रेज थे। पिता पेशे से डाक्टर थे। पिता की डाक्टरी पेशे से अलग गणित एवं दर्शन में गहरी रूचि थी। इनकी माता एक आदर्श आयरिश महिला थीं। डा0 बेसेन्ट के ऊपर इनके माता-पिता के धार्मिक विचारों का गहरा प्रभाव था। अपने पिता की मृत्यु के समय डा0 बेसेन्ट मात्र पाँच वर्ष की थी। पिता की मृत्यु के बाद धनाभाव के कारण इनकी माता हैरो ले गई। वहीं मिस मेरियट के संरक्षण में इन्होंने शिक्षा प्राप्त की। मिस मेरियट इन्हें अल्पायु में ही फ्रांस तथा जर्मनी ले गई तथा उन देशों की भाषा सीखीं। 17 वर्ष की आयु में अपनी माँ के पास वापस आ गईं। युवास्था में इनका परिचय एक युवा पादरी से हुआ और 1867 ई. में उसी रेवरेण्ड फ्रैंक से विवाह भी हो गया। पति के विचारों से असमानता के कारण दाम्पत्य जीवन सुखमय नहीं रहा। 1874 में इनका, इनके पति द्वारा सम्बन्ध विच्छेद हो गया। तलाक के बाद एनी बेसेन्ट को गम्भीर आर्थिक संकट का सामना करना पड़ा और उन्हें स्वतन्त्र विचार सम्बन्धी लेख लिखकर धनोपार्जन करना पड़ा। कानून की सहायता से उनके पति दोनों बच्चों को प्राप्त करने में सफल हो गये। इस घटना से उन्हें हार्दिक कष्ट हुआ। उन्होंने ब्रिटेन के कानून की निन्दा करते हुए कहा कि- यह अत्यन्त अमानवीय कानून है जो बच्चों को उनकी माँ से अलग करवा दिया है। मैं अपने दुःखों का निवारण दूसरों के दुःखों को दूर करके करूंगी और सब अनाथ एवं असहाय बच्चों की माँ बनूंगी।

1878 में ही उन्होंने प्रथम बार भारतवर्ष के बारे में अपने विचार प्रकट किये। उनके लेख तथा विचारों ने भारतीयों के मन में उनके प्रति स्नेह उत्पन्न कर दिया। अब वे भारतीयों के बीच कार्य करने के बारे में दिन-रात सोचने लगीं। 1883 में वे समाजवादी विचारधारा की ओर आकर्षित हुई। उन्होंने सोशलिस्ट डिफेन्स संगठन नाम की संस्था बनाई। इस संस्था में उनकी सेवाओं ने उन्हें काफी सम्मान दिया। इस संस्था ने उन मजदूरों को दण्ड मिलने से सुरक्षा प्रदान की जो लन्दन की सड़कों पर निकलने वाले जुलूस में हिस्सा लेते थे। 1889 में एनी बेसेन्ट थियोसोफी के विचारों से प्रभावित हुईं। उनके अन्दर एक शक्तिशाली अद्वितीय और विलक्षण भाषण देने की कला निहित थी। अतः बहुत शीघ्र उन्होंने अपने लिये थियोसोफिकल सोसायटी की एक प्रमुख वक्ता के रूप में महत्वपूर्ण स्थान बना लिया। उन्होंने सम्पूर्ण विश्व को थियोसोफी की शाखाओं के माध्यम से एकता के सूत्र में बाँधने का आजीवन प्रयास किया। बड़े ही सौभाग्य की बात हुई की उन्होंने भारत को थियोसोफी की गतिविधियों का केन्द्र बनाया। उनका आगमन 1893 में हुआ। सन् 1906 तक इनका अधिकांश समय वाराणसी में बीता। वे 1907 में थियोसोफिकल सोसायटी की अध्यक्षा निर्वाचित हुईं। उनहोंने पाश्चात्य भौतिकवादी सभ्यता की कड़ी आलोचना करते हुए प्राचीन हिन्दू सभ्यता को श्रेष्ठ सिद्ध किया। धार्मिक, शैक्षणिक, सामाजिक एवं राजनैतिक क्षेत्र में उन्होंने

राष्ट्रीय पुनर्जागरण का कार्य प्रारम्भ किया। भारत के लिए राजनीतिक स्वतन्त्रता आवश्यक है, इस उद्देश्य की प्राप्ति के लिए उन्होंने होमरूल आन्दोलन संगठित करके उसका नेतृत्व किया। 20 सितम्बर, 1933 को वे ब्रह्मलीन हो गईं। आजीवन वाराणसी को हृदय से अपना घर मानने वाली बेसेन्ट की अस्थियाँ वाराणसी लायी गयीं।

डा0 एनी बेसेन्ट स्वभावतः धार्मिक प्रवृत्ति की महिला थी। उनके राजनीतिक विचार की आधारशिला थी-उनके आध्यत्मिक एवं नैतिक मूल्य। उनका विचार था कि- अच्छाई के मार्ग का निर्धारण बिना आध्यात्म के संभव नहीं। कल्याणकारी जीवन प्राप्त करने के लिए मनुष्य की इच्छाओं को दैवी इच्छा के अधीन होना चाहिए। राष्ट्र का निर्माण एवं विकास तभी सम्भव है जब उस देश के विभिन्न धर्मों, मान्यताओं एवं संस्कृतियों में एकता स्थापित हो। सच्चे धर्म का ज्ञान आध्यात्मिक चेतना द्वारा ही मिलता है। उनके इन विचारों को महात्मा गाँधी ने भी स्वीकार किया। प्राचीन भारत की सभ्यता एवं संस्कृति का स्वरूप आध्यात्मिक था। यही आध्यात्मिकता उस समय के भारतीयों की निधि थी। डा0 बेसेन्ट का उद्देश्य था हिन्दू समाज एवं उसकी आध्यात्मिकता में आयी हुई विकृतियों को दूर करना। उन्होंने भारतीय पुनर्जन्म में विश्वास करना शुरू किया। उनका निश्चित मत था कि वह पिछले जन्म में हिन्दू थीं। वह धर्म और विज्ञान में कोई भेद नहीं मानती थीं। उनका धार्मिक सहिष्णुता में पूर्ण विश्वास था। उनका भगवद्गीता का अनुवाद – "थाट्स आन दी स्टडी आफ दी भगवद्गीता", इस बात का प्रमाण है कि हिन्दू धर्म एवं दर्शन में उनकी गहरी आस्था थी। वे कहा करती थीं कि हिन्दू धर्म में इतने सम्प्रदायों का होना इस बात का प्रमाण है कि इसमें स्वतन्त्र बौद्धिक विकास को प्रोत्साहन दिया जाता है। वे यह मानती थीं कि विश्व को मार्गदर्शन करने की क्षमता केवल भारत में निहित है। वे भारत के सदियों से अन्धविश्वासों से ग्रस्त मानव को मुक्त करना चाहती थीं। वे विधवा विवाह को धर्म मानती थीं। उनकी धारणा थी कि प्रौढ़ विधवाओं को छोड़कर किशोर एवं युवावस्था की विधवाओं को सामाजिक बुराई रोकने के लिए विवाह करना आवश्यक है। वे अन्तर्जातिय विवाहों को भी धर्मसम्मत मानती थीं। बहु-विवाह को वे नारी गौरव का अपमान एवं समाज का अभिशाप मानती थीं। किसी भी देश के निर्माण में प्रबुद्ध वर्ग की भूमिका महत्वपूर्ण होती है। यह प्रबुद्ध वर्ग उस देश की शिक्षा का उपज होता है। अतः शिक्षा व्यवस्था को वे अत्यधिक महत्व देती थीं। उन्होंने शिक्षा पाठ्यक्रमों में धार्मिक एवं नैतिक शिक्षा को अनिवार्य रूप से पढ़ाये जाने तथा उसे प्राचीन भारतीय आदर्शों पर आधारित होने के लिए जोर दिया। उनकी धारणा थी कि प्रत्येक भारतीय को संस्कृत व अंग्रेजी दोनों का ज्ञान होना चाहिए।

बड़े दुर्भाग्य की बात है कि एनी बेसेन्ट ने गाँधी जी के असहयोग आन्दोलन की अत्यन्त असंयमित भाषा में भर्तसना करते हुये उनके आन्दोलन को क्रान्तिकारी, अराजकतावादी तथा घृणा और हिंसा को उभाड़ने वाला आन्दोलन निरूपित किया था। गाँधी के दर्शन एवं नेतृत्व को उन्होंने स्वतन्त्रता के मार्ग में सबसे बड़ी बाधा बताया था। उन्होंने गाँधी जी को अस्पष्ट स्वराज देखने वाला और रहस्यवादी राजनीतिज्ञ बताया। उन्हें इस बात से सन्देह था कि गाँधी जी सच्चे हृदय से पश्चाताप, उपवास, तपस्या आदि में विश्वास करते हैं। उन्होंने देश की जनता को चेतावनी दी थी कि यदि गाँधीवादी प्रणाली को अपनाया गया तो देश पुनः अराजकता के खड्ड में जा गिरेगा।

प्रतिभा समपन्न लेखिका और स्वतन्त्र विचारक होने के नाते श्रीमती एनी बेसेन्ट ने थियोसाफी (ब्रह्मविद्या) पर करीब 220 पुस्तकों व लेखों की बाढ़ लगा दी थी। पूर्व-थियोसाफिकल पुस्तकों एवं लेखों की संख्या लगभग 105 है। उन्होंने केवल एक साल के अन्दर 1895 में 16 पुस्तकें और पैम्प्लेट प्रकाशित किये जो 900 पृष्ठों से भी अधिक थे। भारतीय संस्कृति, शिक्षा व सुधारों पर संभवतः 48 ग्रन्थों और पैम्प्लेटों की उन्होंने रचना की। भारती राजनीति पर करीबन 77 पुष्प खिले। उनकी मौलिक कृतियों से चयनित लगभग 28 ग्रन्थों का प्रणयन हुआ। कुल मिलाजुलाकर करीबन 505 ग्रन्थों व लेखों की मलिका डा0 एनी बेसेन्ट ने "हाउ इण्डिया रौट् फार फ्रिडम (1915)" में भारत को अपनी मातृभूमि बतलाया है। "इण्डियाःए नेशन" नामक जो पुस्तक जब्त कर ली गयी थी उसमें उन्होंने स्वयत्त-शासन विचारधारा प्रतिपादित की है। 1917 में नजरबन्द किये जाने से पहले 70 वर्षीय वृद्धा ने अपने भारत भाइयों को आखिरी सन्देश दिया था- मैं वृद्धा हूँ, किन्तु मुझे विश्वास है कि मरने के पहले ही मैं देखूंगी कि भारत को स्वायत्त शासन मिल गया।

हिन्दुओं में सहस्रजीवी होना एक दुर्लभ सौभाग्य माना जाता है, जो देव कृपा से ही प्राप्त होता है। एनी बेसेन्ट को यह सौभाग्य प्राप्त हुआ। जन्म से वे आयरिश (विदेशी) थीं। पालन-पोषण इंगलैण्ड में हुआ, परन्तु व्यवहार की दृष्टि से श्रीमती एनी बेसेन्ट पूर्णतया हिन्दू ही नहीं अपितु महान हिन्दू थीं। वे बड़ी भाग्यशाली थीं, और भारत को भी सौभाग्य मिला कि वे "सहस्रमास" की अवधि पार कर छः वर्ष और जीवित रहीं।

श्रीमती एनी बेसेन्ट मनुष्य जाति की विभूति थी। उनके साथी चार्ल्स ब्रेडला कहा करते थे - "विश्व ही मेरा देश है, और परोपकार मेरा धर्म।" बेसेन्ट पर चार्ल्स ब्रेडला के इस सिद्धान्त का प्रभाव पड़ा। यह आदर्श आदि शंकराचार्य के आदर्श को स्पर्श करता है। आचार्य शंकर कहते थे- "मेरी माता पार्वती देवी और पिता भगवान महेश्वर हैं। सम्पूर्ण विश्व शिव-भक्त मेरे भाई-बहन हैं और त्रिलोक मेरा देश।" एनी बेसेन्ट को वेद और भारतीयों के देश भारत से विशेष प्रेम था। जब परतन्त्रता की श्रृंखला में अंग्रेजों ने भारत को जकड़ लिया और काले-गोरे के भेद में काले के नाम से भारत की सर्वत्र निन्दा की जाती, उस समय भी एनी बेसेन्ट को भारतमाता के बच्चों से विशेष प्रेम था। उन्होंने भारत को ही अपना देश बना लिया था और वे इसे, अपनी मातृभूमि की तरह आदर करते हुए, प्यार करती थीं। भारतीयों ने भी एनी बेसेन्ट के प्रति माँ के समान अपनी श्रद्धा व्यक्त की।

अपनी 86 वर्ष की आयु में से उन्होंने 40 वर्ष भारत की सेवा में ही व्यतीत किए। यदि शिक्षा काल की अवस्था को भी गिने, तो जीवन का दो तिहाई भाग भारत में, भारत के लिए कार्य करते हुए व्यतीत हुआ। वे थियोसाफीकल सोसायटी के माध्यम से आकर्षित हो कर भारत आईं। श्रीयुत स्टेड ने इस संस्था से परिचित कराया। श्री स्टेड ने पुस्तक- "रिव्यू आफ रिव्यूज" एनी बेसेन्ट को समालोचना के लिए भेजी थीं। अडियार के थियोसाफीकल समाज में वे प्रतिवर्ष राष्ट्रीय महत्व की घटनाओं पर अपना महत्वपूर्ण अभिभाषण देती। भारत आने के पाँच वर्ष बाद ही उन्होंने पवित्र काशी नगरी में सेन्ट्रल हिन्दू कालेज की स्थापना के संकल्प को पूरा किया। इस कार्य में विद्यावारिधि पूज्य डा0 भगवानदास ने उनका अग्रगण्य सहयोग किया। शीघ्र ही अपने उत्साह और अन्यन्यता से एनी बेसेन्ट ने यह कालेज सर्वोत्तम शिक्षालयों की श्रेणी में ला खड़ा किया, जिसकी ओर अनेक शिक्षा-कला-विशारद आकर्षित हुए।

सार्वजनिक सेवा भावना के वशीभूत उन्होंने "सेन्ट्रल हिन्दू कालेज, वाराणसी" को पं0 मदन मोहन मालवीय जी को, हिन्दू विश्वविद्यालय के श्रीगणेश के साथ ही तत्परता से सौंप दिया और हिन्दू विश्वविद्यालय की स्थापना में भरपूर सहयोग दिया। एनी बेसेन्ट की सबसे बड़ी विशेषता थी- "दूसरों के सत्कार्य की प्रशंसा करना और उसमें सहयोगी बनना"

उन्होंने राजनीतिक हलचल के समय अंग्रेजी दैनिक का सम्पादन किया, परन्तु अर्थाभाव के कारण कुछ वर्षों के बाद उसे बन्द करना पड़ा। तत्पश्चात् "भारतीय राष्ट्रीय कांग्रेस" में सम्मिलित हुईं और उसका सभापतित्व करने का सम्मान प्राप्त किया। उन्होंने होमरूल लीग, नेशनल कन्वेंशन ओर कामनवेल्थ आफ इण्डिया लीग की स्थापना की। देश सेवा के लिए वे जेल भी गईं। अपने विरोध की ज्वाला को इंग्लैण्ड तक फैलाया। उन्होंने 1915 में गोरखपुर में युक्त प्रान्तीय कान्फ्रेन्स और 1929 में लखनऊ में युक्त प्रान्तीय लिबरल कान्फ्रेन्स की अध्यक्षता की।

एनी बेसेन्ट में संगठन की अद्भुत क्षमता थी। वे अत्याचारों के विरूद्ध पीड़ितों के साथ रही। आज भले ही उनका पंचभौतिक शरीर नहीं है, परन्तु जिन्हें मनुष्य-मरणेत्तर-सत्ता और मानवता के कल्याणार्थ दैवी आत्माओं में विश्वास है- वे आज भी पीड़ित मानवता की सेवा और भारतीय संस्कृति के आदर्शों की स्थापना कर, उन्हें अभिवृद्ध करने की प्रेरणा श्रीमती एनी बेसेन्ट से लेते रहेंगे।

थियोसाफिकल सोसायटी

थियोसाफिकल सोसायटी, एक अन्तर्राष्ट्रीय आध्यात्मिक संस्था है। "थियोसोफी" ग्रीक भाषा के दो शब्दों "थियोस" तथा "सोफिया" से मिलकर बना है जिसका अर्थ हिन्दूधर्म की "ब्रह्मविद्या", ईसाई धर्म के "नोस्टिसिज्म" अथवा इस्लाम धर्म के "सूफीज्म" के समकक्ष किया जा सकता है। कोई प्राचीन अथवा अर्वाचीन दर्शन, जो कि

परमात्मा के विषय में चर्चा करे, सामान्यतः थियोसोफी कहा जा सकता है। इस शब्द का सर्वप्रथम प्रयोग आइंब्लिकस ने ईसवी सन् 300 के आसपास किया था। जो प्लैटो संप्रदाय के अमोनियस सक्कस का अनुयायी था। उसने सिमंदरिया के अपने "सारग्राही मतवाद" के प्रसंग में इस शब्द का प्रयोग किया था। इसके पश्चात् पाईथोगोरस के जीवनदर्शन में उसकी शिक्षाओं के अंश उपलब्ध होते हैं। थियोसाफिकल सोसायटी ने विधिवत् एवं सुनिश्चित परिभाषा के द्वारा थियोसाफी शब्द को सीमाबद्ध करने का कभी भी प्रयत्न नहीं किया। सोसाइटी के उद्देश्य में इस शब्द का उल्लेख तक नहीं है। समस्त धर्म एवं दर्शन का मूलसार "सत्य", थियोसोफी ही है। थियोसाफिकल सोसायटी वस्तुतः सब प्रकार के भेदभाव से रहित सत्यान्वेषी साधकों का एक समूह है। सोसाइटी के लिए महत्वपूर्ण है- केवल सत्यान्वेषण। उसके लिए व्यक्ति सर्वथा गौण है। व्यक्ति के सम्मान अथवा उसके विरोध के लिए उसमें कोई स्थान नहीं है। इसने अनेक सुविख्यात, महत्वपूर्ण और विभिन्न विचारधारा वाले व्यक्तियों को प्रभावित किया है। सांस्कृतिक दृष्टि से इस संस्था द्वारा प्रचारित चिंतन पद्धति, विज्ञान, धर्म और दर्शन के संश्लेषण द्वारा आत्मचेतना के विकास की प्रेरणा प्रदान करती है। सोसाइटी का लक्ष्य ऐसे मानव समाज का निर्माण करना है जिसमें सेवा, सहिष्णुता, आत्मविश्वास और समत्व भाव स्वयंसिद्ध हों।

उद्देश्यों एवं मान्यताओं के अनुरूप ही सोसाइटी की मोहर है- परस्पर मिले हुए इन दो त्रिभुजों के द्वारा षट्कोण ग्रह बनता है। उत्तर की ओर शीर्ष वाला त्रिभुज आध्यात्मिक जगत् का प्रतीक है और दक्षिण की ओर शीर्ष वाला त्रिभुज भौतिक (जड़) जगत् का प्रतीक है। भारतवर्ष में इसे विष्णु की मुद्रा तथा पश्चिम में इसे सुलेमान की मोहर ओर डेविड की मुद्रा कहते हैं। इसके चारों ओर लिपटा हुआ सर्प जीवन की अमरता का प्रतीक है। यह अपने मुख द्वारा अपनी पूंछ को काटता है। यह ज्ञान का सर्प है जो कभी भी नष्ट नहीं होता। ऊपर छोटे से वृत्त में स्वस्तिक का चिन्ह भी इसी प्रकार अनन्त के ज्ञान का प्रतीक है। लंब, मस्तिष्क का प्रतीक है तथा समानान्तर रेखा जिस पदार्थ का प्रतीक है ये दोनों "न" बिन्दु पर मिलते हैं। वह "जीवन" का प्रतीक है जहाँ प्राणी अनुभव प्राप्त करता हुआ जीवन और जगत् से शिक्षा ग्रहण करता है। क्रास, विकास का माध्यम है। इसी का दूसरा नाम शूली पर चढ़ना अर्थात इन्द्रियों को वश में करना है। कहीं-कहीं क्रास को स्वस्तिक के चिन्ह के भाँति बना देते हैं। तब यह जीवन की गति का भी द्योतक बन जाता है। सिद्धि प्राप्त करने के पश्चात् क्रास का स्वरूप होता है। इसका अर्थ यह होता है कि "कर्मफल" अपने हाथ में नहीं है। उसका हिसाब स्वर्ग में है। इस प्रकार वह साधक को प्रेरणा देता है कि "ज्ञानमातंड की ओर देखो और आगे बढ़ते जाओ"। इस मुद्रा में क्रास इसी रूप में अंकित है। इसके ऊपर "ऊँ" तथा नीचे ये शब्द अंकित रहते हैं- "सत्यान्नास्ति परो धर्मः (सत्य के अलावा कोई दूसरा धर्म नहीं है)"

रूस निवासी महिला मैडम हैलना पैट्रोवना ब्लैवैटस्की और अमेरीका निवासी कर्नल हेनरी स्टील ओलकोट ने 17 नवम्बर, 1875 को न्यूयार्क में थियोसाफिकल सोसाइटी की स्थापना की। सन् 1879 में सोसायटी का प्रधान कार्यालय न्यूयार्क से मुम्बई लाया गया। सन् 1882 में उसका प्रधान कार्यालय और भारतवर्ष की राष्ट्रीय शाखा 18 दिसम्बर, 1890 को अद्यार, चेन्नई में अन्तिम रूप से स्थापित कर दिया गया। सन् 1895 में राष्ट्रीय शाखा का प्रधान कार्यालय वाराणसी लाया गया। भारत आगमन के आरम्भकाल में सोसाइटी ने आर्यसमाज के साथ मिलकर भारतवर्ष के सांस्कृतिक, धार्मिक पुनर्जागरण की योजना बनाई थी और कुछ समय तक संयुक्त रूप से कार्य भी किया था, परन्तु बाद में दोनों संस्थाएँ पृथक हो गईं। अद्यार, चेन्नई स्थित कार्यालय के पास 266 एकड़ भूमि है, जिसमें अनेक भवन एवं कार्यालय हैं। यहाँ का पुस्तकालय संसार के सर्वोत्कृष्ट पुस्तकालयों में गिना जाता है। इसमें 12000 तालपत्र की पाण्डुलिपियाँ, 6000 अन्य अति प्राचीन हस्तलिखित पाण्डुलिपियाँ तथा 60000 से अधिक पुस्तकें हैं। ये पुस्तकें पाश्चात्य एवं भारतीय धर्म, दर्शन एवं विज्ञान विषयक हैं। इसका मुखपत्र मासिक "थियोसाफिस्ट" है। इसकी स्थापना मैडम हैलना पैट्रोवना ब्लैवैटस्की द्वारा हुई थी।

आरम्भ में थियोसाफिकल सोसाइटी का उद्देश्य विश्व के संचालित करने वाले नियमों के समबन्ध में ज्ञान अर्जन एवं उसका वितरण था। सन् 1875 से लेकर 1896 तक की कालावधि में उद्देश्यों में कई बार परिवर्तन किया गया और सन् 1896 में उद्देश्यों का वर्तमान रूप निर्धारित हुआ। यह सब प्रकार के भेदभावों से रहित सत्यान्वेषी

साधकों की संस्था है जिसका लक्ष्य बन्धुत्व की प्रतिष्ठा द्वारा मानव समाज की सेवा करना है। इसके घोषित तीन उद्देश्य हैं-

1. मानवजाति के सार्वभौम मातृभाव का एक केन्द्र बिना जाति, धर्म, स्त्री, पुरूष, वर्ण अथवा रंग के भेदभाव को मानते हुए बनाना।
2. विविध धर्म, दर्शन तथा विज्ञान के अध्ययन को प्रोत्साहित करना।
3. प्रकृति के अज्ञात नियमों तथा मानव में अंतर्हित शक्ति की शोध करना। इसका लक्ष्य सत्य की खोज है। मूलमंत्र शान्ति है तथा आदर्श वाक्य है- "सत्य से श्रेष्ठतर कोई धर्म नहीं है"

सोसाइटी के साहित्य में

1. एक सर्वव्यापी सत्ता है वही समस्त सृष्टि का मूल स्रोत है। वह सब विश्व में ओत प्रोत है।
2. विकास क्रम
3. कर्म सिद्धान्त
4. पुनर्जन्म
5. देवी विधान
6. जीवनमुक्त सिद्ध पुरूषों का अस्तित्व, जिन्हें सोसाइटी में "मास्टर" के नाम से पुकारा गया है।
7. मनुष्य के सूक्ष्म शरीर और उसकी रचना
8. मृत्यु और उसके पश्चात् की दशा
9. आत्मोन्नति का मार्ग और मनुष्य का भविष्य
10. विचार और उनका प्रभाव। सिद्धान्तों और विषयों की विशेष चर्चा की गई है।

व्यक्तिगत मोक्ष अथवा निर्वाण पर बल न देकर सोसाइटी समाजसेवा पर बल देती है। दयादाक्षिण्य के अवतार बुद्ध एवं परदुःखकातरता के साकार स्वरूप रंतिदेव इसके प्रेरणास्रोत हैं। संसार के कर्मभार को हल्का करना इसके साधक सदस्यों के जीवन की चरम साधना है। विचारस्वातन्त्र्य इसकी आधारशिला है। यह वस्तुतः संस्थान होकर भी विश्वबंधुत्व का स्थूल प्रतीक है। संस्थापिता से लेकर आज तक किसी भी अधिकारी अथवा लेखक ने सदस्यों के ऊपर कोई मान्यता अथवा राय लादने का प्रयत्न नहीं किया है। प्रत्येक व्यक्ति को, सोसाइटी के सदस्य को भी, यह अधिकार है कि वह प्रत्येक मान्यता का परीक्षण करे, उचित प्रतीत होने पर वह इसे स्वीकार करे अथवा निःसंकोच भाव से अस्वीकार करे दे। सन् 1924 तथा 1950 में इसकी जनरल कौंसिल ने विचारस्वातन्त्र्य सम्बन्धी प्रस्ताव पारित कर इस बात पर पूरा बल दिया है कि किसी भी सदस्य को कोई भी सिद्धान्त अथवा मतवाद अनिवार्य रूप से स्वीकार नहीं होना चाहिए। इसके तीन उद्देश्यों की स्वीकृति इसकी सदस्यता के लिए पर्याप्त हैं। प्रत्येक सदस्य को अधिकार है कि वह चाहे जिस धर्म, दर्शन, गुरू, संस्था, मतवाद आदि से अपने को आपको संबद्ध रखे। चूँकि यह संस्था प्रत्येक सदस्य को मन, वचन और कर्म की पूर्ण स्वतन्त्रता प्रदान करती है इसलिए यह अपने रूप को स्पष्ट और पृथक रखना चाहती है। फलतः न तो यह अन्य किसी संस्था को अपना अंग बनाती है और न किसी अन्य संस्था के साथ किसी प्रकार का सम्बन्ध या समझौता ही स्थापित करती है।

भाग-2

धर्म

साभार - "विश्व के प्रमुख धर्मों में धर्म समभाव की अवधारणा"
प्रकाशक-वैज्ञानिक तथा तकनीकी शब्दावली आयोग, मानव संसाधन विकास मंत्रालय, भारत सरकार

धर्म का अर्थ, धर्म और रिलिजन

धर्म की परिभाषा, तत्व चिंतन और आवश्यकता

धर्म एवं दर्शन, धर्मदर्शन, विज्ञान, नैतिकता

धर्म में वस्तु तत्व एवं प्रतीक

धर्मसमभाव की अवधारणा और विश्वधर्म का आधार

धर्म का अर्थ

शब्द कोश के अनुसार धर्म शब्द की उत्पत्ति "धृ" धातु से हुई है और धृ का अर्थ है "धारण करना"। ऋग्वेद में "अतो धर्माणि धारयन" के रूप में धर्म के धारण करने का उल्लेख मिलता है (ऋग्वेद, 1/22/18)। महाभारत में "धारणात् धर्म मित्याहुः धर्मोंधारयते प्रजाः" (महाभारत, कर्ण पर्व, 49/50) के द्वारा एवं भगवद्गीता में "धृत्याययया धारयते" (गीता, 18/33) के द्वारा धारण का अर्थभाव स्पष्ट होता है। "धारण करना" को सरल शब्दों में अपनाना भी कहा जा सकता है।

ऋग्वेद में "त्रीणि पदा विचक्रमें विष्णुगोंपा अदाभ्यः। अतो धर्माणि धारयन।। (ऋग्वेद, 1/22/18)" के द्वारा व्यापाक अर्थ में कहा गया है कि परमात्मा ने आकाश में त्रिपाद परिमित स्थान में त्रिलोक का निर्माण कर उनमें धर्मों का धारण किया है। धृव्रतो (ऋग्वेद, 1/9/44/4) अर्थात सत्यव्रत धारण करने वाले, अधि धा (ऋग्वेद, 1/10/54/11) अर्थात अच्छी तरह धारण कर धर्मणामिरज्यसि (ऋग्वेद, 1/10/55/3) अर्थात धर्मों के योग से अतिशय, ऐश्वर्य आदि को धारण करने का निर्देश मिलता है।

अथर्ववेद में सत्य, दीक्षा, तप, ब्रह्म, यज्ञ आदि को धर्म तत्व मानते हुए पृथ्वी को धारण (अथर्ववेद, 12/1/1) करने की बात कही गयी है। महाभारत में वह वस्तु जो सम्पूर्ण विश्व को धारण कर रही है एवं समाज (प्रजा) की एकता को मूर्तिमंत करती है (महाभारत, कर्ण पर्व, 58-59), उसे ही धर्म कहा गया है।

धर्म के तत्वज्ञान (कठ उपनिषद्, 1/22/13), विधि-निषेध (तैत्तिरीय उपनिषद्, 2/11/1), सत्य (बृह. उपनिषद्, 1/4/14), पुण्य (छान्दोग्य उपनिषद्, 2/1/14), सांसारिक जीवन में अभ्युदय एवं जीवन के परम निःश्रेयस (वैशेषिक सूत्र, 1/1/1-3), चरित्र-आचरण (मनुस्मृति, 2/108) आदि को जीवन में धारण करना माना गया है जो निश्चित ही धारण के सम्बन्ध में विभिन्नताओं को दर्शाता है। अतः धर्म के धारण के सम्बन्ध में कोई एक पूर्ण निश्चित तथा सर्वमान्य विचार कर निर्णय कर पाना लगभग दुष्कर है किन्तु इतना निश्चित है कि धर्म का अर्थ निःसन्देह धारण करना ही माना गया है।

धर्म (मजहब), किसी एक या अधिक परलौकिक शक्ति में विश्वास और इसके साथ-साथ उसके साथ जुड़ी रिति, रिवाज, परम्परा, पूजा-पद्धति और दर्शन समूह है। इस सम्बन्ध में प्रोफेसर महावीर सरन जैन का अभिमत है कि आज धर्म के जिस रूप को प्रचारित एवं व्याख्यायित किया जा रहा है उससे बचने की जरूरत है। वास्तव में धर्म, सम्प्रदाय नहीं है। जिन्दगी में हमें जो धारण करना चाहिए, वही धर्म है। नैतिक मूल्यों का आचरण ही धर्म है। धर्म वह पवित्र अनुष्ठान है जिससे चेतना का शुद्धिकरण होता है। धर्म वह तत्व है जिसके आचरण से व्यक्ति अपने जीवन को चरितार्थ कर पाता है। यह मनुष्य में मानवीय गुणों के विकास की प्रभावना है, सार्वभौम चेतना का सत्संकल्प है। मध्ययुग में विकसित धर्म एवं दर्शन के परम्परागत स्वरूप एवं धारणाओं के प्रति आज के व्यक्ति की आस्था कम होती जा रही है। मध्ययुगीन धर्म एवं दर्शन के प्रमुख प्रतिमान थे- स्वर्ग की कल्पना, सृष्टि एवं जीवों के कर्ता के रूप में ईश्वर की कल्पना, वर्तमान जीवन की निरर्थकता का बोध, अपने देश एवं काल की माया एवं प्रपंचों से परिपूर्ण अवधारणा। उस युग में व्यक्ति का ध्यान अपने श्रेष्ठ आचरण, श्रम एवं पुरूषार्थ द्वारा अपने वर्तमान जीवन की समस्याओं का समाधान करने की ओर कम था, अपने आराध्य की स्तुति एवं जय गान करने में अधिक था। धर्म के व्याख्याताओं ने संसार के प्रत्येक क्रियाकलाप को ईश्वर की इच्छा माना तथा मनुष्य को ईश्वर के हाथों की कठपुतली के रूप में स्वीकार किया। दार्शनिकों ने व्यक्ति के वर्तमान जीवन की विपन्नता का हेतु "कर्म-सिद्धान्त" के सूत्र में प्रतिपादित किया। इसकी परिणति मध्ययुग में यह हुई कि वर्तमान की सारी मुसीबतों का कारण "भाग्य" अथवा ईश्वर की मर्जी को मान लिया गया। धर्म के ठेकेदारों ने पुरूषार्थवादी मार्ग के मुख्य द्वार पर ताला लगा दिया। समाज या देश की विपन्नता को उसकी नियति मान लिया गया। समाज स्वयं भी भाग्यवादी बनकर सुख-दुःखात्मक स्थितियों से संतोष करता रहा। आज के युग ने यह चेतना प्रदान की है कि विकास का रास्ता हमें स्वयं बनाना है। किसी समाज या देश की समस्याओं का समाधान कर्म-कौशल, व्यवस्था परिववर्तन, वैज्ञानिक तथा तकनीकी विकास, परिश्रम तथा निष्ठा से सम्भव है। आज के मनुष्य की रूचि अपने वर्तमान जीवन को सँवारने में अधिक है।

उसका ध्यान "भविष्योन्मुखी" न होकर वर्तमान में है। वह दिव्यताओं को अपनी ही धरती पर उतार लाने के प्रयास में लगा हुआ है। वह पृथ्वी को स्वर्ग बना देने के लिए बेताब है।

"वेदान्त दर्शन एक एक करके इन तीन सोपानों (द्वैत, विशिष्टद्वैत, अद्वैत) का अवलम्बन करके अग्रसर हुआ है तथा हम इस तृतीय सोपान (अद्वैत) को पार करके अधिक अग्रसर नहीं हो सकते, क्योंकि हम एकत्व के उपर अधिक जा नहीं सकते। धर्मज्ञान को उच्चतम चूड़ा में आरोहण करने के लिए मानव जाति को जिन सब सोपानों का अवलम्बन करना पड़ा है, प्रत्येक व्यक्ति को भी उसका ही अवलम्बन करना होगा। केवल प्रभेद यह है कि समग्र मानव जाति को एक सोपान से दूसरे सोपान में आरोहण करने के लिए लाख-लाख वर्ष लगे हो, किन्तु व्यक्तिगण कुछ वर्षों में ही मानव जाति का समग्र जीवन यापन कर ले सकते हैं, अथवा वे और भी शीघ्र, सम्भवतः छः मास के भीतर ही उसे सम्पूर्ण कर ले सकते हैं।" (धर्म विज्ञान, पृष्ठ-134-135, राम कृष्ण मिशन प्रकाशन)

- स्वामी विवेकानन्द

धर्म और रिलिजन

पाश्चात्य चिंतन में धर्म के स्थान पर "रिलिजन" शब्द का प्रयोग मिलता है। अतः रिलिजन शब्द के अर्थ को समझना आवश्यक है। कई विद्वान रिलिजन शब्द का प्रयोग एवं धर्म शब्द का प्रयोग एक ही अर्थ में करते हैं। वे इन्हें पूर्णतः एक ही मान लेते हैं और रिलिजन कह ही भाँति धर्म को व्याख्यायित करने का प्रयत्न करते हैं। इसका प्रमुख कारण दोनों में कुछ समरूपताओं का पाया जाना है, जैसे- पवित्रता, संयमपूर्ण जीवन, नैतिकता, विश्वास, ईश्वर की या परमसत्ता की मान्यता, प्रार्थना, उपासना, स्वर्ग-नरक आदि। किन्तु इससे यह नहीं माना जा सकता कि धर्म व रिलिजन एक ही हैं या दोनों का प्रयोग समग्र अर्थ में एक दूसरे के स्थान पर किया जा सकता है।

धर्म के लौकिक प्रयोग (हिन्दी विश्वकोष, एकादश भाग, नगेन्द्रनाथ बसु, पृष्ठ 107-108) को वर्णित करते हुए धर्म व रिलिजन के अर्थभेद को स्पष्ट किया गया है। इसमें ऋग्वेद के अनुसार धर्म को जगत् के निर्वाहक नियमों के समूह के रूप में स्वीकार किया गया है। धर्म शब्द संस्कृत भाषा का शब्द है जबकि लैटिन-अंग्रेजी भाषा के रिलिजन शब्द से विभिन्न जातियों की ईश्वरोपासना प्रणाली का बोध होता है। संस्कृत में ईश्वरोपासना प्रणाली को महत्ता दी गयी है किन्तु वह आचार शब्द के अन्तर्गत है। धर्म शब्द से आचार शब्द का बोध कराते हुए क्रमशः उसका अर्थ संकुचित कर आचार के विभिन्नांशो के लिए उसका प्रयोग किया जाने लगा और ऐसी स्थिति में रिलिजन शब्द का अर्थ धर्म में प्रविष्ट हो गया तथा धर्म को रिलिजन शब्द के स्थान पर, रिलिजन को धर्म शब्द के स्थान पर प्रयुक्त किया जाने लगा।

मैक्समूलर के अनुसार- धर्म और रिलिजन दो पृथक भाषाओं के शब्द हैं अतः धर्म को ग्रीक या लैटिन में अनुवादित नहीं किया जा सकता है और न ही लैटिन के रिलिजन में ही धर्म का सम्पूर्ण अर्थ सन्निहित है।

धर्म एवं रिलिजन में एक अन्य प्रमुख भेद व्यापकता का भी पाया जाता है। धर्म में ईश्वर को मानने वाले और ईश्वर को न मानने वाले, दोनों को धर्म में समावेशित किया गया है। वैदिक धर्म में ईश्वर की सत्ता में विश्वास प्रकट किया गया है किन्तु जैन धर्म एवं बौद्ध धर्म में ईश्वर (सृष्टा) के अस्तित्व में विश्वास प्रकट नहीं किया गया है जबकि रिलिजन के अर्थ के अन्तर्गत दिव्य सत्ता (ईश्वर), अलौकिक विश्वास, ईश्वर की अधिनता का आदर्श, ईश्वर का सृष्टित्व, उपवास, प्रायश्चित, विभिन्न उपासना पद्धतियाँ आदि को विशेष रूप से स्वीकार किया गया है। अनीश्वरवादी (ईश्वर को नहीं मानने वाला) धर्म हो सकता है, इसे प्रायः पाश्चात्य चिंतन परम्परा में स्थान दिये जाने का उल्लेख नहीं मिलता हे। दैवीय सत्ता के प्रकाशना (जिसके द्वारा ईश्वर स्वयं मनुष्यों को अपने विषय में जानकारी देता है), चमत्कार, आदि का बोध रिलिजन माना गया है। धर्म में भी आचार-विचार के दृष्टिकोण से इन समस्त भावों का आभास पाया जाता है किन्तु विभिन्न ग्रन्थों में धर्म के उल्लेखों से यह स्पष्ट होता है कि धर्म का अर्थ व स्वरूप रिलिजन के अर्थ एवं स्वरूप की अपेक्षा अधिक व्यापक है क्योंकि धर्म के रूप में तत्कालिन मनुष्य की सामाजिक व्यवस्था के स्वरूप के अनुसार धार्मिक विधि-विधान, सामाजिक एवं नैतिक नियमों, रीति-रिवाजों, ईश्वर, आत्मा, सृष्टि आदि से सम्बन्धित अवधारणाओं को वर्णित किया गया है। धर्म शब्द का प्रयोग मूर्तामूर्त, आत्मवाद व अनात्मवाद, ईश्वरवाद व अनीश्वरवाद, आचार, शास्त्र-आज्ञा, कर्तव्यपालन, श्रेय व प्रेय की सिद्धि, स्वभाव आदि सभी के लिए प्रयुक्त हुआ है। रिलिजन शब्द का प्रयोग कहीं पर भी अनात्मवाद या अनीश्वरवाद के लिए किया गया हो ऐसा उल्लेख उपलब्ध नहीं होता है। कारण यह है कि रिलिजन का अर्थ ही मनुष्य को ईश्वर से सम्बन्धित करना अथवा बाँधना है। अतः यह स्पष्ट होता है कि धर्म शब्द का अर्थ व प्रयोग निःसन्देह व्यापक व विस्तृत अर्थ में हुआ है जबकि रिलिजन शब्द का प्रयोग अपेक्षाकृत कम व्यापक अर्थ में किया गया है।

धर्म की परिभाषा, तत्व चिंतन और आवश्यकता

परिभाषा और तत्व चिंतन

धर्म अथवा रिलिजन की कोई निश्चित एवं सर्वमान्य परिभाषा देना कठिन है क्योंकि धर्म अथवा रिलिजन शब्द का प्रयोग विभिन्न अर्थो में किया जाता रहा है।

जे.बी.प्राट के अनुसार - यह बड़ा बेतुका तथ्य प्रतीत होता है कि धर्म नाम का लोक प्रचलित शब्द जो मनुष्य जाति के होठों से बार-बार निःसृत होता है और जिससे मानव जीवन के सबसे प्रत्यक्ष व्यापार का बोध होता है फिर भी यह इतना जटिल है कि इसे परिभाषित करना अत्यंन्त दुष्कर है। धर्म की वहीं परिभाषा सर्वमान्य हो सकती है जो सभी धर्मों पर लागू हो सकती हो तथा जिसमें ज्ञान, भावना और कर्म तीनों का समावेश हो।

भारतीय चिंतन में धर्म को अनेक रूपों में परिभाषित किया गया है। जैसे- वेद में सत्य, ऋतु, व्रत, यज्ञ आदि को विभिन्न प्रकार से धर्म ही कहा गया है। तैत्तिरीय व छान्दोग्य उपनिषद् में नैतिक आदर्श या सदाचार को धर्म कहा गया है। बृहदारण्यक उपनिषद् में धर्म शब्द का प्रयोग आध्यत्मिक, नैतिक एवं भौतिक जगत (वस्तुओं) के संचालन के अर्थ में किया गया है। धर्म के सम्बन्ध में कहा गया है कि - यह धर्म सब भूतों का मधु है, और सब वस्तुएँ इस धर्म की मधु हैं और जो इस धर्म में प्रकाशमय, अमृतमय पुरूष है, वह आत्मा ही है, यह अनश्वर अमृत है, यह ब्रह्म है, यह सर्वमय है। बृहदारण्क उपनिषद् में धर्म को सत्य व सत्य को धर्म के रूप में विवेचित करते हुए सत्य बोलने वाले के लिए कहा गया है कि यह धर्म कह रहा है तथा धर्म की बात कहने वाले के प्रति कहा गया है कि वह सत्य कह रहा है। सत्य को धर्म धर्म के रूप में मानते हुए ईशावास्योपनिषद् में कहा गया है कि ऋषियों ने सत्य को धर्म के रूप में देखा है-"सत्यं धर्माय दृष्टये"। सत्य ही धर्म की सच्ची प्रतिष्ठा है- "धर्म प्रतिष्ठितः"। इसलिए सत्य से बढ़कर दूसरा धर्म नहीं माना गया है - "सत्यान्नास्ति परोधर्म"। सत्य से बढ़कर कोई धर्म, नीति, तप व बल नहीं माना गया है। सत्य पर सभी को अधिष्ठित मानते हुए यही कहा गया है कि यह संसार धर्म पर प्रतिष्ठित है - "धर्मों विश्वस्य जगतः प्रतिष्ठा"।

महाभारत में धर्म के लिए कहा गया है कि वह वस्तु जो सम्पूर्ण विश्व को धारण कर रही है या करती है अर्थात जो समस्त वस्तुओं का मूल आधार है एवं समाज की एकता को मूर्तिमंत करती है वही धर्म है। इसमें सत्य को सनातन मानते हुए सर्वाधिक महत्व दिया गया है।

मनुस्मृति में धर्म के दस लक्षणों का वर्णन व्यवहार्य के अर्थ में किया गया है यथा-धृति, क्षमा, दम, अस्तेय, शौच, इन्द्रिय निग्रह, धी, विद्या, सत्य और अक्रोध। यह राग द्वेष रहित आचरण को धर्म मानती है। मनुस्मृति के अनुसार वेदविरूधता अधर्म है।

गीता में धर्म को कत्र्तव्याकर्तव्य की व्यवस्था के रूप में माना गया है। उसमें राग-द्वेष को जीतकर स्वधर्म का आचरण, शास्त्रविधि से नियतकर्म करना, यज्ञादि कर्म करना, अनासक्त भाव से निरंतर कर्तव्य कर्म का अच्छी तरह आचरण (पालन) करना, निष्काम कर्म, स्वधर्म तथा समत्व बुद्धियोग (पुण्य-पाप दोनों का त्याग कर धर्म व अधर्म का निष्पक्ष बोध) से कर्तव्य का पालन करना-कर्म बंधन से मुक्त होने का उपाय ही धर्म माना गया है। भागवत पुराण में विद्या, दान, तप औा सत्य को धर्म के चार पर माने गये है। पुराणों में नैतिक गुणों को संस्कारों से अधिक महत्वपूर्ण माना गया है तथा कुछ स्थलों पर नैतिक गुणों को धर्म का मूल कहा गया है।

जैन धर्म में धर्म को धम्मं शब्द से निरूपित करते हुए उसके स्वरूप को विभिन्न प्रकार से वर्णित किया गया है। जिनोक्त धर्म का आचरण (मोक्षमार्ग-संयम का अनुगामी सम्यक् ज्ञान, सम्यक् चरित्र व सम्यक् दर्शन (त्रिरत्न), ममत्वरहित एवं निरंहकार होकर आचरण करना) करना, महावीर की आज्ञा का पालन करना ही धर्म माना गया है। स्थानांग सूत्र में ग्राम धर्म, नगर धर्म, संघ धर्म आदि के सन्दर्भ में धर्म को सामाजिक विधि-विधानों के रूप में भी माना गया है। जैन धर्म में धर्म को शुभ कर्म, कर्तव्य, कुशल अनुष्ठान, सुकृत, पुण्य, सदाचार, स्वभाव, गुण, पर्याय, धर्मास्तिकाय, द्रव्य मर्यादा, रीति-व्यवहार आदि से सम्बद्ध माना गया है। उसमें धर्म के कई प्रकारों यथा नाम धर्म,

स्थापना धर्म, साधु धर्म, श्रमण धर्म आदि का उल्लेख भी मिलता है। किन्तु धर्म का सार लक्षण चरित्र, विश्वकल्याण, ज्ञान, संयम, निर्वाण आदि को माना गया है।

बौद्ध धर्म में धम्म या धम्र्म (धर्म) के कई अर्थ और व्याख्यान मिलते हैं। टीकाकार बुद्धघोष तथा प्राचीन शास्त्र परम्परा के अनुसार "वेदना", "संज्ञा" और अहंकार इन तीनों स्कंधों को ही धम्म कहा गया है, जो विज्ञान या मन के परिणाम हैं। यमकवग्गो में धर्म के लिए कहा गया है कि जो मनुष्य राग, द्वेष और मोह का परित्याग कर प्रज्ञायुक्त चिंताविहिन चित्त से शास्त्रों का भाषण करता हुआ धर्म का आचरण करता है वह सद्गति को प्राप्त होता है (श्रमण का भागीदार होता है)। अवैर (अशत्रुता), इन्द्रिय संयम, शीलयुक्त आचरण को श्रेष्ठ माना गया है और उसे ही धर्म कहा गया है, धर्म से मानव चित्त शुद्ध एवं निर्मल होता है।

यहूदी धर्मग्रन्थ "धर्मशास्त्र (बाइबिल)" के पुराना नियम (ओल्ड टेस्टामेन्ट) में धर्म न्याय करते हुए यहोवा (परमेश्वर) के मार्ग में अटल बने रहने का विधान है। विश्राम के दिनों का पालन करना और यहोवा के पवित्र स्थान का भय मानना।, वाचा न तोड़ना व यहोवा की आज्ञा मानना भी धर्म माना गया है तथा इनका उल्लंघन करना अधर्म है। अन्याय से मुक्त करना, भूखों को अपनी रोटी बाँट देना, दीन-दुखियों को संतुष्ट करना धर्मशास्त्र के अनुसार धर्म है। यहोवा की महिमा प्रकट करना भी धर्म माना गया है। यहोवा की महिमा को महत्व देते हुए यहोवा द्वारा ही कहलाया गया है कि "यह मैं ही हूँ जो धर्म से बोलता और पूरा उद्धार करने की शक्ति रखता हूँ "।

ईसाई धर्म के नया नियम (न्यू टेस्टामेन्ट) में ईश्वर (परमेश्वर) से अपनी सम्पूर्ण बुद्धि, मन, प्राण शक्ति से प्रेम रखना और अपने पड़ोसी से अपने समान प्रेम रखना ही परमेश्वर की सबसे बड़ी आज्ञा है। नम्रता, दयावंत होना, दीन मन होना, शुद्ध मन होना धर्म के लक्षण माने गये हैं और इनके समर्थकों को व अपनाने वालों को धन्य कहा गया है। संदेह, अनिश्चय, अविश्वास पाप है, अधर्म है तथा पवित्र आत्मा से जो मेल-मिलाप और एक-दूसरे का सुधार होता है उसे ही धर्म कहा गया है, आनन्द कहा गया है, यह परमेश्वर को प्रिय एवं मनुष्यों के ग्रहण करने योग्य है।

कुरान मज़ीद में कुरआन के ज्ञान को एवं उसके अनुसरण को धर्म माना गया है तथा इस्लाम धर्म अल्लाह (ईश्वर) की ओर से है, यह कहा गया है। इंसाफ (ईमान) का पालन करना, अल्लाह से डरना, नेक काम करना धर्म है तथा इसका पालन न करना दीन (धर्म) से इंकार कराना है। सूरे फातिहः में अल्लाह को सर्वोपरि एवं ज़जा (अंतिम न्यायी) माना गया है जो इस्लाम (शान्ति) की रूह है और इस्लाम ही धर्म है।

महात्मा गाँधी के अनुसार - "सच्ची नीति ही सच्चा धर्म है। धर्म के बिना नीति का पालन नहीं किया जा सकता है, यानि नीति का आचरण धर्म के रूप में करना चाहिए। फर्ज (कर्तव्य), दया, सेवा आदि का निःस्वार्थ आचरण ही नीति है।"

डा. भगवान दास के अनुसार - "धर्म शाब्दिक दृष्टि से वह है जो किसी वस्तु को धारण किये होता है, उसे वह जो कुछ बनाता है, उसे टूटने और किसी अन्य वस्तु में परिवर्तित होने से बचाता है, इसका प्रमुख कार्य, इसका विशिष्ट लक्षण, इसका अनिवार्य गुण, इसकी अनिवार्य प्रकृति, इसका धर्म है।"

डा. सर्वपल्ली राधाकृष्णन् के अनुसार - "जिन सिद्धान्तों का हमें अपने दैनिक जीवन शुद्धि के नियम या विधि-विधान बनाना है। अतः मनुष्य के उस आचार-विचार को धर्म कहते हैं जिसके द्वारा मनुष्य का वैयक्तिक और सामाजिक कल्याण होता है, सुख बढ़ता है, एक व्यवस्था पैदा होती है"

ग्रीक दार्शनिक सुकरात (470-399 ई.पू.) के अनुसार ज्ञान ही धर्म है, परम शुभ है, निःश्रेयस है। ज्ञान, धर्म का पूर्व प्रतिबंध है। धर्म ज्ञान के अस्तित्व के कारण है और ज्ञान धर्म की प्रमाणिकता का कारण है। ज्ञान और धर्म तत्व के दो समानान्तर पहलू हैं। ज्ञान शुभ कमों का सार है और शुभ कर्म (सद्गुण) धर्म होते हैं- ऐसा मानते हैं। उनके अनुसार ज्ञान शिक्षणीय है अतः धर्म शिक्षणीय है और यह एकत् है। बुद्धिमता, साहस, न्याय व मिताचार आदि धर्म के विभिन्न प्रकाशन है।

विलियम जेम्स के अनुसार - "धर्म का अर्थ व्यक्ति का वह एकान्तिक भाव, क्रिया एवं अनुभव है, जो व्यक्ति और ईश्वर (दिव्य सत्ता) के सम्बन्ध के ज्ञान से विकसित होते हैं।"

दी. पारसन्स के अनुसार - "धर्म व्यक्तियों द्वारा समाज में विकसित विश्वासों, रिवाजों एवं संस्थाओं का समूह है।"

एम. सालोमन रिंच के अनुसार - "धर्म उन निषेधों का संग्रह है जो हमारी शक्तियों के स्वतन्त्र कार्य (विकास) में बाधक है।"

मैथ्यू आर्नाल्ड के अनुसार - "संवेग सहित नैतिकता ही धर्म है।"

एडवर्ड टायलर के अनुसार - "धर्म आध्यात्मिक सत्ताओं में विश्वास है।"

सर जेम्स फ्रजर के अनुसार - "धर्म (रिलिजन) से मैं मनुष्य से श्रेष्ठ उन शक्तियों की संतुष्टि या आराधना समझता हूँ जिनके सम्बन्ध में यह विश्वास किया जाता है कि वे प्रकृति और मानव जीवन को मार्ग दिखलाती है और नियंत्रित करती है।"

मैक्समूलर के अनुसार - "धर्म वह मानसिक शक्ति या प्रवृत्ति" है जो मनुष्य को अनन्त सत्ता का ज्ञान प्राप्त कराने में सक्षम सिद्ध होती है।

गिलिन और गिलिन के अनुसार - "एक सामाजिक समूह में व्याप्त उन भावनात्मक विश्वासों को जो किसी अलौकिक शक्ति से सम्बन्धित है तथा उन बाहरी प्रकट व्यवहारों, भैतिक वस्तुओं एवं प्रतीकों को जो इन विश्वासों से सम्बन्ध रखते हैं धर्म के सामाजिक क्षेत्र में सम्मिलित किया जा सकता है।"

जार्ज गैल्वे के अनुसार - "अपने से परे शक्ति में मनुष्य का यह विश्वास धर्म है जिसके द्वारा वह अपनी संवेगात्मक आवश्यकताओं की संतुष्टि और जीवन की स्थिरता प्राप्त करता है तथा जिसे वह उपासना एवं सेवा के माध्यम से प्रकट करता है।"

ब्रैडले के अनुसार - "उँचे शुभ स्तर पर पहुँची हुई नैतिकता धर्म में समाप्त होती है।"

हाफडिंग के अनुसार - "मूल्यों के संरक्षण में विश्वास ही धर्म है।"

उपरोक्त समग्र विवेचन के अनुसार - धर्म की वे सभी परिभाषाएं सर्वमान्य हो सकतीं हैं जो मानव के ज्ञानात्मक, भावात्मक एवं क्रियात्मक पक्षों को अभिव्यक्त करती हों और जो पूर्वाग्रह रहित होकर वैयक्तिक और सामाजिक कल्याण के अन्तर्गत भौतिकता व आध्यात्मिकता (लोक मण्डल) को समन्वयात्मक रूप से समावेशित करती हों।

आवश्यकता

मानव में पूर्णता की भावना होती है। वह केवल बौद्धिक सीमाओं में रह कर पूर्णत्व की उपलब्धि नहीं कर सकता है। धर्म में ईश्वर के द्वारा आवतरित होने का भाव, श्रेयस की भावना, नियामक सिद्धान्त आदि विश्व की प्रयोजनात्मक प्रक्रिया, उसकी निश्चित दिशा व लक्ष्य के आधार पर मानव में सार्वभौमिक सम्बन्धों के द्वारा समन्वय स्थापित करने की चेष्टा की जाती है। अतः धर्म के द्वारा व्यक्ति की अन्तर्दृष्टि का विकास होता है यह अन्तर्दृष्टि से प्रेरित उच्चतम चेतना का आदर्श होता है जो मनुष्य में सभी प्रकार के दिव्य विचारों को जन्म देता है तथा उनको अनुभवगम्य बनाने की चेष्टा करता है। यह हमारे भीतर जीवन के प्रति सहज निष्ठा और मानवीय प्रकृति की एकता के प्रति विश्वास उत्पन्न कर आध्यात्मिक आधार पर समस्त जीवन में सामंजस्य व संतुलन स्थापित कर भयमुक्त (अभय) करता है।

पूर्णता के लिए व्यक्ति की चाह, अभाव की भावना, अनन्तता की चेतना को जानने एवं प्राप्त करने की चेष्टा स्वाभाविक, दिव्य एवं शक्ति रूप है, चाहे वह एक विचार मात्र ही क्यों न हो। बुद्धिमान मनुष्य ने ही अमरत्व की इच्छा कर चक्षु आदि इन्द्रियों को बाह्य विषयों की ओर से विमुख करके अतंरात्मा को देखा है। सभी धर्मों में (ईश्वरवादी व अनीश्वरवादी) अतीन्द्रिय बोध के लिए इन्द्रियों को वश में कर कर्म करने को, नैतिकता को श्रेष्ठ आचरण एवं शुभ तथा कल्याणकारक माना गया है।

संसार से पलायन कर मनुष्य न तो पूर्णत्व को उपलब्ध हो सकता है और न ही कोई भी कर्म करके अकर्म (निष्कर्मता) की दशा को उपलब्ध कर सकता है। मनुष्य जब तक जीवित है तब तक वह एक पल भी कर्म

किये नहीं रह सकता। सब बुरी बातें हमारे हृदय से ही निकलती है। धर्म तत्व इन बुरे विचारों का अपने आध्यात्मिक चिंतन के द्वारा शमन करता है तथा दिव्य शक्ति भाव को हृदय में प्रतिष्ठित करता है। धर्म सामूहिक रूप में तो सामाजिक अथवा संस्थागत होता है किन्तु व्यक्ति के सन्दर्भ में यह पूर्णतया उसके अंतर्जगत से सम्बन्धित होता हे।

धर्म व्यक्ति को मानसिक शक्ति प्रदान करता है तथा समुदाय में सामाजिक सामंजस्य उत्पन्न करने में योगदान देता है। अपूर्ण मानव सत्ता से भिन्न एक पूर्ण सत्ता ईश्वर धर्म का एक प्रमुख तत्व होता है जिस पर व्यक्ति का आस्थामय विश्वास होता है। इस विश्वास केन्द्रित भाव (आस्था) से आशावाद का जागरण होता है इसलिए ईश्वर नहीं वरन् जीवन-अधिक जीवन, व्यापक, अधिक समृद्ध तथा संतोषजनक जीवन ही धर्म का उद्देश्य है। धर्म मानव जीवन को दृढ़ता, पुनर्जीवन, अनुकम्पा, आश्वासन प्रदान करता है। प्राकृतिक मानव का रूपान्तरण नूतन जीवन के रूप में अर्थात उसे सभ्य एवं सुसंस्कृत करता है। वास्तविक धर्म का वैयक्तिक एवं सामाजिकता दोनों से सम्बन्ध होता है। वस्तुतः धर्म मत या धर्म सिद्धान्त स्वयं धर्म नहीं वरन् वे सब मनुष्यों को धर्म (धारण) तक ले जाने वाले साधन मात्र हैं जो मानव भावना को रूपान्तरित करते हैं। वह देश-काल् की सीमाओं में न बँधने वाला सार्वभौमिक सत्य है जो प्राणिमात्र को विश्वात्मा से आबद्ध करता है।

धर्म एवं दर्शन, धर्मदर्शन, विज्ञान, नैतिकता

धर्म एवं दर्शन

दर्शन शब्द की उत्पत्ति "दृश" धातु से हुई है, जिसका अर्थ है "देखना"। यह दर्शन या तो इन्द्रियजन्य निरीक्षण हो सकता है, या प्रत्ययी ज्ञान अथवा अन्तर्दृष्टि द्वारा अनुभूत हो सकता है। यह घटनाओं के सूक्ष्म निरीक्षण, तार्किक परीक्षण अथवा आत्मा के अन्तर्निरीक्षण द्वारा भी प्राप्त होता है।

धर्म में पूर्ण चेतनात्मक एकता की अनुभूति को लक्ष्य माना जाता है। यह व्यक्ति और समाज में सामंजस्य एवं परस्पर अभियोजन स्थापित करने का यत्न करता है। धर्म के पालन से स्वपर कल्याण अर्थात श्रेय व प्रेय की सिद्धि होती है। इसलिए कहा जा सकता है कि आध्यात्मिक चिंतन के द्वारा विश्व को मित्रतापूर्ण बनाना निश्चय ही धर्म का एक उद्देश्य है।

डा. सर्वपल्ली राधाकृष्णन् के अनुसार - "दर्शन पूर्णता (पूर्ण सत्ता) का उत्तर तर्क से देता है जबकि धर्म इसका उत्तर विश्वास से देता है।"

दर्शन व धर्म भिन्न क्षेत्रों से सम्बन्धित होते हुए भी परस्पर पूरक हैं। धर्म में दर्शन का समावेश हो या न हो किन्तु दर्शन अपनी व्यापकता के अनुसार धर्म को भी चिन्तन का विषय बनाता है तथा उसे यौक्तिक आधार प्रदान करता है। दर्शन अपने समग्र रूप में ज्ञान, प्रमाण, सृष्टि, नैतिकता, धर्म, तत्वमीमांसा आदि की सत्य, निष्पक्ष, तर्कपूर्ण, बौद्धिक, सैद्धान्तिक व्याख्या कर उन्हें सुदृढ़ आधार प्रदान करता है। वह तुलनात्मक, विश्लेषणात्मक दृष्टि अपनाते हुए तर्क-वितर्क, आलोचना-प्रत्यालोचना तथा विवेकपूर्ण मंथन के द्वारा निष्कर्षों की निरपेक्ष स्थापना करने का यत्न करता है। परम सत्ता की खोज, जिसे प्रायः धर्म श्रद्धा व विश्वास के आधार पर मानता है को आना लक्ष्य बनाता है तथा विवेकपूर्ण सद्आचरण द्वारा अभिव्यक्त करता है।

धर्म एवं धर्मदर्शन

वस्तुतः धर्मदर्शन न तो स्वयं धर्म ही है और न ही दर्शन। वरन् धर्म के दार्शनिक विवेचन को ही धर्मदर्शन कहते हैं। धर्मदर्शन के अन्तर्गत विश्व के समस्त धर्म और उनके विषय क्षेत्र के अध्ययन की विषय-वस्तु होती है। वह ईश्वरवादी एवं अनीश्वरवादी, आत्मवादी एवं अनात्मवादी धर्म प्रत्यय-प्रतीक तत्व, ईश्वर के गुण आदि की विवेकपूर्ण निष्पक्ष तुलनात्मक बौद्धिक व्याख्या प्रस्तुत करता हे। उन्हें तार्किक आधार प्रदान करता है। इसलिए वर्तमान जीवन के लिए धर्मदर्शन का विशिष्ट महत्व है। धर्मदर्शन धार्मिक चेतना से प्राप्त दिव्य जीवन की दार्शनिक अभिव्यक्ति है, व्याख्या है तथा दोनों ही (धर्म एवं धर्मदर्शन) सत्य को महत्व देते हैं।

जान हिक के अनुसार - "धर्म के सन्दर्भ में दार्शनिक चिंतन ही धर्मदर्शन है।"

प्रो. गैल्वे के अनुसार - "धर्मदर्शन, दार्शनिक विधियों एवं दार्शनिक सिद्धान्तों का धर्म पर प्रयोग है।"

प्रो. डी.एम.एडवर्ड के अनुसार - "धर्मदर्शन, धार्मिक अनुभूति के स्वरूप, व्यापार, मूल्य तथा सत्यता की दार्शनिक खोज है।"

प्रो. ब्राइटमैन के अनुसार - "धर्मदर्शन, धर्म की बौद्धिक व्याख्या की खोज का एक प्रयास है। यह धर्म का सम्बन्ध अन्य अनुभूतियों से बतलाकर विश्वासों की सत्यता, धार्मिक मनोवृत्तियों एवं आधारों का मूल्य स्पष्ट करता है।"

महर्षि अरविन्द के अनुसार - "धर्म एक क्षण भी खड़ा नहीं रह सका होता यदि वह महान सत्यों की बौद्धिक व्याख्या से अपनी पुष्टि नहीं करता, चाहे वे कितने ही अपर्याप्त हों"

धर्म एवं विज्ञान

विज्ञान की परिभाषा करते हुए यह कहा जाता है कि विज्ञान वह है जिसमें व्यवस्थित चिंतन के परिणामस्वरूप सिद्धान्त एवं प्रयोग होते हैं। यह एक प्रकार से प्रयोग को सर्वाधिक महत्व देता है अतः इसकी प्रमाणिकता का आधार अनुभूत तथ्य, तर्क, युक्ति होते हैं जो बुद्धिजनित होते हैं जिनके आधार पर वैज्ञानिक मापन, तोलन, परिकलन, वर्गीकरण करके कारणों का निर्धारण एवं नियमों को सूत्रबद्ध करता है। तथ्यों का विश्लेषण, वर्णन और व्याख्या करता है।

दूसरी ओर धर्म श्रद्धा, विश्वास एवं दिव्य सत्ता से सम्बन्धित होता है जिन्हें विज्ञान सत्य नहीं मानता, क्योंकि प्रायः धर्म अथवा धार्मिक विश्वास अनुभूतिपरक एवं श्रद्धाजनित होते हैं उन्हें तर्क द्वारा अथवा इन्द्रियानुभव द्वारा या उपकरणों के द्वारा नहीं जाना जा सकता। धर्म का अनुभव व बोध श्रुति के माध्यम से प्राप्त किया जाता है। उसमें भावनात्मक दृष्टिकोण अनिवार्यतः रहता है। अतः धर्म को विज्ञान का विरोधी एवं मानव प्रगति में बाधक माना गया है।

धर्म और विज्ञान के अपने-अपने क्षेत्र हैं तथा धर्म और विज्ञान दोनों ही हमारे ज्ञान के आवश्यक अंग हैं। धर्म हमारे जीवन के गंतव्य को निश्चित करता है, परन्तु विज्ञान हमारे समक्ष उन साधनों को प्रस्तुत करता है जो गंतव्य अथवा लक्ष्य तक पहुँचने में सहायक होते हैं। धर्म व विज्ञान में यद्यपि तार्किकता, अन्वेषण विधि, विषय सामग्री आदि को लेकर पर्याप्त अन्तर पाया जाता है किन्तु दोनों को एक दूसरे के पूर्णतः विरोधी मानना मानव कल्याण की दृष्टि से तर्कसंगत प्रतीत नहीं होता है। पूर्ण संतोषप्रद जीवन के लिए धर्म और विज्ञान दोनों ही आवश्यक हैं। धर्म और विज्ञान में जो विरोध माना जाता रहा है वह इन दोनों के वास्तविक स्वरूप, विषय-वस्तु, पद्धति एवं उपयोग को न समझ पाने के कारण है।

जार्ज संटियाना के अनुसार - "धर्म और विज्ञान में संघर्षात्मक स्थिति तभी उत्पन्न होती है जब धर्म विज्ञान का एवं विज्ञान धर्म का स्थान लेना चाहता है। सांसारिक कष्टों व दुःखों का (जो वास्तविक समस्या है) वास्तविक निवारण, वास्तविक तरीकों से ही होता है। उनकी निःस्सारता एवं काल्पनिकता के द्वारा नहीं। धर्म की विफलता का कारण दुःखों के निवारण के लिए काल्पनिक निदान (अप्राकृतिक) देना है। यदि धर्म में भी यथार्थता के आधार पर समस्याओं का निराकरण करने पर बल दिया जाये तो धर्म और विज्ञान में विरोधात्मक संघर्ष नहीं रहेगा।"

वैज्ञानिक मैंस प्लैंक के अनुसार - "प्रत्येक विमर्शी चिंतक यह स्वीकार करता है कि मानव जीवन को संतुलित एवं सामंजस्य रूप देने में धार्मिक तत्वों का एक महत्वपूर्ण योगदान है, अतः धर्म और विज्ञान के बीच कोई वास्तविक विरोध नहीं है, क्योंकि दोनों एक दूसरे के पूरक हैं।"

आइन्सटाइन के अनुसार - "धर्म के अभाव में विज्ञान पंगु है और विज्ञान के अभाव में धर्म अंधा है।"

अमेरिकी समीक्षात्मक यथार्थवादी विचारक सेलर्स के अनुसार - "धर्म का भविष्य पारलौकिकता को तिलांजली देने में ही है। अनुभूत तथ्यों की उपेक्षा करने वाले तत्वों का आश्रय न लेकर क्रियाशील प्राकृतिक परिवर्तनों के आधार पर विश्व एवं चेतना की व्याख्या की जानी चाहिए। नैतिक तत्व, एक प्रकार से धर्म जीवन-यापन करने की एक कला है।"

स्वामी विवेकानन्द के अनुसार - (पुस्तक - विज्ञान और आध्यात्किकता, राम कृष्ण मिशन प्रकाशन)

1. यदि हम अपने व्यक्तिगत एवं सामूहिक जीवन में वैज्ञानिक चेतना सम्पन्न एवं आध्यात्मिक एक साथ न हो पाए, तो मानवजाति का अर्थपूर्ण अस्तित्व ही संशय का विषय हो जाएगा। (पृ0-9)
2. अवश्य, सदाचार बहुत महत्वपूर्ण है। यह सही है कि अपने विचारों एवं भावनाओं को अनुशासित किये बिना मनुष्य धर्म के लक्ष्य तक नहीं पहुँच सकता, लेकिन आचार किसी भी अर्थ में धर्म का अन्तिम लक्ष्य नहीं है। (पृ0-17)

3. अन्त में देश-काल की सीमाओं में बद्ध ज्ञान का महामिलन उस ज्ञान से होगा जो इन दोनों से परे है, जो मन तथा इन्द्रियों के पहुँच से परे है- जो निरपेक्ष है, असीम है, अद्वितीय है। (पृ0-36)
4. विज्ञान सहज निर्धारण एवं उसे प्राप्त करने की प्रेरणा लक्ष्यों एवं प्रेरणाओं की सिद्धि के उपायों के बारे में धर्म, परोक्ष या अपरोक्ष रूप से विज्ञान से बहुत कुछ सीख सकता है। विज्ञान यह बता सकता है कि अमुक लक्ष्य कैसे प्राप्त किया जाय। लेकिन वह यह नहीं बता सकता कि उसे कौन सा लक्ष्य प्राप्त करना चाहिए। (पृ0-55)
5. अनुभव ही ज्ञान का एक मात्र स्रोत है। विश्व में केवल धर्म ही ऐसा विज्ञान है जिसमें निश्चयत्व का अभाव है, क्योंकि अनुभव पर आश्रित विज्ञान के रूप में उसकी शिक्षा नहीं दी जाती। ऐसा नहीं होना चाहिए। परन्तु कुछ ऐसे लोगों का एक छोटा समूह भी सर्वदा विद्यमान रहता है, जो धर्म की शिक्षा अनुभव के माध्यम से देते हैं। ये लोग रहस्यवादी कहलाते हैं। और वे हरेक धर्म में, एक ही वाणी बोलते हैं। और एक ही सत्य की शिक्षा देते हैं। यह धर्म का यथार्थ विज्ञान है। जैसे गणित शास्त्र विश्व के किसी भी भाग में भिन्न-भिन्न नहीं होते। वे सभी एक ही प्रकार के होते है तथा उनकी स्थिति भी एक ही होती है। उन लोगों का अनुभव एक ही है और यही अनुभव धर्म का रूप धारण कर लेता है। (पृ0-70)
6. धर्म तात्त्विक (आध्यात्मिक) जगत के सत्यों से उसी प्रकार सम्बन्धित है, जिस प्रकार रसायन शास्त्र तथा दूसरे भौतिक विज्ञान भौतिक जगत के सत्यों से। रसायन शास्त्र पढ़ने के लिए प्रकृति की पुस्तक पढ़ने की आवश्यकता है। धर्म की शिक्षाप्राप्त करने के लिए तुम्हारी पुस्तक अपनी बुद्धि तथा हृदय है। सन्त लोग प्रायः भौतिक विज्ञान से अनभिज्ञ ही रहते हैं। क्योंकि वे एक भिन्न पुस्तक अर्थात् आन्तरिक पुस्तक पढ़ा करते हैं; और वैज्ञानिक लोग भी प्रायः धर्म के विषय में अनभिज्ञ ही रहते हैं क्योंकि वे भी भिन्न पुस्तक अर्थात् वाह्य पुस्तक पढ़ने वाले हैं। (पृ0-71)
7. काल प्रवाह में सुसंगत परिवर्तन लाने के लक्ष्य को प्राप्त करना ऐसा आसान कार्य नहीं है जो इने गिने मुट्ठी भर उत्साही लोगों द्वारा चन्द दिनों में किया जा सके। यह कार्य लाखों लोगों के युग-युगान्तर तक किये गये साग्रह एवं निष्ठापूर्ण प्रयास द्वारा ही सम्भव है। इसके लिए हमारी शिक्षा पद्धति को पुनर्गठित करना होगा जिससे मानव के विचारों, आदर्शों एवं कार्यों को नई दिशा प्रदान की जा सके। (पृ0-78)
8. सम्भवतः ऐसा समय आ रहा है जब इस भौतिकवादी समाज में एक नयी भावना का उदय होगा और वह यह कि ईश्वर-दर्शन प्रत्येक व्यक्ति के लिए सम्भव है; तब सभी के उस दिशा में संघर्ष न करने पर भी जो ईश्वर का प्रत्यक्ष प्रयोगात्मक अनुभव करना चाहंेगे उन्हें युग-चेतना से उपहास एवं संदेह के बदले, प्रोत्साहन प्राप्त होगा। (पृ0-100)

धर्म एवं नैतिकता

अंग्रेजी में ग्रीक के Ethos शब्द से उत्पन्न Ethics और Mores से उत्पन्न Moral का अर्थ क्रमशः आचार रीति या रीति-रिवाज और परम्परा पालन है जो आचार-व्यवहार के नियमों के रूप में पालनीय होते हैं। दर्शन परिभाषा कोश के अनुसार - नैतिक आदर्श की दृष्टि से आचरण का अध्ययन करने वाला शास्त्र अथवा मुख्य रूप से मानव-स्वभाव, आदर्श और उसका अनुसरण करने के लिए बनाये गये नियमों से सम्बन्धित विचारों का तन्त्र विशेष नीति कहलाता है। नीति एवं दर्शन की वह शाखा जो कर्म में उचित-अनुचित, शुभ-अशुभ, कर्तव्य-अकर्तव्य, पुण्य-पाप इत्यादि भेदों का विवेचन करती है तथा इन भेदों के मूल में जो आदर्श निहित है उसका निरूपण करती है, आचार नीति अथवा नीति शास्त्र कहलाता है। अतः शब्दकोष के आधार पर यह स्पष्ट होता है कि नीति यदि आचरण नियमरूप है तो नीतिशास्त्र विषयरूप है जिसमें नीति-आचरण का व विचारों का सैद्धान्तिक विवेचन होता है और नैतिकता उन नीति-आचरण का जीवन में व्यावहारिक प्रयोग है जिसमें व्यक्ति सदाचारी एवं निष्ठावान बनता है अर्थात् नैतिकता नियमों का पालन या सद्गुण युक्त जीवन है।

मानव जीवन के विभिन्न पक्षों को दृष्टि में रखते हुए ही मानवोचित मूल्यों की स्थापना की जाती है। ये मूल्य सभ्यता, संस्कृति, नीति, धर्म, सद्गुण, राजनीति आदि के सन्दर्भ में स्वीकार किये जाते हैं। मानव जीवन में धर्म एवं नैतिकता का विशेष महत्व होने के कारण चिंतकों ने इन दोनों के सम्बन्ध पर विविध प्रकार से चिंतन किया है।

धर्म का अर्थ धारणात्मक तत्व से है। वह कोई मत, पंथ या सम्प्रदाय आदि नहीं है, वरन् उन नियमों, वृत्तियों, आध्यात्मिक अनुभवों व कृत्यों का आचरण है जिनकों श्रेयकर माना गया है। नीति शब्द से ही नैतिकता शब्द विकसित हुआ है। नीति का शाब्दिक अर्थ किसी कार्य की सिद्धि के लिए अपनायी (प्रयुक्त) जाने वाली युक्ति या उपाय जो लोक या समाज के कल्याण के लिए उचित ठहराये हुए आचार-व्यवहार की निर्धारित व्यवस्था या नियम रूप व्यावहारिक सिद्धान्त है। इसे व्यवहार की रीति भी कहा जा सकता है।

धर्म के सैद्धान्तिक स्वरूप में नीति का और व्यावहारिक रूप में नैतिकता का समावेश अनिवार्यतः किया गया है किन्तु नीति या नैतिकता में धर्म का समावेश अनिवार्यतः हो ही यह आवश्यक नहीं है। यद्यपि जिस प्रकार से धर्म का सम्बन्ध मानव चेतना से है ठीक उसी प्रकार से नैतिकता का सम्बन्ध भी केवल मानव चेतना से या मानव जीवन से ही है। नैतिक आचरण (नैतिकता) की दृष्टि से सद्गुणों का विशेष महत्व है। अतः नैतिकता को मानव सभ्यता का आधार मानते हुए मानव जीवन दर्शन का निर्धारण किया गया है। धर्म अंतःकरण की गहन अनुभूति के आधार पर लोकसेवा और लोक कल्याण की भावना से प्रेरित होकर अनुभवातीत, अतींद्रिय सत् से सम्बद्ध कर व्यक्ति की नैतिकता को आध्यात्मिक तत्वों से समायोजित करता है। धर्म के द्वारा होने वाली नैतिकता की अभिव्यक्ति मानव का तीनों वृत्तियों अथवा पक्षों (ज्ञान, भाव एवं कर्म) के समन्वय का परिणाम है। अतः नैतिकता विहिन धर्म का चितंन करना एवं धर्मविहीन नैतिकता का समर्थन करना मानव जीवन का ऐकांगी पक्ष ही होगा।

जे.एस. मैकेंजी के अनुसार - "नैतिक जीवन का अर्थ ही है चरित्र निर्माण अर्थात निश्चित आदतों का निर्ताण है। जिनके आधार पर व्यक्ति जीवन यापन करता है अथवा आचरण करता है।"

मैथ्यू आर्नाल्ड के अनुसार - "धर्म भावना (संवेग) में युक्त नैतिकता के अतिरिक्त अन्य कुछ नहीं है।"

स्वामी विवेकानन्द के अनुसार

(पुस्तक - भारत का ऐतिहासिक क्रम विकास और अन्य प्रबन्ध, राम कृष्ण मिशन प्रकाशन)

1. नियम कभी घटनाचक्र से, सिद्धान्त कभी व्यक्ति से भिन्न नहीं होता। अपनी सीमा के भीतर, पृथक पदार्थ की, क्रिया अथवा निष्क्रिय सम स्थिति की विधि ही नियम कही जाती है। (पृ0-68)
2. नियम पदार्थों की यथास्थिति में है- इस विधि से कि पदार्थ एक दूसरे के प्रति कैसे क्रियमान होते हैं; न कि कैसे उन्हें होना चाहिए। (पृ0-68)
3. आध्यात्मिक नियम, नैतिक नियम, सामाजिक नियम, राष्ट्रीय नियम-तभी नियम है जब वे प्रस्तुत आत्मिक और मानव इकाईयों के अंग हो और इन नियमों से शासित मानी जाने वाली प्रत्येक इकाई को कर्म की अनिवार्य अनुभूति हो। (पृ0-68)
4. हमारा निर्माण नियम द्वारा और हमारे द्वारा नियम का निर्माण-यह चक्र चलता है। कुछ विशिष्ट परिस्थितियों में मनुष्य अनिवार्यतः क्या करता है, इस सम्बन्ध में सामान्य निष्कर्ष- एक उन परिस्थितियों के सम्बन्ध में मनुष्य पर लागू होने वाला नियम है। अचल, सार्वभौम मानवीय व्यापार ही मनुष्य का नियम है, जिससे कोई भी व्यक्ति बच नहीं सकता- किन्तु यह भी सत्य है कि अलग-अलग व्यक्तियों के कार्यों का योग ही सार्वभौम नियम है। पूर्ण योग या सार्वभौम अथवा असीम ही व्यक्ति का निर्माण कर रहा है और व्यक्ति अपने क्रिया से उस विधान को सजीव बनाये हुए है। इस अर्थ में नियम सार्वभौम का ही दूसरा नाम है। सार्वभौम व्यक्ति पर निर्भर है, व्यक्ति सार्वभौम पर निर्भर है। यह अनन्त शान्त अंशों से निर्मित है। (पृ0-69)
5. आध्यात्मिक और नैतिक नियम प्रत्येक मनुष्य की क्रिया पद्धति नहीं है। शीलाचार, नैतिकता, और राष्ट्रीय नियमों के पालन की अपेक्षा इनका उल्लंघन ही अधिक किया जाता है। यदि ये सब नियम होते तो भंग कैसे किये जा सकते। (पृ0-70)

6. प्रकृति के नियमों के विपरीत जाने की सामथ्र्य किसी भी व्यक्ति में नहीं है। तो फिर ऐसा क्यों है कि हम सर्वदा मनुष्य द्वारा नैतिक और राष्ट्रीय नियमों के भंग किये जाने की शिकायत सुनते हैं? (पृ0-70)
7. राष्ट्रीय नियम, अपने सर्वोत्कृष्ट रूप में, राष्ट्र के बहुमत की इच्छा के मूर्त रूप है- सर्वदा एक अन्य स्थिति, न कि यथार्थ स्थिति। इस प्रकार प्राकृतिक नियमों के सम्बन्ध में प्रयुक्त 'नियम' शब्द का अर्थ सामान्यतः नीतिशास्त्र और मानव क्रियाओं की भूमिका में बहुत बदल जाता है। (पृ0-70)
8. संसार के नैतिक नियमों का विश्लेषण करने पर और यथार्थ स्थिति से उनकी तुलना करने पर दो नियम सर्वोपरि ठहरते हैं। एक है अपने से प्रत्येक वस्तु के विकर्षण का नियम-हर व्यक्ति से अपने को पृथक करना जिसका परिणाम होता है, अन्ततः दूसरों की सुख-सुविधा की बलि देकर भी अपने अभ्युदय की सिद्धि। दूसरा है आत्म-बलिदान का विधान- अपनी चिन्ता से सर्वथा मुक्ति7सर्वदा केवल दूसरों का ध्यान करना। संसार में महान और सत्पुरुष वे हैं जिनमें यह दूसरी क्षमता प्रबल होती है। फिर भी ये दोनों शक्तियाँ साथ साथ संयुक्त रूप से काम कर रही है; प्रायः प्रत्येक व्यक्ति में वह मिली हुई पायी जाती है, एक या दूसरी प्रमुख होती है। चोर, चोरी करता है; पर शायद, किसी दूसरे के लिए जिसे वह प्यार करता है। (पृ0-70)
9. मुक्ति ही विश्व की प्रेरक है और मुक्ति ही इसका लक्ष्य है। प्रकृति के नियम में ऐसी पद्धतियाँ हैं जिनके द्वारा हम जगदम्बा के निर्देशन में, उस मुक्ति तक पहुँचने का संघर्ष करते हैं। मुक्ति के लिए इस विश्वव्यापी संघर्ष की सर्वोच्च अभिव्यक्ति मनुष्य में मुक्त होने की सजग अभिलाषा के रूप में होती है। यह मुक्ति तीन प्रकार से प्राप्त होती है- कर्म, उपासना और ज्ञान से। कर्म-दूसरों की सहायता करने और दूसरों को प्रेम करने का सतत अविरत प्रयत्न। उपासना-प्रार्थना-वन्दना, गुणगान और ध्यान। ज्ञान-जो ध्यान से उत्पन्न होता है। (पृ0-73)

धर्म में वस्तु तत्व एवं प्रतीक

शब्द कोश के अनुसार-

कोई भी चीज जिसके बारे में बातचीत या विचार किया जा सके, चाहे वह वास्तविक हो या काल्पनिक, मानसिक हो या भौतिक "वस्तु" कहलाती है और तत्व शब्द का अर्थ है - सार, रहस्य, यथार्थता इत्यादि। इस आधार पर धर्म के सम्बन्ध में वस्तु तत्व का अर्थ धर्म में सर्वस्वीकृत मूत्र्त या अमूत्र्त विषय एवं धारणाएँ होगा। वस्तु तत्व को भाषायिक स्वरूप प्रदान कर इनके श्रेष्ठ, उचित या योग्य होने के सम्बन्ध में विभिन्न संदर्भों के अन्तर्गत वार्तालाप, संभाषण, तर्क आदि किये जा सकते हैं। अतः धर्म के वस्तु तत्व जैसे ईश्वर, मुक्ति, नियतिवाद, कर्म, स्वर्ग-नरक आदि के सम्बन्ध में भिन्न-भिन्न लेखकों ने प्रश्न उठायें हैं, प्राकल्पनाएँ, सिद्धान्त, व्याख्याएँ, परिभाषाएँ एवं धारणाएँ प्रस्तुत की हैं।

इस आधार पर यह कहा जा सकता है कि धर्म के वस्तु-तत्व वे होते हैं जो सत्ता/अस्तित्व/अमूत्र्त को अर्थपूर्णता प्रदान करते हैं और समाज को सक्रिय चेतन आयाम प्रदान करते हैं। इन वस्तु तत्वों को समाज/समुदाय की विकासोन्मुख स्थिति, बौद्धिक वर्ग एवं जन सामान्य की स्थिति, नये मूल्यपरक दृष्टिकोण आदि को ध्यान में रखते हुए शक्तिशाली, अपूर्व बुद्धिमान व्यक्ति पुराने के स्थान पर नवीन धर्मतत्वों की स्थापना कर सकते हैं या उन्हें रूपान्तरित कर सकते हैं। अतः धर्म के वस्तु तत्व-तत्वों का निर्धारण देशकाल, परिस्थितियों के आधार पर अथवा युगानुरूप दृष्टिकोण के आधार पर किया जा सकता है। धर्म के वस्तु तत्व व्यक्ति के अपूर्व कल्पना शक्ति के द्योतक होते हैं। इनके द्वारा अमूर्त को मूर्त रूप में व्याख्यायित कर समझने का व्यावहारिक यत्न किया जाता है।

धर्म में वस्तु तत्व प्रतीक के रूप में होते हैं। ऋग्वेद में प्रतीक शब्द का प्रयोग अवयव के अर्थ में किया गया है। उपनिषद् में प्रतीक शब्द का प्रयोग मुख के लिए करते हुए कहा गया है कि जो अन्न के अक्षय भाव को जानता है, वह मुख रूप से प्रतीक के द्वारा इसका भक्षण करता है। इससे स्पष्ट होता है कि प्रतीक प्रयोग प्राचीनकाल में अवयव, मुख, अंग आदि विभिन्न अर्थो में किये जाते रहें हैं।

शब्दकोश के अनुसार सामान्यतः प्रतीक वे होते हैं जो किसी भौतिक एवं अभौतिक वस्तु का प्रतिनिधित्व करते हैं। ये संकेत, चिन्ह, लक्षण (स्वभाव), चरित्र आदि अर्थ को भी समाहित करते हैं। ये वे कृत्रिम चिन्ह या संकेत हैं जो किसी वस्तु-विचार या कल्पना को व्यक्त करते हैं। ये मानव मन का ही आविष्कार है तथा चेतन-अचेतन दोनों मनः अवस्थाओं द्वारा प्रयुक्त किये जाते हैं। अतः प्रतीक केवल मानस प्रत्यक्ष तथा कल्पना में आने वाले विचारों, भावों और अनुभूतियों के गोचर संकेत अथवा चिन्ह हैं, के रूप में भी परिभाषित किया गया है। भारतीय चिंतकों के अनुसार प्रतीक का अर्थ है- "ओर आना या समीप पहुँचना"। ये मनुष्य को अपने साधना मार्ग अथवा सद्गुणों के विकास में अगले सोपान (सीढ़ी) तक ले जाते हैं। इनके आधार पर मनुष्य अपने ध्येय की ओर बढ़ता है किन्तु वे प्रतीक सीढ़ीयाँ उच्चतर तत्व की प्राप्ति के लिए सहायक साधन मात्र हैं, स्वयं लक्ष्य या उच्चतर तत्व नहीं। इनका प्रयोग हम मूल वस्तु को समझने के लिए करते हैं। ये सदा ही अनुभव या अवबोध से भिन्न होते हैं।

प्रतीक के निम्नलिखित लक्षण होते हैं-

1. प्रतीक व चिन्ह दोनों अपने से पृथक किसी अन्य वस्तु की ओर संकेत करते हैं। ये एक दूसरे से भिन्न होते हैं, किन्तु कई बार इनमें अंतर न कर पाने के कारण इन्हें एक मान लिया जाता है। एक चिन्ह के स्थान पर दूसरे चिन्ह को स्वेच्छानुसार प्रयोग किया जा सकता है किन्तु किसी एक प्रतीक के स्थान पर अन्य प्रतीक का स्वेच्छापूर्वक प्रयोग अथवा उसकी रचना नहीं की जा सकती। प्रतीक में अपनी विशेष शक्ति अन्तर्निहित होती है।
2. प्रतीक वस्तुओं का प्रतिनिधित्व करते हुए प्रतीक्य की ओर संकेत करते हैं, उसमें सहभागी होते हैं किन्तु कभी भी प्रतीक्य का स्थान ग्रहण नहीं कर सकते है। जैसे - राष्ट्रध्वज (प्रतिनिधि) राष्ट्र की शक्ति, गौरव,

मर्यादा, सम्मान में सहभागी होता है किन्तु यह सम्मान ध्वजरूपी प्रतिनिधि का नहीं वरन् उसका होता है जिसका कि वह प्रतिनिधित्व करता है।

3. इनकी सहायता से वह अदृश्य, अनुभवातीत सत्ता भी इनके सत्स्वरूप संकेत के कारण बोधगम्य हो जाती है जिसे अन्य इन्द्रियानुभविक प्रकारों से नहीं जाना जा सकता है।
4. प्रतीक की सार्थकता समाज द्वारा उनकी स्वीकृति पर निर्भर होती है। प्रतीक बनने तथा प्रतीक के रूप में समाज द्वारा स्वीकार किये जाने की प्रक्रिया साथ ही साथ होती है। यद्यपि प्रतीक सर्वप्रथम किसी के मन में उत्पन्न होते हैं और अचेतन पर निर्भर हैं फिर भी इसकी रचना व ग्राह्य सामाजिक क्रिया का परिणाम है कल्पित या मनगढ़न्त नहीं।
5. प्रतीकों में संगठनात्मक व विघटनात्मक दोनों शक्तियाँ विद्यमान रहती हैं।

प्रतीकों के ये लक्षण सामान्य प्रतीकों के साथ-साथ धार्मिक प्रतीकों में भी पायी जाती हैं। इस दृष्टि से सामान्य प्रतीकों तथा धार्मिक प्रतीकों में पर्याप्त समानता है परन्तु इस समानता के होते हुए भी धार्मिक प्रतीक सामान्य प्रतीक से भिन्न होते हैं। प्रत्येक धार्मिक प्रतीक का प्रयोजन उसकी ओर संकेत करना है जो सीमातीत है। ये ऐसे विषय को अभिव्यक्त करते हैं जो आस्था का विषय है तथा स्वरूपतः विश्व की उन वस्तुओं से परे है जिन्हें ज्ञान का विषय बनाया जा सकता है। ऐसे विषय यथा-परमसत्ता जो कि निरूपाधिक इन्द्रियातीत सत्ता है, को धार्मिक प्रतीकों के अभाव में नहीं जाता जा सकता। जबकि सामान्य प्रतीक जिन वस्तुओं की ओर संकेत करते हैं उन्हें प्रतीकों की सहायता लिये बिना भी जाना जा सकता है। परमसत्ता अनुभवातीत और अज्ञेय है अर्थात् इन्द्रियगम्य नहीं है। अतः इस परमसत्ता के सम्बन्ध में कुछ कहने के लिए विभिन्न प्रतीकों की सहायता लेनी पड़ती है। इन प्रतीकों के माध्यम से मनुष्य परमसत्ता के प्रति अपनी भावनाओं तथा अभिवृत्तियों को व्यक्त कर सकता है। इन धर्म प्रतीकों के द्वारा परमसत्ता का ज्ञान (बौद्धिक) तो नहीं हो सकता, किन्तु इनके प्रतीक के द्वारा अगम्य परमसत्ता (अन्तिम सत्ता) का सांकेतिक, अप्रत्यक्ष आभास अवश्य हो सकता है। प्रतीक इसी सत्स्वरूप के प्रति अन्तिम संलग्नता को व्यक्त करते हैं। ये हमारे कार्यो को दैवत्व से सम्बद्ध करते हैं।

धार्मिक प्रतीकों का क्षेत्र विस्तृत है। ईश्वर, देवता, इष्ट, धर्मगुरू, प्रतिमा, शब्द, सिद्धान्त, देवकथा, पवित्र वस्तुएँ, सृष्टि, स्वर्ग-नरक, पाप-पुण्य, पूजा आदि सभी धर्म में, प्रतीक रूप में व्यवहार्य हैं। गौतम बुद्ध, ईसामसीह आदि ऐतिहासिक पुरूष ही नहीं वरन् धर्म प्रतीक भी हैं। प्रतीक सभी अनुभवात्मक जगत में सत्यस्वरूप की ओर संकेत करते हैं जो कि इन्द्रियातीत है। लक्ष्य प्राप्ति होने पर प्रतीकों का कोई प्रयोजन नहीं है।

अतः कहा जा सकता है कि धर्म में जो वस्तु तत्व स्वीकार्य किये जाते हैं वे प्रतीक रूप होते हैं। चाहे वे धार्मिक उपादान (ईश्वर, आत्मा, अवतार, ईश्वर के अंश से उत्पन्न मानव, क्रास, शंख, चक्र, धर्म पुस्तकें आदि) हों या धार्मिक कृत्य चर्च, मन्दिर जाना, उपासना करना, नमाज या प्रार्थना करना, यज्ञ करना आदि। ये किसी न किसी रूप में सभी धर्मों में प्रचलित होते हैं तथा मानव आस्थाओं के परिचायक होते हैं।

स्वामी विवेकानन्द के प्रतीक के सम्बन्ध में विचार-

1. उन्हें (सिद्ध गुरुओं) मंत्र द्वारा शिष्यों में आध्यात्मिक ज्ञान का बीजारोपड़ करना पड़ता है। ये मंत्र क्या हैं? भारतीय दर्शन के अनुसार नाम और रुप ही इस जगत की अभिव्यक्ति के कारण हैं। मानवीय अन्तर्जगत में एक भी ऐसी चित्तवृत्ति नहीं रह सकती, जो नाम-रुपात्मक न हो। बृहत् ब्रह्माण्ड में भी ब्रह्मा, हिरण्यगर्भ या समष्टि महत् ने पहले अपने आप को नाम के, और फिर बाद में रुप के आकार में अर्थात् इस परिदृश्यमान जगत के आकार में अभिव्यक्त किया। यह सारा व्यक्त इन्द्रियग्राह्य जगत रुप है, और इसकें पीछे है अनन्त अव्यक्त स्फोट। स्फोट का अर्थ- समस्त जगत की अभिव्यक्ति का कारण शब्द-ब्रह्म है। समस्त नामों अर्थात् भावों की नित्य समवायी उपादान स्वरुप यह नित्य स्फोट ही वह शक्ति है, जिससे भगवान इस विश्व की सृष्टि करते हैं। यहीं नहीं बल्कि भगवान पहले स्फोट रुप में परिणत हो जाते हैं और तत्पश्चात् अपने को उससे भी स्थूल इस इन्द्रियग्राह्य जगत के रुप में परिणत कर लेते हैं। इस स्फोट का एक मात्र वाचक शब्द

है-"ऊँ"। और चूँकि हम किसी भी उपाय से शब्द को भाव से अलग नहीं कर सकते, इसलिए यह "ऊँ" भी इस नित्य स्फोट से नित्य संयुक्त है। एकमेव यह "ऊँ" ही इस प्रकार सर्वभावाव्यापी वाचक शब्द है, अन्य कोई भी इसके समान नहीं। स्फोट ही सारे भावों का उपादान है, फिर भी वह स्वयं पूर्ण रुप से विकसित कोई विशिष्ट भाव नहीं है। अर्थात् यदि उन सब भेदों को, जो एक भाव को दूसरे से अलग करते हैं, निकाल दिया जाय, तो जो कुछ बचा रहता है, वहीं स्फोट है। इसलिए इस स्फोट को "नादब्रह्म" कहते हैं। जो वाचक शब्द उसे सब से कम विशेषभावापन्न करेगा, पर साथ ही उसके स्वरुप को यथासम्भव पूरी तरह प्रकाशित करेगा, वहीं उसका सबसे सच्चा वाचक होगा। और यह वाचक शब्द है- एकमात्र "ऊँ" क्योंकि ये तीनों अक्षर अ, उ और म्, जिनका एक साथ उच्चारण करने से "ऊँ" होता है, समान शब्दों के साधारण वाचक के तौर पर लिये जा सकते हैं (भक्ति योग, राम कृष्ण मिशन)।

2. सृष्टि के पूर्व ब्रह्म शब्दात्मक बनते है, फिर ओंकारात्मक या नादात्मक होते है। तत्पश्चात् पहले कल्पों के विशेष शब्द जैसे- भूः, भुवः, स्वः अथवा गो, मानव, घट, पट इत्यादि का प्रकाश उसी आंेकार से होता है। सिद्ध संकल्प ब्रह्म में क्रमशः एक-एक शब्द के होते ही उसी क्षण उन सब पदार्थो का भी प्रकाश हो जाता है और इस विचित्र जगत् का विकास हो उठता है। अब समझे न कि कैसे शब्द ही सृष्टि का मूल है (विवेकानन्द जी के संग में, पृष्ठ-62, राम कृष्ण मिशन)।
3. प्रतीक का अर्थ है वे वस्तुएं, जो थोड़े-बहुत अंश में ब्रह्म के स्थान में उपास्य-रूप से ली जा सकती है जो वस्तु ब्रह्म नहीं है, उसमें ब्रह्म-बुद्धि करके ब्रह्म का अनुसंधान प्रतीकोपासना कहलाता है। (योग क्या है?, पृष्ठ-48, राम कृष्ण मिशन)।
4. संसार के मुख्य धर्मों में से वेदान्त, बौद्ध धर्म और ईसाई धर्म के कुछ सम्प्रदाय बिना किसी आपत्ति के प्रतिमाओं का उपयोग करते हैं। केवल इस्लाम और प्रोटेस्टेण्ट ये ही दो ऐसे धर्म हैं जो इस सहायता की आवश्यकता नहीं मानते। फिर भी मुसलमान प्रतिमा के स्थान में अपने पीरों और शहीदों की कब्रों का उपयोग करते हैं। ईसाई और इस्लाम धर्म में जो कुछ प्रतिमा-उपासना विद्यमान है, वह उस श्रेणी की है, जिसमें प्रतीक या प्रतिमा की उपासना केवल प्रतीक या प्रतिमा रूप से होती है- ब्रह्म दृष्टि से नहीं। अतएव वह कर्मानुष्ठान के ही समान है-उससे न भक्ति मिल सकती है, न मुक्ति। इस प्रकार की प्रतिमा-पूजा में उपासक ईश्वर को छोड़ अन्य वस्तुओं में आत्मसमर्पण कर देता है और इसलिए प्रतिमा, कब्र, मन्दिर आदि के इस प्रकार उपयोग को ही सच्ची मूर्तिपूजा कहते है। पर वह न तो कोई पाप कर्म है और न कोई अन्याय-वह तो बस एक कर्म मात्र है, और उपासकों को उसका फल भी अवश्य मिलता है। (भक्तियोग पृष्ठ-51, राम कृष्ण मिशन)"

श्री लव कुश सिंह "विश्वमानव" के प्रतीक के सम्बन्ध में विचार-

मानव सभ्यता के विकास के कालक्रम में कर्म कर अनुभव के ज्ञान सूत्र का संकलन ही वेद के रूप में व्यक्त हुआ जिससे आने वाली पीढ़ी मार्गदर्शन को प्राप्त कर सके और अपना समय बचाते हुए कर्म कर सके। अर्थात प्रत्येक साकार सफल नेतृत्व के साथ उसके अनुभव का निराकार ज्ञान सूत्र के संकलन की समानान्तर प्रक्रिया भी चलती रही। और यह सभी प्रक्रिया मानव जाति के श्रेष्ठतम विकास के लिए ही की जा रही थी। समाज को एकात्म करने के लिए शास्त्र की रचना करना व उसका प्रचार-प्रसार करने वाले व्यास कहलाये।
जिनके द्वारा शास्त्र रचना के युगानुसार निम्न चरण पूरे हुए।

1. सार्वभौम आत्मा के ज्ञान द्वारा समाज को एकात्म करने के लिए शास्त्र - वेद
2. सार्वभौम आत्मा के नाम द्वारा समाज को एकात्म करने के लिए शास्त्र - उपनिषद्
3. सार्वभौम आत्मा के कृति कथा द्वारा समाज को एकात्म करने के लिए शास्त्र - पुराण
4. सार्वभौम आत्मा के प्रकृति द्वारा समाज को एकात्म करने के लिए शास्त्र - महाभारत

5. सार्वभौम आत्मा के कर्मज्ञान द्वारा समाज को एकात्म करने के लिए शास्त्र -विश्वशास्त्र-द नालेज आफ फाइनल नालेज

वेद के ज्ञान सूत्र व उपनिषद् की वार्ता के अलावा मनुष्य को एकात्म करने के लिए दृश्य चित्र या वस्तु की आवश्यकता की विधि का प्रयोग ही पौराणिक देवी-देवता हैं। सार्वभौम आत्मा के कृति कथा द्वारा समाज को एकात्म करने के लिए पुराण शास्त्र ही देवी-देवताओं के उत्पत्ति का कारण है। जिसे उत्पन्न करने का कारण मानव को एक आदर्श मानक पैमाना व लक्ष्य देना था जिससे वे मार्गदर्शन प्राप्त कर सकें। वेद और उपनिषद् शास्त्र में देवी-देवता के स्थान पर मात्र प्रकृति-पुरूष का प्रतीक चिन्ह - शिवलिंग ही व्यक्त था। मनुष्य या कोई भी जीव जब अपने ईश्वर का रूप निर्धारित करेगा तब वह अपनी ही शारीरिक संरचना रूप में ही कल्पना कर सकता है। इस मानवीय रूप के निर्धारण में गुणों को वस्त्र-आभूषण, वाहन इत्यादि के प्रतीक के माध्यम से व्यक्त किया गया। पुराणों में निम्नलिखित विधि से देवी-देवताओं की उत्पत्ति की गयी है-

1. सार्वभौम आत्मा से ब्रह्माण्ड और उसके परिवार जैसे सूर्य, चाँद, ग्रह, नक्षत्र, नदी, समुद्र, पर्वत इत्यादि को देवी-देवता के रूप में एक मानवीय रूप द्वारा गुणों के अनुसार निरूपित कर प्रक्षेपित किया गया। जिससे यह ज्ञान प्राप्त हो सके कि उस अदृश्य ईश्वर की कृति यह ब्रह्माण्ड उसका दृश्य रूप है अर्थात यह दृश्य ब्रह्माण्ड ही हमारा दृश्य ईश्वर है। अर्थात जिस प्रकार हम ईश्वर से प्रेम करते हैं उसी प्रकार हमें इस दृश्य ईश्वर - ब्रह्माण्ड से प्रेम करना चाहिए जो हमें प्रत्यक्ष रूप में जीवन संसाधन उपलब्ध कराता है।
2. सार्वभौम आत्मा से मनुष्य और उसके परिवार को देवी-देवता के रूप में एक मानवीय रूप द्वारा गुणों के अनुसार निरूपित कर प्रक्षेपित किया गया। जिससे यह ज्ञान प्राप्त हो सके कि उस अदृश्य ईश्वर की कृति यह मनुष्य उसका दृश्य रूप है अर्थात यह दृश्य मनुष्य ही हमारा दृश्य ईश्वर है। अर्थात जिस प्रकार हम ईश्वर से प्रेम करते हैं उसी प्रकार हमें इस दृश्य ईश्वर - मानव से प्रेम करना चाहिए जो हमें प्रत्यक्ष रूप में जीवन संसाधन उपलब्ध कराता है।

उस एक सार्वभौम आत्मतत्व को जानने के लिए ज्ञान सूत्रों के माध्यम से वेदों में, ईश्वर नाम (ओउम) के माध्यम से उपनिषद् में, उस आत्मतत्व के गुणों व ब्रह्माण्डीय वस्तुओं (सूर्य, चाँद, ग्रह, नक्षत्र, तत्व इत्यादि) के गुणों के साकार निरूपण (मूर्ति) के माध्यम से पुराणों में, प्रकृति (सत्व, रज, तम, आसुरी, दैवी व उसके अन्य अंश गुणों) के माध्यम से गीता/गीतोपनिषद् में व्यक्त किया गया है। इन सभी माध्यमों सहित वर्तमान पदार्थ विज्ञान, समाज विज्ञान, राजनीति विज्ञान, शासन प्रणाली इत्यादि के माध्यम से सार्वजनिक प्रमाणित गीता अर्थात विश्वशास्त्र में व्यक्त किया गया है।

धर्मसमभाव की अवधारणा और विश्वधर्म का आधार

मानव जीवन में धर्म का अपना विशिष्ट स्थान है। अतः प्राचीन काल से ही मानव धर्म के सम्बन्ध में विविध रूपों में चिन्तन प्रस्तुत करता रहा है। प्रकृति के परिवर्तनशीलता और मानव के विकास के साथ-साथ धर्म-धारणा में भी निरन्तर परिवर्तन, परिष्कार तथा विकास उदात्तता की ओर होता चलता गया है। सभी धर्म मानव जाति के उत्थान और एकता के लिए विकसित हुए हैं। सभी धर्म इसके लिए प्रेम, सौहार्द, सौमनस्यपूर्णता तथा समत्वभाव का चिन्तन प्रस्तुत करते हैं, तथापि धर्म को लेकर मानव समाज में हिंसा, द्वेष, वैमनस्य और वैर-विरोध पाये जाते हैं। सामान्य मानव के मस्तिष्क में धर्म के नाम पर या तो मन्दिर, मस्जिद, गुरूद्वारा, चर्च, अगियारि आदि स्मृति में आते हैं, या फिर वेद, उपनिषद्, गीता, रामायण, पुराण, त्रिपिटक, आगम शास्त्र, कुरआन, जेन्द-अवेस्ता, कर्मकाण्ड, पूजा-पाठ, प्रार्थना, नमाज आदि। किन्तु धर्म यही तक सीमित नहीं है। धर्म के व्यापक धरातल को प्रस्तुत करने की दृष्टि से एवं धर्मानुयायियों में व्यापक कट्टरता, विद्वेष, साम्प्रदायिकता तथा हठधर्मिता को दूर करने की दृष्टि से "धर्म समभाव" की धारणा चिन्तकों द्वारा प्रस्तुत की गयी है। परन्तु स्वयं धर्म समभाव के विषय में भी कालान्तर में भिन्न-भिन्न दृष्टिकोण निर्मित होते गये। यही कारण है कि धर्म और धर्म समभाव का संगत अर्थ सही परिप्रेक्ष्य में उसके सभी पक्ष-उपपक्ष के साथ प्रस्ततु किया जाना आधुनिक काल की महती आवश्यकता बन गई है।

धर्म समभाव का अर्थ एवं परिभाषा

धर्म समभाव शब्द तीन पदों से बना है। प्रथम पद है-धर्म, द्वितीय पद है-सम और तृतीय पद है-भाव। शब्दकोश में हमें धर्म समभाव की सम्पूर्ण परिभाषा उपलब्ध नहीं होती है। अतः हम पदों के अर्थ निरूपित करते हुए इनके योग के आधार पर एवं विचारकों के दृष्टिकोण के आधार पर इसके (धर्म समभाव) प्रत्यय को समझने का यत्न करेंगे।

धर्म, सम एवं भाव, तीनों ही पद संस्कृत तथा हिन्दी भाषीय शब्द हैं। धर्म को "धृ" धातु से उत्पन्न मानते हुए सदाचार, सत्कर्म, आध्यात्मिक, नैतिक एवं चरम सत्य की वह अनुभूति जो समस्त प्राणियों में चेतनात्मक एकता के भाव जागृत करती है।

शब्दकोश के अनुसार सम का अर्थ समान, तुल्य, बराबर, वैसा ही समरूप आदि है। तथा भाव का अर्थ होना, भावना, विचार, विश्वास, आदर, प्रतिष्ठा आदि है। समानता अथवा तुल्यता का अर्थ राग-द्वेष से परे, निष्पक्ष, तुलनात्मक समान आदर विचार अथवा भावना के रूप में किया जा सकता है। अतः शब्दकोश के आधार पर धर्म समभाव का अर्थ धर्म के प्रति निष्पक्ष, तुलनात्मक समान आदर भाव रखना और "सर्व धर्म समभाव" का अर्थ सब धर्मों के प्रति निष्पक्ष, तुलनात्मक समान (राग-द्वेष से परे) आदर भाव (समभाव) रखना माना जा सकता है।

किसी भी धर्म को पूर्ण सत्य या पूर्ण असत्य समझना भूल है। किसी भी धर्म का उपयोग करते समय युगबाह्य (जो समयानुसार न हो, तत्कालीन देश-काल से मेल न खाता हो) अंश निकाल देना चाहिए और युगसत्य (जो तत्कालीन देश-काल से मेल खाता हो) जोड़ देना चाहिए। इस प्रकार विवेक और आदरपूर्वक उसका उपयोग करना चाहिए।

धर्म समभाव का व्यवहार करने वाला व्यक्ति यह मानकर चलता है कि साधारणतः सभी धर्म जगत के कल्याण के लिए उत्पन्न हुए हैं। वह प्रचलित धर्म की युग के अनुसार मानव कल्याण विरोधिता की विवेकपूर्ण जाँच करने के पश्चात् ही उसे स्वीकार या अस्वीकार करता है। जबकि धर्म सम्भाव विरोधी केवल अपने धर्म को (जिस धर्म का वह अनुयायी है एवं जिसे वह सत्य समझता है) छोड़कर अन्य सब धर्मों को मिथ्या समझता है। महापुरूषों, तीर्थंकरों, पैगम्बरों में ज्ञान, संयम आदि की दृष्टि से अंतर तो होता है लेकिन इससे धर्म समभाव के व्यवहार में बाधा उत्पन्न नहीं होती है। जैसे माता, पिता, चाचा आदि में अन्तर होता है किन्तु साधारणतः व्यवहार में वे सब वंदनीय/आदरणीय होते हैं। लेकिन वंदनीय होने से अन्तर समाप्त नहीं होता है। तात्पर्य यह है कि समभावी अपने

तीर्थ या तीर्थंकर एवं धर्म का अंध प्रशंसक और दूसरे के धर्म का अंधनिन्दक नहीं होता है। वह विवेकहीन होकर सबको सत्य नहीं मानता है वरन् संकुचितता का त्याग कर निष्पक्षता से उनका निरीक्षण-परीक्षण करता है, गुण-दोषों की जांच करता है, इससे समभाव पर कोई आंच नहीं आती है। इससे अपने युग की समस्याओं का निराकरण करने में सहायता मिलती है तथा मानव-जीवन के लिए युगानुरूप विकास का मार्ग प्रशस्त होता है।

धर्म समभाव की आवश्यकता

धर्म का उद्देश्य तो जगत में प्रेम, शान्ति व आनन्द को विकसित करना है। धर्म के अन्तर्गत सभी प्रचलित संस्थागत धर्मों को इसलिए स्वीकार किया गया है कि एक ही लक्ष्य की प्राप्ति के लिए (आत्मशुद्धि द्वारा आध्यात्मिक विकास और उसकी आत्मानुभूति के आधार पर जगत में दुःख निवारण तथा स्वपर कल्याण करना) भिन्न-भिन्न देश व काल में किये गये भिन्न-भिन्न प्रयास हैं। अतः विश्व में धर्म के विभिन्न रूप मिलते हैं। देश काल के अनुसार बाह्याचार (मन्दिर, मस्जिद, भाषा, कर्मकाण्ड, विधि-विधान, शास्त्र आदि) में वे विरोधी हैं, किन्तु उनके पीछे मूल उद्देश्य एक ही है। अतः प्रत्येक धर्म को अन्य धर्म से पृथक मानते हुए भी विरोधी मानना उपयुक्त नहीं है। सभी धर्म मानवीय मूल्यों के संरक्षण पर बल देते हैं।, सभी धर्म चेतनात्मक एकता को स्वीकार करते हैं। प्रत्येक धर्म में सत्य अन्तर्निहित है। अतः वह नष्ट न हो और उनकी (धर्मों की) विविधता भी बनी रहे इसके लिए उनमें धर्म समभाव के द्वारा ही समन्वय अथवा सामंजस्य स्थापित किया जा सकता है।

धर्म समभाव के स्वीकृत तत्वों के आधार पर धर्म समन्वय करने पर सत्य अक्षुण्ण रहता है तथा मिथ्यात्व, रूढ़िवादिता, धार्मिक कट्टरता, मोहांधता, संकीर्ण व संकुचित दृष्टिकोण आदि समाप्त हो जाते हैं। सभी धर्मों के प्रति सत्यनिष्ठ एवं विनयगत आदरभाव विकसिंत होता है। अतः धर्म समभाव की महत्ती आवश्यकता स्पष्ट होती है।

विश्वधर्म का आधार

विभिन्न प्रमुख धर्मों के धर्म प्रत्यय सिद्धान्तों के आधार पर सारतः स्पष्ट है कि -

1. सभी धर्म मानते हैं कि परम सत्ता मूलतः एक सर्वव्यापी, सर्वोच्च एवं परमपूज्य है।
2. सभी धर्म मानते हैं कि परमसत्ता के अतिरिक्त देवों/दूतों/फरिश्तों होते हैं।
3. सभी धर्म मानते हैं कि परमसत्ता का ज्ञान व निर्देश देने वाले, दिव्य ज्ञान से युक्त संदेशवाहकों/मार्गदर्शकों का आगमन होता है।
4. सभी धर्म मानते हैं कि अमर/अविनाशी चेतना होती है।
5. सभी धर्म मानते हैं कि मरणोत्तर जीवन होती है।
6. सभी धर्म मानते हैं कि धर्म-कर्म और कर्मफल के उपभोग के साथ ही पाप-पुण्य एवं स्वर्ग-नरक की धारणा में विश्वास है।
7. सभी धर्म मानते हैं कि राग, द्वेष, तृष्णा, अज्ञानादि से बन्धन है और अनासक्ति तथा तत्वज्ञान से मुक्ति होती है।
8. सभी धर्म मानते हैं कि जगत् और संसार चक्र होता है।
9. सभी धर्म मानते हैं कि दुःख से मुक्ति के लिए धर्म साधना का मार्ग स्वीकार करते हुए नैतिक मूल्यों का परिपालन आवश्यक है।

अंधश्रद्धा की अपेक्षा युगानुरूप विवेकसम्मत ज्ञान सत्य होता है इसलिए धर्म ज्ञान एवं तत्संम्बन्धी विवेचन भी युगानुरूप एवं विवेकसम्मत होना चाहिए, जो कुछ न्यायसंगत व उचित है उसे स्वीकार करना चाहिए। अतः आधुनिक समकालीन चिंतको ने धर्म के विषय में पुनः चिंतन करना प्रारम्भ किया है। वे परम्परागत धर्मों की सभी मान्यताओं को आज युगानुरूप नहीं पाते हैं। उनके अनुसार कोई भी धर्म पूर्ण/सार्वभौमिक रूप से सत्य नहीं है और न ही वे आज की धारणाओं से संगति रखते हैं। अतः परम्परागत धर्मों में से कोई भी धर्म, आज का युगधर्म/सर्वमान्य हो सकने वाला सार्वभौमिक/विश्वधर्म नहीं हो सकता है। आधुनिक समकालीन चिंतक परम्परागत धर्मों के स्थान

किसी ऐसे धर्म की स्थापना पर बल देते हैं जिसके विश्वास व मूल्य युगानुरूप बौद्धिक विकास के अनुकूल हों, जिसमें धर्म समभाव के सभी आधार उपलब्ध होते हों तथा जिसमें सिद्धान्त व व्यवहार में असंगत/विरोधाभासपूर्ण मान्यताओं को किसी भी प्रकार से स्वीकृति प्रदान न की गयी हो।

स्वामी विवेकानन्द के विश्वधर्म के सम्बन्ध में विचार-

1. जो व्यक्ति कहता है, इस जगत् का अस्तित्व है, किन्तु ईश्वर नहीं है, वह निर्बोध है, क्योंकि यदि जगत् हो, तो जगत् का एक कारण रहेगा और उसक कारण का नाम ही ईश्वर है। कार्य रहने पर ही उसका कारण है, यह जानना होगा। जब यह जगत् अन्तर्हित होगा, तब ईश्वर भी अन्तर्हित होंगे। जब आप ईश्वर के सहित अपना एकत्व अनुभव करेंगे, तब आपके पक्ष में यह जगत् फिर नहीं रहेगा। जिसे हम इस क्षण जगत् के रूप में देख रहे हैं, वही हमारे सम्मुख ईश्वर के रूप में प्रतिभासित होगा, एवं जिनको एक दिन हम बहिर्देश में अवस्थित समझते थे, वे ही हमारी आत्मा के अन्तरात्मा रूप में प्रतीत होंगे।- 'तत्वमसि'- वही तुम हो।
2. एक ही सूर्य विविध जल बिन्दुओं में प्रतिबिम्बित होकर नाना रूप दिखा रहा है। लाख-लाख जलकणों में लाख-लाख सूर्य का प्रतिबिम्ब पड़ा है तथा प्रत्येक जल कण में ही सूर्य की सम्पूर्ण प्रतिमूर्ति विद्यमान है; किन्तु सूर्य वास्तव में एक है। इन सब जीवगण के सम्बन्ध में भी यही बात है-वे उसी एक अनन्त पुरुष के प्रतिबिम्ब मात्र है। स्वप्न कदापि सत्य के बिना रह नहीं सकता, और वह सत्य-वही एक अनन्त सत्ता है। शरीर, मन अथवा आत्मा भाव में मानने पर आप स्वप्न मात्र हैं, किन्तु आपका यथार्थ स्वरूप अखण्ड सच्चिदानन्द है। - अद्वैतवादी यही कहते है। यह सब जन्म, पुनर्जन्म, यह आना-जाना यह सब उस स्वप्न का अंशभाग है। आप अनन्त स्वरूप है। आप फिर कहाँ जायेंगे? आत्मा कभी उत्पन्न नहीं होती, कभी मरेगी भी नहीं, आत्मा के किसी काल में माता-पिता, शत्रु-मित्र कुछ भी नहीं है; क्योंकि आत्मा अखण्ड सच्चिदानंद स्वरूप है। जिस व्यक्ति ने इसका साक्षात्कार किया है उसने ही मुक्तिलाभ किया है, वह इस स्वप्न को भगं करके उसके बाहर चला गया है, उसने अपना यथार्थ स्वरूप जाना है। अद्वैतवेदान्त का यही उपदेश है।
3. सत्य के दो अंग है। पहला जो साधारण मानवों को पांचेन्द्रियग्राह्य एवम् उसमें उपस्थापित अनुमान द्वारा गृहीत है और दूसरा-जिसका इन्द्रियातीत सूक्ष्म योगज शक्ति के द्वारा ग्रहण होता है। प्रथम उपाय के द्वारा संकलित ज्ञान को "विज्ञान" कहते है, तथा द्वितीय प्रकार के संकलित ज्ञान को "वेद" संज्ञा दी है। वेद नामक अनादि अनन्त अलौकिक ज्ञानराशि सदा विद्यमान है। स्वंय सृष्टिकत्र्ता उसकी सहायता से इस जगत के सृष्टि-स्थिति-प्रलय कार्य सम्पन्न कर रहे हैं। जिन पुरूषों में उस इन्द्रियातीत शक्ति का आविर्भाव है, उन्हें ऋषि कहते है और उस शक्ति के द्वारा जिस अलौकिक सत्य की खोज उन्होंने उपलब्धि की है, उसे "वेद" कहते हैं। इस ऋषित्व तथा वेद द्दष्टत्व को प्राप्त करना ही यथार्थ धर्मानुभूति है। साधक के जीवन में जब तक उसका उन्मेष नहीं होता तब तक "धर्म" केवल कहने भर की बात है एवम् समझना चाहिए कि उसने धर्मराज्य के प्रथम सोपान पर भी पैर नहीं रखा है। समस्त देश-काल-पात्र को व्याप्त कर वेद का शासन है अर्थात वेद का प्रभाव किसी देश, काल या पात्र विशेष द्वारा सीमित नहीं हैं। सार्वजनिन धर्म का व्याख्याता एक मात्र "वेद" ही है।
4. विज्ञान एकत्व की खोज के सिवा और कुछ नहीं है। ज्योंही कोई विज्ञान शास्त्र पूर्ण एकता तक पहुँच जायेगा, त्योंहीं उसका आगे बढ़ना रुक जायेगा क्योंकि तब तो वह अपने लक्ष्य को प्राप्त कर चुकेगा। उदाहरणार्थ रसायनशास्त्र यदि एक बार उस एक मूल द्रव्य का पता लगा ले, जिससे वह सब द्रव्य बन सकते हैं तो फिर वह और आगे नहीं बढ़ सकेगा। पदार्थ विज्ञान शास्त्र जब उस एक मूल शक्ति का पता लगा लेगा जिससे अन्य शक्तियां बाहर निकली हैं तब वह पूर्णता पर पहुँच जायेगा। वैसे ही धर्म शास्त्र भी उस समय पूर्णता को प्राप्त हो जायेगा जब वह उस मूल कारण को जान लेगा। जो इस मत्र्यलोक में एक मात्र अमृत स्वरुप है जो इस नित्य परिवर्तनशील जगत का एक मात्र अटल अचल आधार है जो एक मात्र परमात्मा है और अन्य सब आत्माएं जिसके प्रतिबिम्ब स्वरुप हैं। इस प्रकार अनेकेश्वरवाद, द्वैतवाद आदि में

से होते हुए इस अद्वैतवाद की प्राप्ति होती है। धर्मशास्त्र इससे आगे नहीं जा सकता। यहीं सारे विज्ञानों का चरम लक्ष्य है।

5. यह समझना होगा कि धर्म के सम्बन्ध में अधिक और कुछ जानने को नहीं, सभी कुछ जाना जा चुका है। जगत के सभी धर्म में, आप देखियेगा कि उस धर्म में अवलम्बनकारी सदैव कहते हैं, हमारे भीतर एक एकत्व है अतएव ईश्वर के सहित आत्मा के एकत्व ज्ञान की अपेक्षा और अधिक उन्नति नहीं हो सकती। ज्ञान का अर्थ इस एकत्व का आविष्कार ही है। यदि हम पूर्ण एकत्व का आविष्कार कर सकें तो उससे अधिक उन्नति फिर नहीं हो सकती।
6. हमें देखना है कि किस प्रकार यह वेदान्त हमारे दैनिक जीवन में, नागरिक जीवन में, ग्राम्य जीवन में, राष्ट्रीय जीवन में और प्रत्येक राष्ट्र के घरेलू जीवन में परिणत किया जा सकता है। कारण, यदि धर्म मनुष्य को जहाँ भी और जिस स्थिति में भी है, सहायता नहीं दे सकता, तो उसकी उपयोगिता अधिक नहीं - तब वह केवल कुछ विशिष्ट व्यक्तियों के लिए कोरा सिद्धान्त हो कर रह जायेगा।
7. हम मनुष्य जाति को उस स्थान पर पहुँचाना चाहते हैं, जहाँ न वेद है, न बाइबिल है, न कुरान है परन्तु वेद, बाइबिल और कुरान के समन्वय से ही ऐसा हो सकता है। मनुष्य जाति को यह शिक्षा देनी चाहिए कि सब धर्म उस धर्म के, उस एकमेवाद्वितीय के भिन्न-भिन्न रुप हैं, इसलिए प्रत्येक व्यक्ति उन धर्मों में से अपना मनोनुकूल मार्ग चुन सकता है।
8. यदि कभी कोई सार्वभौमिक धर्म हो सकता है, तो वह ऐसा ही होगा, जो देश या काल से मर्यादित न हो, जो उस अनन्त भगवान के समान ही अनन्त हो, जिस भगवान के सम्बन्ध में वह उपदेश देता है, जिसकी ज्योति श्रीकृष्ण के भक्तों पर और ईसा के प्रेमियों पर, सन्तों पर और पापियों पर समान रूप से प्रकाशित होती हो, जो न तो ब्राह्मणों का हो, न बौद्धों का, न ईसाइयों का और न मुसलमानों का, वरन् इन सभी धर्मों का समष्टिस्वरूप होते हुए भी जिसमें उन्नति का अनन्त पथ खुला रहे, जो इतना व्यापक हो कि अपनी असंख्य प्रसारित बाहूओं द्वारा सृष्टि के प्रत्येक मनुष्य का प्रेमपूर्वक आलिंगन करें।... वह विश्वधर्म ऐसा होगा कि उसमें किसी के प्रति विद्वेष अथवा अत्याचार के लिए स्थान न रहेगा, वह प्रत्येक स्त्री और पुरूष के ईश्वरीय स्वरूप को स्वीकार करेगा और सम्पूर्ण बल मनुष्यमात्र को अपनी सच्ची, ईश्वरीय प्रकृति का साक्षात्कार करने के लिए सहायता देने में ही केन्द्रित रहेगा।
9. ईसाई को हिन्दू अथवा बौद्ध नहीं होना पड़ेगा, और न हिन्दू या बौद्ध को ईसाई ही, परन्तु प्रत्येक धर्म दूसरे धर्मों के सारभाग को आत्मसात् करके पुष्टिलाभ करेगा और अपने वैशिष्ट्य की रक्षा करते हुए अपनी निजी प्रकृति के अनुसार वृद्धि को प्राप्त होगा। यदि इस सर्वधर्म परिषद् ने जगत् के समक्ष कुछ प्रमाणित किया है तो वह यह कि उसने यह सिद्ध कर दिखाया है कि शुद्धता, पवित्रता और दयाशीलता किसी सम्प्रदाय-विशेष की सम्पत्ति नहीं है तथा प्रत्येक धर्म ने श्रेष्ठ एवं अतिशय उन्नत-चरित्र स्त्री पुरूषों को जन्म दिया है। अब इन प्रत्यक्ष प्रमाणों के बावजुुुुुद भी यदि कोई ऐसा स्वप्न देखे कि अन्यान्य सारे धर्म नष्ट हो जायेंगे और केवल उसका धर्म ही अपना सर्वश्रेष्ठता के कारण जीवित रहेगा, तो उस पर मैं अपने हृदय के अन्तस्थल से दया करता हूँ और उसे स्पष्ट शब्दों में बतलाये देता हूॅ कि वह दिन दूर नहीं हैं, जब उस-जैसे लोगों के अड़ंगों के बावजूद भी प्रत्येक धर्म की पताका पर यह स्वर्णाक्षरों में लिखा रहेगा-'सहयोग, न कि विरोध', पर-भाव-ग्रहण न कि पर-भाव-विनाश, 'समन्वय और शान्ति, न कि मतभेद और कलह'!
10. एक मात्र वेदान्त ही समाज तन्त्रवाद की युक्तिसंगत दार्शनिक भित्ति होने लायक है। मानव समाज की उन्नति चाहने वाले व्यक्तिगण, कम से कम उनके परिचालक गण, यह समझने का प्रयत्न कर रहे हैं कि उनके धन साम्य एवं समान अधिकार पर आधारित मतवादों की एक आध्यात्मिक भित्ति रहना संगत है, और एक मात्र वेदान्त ही यह भित्ति होने के योग्य हैं। सामाजिक, राजनीतिक एवं आध्यात्मिक, सभी क्षेत्रो में यथार्थ संगत स्थापित करने का केवल एक सूत्र विद्यमान है, और वह सूत्र- केवल इतना जान लेना कि मैं

और मेरा भाई एक हैं। सब देशों में, सभी युगो में, सभी जातियों के लिए यह महान सत्य समान रूप से लागू है।

11. हिन्दू भावों को अंग्रेजी में व्यक्त करना, फिर शुष्क दर्शन, जटिल पौराणिक कथाएं और अनूठे आश्चर्यजनक मनोविज्ञान से ऐसे धर्म का निर्माण करना, जो सरल, सहज और लोकप्रिय हो और उसके साथ ही उन्नत मस्तिष्क वालों को संतुष्ट कर सके- इस कार्य की कठिनाइयों को वे ही समझ सकते हैं, जिन्होंने इसके लिए प्रयत्न किया हो। अद्वैत के गुढ़ सिद्धान्त में नित्य प्रति के जीवन के लिए कविता का रस और जीवन दायिनी शक्ति उत्पन्न करनी है। अत्यन्त उलझी हुई पौराणिक कथाओं में से जीवन प्रकृत चरित्रों के उदाहरण समूह निकालने हैं और बुद्धि को भ्रम में डालने वाली योगविद्या से अत्यन्त वैज्ञानिक और क्रियात्मक मनोविज्ञान का विकास करना है और इन सब को एक ऐसे रुप में लाना पड़ेगा कि बच्चा-बच्चा इसे समझ सके।
12. अब व्यावहारिक जीवन में उसके प्रयोग का समय आया है। अब और 'रहस्य' बनाये रखने से नहीं चलेगा। अब और वह हिमालय की गुहाओ। में, वन-अरण्यों में साधु-सन्यासियों के पास न रहेगा, लोगों के दैनन्दिन जीवन में उसको कार्यन्वित करना होगा। राजा के महल में, साधु-सन्यासी की गुफा में, मजदूर की झोपड़ी में, सर्वत्र सब अवस्थाओं में- यहाँ तक कि राह के भिखारी द्वारा भी - वह कार्य में लाया जा सकता है।

1. 13.हमें ऐसे धर्म की आवश्यकता है, जिससे हम मनुष्य बन सकें। हमें ऐसे सिद्धान्तों की आवश्यकता है, जिससे हम मनुष्य हो सकें। हमें ऐसी सर्वांगसम्पन्न शिक्षा चाहिए, जो हमें मनुष्य बना सके और यह रही सत्य की कसौटी-जो भी तुम्हे शारीरिक, मानसिक और आध्यात्मिक दुर्बलता लाए, उसे जहर की भांति त्याग दो; उसमें जीवन-शक्ति नहीं है, वह कभी सत्य नहीं हो सकता। सत्य तो बलप्रद है, वह पवित्रता स्वरूप है, ज्ञान स्वरूप है। सत्य तो वह है जो शक्ति दे, जो हृदय के अन्धकार को दूर कर दे, जो हृदय में स्फूर्ति भर दें। (मेरी समर नीति-पृ0-36)

13. हमें दिखलाना है- हिन्दुओं की आध्यामिकता, बौद्धो की जीवदया, ईसाइयों की क्रियाशीलता एवं मुस्लिमों का बन्धुत्व, और ये सब अपने व्यावहारिक जीवन के माध्यम द्वारा। हमने निश्चय किया- हम एक सार्वभौम धर्म का निर्माण करेंगें।

भाग-3

ईश्वरीय समाज

स्वामी विवेकानन्द - रामकृष्ण मिशन

संयुक्त राष्ट्र संघ द्वारा आयोजित सहस्त्राब्दि सम्मेलन-2000 ई0

राष्ट्राध्यक्षों का सम्मेलन
आइये विश्व के लिए एक नया मार्ग रखें
धार्मिक एवं आध्यात्मिक नेताओं का सम्मेलन

लव कुश सिंह विश्वमानव

ईश्वरीय समाज

ईश्वरीय समाज निर्माण की कार्यवाही आधारित पुस्तकें
विश्व-नागरिक धर्म का धर्मयुक्त धर्मशास्त्र - कर्मवेद: प्रथम, अन्तिम तथा पंचम वेदीय श्रृंखला
विश्व-राज्य धर्म का धर्मनिरपेक्ष धर्मशास्त्र - विश्वमानक शून्य-मन की गुणवत्ता का विश्वमानक (WS-0) श्रृंखला
प्राकृतिक सत्य मिशन (Natural Truth Mission)
विश्वधर्म मन्दिर
सत्यकाशी ब्रह्माण्डीय एकात्म विज्ञान विश्वविद्यालय
(Satyakashi Universal Integration Science University-SUISU)
"सत्यकाशी महायोजना" (वाराणसी-विन्ध्याचल-शिवद्वार-सोनभद्र के बीच का क्षेत्र)

एक विश्व - श्रेष्ठ विश्व के निर्माण के लिए आवश्यक कार्य

एकात्मकर्मवाद और विश्व का भविष्य

विश्व का मूल मन्त्र- "जय जवान-जय किसान-जय विज्ञान-जय ज्ञान-जय कर्मज्ञान"

विश्वव्यापी स्थापना का स्पष्ट मार्ग

स्वामी विवेकानन्द
रामकृष्ण मिशन

परिचय

स्वामी विवेकानन्द, वेदान्त के विख्यात और प्रभावशाली आध्यात्मिक गुरू थे। उनका वास्तविक नाम नरेन्द्र नाथ दत्त था। उन्होंने अमेरिका स्थित शिकागों में सन् 1893 में आयोजित विश्व धर्म महासम्मेलन में सनातन धर्म का प्रतिनिधत्व किया था। भारत का वेदान्त अमेरिका और यूरोप के हर देश में स्वामी विवेकानन्द की वकृतता के कारण ही पहुँचा। उन्होंने रामकृष्ण मिशन की स्थापना की थी जो आज भी अपने उद्देश्य "शिव भाव से जीव सेवा" के अनुसार काम कर रहा है। वे रामकृष्ण परमहंस के सुयोग्य शिष्य थे। रामकृष्ण जी बचपन से ही एक पहुँचे हुए सिद्ध पुरूष थे। स्वामी जी ने कहा था की जो व्यक्ति पवित्र ढंग से जीवन निर्वाह करता है उसी के लिए अच्छी एकाग्रता प्राप्त करना सम्भव है।

भारतीय अध्यात्म और व्यवहारिक वेदांत आकाश का यह दीप्तिमान नक्षत्र 12 जनवरी, 1863 के दिन पिता श्री विश्वनाथ एवं माता श्रीमती भुवनेश्वरी के कलकत्ता स्थित परिवार में अवतरित हुआ। वाराणसी के वीरेश्वर महादेव की अराधना से प्राप्त होने के कारण, माता ने वीरेश्वर नाम दिया और प्रेम से "विले" पुकारती, परन्तु पिता ने नरेन्द्रनाथ नाम दिया। बचपन से ही ये नटखटी और जिज्ञासु प्रकृति के थे। नरेन्द्र की बुद्धि बचपन से ही तीव्र थी और परमात्मा को पाने की लालसा भी प्रबल थी। इस हेतु वे "ब्रह्म समाज" में गये किन्तु वहाँ उनके चित्त को सन्तोष नहीं हुआ। श्री विश्वनाथ दत्त की मृत्यु हो गई। घर का भार नरेन्द्र पर आ गया। घर की दशा बहुत खराब थी। अत्यन्त गरीबी में भी नरेन्द्र बड़े अतिथि सेवी थे। स्वयं भूखे रहकर अतिथि को भोजन कराते, स्वयं बाहर वर्षा में रात भर भींगते-ठिठुरते पड़े रहते और अतिथि को अपने बिस्तर पर सुला देते।

शिक्षा के साथ-साथ जीवन के गहन प्रश्नों की ललक से वे रामकृष्ण परमहंस के सम्पर्क में आये और उन्हीं के अंतरंग बन गये। आर्थिक संकट से घिरने के पश्चात् रामकृष्ण जी के कहने पर माँ काली की प्रतिमा के सामने प्रार्थना करने गये, परन्तु भौतिक सुखों की अपेक्षा माँ से ज्ञान, भक्ति और वैराग्य का ही वरदान माँग सके। स्वामी विवेकानन्द अपना जीवन अपने गुरूदेव को रामकृष्ण परमहंस को समर्पित कर चुके थे। गुरूदेव के शरीर त्याग के दिनों में अपने घर और कुटुम्ब की नाजुक हालत की परवाह किये बिना, स्वयं भोजन की परवाह किये बिना वे गुरू सेवा में सतत संलग्न रहे। गुरूदेव का शरीर अत्यन्त रूग्ण हो गया था। एक बार किसी ने गुरूदेव की सेवा में घृणा और लापरवाही दिखायी तथा घृणा से नाक-भौं सिकोड़ी। यह देखकर विवेकानन्द को गुस्सा आ गया। उस गुरू भाई को पाठ पढ़ाते और गुरूदेव की प्रत्येक वस्तु के प्रति प्रेम दर्शाते हुए उनके बिस्तर के पास रक्त, कफ आदि से भरी थुकदान उठाकर फेंकते थे। गुरू के प्रति ऐसी अनन्य भक्ति और निष्ठा के प्रताप से ही वे अपने गुरू

के शरीर और उनके दिव्यतम आदर्शों की उत्तम सेवा कर सके। गुरूदेव को वे समझ सके, स्वयं के अस्तित्व को गुरूदेव के स्वरूप में विलीन कर सके। समग्र विश्व में भारत के अमूल्य खजाने की सुगन्ध को फैला सके। उनके इस महान व्यक्तित्व की नींव मे थी ऐसी गुरूभक्ति, गुरूसेवा और गुरू के प्रति अनन्य निष्ठा।

रामकृष्ण ने पूर्ण पात्र जानकर, अपनी समस्त आध्यात्मिक शक्तियाँ नरेन्द्र को समर्पित कर दीं। 25 वर्ष की अवस्था में नरेन्द्र ने गेरूआ वस्त्र धारण किया। तत्पश्चात् उन्होंने सम्पूरण भारत का भ्रमण किया। राजस्थान में, अलवर के खेतड़ी नरेश ने उन्हें अपना गुरू स्वीकार किया। 1893 में खेतड़ी नरेश अजीत सिंह के विशेष अनुरोध पर "विवेकानन्द" की संज्ञा पाकर शिकागो विश्वधर्म सम्मेलन में भाग लेने हेतु अमेरिका पहुँचे। यूरोप-अमेरिका के लोग उस समय पराधीन भारतवासीयों को बहुत ही हीन दृष्टि से देखते थे। वहाँ के लोगों ने बहुत प्रयत्न किया कि स्वामी विवेकानन्द को सर्वधर्म परिषद् में बोलने का समय ही न मिले। एक अमेरिकन प्रोफेसर के सहयोग से उन्हे थोड़ा समय मिला किन्तु उनके विचार सुनकर सभी विद्वान चकित हो गये। धर्म सम्मेलन में स्वामीजी का अलौकिक व्याख्यान सुनकर अमेरिकावासी श्रद्धावनत् हो गये। तीन वर्ष तक अमेरिका-यूरोप की धरती पर वेदान्त का शंखनाद करते हुए वे भारत आये, तो अपूर्व सम्मान पाये। आध्यात्म विद्या और भारतीय दर्शन के बिना विश्व अनाथ हो जायेगा, यह स्वामी विवेकानन्द जी का दृढ़ विश्वास था। अमेरिका में उन्होंने रामकृष्ण मिशन की अनेक शाखाओं की स्थापना की। अनेक अमेरिकन विद्वानों ने उनका शिष्यत्व ग्रहण किया। वे सदा अपने को गरीबों का सेवक कहते थे। भारत के गौरव को देश-देशान्तरों में उज्जवल करने का उन्होंने सदा प्रयत्न किया। जब भी वो कहीं जाते थे तो लोग उनसे बहुत खुश होते थे।

दृढ़ चरित्र, प्रखर स्वदेश प्रेम, दरिद्र-नारायण की सेवा और गहन आध्यात्मिक साधना से भारत में ही नहीं अपितु सम्पूर्ण विश्व में विख्यात हुए। 1897 ई. में स्वामीजी ने "रामकृष्ण मिशन" की स्थापना कलकत्ता में की। यूरोप की सिस्टर मार्गरेट स्वामी जी से प्रभावित हुई और भगिनी निवेदिता के नाम से अनुयायी बनकर भारत आयी और उन्होंने जीवनभर भारत की सेवा का संकल्प लिया।

"उठो, जागो और जब तक अपने अन्तिम लक्ष्य तक नहीं पहुँच जाते, तब तक निश्चिन्त मत हो" का आह्वान करते हुए उन्होंने, भारतीय दर्शन की श्रेष्ठता भारतीयों में स्थापित की। मात्र लगभग 39 वर्ष की अवस्था में 4 जुलाई, 1902 को स्वामीजी ने महाप्रस्थान किया।

स्वामी विवेकानन्द की मुख्य शिक्षा

स्वामी विवेकानन्द युवाओं के लिए एक बड़ा आदर्श हैं। हालांकि उनका जीवन सिर्फ 39 वर्ष का रहा, इसके बावजूद उन्होंने अपने विचारों व कार्यों से पूरे विश्व को एक नई दिशा दी। स्वामी विवेकान्द के व्यक्तित्व के गुणों को अपनाकर कोई भी आगे बढ़ सकता है।

आत्म विश्वासी बनें - स्वामी विवेकानन्द के अनुसार आस्तिक वहीं है, जो खुद पर विश्वास करे। कोई व्यक्ति भगवान पर विश्वास करता है, पर वह खुद पर विश्वास नहीं करता तो वह नास्तिक है। यानी आत्म विश्वास सबसे महत्वपूर्ण है। खुद पर भरोसा रखने से ही व्यक्ति कोई भी कार्य कर सकता है।

तन-मन हो स्वस्थ - आत्मविश्वास को मजबूत करने के लिए स्वामी विवेकानन्द ने तन-मन को मजबूत बनाने की शिक्षा दी। उन्होंने कहा कि गीता वीरों के लिए है, कायरों के लिए नहीं। यानी ज्ञान प्राप्त करने के लिए पहले शरीर और मन को मजबूत बनायें।

दूर करें हीनता बोध - विवेकानन्द ने लोगों के हीनता बोध दूर करने के लिए ही सबको शिक्षा दी कि खुद को शरीर नहीं आत्मा समझें। वह आत्मा, जो शक्तिशाली परमात्मा है। इससे हीनता बोध खत्म होता है और आत्म विश्वास बढ़ता है। इसलिए कभी भी ऐसी सोच न रखें कि मैं कमजोर, पापी या दुःखी हूँ।

संयम-अनुशासन - खुद पर नियंत्रण करना संयम होता है। संयमी व्यक्ति सारी व्यवधानों के बीच भी अपने कार्य को सहजता से आगे बढ़ाता रहता है। सेवा की भावना, शान्ति, कर्मठता आदि गुण संयम से ही आते हैं। संयमी

व्यक्ति तनाव से मुक्त होता है इसलिए वह हर काम गुणवत्ता से करता है। विवेकानन्द ने कहा है-किसी भी क्षेत्र में शासन वही कर सकता है, जो खुद अनुशासित है।

भय को तिलांजलि दें - स्वामी विवेकानन्द के अनुसार, हमेशा यह सोचें कि मेरा जन्म कोई बड़ा काम करने के लिए हुआ है। यह सोच कर बिना किसी से डरे, अपने काम को ईश्वर का आदेश समझ करें। भय तब दूर हो जायेगा, जब हम खुद को अनश्वर आत्मा मानेगे, नश्वर शरीर नहीं।

स्वावलंबी बनें - स्वामी विवेकानन्द ने कहा कि भाग्य पर भरोसा न करें, बल्कि अपने कर्मो से अपना भाग्य खुद गढ़ें। "उठो, साहसी और शक्तिमान बनों।" इसमें आत्मनिर्भर बनने का सूत्र दिया गया है। स्वामी जी कहते हैं कि सारी शक्ति तुम्हारे भीतर ही है। तुम्हीं अपने मददगार हो, कोई दूसरा तुम्हरा मदद नहीं कर सकता। भगवान भी उसी की मदद करता है, जो अपनी मदद खुद करता है। यानि स्वावलम्बी बनना आवश्यक है।

सेवा परमोधर्मः - स्वामी जी ने निःस्वार्थ भाव से सेवा को सबसे बड़ा कर्म माना है। सेवा भाव का उदय होने से व्यक्ति दूसरों के दुःखों को दूर करने की चेष्टा में अपने दुःखों या परेशानियों को भूल जाता है और उसके तन-मन की सामथ्र्य बढ़ जाती है।

आत्मशक्ति जगायें - विवेकानन्द के अनुसार, आत्मा परमशक्तिशाली है, वही ईश्वर है। इसलिए अपने आत्मतत्व को पहचानकर उसकी शक्ति को जगायें। तब आप स्वयं को ऊर्जावान महसूस करेंगे। असफलता से परेशान होकर अपने प्रयासों को छोड़े नहीं और किंचित सफलता पाकर संतुष्ट होकर बैठें नहीं। स्वामी जी ने कहा है, उठो, जागो और लक्ष्य पाने तक रूको नहीं।

रामकृष्ण मिशन

परिचय

रामकृष्ण या वेदान्त आन्दोलन के दो भाग- रामकृष्ण मिशन और रामकृष्ण मठ है जो दुनियाभर में आध्यात्मिक आन्दोलन के रूप में सफलता पूर्वक अपने स्थापना के समय से ही सक्रिय हैं। रामकृष्ण मिशन की स्थापना, रामकृष्ण परमहंस के मुख्य शिष्य स्वामी विवेकानन्द द्वारा 1 मई, 1897 को बेलूड़ जो कोलकाता के पास स्थित हैं मे की थी और वहीं उसका मुख्यालय भी है जिसे बेलूड़ मठ के नाम से जानते हैं। मिशन "शिव भाव से जीव सेवा" और "दरिद्र नारायण की सेवा ही भगवान की सेवा है" के मुख्य विचार और कर्मयोग के सिद्धान्त पर कार्य करता है। मिशन का मुख्य कार्य आध्यात्मिक ज्ञान का प्रचार, स्वास्थ्य देखभाल, आपदा राहत, ग्रामीण प्रबन्धन, आदिवासी कल्याण, प्राथमिक व उच्च शिक्षा और संस्कृति में अपने संन्यासीयों और गृहस्थ शिष्यों के माध्यम से व्यापक काम करता है।

मिशन का सिद्धान्त शुद्ध रूप से आध्यात्मिक और मानवीय है और राजनीति से कोई सम्बन्ध नहीं रखता। विवेकानन्द के उद्घोष आधुनिक भारत के निर्माण के लिए "त्याग और सेवा" का आदर्श ही रामकृष्ण मिशन का आदर्श होना चाहिए और इस आदर्श का प्रचार भी आवश्यक है। मठवासी जीवन के लिए सभी नये सदस्यों को प्रशिक्षण से गुजरना पड़ता है जिसमें चार वर्ष तक एक उम्मीदवार के रूप में रहना पड़ता है। इस अवधि में उन्हें ब्रह्मचर्य और प्रतिज्ञा, त्याग और सेवा के दौर से गुजरना पड़ता है और योग्य पाये जाने पर उन्हें संन्यास की दिक्षा देकर गेरूआ वस्त्र धारण कराया जाता है।

प्रतीक चिन्ह का अर्थ

चिन्ह में उर्मिल जल कर्म का, कमल भक्ति का ओर उदीयमान सूर्य ज्ञान का प्रतीक है। परिवेष्ठन करता हुआ सर्प योग और जाग्रत कुण्डलिनी शक्ति का संकेतक है। हंस परमात्मा का प्रतिनिधित्व करता है। इसलिए चिन्ह का भाव है कि कर्म, ज्ञान, भक्ति और योग के समन्वय द्वारा परमात्मा का दर्शन प्राप्त किया जाता है।

संयुक्त राष्ट्र संघ द्वारा आयोजित सहस्त्राब्दि सम्मेलन-2000 ई0

1. राष्ट्राध्यक्षों का सम्मेलन

मिलेनियम शिखर सम्मेलन

मिलेनियम शिखर सम्मेलन कई विश्व नेताओं के बीच एक बैठक तीन दिनों सितम्बर 6 से 8 सितंबर 2000, न्यूयॉर्क शहर में संयुक्त राष्ट्र मुख्यालय में हुआ था। इसका उद्देश्य था-21 वीं सदी के मोड़ पर संयुक्त राष्ट्र की भूमिका पर चर्चा की। इस बैठक में दुनिया के नेताओं के संयुक्त राष्ट्र सहस्राब्दि घोषणा का अनुमोदन किया।, के रूप में यह इतिहास में दुनिया के नेताओं में से सबसे बड़ी सभा की बैठक थी। वर्ष 2000 के पांच साल बाद यह विश्व शिखर सम्मेलन 14 से 16 सितम्बर 2005 में आयोजित हुआ था।

शिखर सम्मेलन

5 सितंबर 2000 में, दुनिया भर के प्रतिनिधियों द्वारा मिलेनियम शिखर सम्मेलन के लिए संयुक्त राज्य अमेरिका के लिए यात्रा शुरू कर दिया गया था। कुल 8000 से अधिक 150 से अधिक विश्व के नेताओं और प्रतिनिधियों ने चर्चा में भाग लिया। समूह-77 भी 21 वीं सदी के मोड़ पर संयुक्त राष्ट्र में परिवर्तन्न की चर्चा मौजूद था।

बुधवार, 6 सितंबर 2000 में, मिलेनियम शिखर सम्मेलन कोफी अन्नान संयुक्त राष्ट्र के महासचिव द्वारा प्रारम्भ किया गया था। अमेरिकी राष्ट्रपति बिल क्लिंटन और रूसी राष्ट्रपति व्लादिमीर पुतिन ने विश्व शांति के लिए एक दलील दिया। साठ तीन अन्य वक्ताओं को पांच मिनट का समय बोलने के लिए दिया गया था। शिखर सम्मेलन की अवधि में बिल क्लिंटन ने इजरायल के प्रधानमंत्री एहुद बराक और फिलिस्तीनी नेता यासर अराफात के साथ अलग-अलग बैठकें आयोजित की।

गुरुवार, 7 सितंबर 2000 को राज्य के विभिन्न मुखिया शांति मुद्दों पर चर्चा की। वे संयुक्त राष्ट्र सुरक्षा परिषद की एक गोलमेज बैठक में इन मुद्दों पर विचार-विमर्श किया। सत्तर वक्ताओं चीनी राष्ट्रपति जियांग जेमिन, दक्षिण अफ्रीका के राष्ट्रपति थाबो मबेकी, श्रीलंका की राष्ट्रपति चंद्रिका कुमारतुंग, जापानी प्रधानमंत्री ल्वेंपतव मोरी और सिएरा लियोन अहमद राष्ट्रपति सहित शिखर सम्मेलन के दौरान, इस दिन के लिए निर्धारित किया गया थे।

मिलेनियम शिखर सम्मेलन के अंतिम दिन, शुक्रवार, 8 सितंबर 2000 को दुनिया के 60 नेताओं को पांच मिनट के लिए अपने भाषण दिये। वक्ताओं में इंडोनेशियाई राष्ट्रपति वाहिद, जिम्बाब्वे के राष्ट्रपति रॉबर्ट मुगाबे, नाइजीरियाई राष्ट्रपति और भारतीय प्रधानमंत्री अटल बिहारी वाजपेयी भी शामिल थे।

यूनाइटेड किंगडम के प्रधानमंत्री टोनी ब्लेयर संयुक्त राष्ट्र शांति बलों के ओवरहाल का आग्रह किये। वह एक सैन्य कर्मचारियों के लिए निर्माण के लिए आपरेशन की निगरानी करने के लिए बुलाया। अमेरिकी राष्ट्रपति बिल क्लिंटन भी इन शांति अभियानों के महत्व पर बल दिये।

मिलेनियम घोषणा

मिलेनियम शिखर सम्मेलन के दौरान भाग लिये दुनिया भर के नेताओं द्वारा मिलेनियम घोषणा अपनाया गया था। शिखर सम्मेलन के अंत तक, मिलेनियम घोषणा के आठ अध्यायों में मसौदा तैयार किया गया। इस शिखर सम्मेलन में प्रतिनिधियों को निम्नलिखित आठ अध्यायों पर सहमति हस्ताक्षर हुए।

1. मूल्यों और सिद्धांतों
2. शांति, सुरक्षा और निरस्त्रीकरण

3. विकास और गरीबी उन्मूलन
4. हमारे आम पर्यावरण की रक्षा
5. मानवाधिकार, लोकतंत्र और सुशासन
6. संवेदनशील रक्षा
7. अफ्रीका की विशेष आवश्यकताओं की बैठक
8. संयुक्त राष्ट्र का सुदृढ़ीकरण

साभार- http://www.nytimes.com/2000/09/05/opinion/05iht-edannan.2.t.html

THE TIMES OF INDIA, NEW DELHI, SEPTEMBER 7, 2000

Let's set a new course for the world

By KOFI ANNAN

This week's summit at the United Nations is the largest gathering of national leaders the world has ever seen. And its agenda — to chart a course for humanity at the start of a new millennium — is nothing if not ambitious.

I suggested this meeting back in 1997, when I became Secretary-General of the United Nations and laid out my plans for reform. I felt that the millennium year, with its potent symbolism, would be the right moment for world leaders to come together to take stock.

Much that has happened in the last three years confirms my view that more than the calendar is changing.

The Asian financial crisis showed that the effects of economic change anywhere in the world are now felt everywhere, but not in an even or equitable way.

The protests at the World Trade Organisation meeting in Seattle last November showed that many people are unhappy about globalisation, or at least about the way it is being handled. They feel too much attention is paid to commercial interests, not enough to social, cultural or environmental ones. And several developments — including the events in Kosovo and the arrest of General Pinochet — have shown that the way a state treats its own people is no longer considered a purely internal affair.

All this convinces me that we are indeed living in a new era. Globalisation is real. It is highly beneficial to some. It is potentially beneficial to all — but only if states work together to put its benefits within reach of all their people.

Without that common effort, billions will be left in poverty and squalor, and even those who have begun to better themselves will be at the mercy of sudden economic change.

We face global challenges which oblige us to work together, if that is true in the economic and social sphere, it applies even more to the challenge of massacre and war. The instinct of human solidarity — which impels some states to come to the aid of each other's citizens, or to indict each other's former dictators — is laudable. But when such actions are taken by one or a few states on their own authority, they bring with them a danger of world anarchy.

The world will be safer as well as more just when there is an International Criminal Court to judge mass murderers whom their own national courts are unable or unwilling to try; and when people everywhere feel confident that, if they are threatened with mass destruction, the United Nations will take action. (Not always military action — that should be a last resort, for extreme cases — but effective preventive action, with diplomacy, good advice and, where appropriate, economic assistance or pressure.)

Even more obviously, we need to work together to preserve the natural resources on which the whole earth's population depends. We shall look culpably irresponsible, in our grandchildren's eyes, if we leave them a planet that is largely uninhabitable, or unable to sustain human life.

Am I suggesting that all these problems can be solved in three days, by 150 presidents and prime ministers making speeches at each other? Of course not. In fact, none of them can be solved by governments alone. States will need the help of other "actors", such as private corporations and citizens' groups, whose role in the international system is growing.

But a start on global action has to be made somewhere, and if not at the United Nations, where?

Already we are forging new partnerships with business, with philanthropic foundations and with non-profit groups on a wide range of projects — bringing medical information to developing countries via the Internet; providing communications equipment and expertise for use in emergencies; increasing vaccine coverage among the world's children; and more.

And in the last ten days, to prepare for the summit, we have brought a remarkable variety of groups to UN headquarters: Civil society organisations, presiding officers of the world's parliaments, and for the first time, religious and spiritual leaders.

The UN is the universal forum, where all the world's peoples are represented. The very fact that so many national leaders are in New York this week to consider the "role of the United Nations in the 21st century", shows that they still regard it, potentially at least, as the indispensable instrument for tackling our shared problems. But they need to adapt it to the tasks in hand. This is a working summit, not a celebration. The leaders will adopt a declaration reaffirming our share values and setting goals for the next 15 or 20 years.

A declaration by itself is of little value, I know. But a declaration containing firm pledges and precise targets, solemnly accepted by the leaders of all nations, can be of great value to the world's peoples, as a yardstick by which to judge their rulers' performance. I hope it will be seen not as a mere statement of principles, but as a plan of action. And I hope the whole world will be watching to see how it is carried out.

• *Kofi Annan, Secretary-General of the United Nations, contributed this comment to The Times of India.*

आइये विश्व के लिए एक नया मार्ग रखें

-कोफी अन्नान (भू0पू0 महासचिव,सं0रा0सं0)

इस सप्ताह संयुक्त राष्ट्र संघ के सम्मेलन में राष्ट्रीय नेताओं के व्यापक एकत्रीकरण को विश्व ने हमेशा देखा है और इसकी कार्य सूची है-नये सहस्त्राब्दि के प्रारम्भ में मानवता के लिये एक मार्ग का निर्माण। यह कुछ भी नहीं यदि हम महत्वाकांक्षी नहीं। सन् 1997 में जब मैं संयुक्त राष्ट्र का महासचिव बना था, मैंने इस सभा को सलाह दी थी, और पुनर्गठन की दबी हुई योजना को विश्व नेताओं के साथ आकर नये सहस्त्राब्दि वर्ष में सही कदम उठाना चाहिये जिसे मैने शक्तिशाली प्रतीक रुप में अनुभव किया था।

पिछले तीन वर्षों में मेरी दृष्टि को समय के बदलाव से अधिक सतुंति प्रदान कर चुका है। एशिया का आर्थिक संकट यह दर्शाता है कि-आर्थिक परिवर्तन का प्रभाव जो सभी जगह है वह अब प्रत्येक जगह अनुभव किया गया लेकिन एक समान रुप से नहीं।

सीटेल में पिछले नवम्बर के विश्व व्यापार सगंठन की सभा का विरोध यह दर्शाता है कि बहुत से लोग भूमण्डलीकरण से खुश नहीं है या उस रुप से जिस रुप में इसें लिया गया है। वे व्यापारिक दृष्टि से इसे बहुत अधिक अनुभव करते है जबकि सामाजिक, सांस्कृतिक और पर्यावरण की दृष्टि से कम और बहुत से विकास-कोसोव संकट और जनरल पीनोचेट की गिरफ्तारी सहित यह प्रदर्शित कर चुका है कि एक राज्य का अपने ही व्यक्तियों पर व्यवहार, शुद्ध रुप से आन्तरिक मामलो में अधिक समय तक विचार नहीं किया।

उपरोक्त सभी मुझे आश्वस्त करता है कि हम सभी नये युग में रहें है! भूमण्डलीयकरण सत्य हैं। यह कुछ के लिये बहुत ही लाभकारी है, सभी के लिये शक्तिप्रद है लेकिन केवल राज्यों द्वारा मिलकर कार्य करते हुये इसके फायदे को सभी व्यक्तियों तक पहुंचाते है। बिना सामूहिक सहयोग के करोड़ो गरीबी और गन्दगी में रहेंगे, और इनके अलावा जो अच्छाई के लिये प्रारम्भ कर चुके हैं एकाएक आर्थिक परिवर्तन की कृपा पर रहेंगे ।

भूमण्डलीय चुनौती जो मिलकर कार्य करने के लिये विवश करता है, हम सामना कर सकेगें यदि यह आर्थिक और सामाजिक स्तर पर सत्य हो । इसको व्यवहार में लाना खूनखराबे और युद्ध से अधिक चुनौती पूर्ण है। रुचियों की घनिष्टता मनुष्य का स्वभाव है। जो कुछ राज्यों के-दूसरे के नागरिकों के लिये प्रेरक है या एक दूसरे के पूर्व शासको को दोषारोपण के लिये सराहनीय है। लेकिन इस प्रकार के क्रियाकलाप एक या कुछ राज्यों के अपने अधिकार द्वारा किये जाते है तो वे अपने साथ विश्व कुशासन के खतरे को लाते है।

विश्व और भी सुरक्षित और सामान्य होगा जब सामूहिक हत्या के लिये अन्तर्राष्ट्रीय न्यायालय होगा जहाँ राष्ट्रों के अपने न्यायालय अयोग्य और इच्छा शक्ति से युक्त नही हैं। और सभी जगह के व्यक्ति यह अनुभव करेंगे कि यदि उसे सामूहिक हत्या या डराया जाता है तो संयुक्त राष्ट्र रक्षा करेगा। (हमेशा सेना द्वारा ही नहीं यह तो विशेष स्थिति के लिये अन्तिम मार्ग है। लेकिन रोकने के प्रभावकारी उपाय, कूटनीति, अच्छा सलाह, जहाँ आवश्यक हो आर्थिक सहायता या दबाव)। अधिक स्पष्टता के साथ हमें एक साथ मिलकर प्राकृतिक संसाधनों को संरक्षित करने की आवश्यकता है जिस पर पृथ्वी की जनसंख्या निर्भर है। स्वयं को अपने युवा बच्चों की दृष्टि में दोषी-गैर जिम्मेदार देखना चाहिए यदि हम उनके एक ग्रह को अधिक अनुपयोगी या मानव जीवन के अयोग्य बनाकर छोड़ देंगे।

क्या मैं समझूं कि ये सभी समस्याएं तीन दिनों में 150 अध्यक्षों और प्रधानमंत्रीयों के एक-दूसरे से वार्ता द्वारा हल हो जायेगी? अवश्य नही! निश्चित रुप से उपरोक्त में से भी कोई सरकार द्वारा अकेले हल नही किया जा सकता। राज्यों को दूसरे "कर्ता" जैसे-प्राइवेट कार्पोरेशन और नागरिक संगठनों जिनका कार्य अन्तर्राष्ट्रीय प्रणाली के विकास में है, उनकी सहायता की आवश्यकता होगी।

लेकिन भूमण्डलीय क्रिया का प्रारम्भ कहीं निर्मित हो चुका है, और यदि संयुक्त राष्ट्रसंघ में नही तो कहाँ? हम विभिन्न प्रकार के प्रोजक्ट विकासशील देशों के लिये इंटरनेट के द्वारा दवा सम्बन्धित सूचना, संचार, उपकरण और विशेषज्ञों का आपातकाल के समय उपयोग, विश्व के बच्चों के लिए वैक्सिन की उपलब्धता एवं

विकास, और बहुत कुछ पर आधारित नये सहयोगीयों का जाल व्यापार के साथ, परोपकारी संस्था के साथ, अलाभकारी संस्था के साथ बना रहें हैं।

सम्मेलन की तैयारी के लिए पिछले 10 दिनों में संयुक्त राष्ट्र मुख्यालय में विभिन्न प्रकार के मुख्य समुहों जैसे-नागरिक समिति, संगठन, विश्व संसद के अधिकारी गण और पहली बार धार्मिक तथा आध्यात्मिक नेताओं को लाया जा चुका है।

संयुक्त राष्ट्र संघ एक यूनिवर्सल फोरम है जहाँ विश्व के सभी व्यक्तियों का प्रतिनिधित्व होता है। बहुत ही सत्य है कि न्यूयार्क में इस सप्ताह बहुत से राष्ट्रीय नेता "संयुक्त राष्ट्र की 21 वीं शताब्दी में भूमिका" पर विचार कर रहें हैं। जो प्रदर्शित करता है कि वे इस पर सोचे हैं। जो हमारे सामूहिक समस्याओं के लिए कम से कम शक्तिदायी रुप में अतिआवश्यक यन्त्र है लेकिन इन्हें इस कार्य को हाथों पर लेना चाहिए। यह एक कार्य सम्मेलन है न कि आयोजन। नेताओं को अगले 15 या 20 वर्षो के लक्ष्य और हमारे सामूहिक महत्व के निर्धारण की पुर्नप्रतिज्ञा को अपनाना होगा।

मैं जानता हूँ स्वयं की एक घोषणा कम महत्व रखती है परन्तु दृढ़ प्रतिज्ञा युक्त एक घोषणा और यथार्थ लक्ष्य, सभी राष्ट्रों के नेताओं द्वारा निश्चित रुप से स्वीकारने योग्य, अपन सत्ताधारी की कुशलता का निर्णय के लिए एक पैमाने के रुप में विश्व के व्यक्तियों के लिए अति महत्व का हो सकता है। मै आशा करता हूँ कि इसे केवल सिद्धान्तो का वक्तव्य के रुप में नहीं बल्कि कार्य योजना के रुप में देखा जायेगा। और मैं आशा करता हूँ कि यह कैसे हुआ देखने के लिए सम्पूर्ण विश्व पीछे होगा ।

(राष्ट्रों के सहस्त्राब्दि सम्मेलन 5 से 7 सितम्बर, 2000 को न्यूयार्क में संयुक्त राष्ट्र संघ के महासचिव श्री कोफी अन्नान के उद्गार जो "द टाइम्स आफ इण्डिया", नई दिल्ली, 7 सितम्बर, 2000 को अंग्रेजी में प्रकाशित हुआ था, का हिन्दी अनुवाद)

2.धार्मिक एवं आध्यात्मिक नेताओं का सम्मेलन

धार्मिक और आध्यात्मिक नेताओं के विश्व शांति शिखर सम्मेलन के लक्ष्य के एक प्रतिबद्धता की प्रतिज्ञा के लिए इतिहास में पहली बार एक मंच है जिसके द्वारा दुनिया के सभी महान धार्मिक आस्था और परंपराओं के

कई सौ श्रेष्ठ नेताओं के साथ संयुक्त राष्ट्र में विश्व शांति की उपलब्धि के लिए ठोस कार्रवाई बनाने के लिए किया गया हैं। इस प्रतिबद्धता को विश्व शांति के लिए निर्दिष्ट कार्यों का एक घोषणा प्रतिभागियों द्वारा हस्ताक्षर लिया जा सन्निहित है।

वैश्वीकरण और नए संचार प्रौद्योगिकियों दुनिया भर के देशों की अर्थव्यवस्थाओं में शामिल होने के लिए और सम्बद्ध लोगों के बीच एक बढ़ती भावना पैदा करने के लिए है। दुनिया भर से सभी ऐसे प्रतिष्ठित धार्मिक नेताओं के लिए पहली बार विश्व शांति शिखर सम्मेलन एक ऐतिहासिक अवसर था, जो दुनिया में विभिन्न धार्मिक समुदायों, राजनीतिक और आध्यात्मिक नेतृत्व के बीच एक सहयोग के आधार पर एक नये युग के प्रारम्भ के लिए संयुक्त राष्ट्र में एकत्र हुए थे। धार्मिक नेताओं द्वारा विविध विश्वास प्रणाली के बीच कैसे एक साथ लोग शांति से रह सकते हैं, पर संबोधन भी हुआ।

अगस्त 2000 में संयुक्त राष्ट्र महासभा के द्वारा उद्घाटित धार्मिक और आध्यात्मिक नेताओं के मिलेनियम विश्व शांति शिखर सम्मेलन में सहयोग के नए युग प्रारम्भ के लिए उल्लेखनीय परिणामों के साथ समापन हुआ।

"दुनिया की शांति के लिए सामूहिक आवाहन में प्रमुख धार्मिक और आध्यात्मिक नेताओं की यह सभा उम्मीद करती है कि शांति के लिए संभावना को मजबूत बनाने के रूप में हम नई सहस्राब्दी में प्रवेश करेंगे"

-कोफी अन्नान महासचिव, संयुक्त राष्ट्र

1. परिणाम-विश्व शांति के लिए प्रतिबद्धता पर हस्ताक्षर
2. परिणाम-एक प्रक्रिया की शुरूआत करने के लिए धार्मिक और आध्यात्मिक नेताओं के एक विश्व परिषद फार्म
3. परिणाम-विश्व आर्थिक मंच के धार्मिक नेताओं पहल के सह-संस्थापक
4. परिणाम-संयुक्त राष्ट्र मानवाधिकार उच्चायोग के साथ एक साझेदारी
5. परिणाम-एक ग्लोबल आयोग के पवित्र स्थलों के संरक्षण के लिए स्थापना
6. परिणाम-अंतरराष्ट्रीय आपसी बातचीत के उद्घाटन
7. परिणाम-धार्मिक विविधता के संरक्षण पर कांग्रेस

"विश्व में एक धर्म, एक भाषा, एक वेश भूषा, एक खान पान, एक रहन-सहन पद्धति, एक शिक्षा पद्धति, एक कोर्ट, एक न्याय व्यवस्था, एक अर्थ व्यवस्था लागू की जाय"

-धार्मिक नेताओं के सहस्त्राब्दि विश्व शान्ति सम्मेलन का परिणाम
(संयुक्त राष्ट्र संघ द्वारा दि0 28-31 अगस्त 2000 को न्यूयार्क में आयोजित)

लव कुश सिंह "विश्वमानव" द्वारा स्पष्टीकरण

सन् 1893 के विश्व धर्म संसद में विचार व्यक्त करने वाले स्वामी विवेकानन्द ने समय-समय पर कहा था-

1. जो व्यक्ति कहता है, इस जगत् का अस्तित्व है, किन्तु ईश्वर नहीं है, वह निर्बोध है, क्योंकि यदि जगत् हो, तो जगत् का एक कारण रहेगा और उसक कारण का नाम ही ईश्वर है। कार्य रहने पर ही उसका कारण है, यह जानना होगा। जब यह जगत् अन्तर्हित होगा, तब ईश्वर भी अन्तर्हित होंगे। जब आप ईश्वर के सहित अपना एकत्व अनुभव करेंगे, तब आपके पक्ष में यह जगत् फिर नहीं रहेगा। जिसे हम इस क्षण जगत् के रूप में देख रहे हैं, वही हमारे सम्मुख ईश्वर के रूप में प्रतिभासित होगा, एवं जिनको एक दिन हम बहिर्देश में अवस्थित समझते थे, वे ही हमारी आत्मा के अन्तरात्मा रूप में प्रतीत होंगे।- 'तत्वमसि'- वही तुम हो।

2. एक ही सूर्य विविध जल बिन्दुओं में प्रतिबिम्बित होकर नाना रूप दिखा रहा है। लाख-लाख जलकणों में लाख-लाख सूर्य का प्रतिबिम्ब पड़ा है तथा प्रत्येक जल कण में ही सूर्य की सम्पूर्ण प्रतिमूर्ति विद्यमान है; किन्तु सूर्य वास्तव में एक है। इन सब जीवगण के सम्बन्ध में भी यही बात है-वे उसी एक अनन्त पुरुष के प्रतिबिम्ब मात्र है। स्वप्न कदापि सत्य के बिना रह नहीं सकता, और वह सत्य-वही एक अनन्त सत्ता है। शरीर, मन अथवा आत्मा भाव में मानने पर आप स्वप्न मात्र हैं, किन्तु आपका यथार्थ स्वरूप अखण्ड सच्चिदानन्द है। - अद्वैतवादी यही कहते है। यह सब जन्म, पुनर्जन्म, यह आना-जाना यह सब उस स्वप्न का अंशभाग है। आप अनन्त स्वरूप है। आप फिर कहाँ जायेंगे? आत्मा कभी उत्पन्न नहीं होती, कभी मरेगी भी नहीं, आत्मा के किसी काल में माता-पिता, शत्रु-मित्र कुछ भी नहीं है; क्योंकि आत्मा अखण्ड सच्चिदानंद स्वरूप है। जिस व्यक्ति ने इसका साक्षात्कार किया है उसने ही मुक्तिलाभ किया है, वह इस स्वप्न को भंग करके उसके बाहर चला गया है, उसने अपना यथार्थ स्वरूप जाना है। अद्वैत वेदान्त का यही उपदेश है।

3. सत्य के दो अंग है। पहला जो साधारण मानवों को पांचेन्द्रियग्राह्य एवम् उसमें उपस्थापित अनुमान द्वारा गृहीत है और दूसरा-जिसका इन्द्रियातीत सूक्ष्म योगज शक्ति के द्वारा ग्रहण होता है। प्रथम उपाय के द्वारा संकलित ज्ञान को "विज्ञान" कहते है, तथा द्वितीय प्रकार के संकलित ज्ञान को "वेद" संज्ञा दी है। वेद नामक अनादि अनन्त अलौकिक ज्ञानराशि सदा विद्यमान है। स्वंय सृष्टिकर्ता उसकी सहायता से इस जगत के सृष्टि-स्थिति-प्रलय कार्य सम्पन्न कर रहे हैं। जिन पुरूषों में उस इन्द्रियातीत शक्ति का आविर्भाव है, उन्हें ऋषि कहते है और उस शक्ति के द्वारा जिस अलौकिक सत्य की खोज उन्होंने उपलब्धि की है, उसे "वेद" कहते हैं। इस ऋषित्व तथा वेद दृष्टत्व को प्राप्त करना ही यथार्थ धर्मानुभूति है। साधक के जीवन में जब तक उसका उन्मेष नहीं होता तब तक "धर्म" केवल कहने भर की बात है एवम् समझना चाहिए कि उसने धर्मराज्य के प्रथम सोपान पर भी पैर नहीं रखा है। समस्त देश-काल-पात्र को व्याप्त कर वेद का शासन है अर्थात वेद का प्रभाव किसी देश, काल या पात्र विशेष द्वारा सीमित नहीं हैं। सार्वजनिन धर्म का व्याख्याता एक मात्र "वेद" ही है।

4. विज्ञान एकत्व की खोज के सिवा और कुछ नहीं है। ज्योंही कोई विज्ञान शास्त्र पूर्ण एकता तक पहुँच जायेगा, त्योंहीं उसका आगे बढ़ना रुक जायेगा क्योंकि तब तो वह अपने लक्ष्य को प्राप्त कर चुकेगा। उदाहरणार्थ रसायनशास्त्र यदि एक बार उस एक मूल द्रव्य का पता लगा ले, जिससे वह सब द्रव्य बन सकते हैं तो फिर वह और आगे नहीं बढ़ सकेगा। पदार्थ विज्ञान शास्त्र जब उस एक मूल शक्ति का पता लगा लेगा जिससे अन्य शक्तियां बाहर निकली हैं तब वह पूर्णता पर पहुँच जायेगा। वैसे ही धर्म शास्त्र भी उस समय पूर्णता को प्राप्त हो जायेगा जब वह उस मूल कारण को जान लेगा। जो इस मत्र्यलोक में एक मात्र अमृत स्वरुप है जो इस नित्य परिवर्तनशील जगत का एक मात्र अटल अचल आधार है जो एक मात्र परमात्मा है और अन्य सब आत्माएं जिसके प्रतिबिम्ब स्वरुप हैं। इस प्रकार अनेकेश्वरवाद, द्वैतवाद आदि में से होते हुए इस अद्वैतवाद की प्राप्ति होती है। धर्मशास्त्र इससे आगे नहीं जा सकता। यही सारे विज्ञानों का चरम लक्ष्य है।

5. यह समझना होगा कि धर्म के सम्बन्ध में अधिक और कुछ जानने को नहीं, सभी कुछ जाना जा चुका है। जगत के सभी धर्म में, आप देखियेगा कि उस धर्म में अवलम्बनकारी सदैव कहते हैं, हमारे भीतर एक एकत्व है अतएव ईश्वर के सहित आत्मा के एकत्व ज्ञान की अपेक्षा और अधिक उन्नति नहीं हो सकती। ज्ञान का अर्थ इस एकत्व का आविष्कार ही है। यदि हम पूर्ण एकत्व का आविष्कार कर सकें तो उससे अधिक उन्नति फिर नहीं हो सकती।

6. हमें देखना है कि किस प्रकार यह वेदान्त हमारे दैनिक जीवन में, नागरिक जीवन में, ग्राम्य जीवन में, राष्ट्रीय जीवन में और प्रत्येक राष्ट्र के घरेलू जीवन में परिणत किया जा सकता है। कारण, यदि धर्म मनुष्य को जहाँ भी और जिस स्थिति में भी है, सहायता नहीं दे सकता, तो उसकी उपयोगिता अधिक नहीं - तब वह केवल कुछ विशिष्ट व्यक्तियों के लिए कोरा सिद्धान्त हो कर रह जायेगा।

7. हम मनुष्य जाति को उस स्थान पर पहुँचाना चाहते हैं, जहाँ न वेद है, न बाइबिल है, न कुरान है परन्तु वेद, बाइबिल और कुरान के समन्वय से ही ऐसा हो सकता है। मनुष्य जाति को यह शिक्षा देनी चाहिए कि सब धर्म उस धर्म के, उस एकमेवाद्वितीय के भिन्न-भिन्न रुप हैं, इसलिए प्रत्येक व्यक्ति उन धर्मों में से अपना मनोनुकूल मार्ग चुन सकता है।

8. यदि कभी कोई सार्वभौमिक धर्म हो सकता है, तो वह ऐसा ही होगा, जो देश या काल से मर्यादित न हो, जो उस अनन्त भगवान के समान ही अनन्त हो, जिस भगवान के सम्बन्ध में वह उपदेश देता है, जिसकी ज्योति श्रीकृष्ण के भक्तों पर और ईसा के प्रेमियों पर, सन्तों पर और पापियों पर समान रूप से प्रकाशित होती हो, जो न तो ब्राह्मणों का हो, न बौद्धों का, न ईसाइयों का और न मुसलमानों का, वरन् इन सभी धर्मों का समष्टिस्वरूप होते हुए भी जिसमें उन्नति का अनन्त पथ खुला रहे, जो इतना व्यापक हो कि अपनी असंख्य प्रसारित बाहुओं द्वारा सृष्टि के प्रत्येक मनुष्य का प्रेमपूर्वक आलिंगन करें।... वह विश्वधर्म ऐसा होगा कि उसमें किसी के प्रति विद्वेष अथवा अत्याचार के लिए स्थान न रहेगा, वह प्रत्येक स्त्री और पुरूष के ईश्वरीय स्वरूप को स्वीकार करेगा और सम्पूर्ण बल मनुष्यमात्र को अपनी सच्ची, ईश्वरीय प्रकृति का साक्षात्कार करने के लिए सहायता देने में ही केन्द्रित रहेगा।

9. ईसाई को हिन्दू अथवा बौद्ध नहीं होना पड़ेगा, और न हिन्दू या बौद्ध को ईसाई ही, परन्तु प्रत्येक धर्म दूसरे धर्मों के सारभाग को आत्मसात् करके पुष्टिलाभ करेगा और अपने वैशिष्ट्य की रक्षा करते हुए अपनी निजी प्रकृति के अनुसार वृद्धि को प्राप्त होगा। यदि इस सर्वधर्म परिषद् ने जगत् के समक्ष कुछ प्रमाणित किया है तो वह यह कि उसने यह सिद्ध कर दिखाया है कि शुद्धता, पवित्रता और दयाशीलता किसी सम्प्रदाय-विशेष की सम्पत्ति नहीं है तथा प्रत्येक धर्म ने श्रेष्ठ एवं अतिशय उन्नत-चरित्र स्त्री पुरूषों को जन्म दिया है। अब इन प्रत्यक्ष प्रमाणों के बावजुद भी यदि कोई ऐसा स्वप्न देखे कि अन्यान्य सारे धर्म नष्ट हो जायेंगे और केवल उसका धर्म ही अपना सर्वश्रेष्ठता के कारण जीवित रहेगा, तो उस पर मैं अपने हृदय के अन्तस्थल से दया करता हूँ और उसे स्पष्ट शब्दों में बतलाये देता हूँ कि वह दिन दूर नहीं हैं, जब उस-जैसे लोगों के अड़ंगों के बावजूद भी प्रत्येक धर्म की पताका पर यह स्वर्णाक्षरों में लिखा रहेगा-'सहयोग, न कि विरोध', पर-भाव-ग्रहण न कि पर-भाव-विनाश, 'समन्वय और शान्ति, न कि मतभेद और कलह'!

10. एक मात्र वेदान्त ही समाज तन्त्रवाद की युक्तिसंगत दार्शनिक भित्ति होने लायक है। मानव समाज की उन्नति चाहने वाले व्यक्तिगण, कम से कम उनके परिचालक गण, यह समझने का प्रयत्न कर रहे हैं कि उनके धन साम्य एवं समान अधिकार पर आधारित मतवादों की एक आध्यात्मिक भित्ति रहना संगत है, और एक मात्र वेदान्त ही यह भित्ति होने के योग्य है। सामाजिक, राजनीतिक एवं आध्यात्मिक, सभी क्षेत्रो में यथार्थ संगत स्थापित करने का केवल एक सूत्र विद्यमान है, और वह सूत्र- केवल इतना जान लेना कि मैं और मेरा भाई एक हैं। सब देशों में, सभी युगो में, सभी जातियों के लिए यह महान सत्य समान रूप से लागू है।

11. हिन्दू भावों को अंग्रेजी में व्यक्त करना, फिर शुष्क दर्शन, जटिल पौराणिक कथाएं और अनूठे आश्चर्यजनक मनोविज्ञान से ऐसे धर्म का निर्माण करना, जो सरल, सहज और लोकप्रिय हो और उसके साथ ही उन्नत मस्तिष्क वालों को संतुष्ट कर सके- इस कार्य की कठिनाइयों को वे ही समझ सकते हैं, जिन्होंने इसके लिए प्रयत्न किया हो। अद्वैत के गुढ़ सिद्धान्त में नित्य प्रति के जीवन के लिए कविता का रस और जीवनदायिनी शक्ति उत्पन्न करनी है। अत्यन्त उलझी हुई पौराणिक कथाओं में से जीवन प्रकृत चरित्रों के उदाहरण समूह निकालने हैं और बुद्धि को भ्रम में डालने वाली योगविद्या से अत्यन्त वैज्ञानिक और क्रियात्मक मनोविज्ञान का विकास करना है और इन सब को एक ऐसे रुप में लाना पड़ेगा कि बच्चा-बच्चा इसे समझ सके।

12. अब व्यावहारिक जीवन में उसके प्रयोग का समय आया है। अब और 'रहस्य' बनाये रखने से नहीं चलेगा। अब और वह हिमालय की गुहाओं में, वन-अरण्यों में साधु-सन्यासियों के पास न रहेगा, लोगों के दैनन्दिन जीवन में उसको कार्यन्वित करना होगा। राजा के महल में, साधु-सन्यासी की गुफा में, मजदूर की झोपड़ी में, सर्वत्र सब अवस्थाओं में- यहाँ तक कि राह के भिखारी द्वारा भी - वह कार्य में लाया जा सकता है।

13. हमें ऐसे धर्म की आवश्यकता है, जिससे हम मनुष्य बन सकें। हमें ऐसे सिद्धान्तों की आवश्यकता है, जिससे हम मनुष्य हो सकें। हमें ऐसी सर्वांगसम्पन्न शिक्षा चाहिए, जो हमें मनुष्य बना सके और यह रही सत्य की कसौटी-जो भी तुम्हे शारीरिक, मानसिक और आध्यात्मिक दुर्बलता लाए, उसे जहर की भांति त्याग दो; उसमें जीवन-शक्ति नहीं है, वह कभी सत्य नहीं हो सकता। सत्य तो बलप्रद है, वह पवित्रता स्वरूप है, ज्ञान स्वरूप है। सत्य तो वह है जो शक्ति दे, जो हृदय के अन्धकार को दूर कर दे, जो हृदय में स्फूर्ति भर दें। (मेरी समर नीति-पृ0-36)

14. हमें दिखलाना है- हिन्दुओं की आध्यामिकता, बौद्धों की जीवदया, ईसाइयों की क्रियाशीलता एवं मुस्लिमों का बन्धुत्व, और ये सब अपने व्यावहारिक जीवन के माध्यम द्वारा। हमने निश्चय किया- हम एक सार्वभौम धर्म का निर्माण करेंगे।

स्वामी विवेकानन्द के उपरोक्त विचार को व्यक्त किये लगभग 125 वर्ष हो गये और "सहस्त्राब्दि विश्व शान्ति सम्मेलन-2000" को लगभग 20 वर्ष, परिणाम कुछ भी नहीं। प्रायः ऐसे सम्मेलन लक्ष्य निर्धारित करने के लिए होते हैं उसे कैसे प्राप्त किया जाना है उसके लिए नहीं। हिन्दू धर्म के रामायण की शिक्षा आपसी सम्बन्धों में एक-दूसरे को महान बताते हुये परिस्थितियों के अनुसार कर्म करने की शिक्षा दी गयी है जिससे अन्य सभी लोग स्वयं ही अपने लोगों को महान समझने लगते हैं। ऐसे सम्मेलन इससे आगे नहीं जा पाते।

"सहस्त्राब्दि विश्व शान्ति सम्मेलन-2000" के ये विचार "विश्व में एक धर्म, एक भाषा, एक वेश-भूषा, एक खान-पान, एक रहन-सहन पद्धति, एक शिक्षा पद्धति, एक कोर्ट, एक न्याय व्यवस्था, एक अर्थ व्यवस्था लागू की जाय।" में से कुछ तो सम्भव है लेकिन कुछ असम्भव। जो असम्भव है वह एक मानक के रूप में निर्धारित तो हो सकता है परन्तु वह थोपा नहीं जा सकता जैसे एक वेश-भूषा, एक खान-पान। विश्व में एक धर्म और एक धर्मशास्त्र के रूप में विश्वधर्म और उसका धर्मशास्त्र - विश्वशास्त्र उपलब्ध हो चुका है। जिसके आधार पर एक रहन-सहन पद्धति और एक शिक्षा पद्धति भी उपलब्ध है। एक कोर्ट, एक न्याय व्यवस्था, एक अर्थ व्यवस्था लागू करना सरकारों का काम है।

सार्वभौम धर्म, जिसके बारे में स्वामी विवेकानन्द जी ने कहा था उसके ये भी नाम हैं- विश्व धर्म/वेदान्त धर्म/अद्वैत धर्म/एकता धर्म/लोकतन्त्र धर्म/समष्टि धर्म/प्राकृतिक धर्म/सत्य धर्म/संयुक्तमन धर्म/ईश्वर धर्म/हिन्दू धर्म/सार्वजनिक धर्म/दृश्य धर्म/मानव धर्म/धर्मनिरपेक्ष धर्म - जो पूर्ववर्ती सभी धर्मों व मतों का समन्वय व एकीकरण करते हुये निराकार आधारित लोकतंत्र व्यवस्था का वृक्ष शास्त्र विश्व-नागरिक धर्म का धर्मयुक्त धर्मशास्त्र-कर्मवेद:

प्रथम, अन्तिम तथा पंचम वेदीय श्रृंखला विश्व-राज्य धर्म का धर्मनिपेक्ष धर्मशास्त्र- विश्वमानक शून्य-मन की गुणवत्ता का विश्वमानक श्रृंखला, आदर्श मानक सामाजिक व्यक्ति चरित्र समाहित आदर्श मानक वैश्विक व्यक्ति चरित्र अर्थात सार्वजनिक प्रमाणित आदर्श मानक वैश्विक व्यक्ति चरित्र और पूर्ण मानव निर्माण की तकनीकी के प्रस्तुतीकरण के साथ है।

विश्वशास्त्र के सार्वभौम सत्य-सिद्धान्त के आधार पर 1. शासन प्रणाली का विश्वमानक, 2. संचालक का विश्वमानक, 3. गणराज्य या लोकतन्त्र के स्वरूप का विश्वमानक, 4. संविधान के स्वरूप का विश्वमानक, 5. शिक्षा व शिक्षा पाठ्यक्रम के स्वरूप का विश्वमानक, 6. विपणन प्रणाली का विश्वमानक भी व्यक्त कर दिया गया है।

पूर्ण मानव निर्माण की तकनीकी - WCM-TLM-SHYAM.C (World Class Manufacturing-Total Life Maintenance-Satya, Heart, Yog, Ashram, Meditation.Conceousness) में मनुष्य के निर्माण की मूल आवश्यकता समाहित है। और उसके जागरण की आवश्यकता है। अभी केवल विश्व योग (Yog) दिवस का ही निर्धारण हुआ है। विश्व सत्य (Satya) दिवस, विश्व भाव (Heart) दिवस, विश्व आश्रम (Ashram) दिवस, विश्व ध्यान (Meditation) दिवस और विश्व चेतना (Conceousness) दिवस का भी निर्धारण होना चाहिए।

सबसे महत्वपूर्ण तो विश्वमन दिवस (World Mind Day) घोषित किया जाना चाहिए जो मेरे विश्वमन से युक्त लव कुश सिंह "विश्वमानव" के जन्म दिवस (16 अक्टुबर) से अच्छा दिन कोई नहीं हो सकता। यह सन्तुलित दिनांक है। अक्टुबर के 15 दिन एक तरफ और दूसरे 15 दिन एक तरफ। और विश्व के अधिकतम दिवस भी इसी माह में हैं जैसे विश्व प्रौढ़ दिवस एवं विश्व संगीत दिवस (1 अक्टुबर), महात्मा गांधी के जन्म दिवस पर अन्तर्राष्ट्रीय अहिंसा दिवस (2 अक्टुबर), विश्व प्राकृतिक दिवस (3 अक्टुबर), विश्व आवास दिवस एवं विश्व पशु कल्याण दिवस (4 अक्टुबर), विश्व पारिस्थितिक दिवस (अक्टुबर), विश्व शिक्षक दिवस (5 अक्टुबर), विश्व प्राणी दिवस (6 अक्टुबर), विश्व डाक दिवस (9 अक्टुबर), विश्व मानसिक स्वास्थ्य दिवस (10 अक्टुबर), विश्व मानक दिवस (14 अक्टुबर), विश्व खाद्य दिवस (16 अक्टुबर), विश्व मितव्ययिता दिवस (28 अक्टुबर)।

लव कुश सिंह "विश्वमानव"

आविष्कारकर्ता-मन (मानव संसाधन) का विश्व मानक एवं पूर्ण मानव निर्माण की तकनीकी
अगला दावेदार-भारत सरकार का सर्वोच्च नागरिक सम्मान-"भारत रत्न"

परिचय

अपने विशेष कला के साथ जन्म लेने वाले व्यक्तियों के जन्म माह अक्टुबर के सोमवार, 16 अक्टुबर 1967 (आश्विन, शुक्ल पक्ष-त्रयोदशी, रेवती नक्षत्र) समय 02.15 ए.एम. बजे को रिफाइनरी टाउनशिप अस्पताल (सरकारी अस्पताल), बेगूसराय (बिहार) में श्री लव कुश सिंह का जन्म हुआ और टाउनशिप के E1-53, E2-53, D2F-76, D2F-45 और साइट कालोनी के D-58, C-45 में रहें। इनकी माता का नाम श्रीमती चमेली देवी तथा पिता का नाम श्री धीरज नारायण सिंह जो इण्डियन आयल कापरिशन लि0 (आई.ओ.सी.लि.) के बरौनी रिफाइनरी में कार्यरत थे और उत्पादन अभियंता के पद से सन् 1995 में स्वैच्छिक सेवानिवृत हो चुके हैं। जो कि ग्राम-नियामतपुर कलाँ, पुरूषोत्तमपुर, मीरजापुर (उ0प्र0) पिन-231305 के निवासी हैं। दादा का नाम स्व.राजाराम व दादी का नाम श्रीमती दौलती देवी था। जन्म के समय दादा स्वर्गवासी हो चुके थे जो कभी कश्मीर के राजघराने में कुछ समय के लिए सेवारत भी थे। मार्च सन् 1991 में इनका विवाह चुनार क्षेत्र के धनैता (मझरा) ग्राम में शिव कुमारी देवी से हुआ और जनवरी सन् 1994 में पुत्र का जन्म हुआ। मई सन् 1994 में शिव कुमारी देवी की मृत्यु होने के उपरान्त वे लगभग घर की जिम्मेदारीयों से मुक्त रह कर भारत देश में भ्रमण करते हुये चिंतन व विश्वशास्त्र के संकलन कार्य में लग गये। किसी भी व्यक्ति का नाम उसके अबोध अवस्था में ही रखा जाता है अर्थात् व्यक्ति का प्रथम नाम प्रकृति प्रदत्त ही होता है। लव कुश सिंह नाम उनकी दादी स्व0 श्रीमती दौलती देवी के द्वारा उन्हें प्राप्त हुआ।

भारत देश के ग्रामीण क्षेत्र से एक सामान्य नागरिक के रूप में सामान्य से दिखने वाले श्री लव कुश सिंह एक अद्भुत नाम-रूप-गुण-कर्म के महासंगम हैं जिसकी पुनरावृत्ति असम्भव है। इनकी शिक्षा न्यू प्राइमरी स्कूल (प्राथमिक), रिफाइनरी टाउनशिप, बेगूसराय (बिहार), माधव विद्या मन्दिर इण्टरमीडिएट कालेज, पुरूषोत्तमपुर, मीरजापुर, उ0प्र0 (दसवीं-1981, 13 वर्ष 6 माह में), प्रभु नारायण राजकीय इण्टर कालेज, रामनगर, वाराणसी, उ0प्र0 (बारहवीं-1983, 15 वर्ष 6 माह में) और बी.एससी.(जीव विज्ञान) में 17 वर्ष 6 माह के उम्र में सन् 1985 ई0 में तत्कालिन गोरखपुर विश्वविद्यालय से सम्बद्ध श्री हरिश्चन्द्र स्नातकोत्तर महाविद्यालय, वाराणसी से पूर्ण हुई। तकनीकी शिक्षा में कम्प्यूटर प्रोग्रामिंग एण्ड सिस्टम एनालिसिस में स्नातकोत्तर डिप्लोमा इण्डिया एजुकेशन सेन्टर, एम-92, कनाट प्लेस, नई दिल्ली से सन् 1988 में पूर्ण हुई। परन्तु जिसका कोई प्रमाण पत्र नहीं है वह ज्ञान अद्भुत है। अपने तीन भाई-बहनों व एक पुत्र में वे सबसे बड़े व सबसे कम प्रमाणित शिक्षा प्राप्त हैं। एक अजीब पारिवारिक स्थिति यह है कि प्रारम्भ निरक्षर माँ से होकर अन्त "विश्वशास्त्र" को व्यक्त करने वाले श्री लव कुश सिंह तक एक ही परिवार में हैं।

सभी धर्मशास्त्रों और भविष्यवक्ताओं के अनुसार और सभी को सत्य रूप में वर्तमान करने के लिए "विश्वशास्त्र" को व्यक्त करने वाले श्री लव कुश सिंह समय रूप से संसार के सर्वप्रथम वर्तमान में रहने वाले व्यक्ति हैं क्यूँकि वर्तमान की परिभाषा है-पूर्ण ज्ञान से युक्त होना और कार्यशैली की परिभाषा है-भूतकाल का अनुभव, भविष्य की आवश्यकतानुसार पूर्णज्ञान और परिणाम ज्ञान से युक्त होकर वर्तमान समय में कार्य करना। स्वयं को आत्म ज्ञान होने पर प्रकृति प्रदत्त नाम के अलावा व्यक्ति अपने मन स्तर का निर्धारण कर एक नाम स्वयं रख लेता है। जिस प्रकार "कृष्ण" नाम है "योगेश्वर" मन की अवस्था है, "गदाधर" नाम है "रामकृष्ण परमहंस" मन की अवस्था है, "सिद्धार्थ" नाम है "बुद्ध" मन की अवस्था है, "नरेन्द्र नाथ दत्त" नाम है "स्वामी विवेकानन्द" मन की अवस्था है, "रजनीश" नाम है "ओशो" मन की अवस्था है। उसी प्रकार लव कुश सिंह ने अपने नाम के साथ "विश्वमानव" लागाकर मन की अवस्था को व्यक्त किया है और उसे सिद्ध भी किया है। व्यक्तियों के नाम, नाम है "भोगेश्वर विश्वमानव" उसकी चरम विकसित, सर्वोच्च और अन्तिम अवस्था है जहाँ समय की धारा में चलते-चलते मनुष्य वहाँ विवशतावश पहुँचेगा ऐसा उनका मानना है। जिस प्रकार श्रीकृष्ण के जन्म से पहले ही ईश्वरत्व उन पर झोंक दिया गया था अर्थात् जन्म लेने वाला देवकी का आठवाँ पुत्र ईश्वर ही होगा, यह श्रीकृष्ण को ज्ञात होने पर जीवनभर वे जनभावना को उस ईश्वरत्व के प्रति विश्वास बनाये रखने के लिए संघर्ष करते रहे, उसी प्रकार इस "लव-कुश" का नाम उन्हें ज्ञात होने पर वे भी इसे सिद्ध करने के लिए जीवनभर संघर्ष करते रहे जिसका परिणाम आपके समक्ष है।

श्री लव कुश सिंह "विश्वमानव"ने कभी किसी पद पर सरकारी नौकरी नहीं की इस सम्बन्ध में उनका कहना था कि-"नौकरी करता तो यह नहीं कर पाता। पद पर रहता तो केवल पद से सम्बन्धित ही विशेषज्ञता आ पाती। वैसे भी पत्र-व्यवहार या पुस्तक का सम्बन्ध ज्ञान और विचार से होता हैं उसमें व्यक्ति के शरीर से क्या मतलब? क्या कोई लंगड़ा या अंधा होगा तो उसका ज्ञान-विचार भी लंगड़ा या अंधा होगा? क्या कोई किसी पद पर न हो तो उसकी सत्य बात गलत मानी जायेगी? विचारणीय विषय है। परन्तु इतना तो जानता हूँ कि यह आविष्कार यदि सीधे-सीधे प्रस्तुत कर दिया जाता तो सभी लोग यही कहते कि इसकी प्रमाणिकता क्या है? फिर मेरे लिए मुश्किल हो जाता क्योंकि मैं न तो बहुत ही अधिक शिक्षा ग्रहण किया था, न ही किसी विश्वविद्यालय का उच्चस्तर का शोधकत्र्ता था। परिणामस्वरूप मैंने ऐसे पद "कल्कि अवतार" को चुना जो समाज ने पहले से ही निर्धारित कर रखा था और पद तथा आविष्कार के लिए व्यापक आधार दिया जिसे समाज और राज्य पहले से मानता और जानता है।"

भारत अपने शारीरिक स्वतन्त्रता व संविधान के लागू होने के उपरान्त वर्तमान समय में जिस कर्तव्य और दायित्व का बोध कर रहा है। भारतीय संसद अर्थात् विश्वमन संसद जिस सार्वभौम सत्य या सार्वजनिक सत्य की खोज करने के लिए लोकतन्त्र के रूप में व्यक्त हुआ है। जिससे स्वस्थ लोकतंत्र, समाज स्वस्थ, उद्योग और पूर्ण मानव की प्राप्ति हो सकती है, उस ज्ञान से युक्त विश्वात्मा श्री लव कुश सिंह "विश्वमानव" वैश्विक व राष्ट्रीय बौद्धिक क्षमता के सर्वोच्च और अन्तिम प्रतीक के रूप में व्यक्त हैं।

निःशब्द, आश्चर्य, चमत्कार, अविश्वसनीय, प्रकाशमय इत्यादि ऐसे ही शब्द उनके और उनके शास्त्र के लिए व्यक्त हो सकते हैं। विश्व के हजारों विश्वविद्यालय जिस पूर्ण सकारात्मक एवं एकीकरण के विश्वस्तरीय शोध को न कर पाये, वह एक ही व्यक्ति ने पूर्ण कर दिखाया हो उसे कैसे-कैसे शब्दों से व्यक्त किया जाये, यह सोच पाना और उसे व्यक्त कर पाना निःशब्द होने के सिवाय कुछ नहीं है।

"विश्वशास्त्र" के शास्त्राकार श्री लव कुश सिंह "विश्वमानव" अपने परिचितों से केवल सदैव इतना ही कहते रहे कि-"कुछ अच्छा किया जा रहा है" के अलावा बहुत अधिक व्याख्या उन्होंने कभी नहीं की। और अन्त में कभी भी बिना इस शास्त्र की एक भी झलक दिखाये एकाएक यह शास्त्र प्रस्तुत कर दिया जाये तो इससे बड़ा आश्चर्य क्या हो सकता है। जो इस स्तर पर है कि-"विश्व बुद्धि बनाम एकल बुद्धि। और उसका परिणाम ये है कि भारत को वर्तमान काल में विश्वगुरू और संयुक्त राष्ट्र संघ तक के लिए सार्वभौम सत्य-सैद्धान्तिक स्थापना योग्य मार्गदर्शन अभी ही उपलब्ध हो चुका है जिससे भारत जब चाहे तब उसका उपयोग कर सके।

जो व्यक्ति कभी किसी वर्तमान गुरू के शरणागत होने की आवश्यकता न समझा, जिसका कोई शरीरधारी प्रेरणा स्रोत न हो, किसी धार्मिक व राजनीतिक समूह का सदस्य न हो, इस कार्य से सम्बन्धित कभी

सार्वजनिक रूप से समाज में व्यक्त न हुआ हो, जिस विषय का आविष्कार किया गया, वह उसके जीवन का शैक्षणिक विषय न रहा हो, 50 वर्ष के अपने वर्तमान अवस्था तक एक साथ कभी भी 50 लोगों से भी न मिला हो, यहाँ तक कि उनको इस रूप में 50 आदमी भी न जानते हों, यदि जानते भी हो तो पहचानते न हों और जो पहचानते हों वे इस रूप को जानते न हों, वह अचानक इस शास्त्र को प्रस्तुत कर दें तो इससे बडा चमत्कार क्या हो सकता है।

जिस व्यक्ति का जीवन, शैक्षणिक योग्यता और कर्मरूप शास्त्र तीनों का कोई सम्बन्ध न हो अर्थात् तीनों तीन व्यक्तित्व का प्रतिनिधित्व करते हों, इससे बड़ी अविश्वसनीय स्थिति क्या हो सकती है।

मूल पाशुपत शैव दर्शन सहित अनेक मतों का सफल एकीकरण के स्वरूप श्री लव कुश सिह "विश्वमानव" के जीवन, कर्म और ज्ञान के अनेक दिशाओं से देखने पर अनेक दार्शनिक, संस्थापक, संत, ऋषि, अवतार, मनु, व्यास, व्यापारी, रचनाकर्ता, नेता, समाज निर्माता, शिक्षाविद्, दूरदर्शिता इत्यादि अनेक रूप दिखते हैं।

ईश्वरीय समाज

ईश्वरीय समाज कोई संगठन नहीं है बल्कि यह मानव जीवन के व्यष्टि व समष्टि क्षेत्र के अनेक विषयों की ओर से ईश्वर (सार्वभौम सत्य-सिद्धान्त) से योग कराने के लिए प्रणाली का विस्तार है जिससे वे किसी भी संस्थागत धर्म/समाज से जुड़े होने के बावजूद भी सीधे ईश्वर (सार्वभौम सत्य-सिद्धान्त) से जुड़ सकें। ज्ञान के इस युग और उसी ओर बढ़ते काल क्रम में ज्ञान-कर्मज्ञान मनुष्य की विवशता है। ईश्वरीय समाज पूरी स्वतन्त्रता के साथ मनुष्य को सिर्फ "जानने के लिए" सिद्धान्त के लिए कार्य करता है न कि "मानने के लिए"। इसके लिए कुछ प्रणाली निम्नवत् हैं-

1. ईश्वरीय समाज निर्माण की कार्यवाही आधारित पुस्तकें
2. विश्व-नागरिक धर्म का धर्मयुक्त धर्मशास्त्र – कर्मवेद: प्रथम, अन्तिम तथा पंचम वेदीय श्रृंखला
3. विश्व-राज्य धर्म का धर्मनिरपेक्ष धर्मशास्त्र - विश्वमानक शून्य-मन की गुणवत्ता का विश्वमानक श्रृंखला
4. प्राकृतिक सत्य मिशन (Natural Truth Mission)
5. विश्वधर्म मन्दिर
6. सत्यकाशी ब्रह्माण्डीय एकात्म विज्ञान विश्वविद्यालय(Satyakashi Universal Integration Science University-SUISU)
7. "सत्यकाशी महायोजना" (वाराणसी-विन्ध्याचल-शिवद्वार-सोनभद्र के बीच का क्षेत्र)

ईश्वरीय समाज निर्माण की कार्यवाही आधारित पुस्तकें

"आध्यात्मिक सत्य एवं दार्शनिक विरासत" के आधार पर "काल, मनु ,युग, व्यास, शास्त्र परिवर्तन", "मन में अन्तर (मनवन्तर) को समाप्त करने और मन के नवीनीकरण" के लिए "सार्वभौम सत्य-सिद्धान्त" पर आधारित "विश्वशास्त्र - द नालेज आफ फाइनल नालेज" शास्त्र को The Knowledge Equalizer के रूप में निम्नलिखित शीर्षक में 64 भागों में प्रकाशित किया कर दिया गया जिसमें परिचय, ज्ञान, कर्मज्ञान कार्यवाही योजना इत्यादि सभी कुछ हैं-

भाग के अनुसार

01. विश्वशास्त्र - विषय-प्रवेश
02. विश्वशास्त्र - अध्याय-एक: ईश्वर
03. विश्वशास्त्र - अध्याय-दो: जीवन परिचय
04. विश्वशास्त्र - अध्याय-तीन: ज्ञान परिचय
05. विश्वशास्त्र - अध्याय-चार: कर्म परिचय (सार्वजनिक प्रमाणित दृश्य महायज्ञ)
06. विश्वशास्त्र - अध्याय-पाँच (भाग - 01): सार्वजनिक प्रमाणित विश्वरूप
07. विश्वशास्त्र - अध्याय-पाँच (भाग - 02): सार्वजनिक प्रमाणित विश्वरूप
08. विश्वशास्त्र - परिशिष्ट

मुख्य शास्त्र

01. विश्वशास्त्र - द नालेज आफ फाइनल नालेज

सारांश के अनुसार

02. मैं सत्यकाशी से कल्कि महावतार बोल रहा हूँ (समष्टि गीता - यथार्थ प्रकाश)

शीर्षक के अनुसार

03. विश्वस्तरीय फिल्म लेखन कला
04. प्रारम्भिक सत्य - अन्तिम दृष्टि
05. सत्य धर्म - युग परिवर्तक दृष्टि
06. सत्य दार्शनिक-दर्शन और कर्म वेदान्त-विकास दर्शन
07. सत्य शास्त्र एवं पुराण रहस्य-महर्षि व्यास कला
08. संत एवं गुरू और विश्व संत एवं गुरू
09. समाज और ईश्वरीय समाज
10. सत्य शास्त्र और विश्वशास्त्र
11. कृति और विश्व कृति
12. भारत माता मन्दिर और विश्वधर्म मन्दिर
13. महाभारत और विश्वभारत
14. संविधान और विश्व संविधान
15. शिक्षा और पूर्ण शिक्षा
16. देवता और सार्वभौम देवता कल्कि
17. देवीयाँ और सार्वभौम देवी माँ क्ल्कि
18. द्वादश ज्योतिर्लिंग और 13वां अन्तिम ज्योतिर्लिंग
19. काशी - मोक्षदायिनी और जीवनदायिनी
20. सत्यकाशी - स्वर्णयुग का तीर्थ
21. काशी - रहस्योद्घाटन
22. 2020 - मन का नवीनीकरण
23. ईश्वर का संक्षिप्त इतिहास
24. अवतार - अन्तिम सत्य दृष्टि
25. भविष्यवाणियाँ और कल्कि अवतार
26. स्वामी विवेकानन्द और कल्कि अवतार
27. मनु, मनवन्तर और कल्कि महावतार
28. व्यास, शास्त्र और कल्कि महावतार
29. ऋषि, ऋषि परम्परा और कल्कि महावतार
30. दूसरा आगमन या अन्तिम आगमन
31. परिवर्तन-काल, मनु, युग, व्यास और शास्त्र
32. राम, रावण और सार्वभौम एकात्म
33. मैं, व्यक्तिगत या सार्वभौम
34. लव कुश (त्रेतायुग) और लवकुश (कलियुग)

35. कल्कि महावतार आ चुके हैं (ACTION PLAN)
36. लव कुश सिंह (कल्कि महाअवतार)-जीवन, ज्ञान, कर्म और विश्वरूप
37. वैश्विक बुद्ध - बुद्ध का भाग दो और अन्तिम
38. बुड्ढा कृष्ण - कृष्ण का भाग दो और अन्तिम
39. सम्पूर्ण क्रान्ति-अन्तिम कार्य योजना
40. पुनर्निर्माण (RENEW)-समस्या, समाधान और राष्ट्र निर्माण की योजना
41. पुनर्निमाण (RENEW)- ग्राम एवं नगर वार्ड प्रेरक
42. विश्वशास्त्र द नालेज आफ फाइनल नालेज-परिचय
43. एन्टायर पालिटिक्स - पूर्ण पाठ्यक्रम
44. वसुधैव-कुटुम्बकम्
45. कर्मवेद: प्रथम, अन्तिम तथा पंचम वेद
46. आठवें अवतार श्रीकृष्ण के अनकहे संदेश
47. अयोध्या नहीं, मुंगेर है राम जन्मभूमि
48. विश्वमानव-भूतपूर्व नेतृत्वकर्ताओं का स्पष्टिकरण
49. विश्वमानव-वर्तमान नेतृत्वकर्ताओं का स्पष्टिकरण
50. विश्वमानव-वार्ता, वक्तव्य एवं वाणियाँ
51. विश्वमानव-पत्रावली, प्रसारण और अन्तिम पत्र
52. सत्य जनहित आह्वान
53. विश्व शान्ति-अन्तिम सत्य दृष्टि
54. नई विश्व व्यवस्था का रहस्य
55. समाजवाद - ब्रह्माण्डीय विकास का अवतारी मार्ग
56. भारतवाद - राष्ट्रवाद की मुख्यधारा
57. 100 वर्षीय संयुक्त राष्ट्र को अग्रिम सन्देश
58. सार्वभौम एकात्म-नव विश्व निर्माण
59. गणराज्य, संघ, मानकीकरण संगठन और सम्पूर्ण मानक
60. व्यापार केन्द्र (TRADE CENTRE)-दृश्य सत्य
61. मन का विश्वमानक और पूर्ण मानव निर्माण की तकनीकी-WCM-TLM-SHYAM.C
62. मानक विपणन प्रणाली (3F-Fire-Fuel-Fire)
63. स्वर्णयुग का मानक आदर्श नागरिक-दिशा निर्देश
64. विश्वधर्म: परिचय (स्वर्णयुग का धर्म)

व्यक्ति और विभागीय स्तर पर सफाई-सुधार का पहला प्रारूप की पुस्तक - डा0 रमेश कुमार द्वारा लिखित “विशाल ज्ञान विज्ञान सबका समाधान” है

विश्व-नागरिक धर्म का धर्मयुक्त धर्मशास्त्र
कर्मवेदः प्रथम, अन्तिम तथा पंचम वेदीय श्रृंखला

विश्व-राज्य धर्म का धर्मनिरपेक्ष धर्मशास्त्र
विश्वमानक शून्य - मन की गुणवत्ता का विश्वमानक (WS-0) श्रृंखला

01. वैश्विक मानव निर्माण तकनीकी- WCM-TLM-SHYAM.C प्रणाली

तकनीकी का नाम SHYAM.C क्यों?

S - SATYA (सत्य)
H- HEART (ह्रदय)
Y- YOG (योग)
A - ASHRAM (आश्रम)
M - MEDITATION (ध्यान)
. - DOT (बिन्दु या डाट या दशमलव या पूर्णविराम)
C - CONCIOUSNESS (चेतना)

02. आदर्श वैश्विक मानव/जन/गण/लोक/स्व/मैं/आत्मा/तन्त्र का सत्य रूप व विश्व मानक

03. विश्व मानक-शून्य (WS-0): मन की गुणवत्ता का विश्व मानक श्रृखंला

01. डब्ल्यू.एस. (WS)-0: विचार एवम् साहित्य का विश्वमानक
02. डब्ल्यू.एस. (WS)-00: विषय एवम् विशेषज्ञों की परिभाषा का विश्वमानक
03. डब्ल्यू.एस. (WS)-00: ब्रह्माण्ड (सूक्ष्म एवम् स्थूल) के प्रबन्ध और क्रियाकलाप का विश्वमानक
04. डब्ल्यू.एस. (WS)-0000: मानव (सूक्ष्म तथा स्थूल) के प्रबन्ध और क्रियाकलाप का विश्वमानक
05. डब्ल्यू.एस. (WS)-00000: उपासना और उपासना स्थल का विश्वमानक

विश्व के प्रथम विश्वमानव (ग्लोबल ह्यूमन) स्वामी विवेकानन्द के इच्छानुसार

विश्व के अन्तिम विश्वमानव (ग्लोबल ह्यूमन) श्री लव कुश सिंह "विश्वमानव"

द्वारा

व्यक्त

विश्वधर्म का धर्मशास्त्र

विश्वशास्त्र - द नालेज आफ फाइनल नालेज

एक ही मानव शरीर के जीवन, ज्ञान और कर्म के विभिन्न विषय क्षेत्र से मुख्य नाम (सर्वोच्च, अन्तिम और दृश्य)

क्र.सं. विषय क्षेत्र	सम्बन्धित क्षेत्र से मुख्य नाम
01. विश्व क्षेत्र	विश्व संविधान / साहित्य / विचार / सिद्धान्त / प्रबन्ध / दर्शन / मत / मानव / एकता / शान्ति / विकास / स्थिरता / आत्मा / अभिनेता / बुद्धि / राजनीति / क्रांति
02. राज्य क्षेत्र	विश्व (राष्ट्र) ऐजेण्डा–2012+ (WORLD NATION AGENDA-2012+) विश्व व्यवस्था का अधिकतम एवं न्यूनतम साझा कार्यक्रम
03. समाज क्षेत्र	लोक / गण / जन ऐजेण्डा–2012+ (PUBLIC AGENDA-2000+)
04. धर्म क्षेत्र	वेदान्त धर्म स्थापना
05. साहित्य क्षेत्र	विश्व साहित्य–"विश्वभारत" समाहित "विश्वशास्त्र" साहित्य– आदर्श वैश्विक व्यक्ति चरित्र कथा साहित्य
06. सामाज शास्त्र	मानक / जन / गण / लोक शास्त्र
07. धर्मशास्त्र	धर्मयुक्त नाम – कर्मवेदः प्रथम, अन्तिम और पंचम वेद और आधारित उपनिषद् (व्यष्टि एवं समष्टि) सर्वधर्मसमभाव / धर्मनिरपेक्ष नाम – मन की गुणवत्ता का विश्व मानक : शून्य श्रृंखला (व्यष्टि एवं समष्टि)
08. मानक क्षेत्र	मन की गुणवत्ता का विश्व मानक : शून्य श्रृंखला
09. अदृश्य विज्ञान	दृश्य आध्यात्म विज्ञान
10. दृश्य विज्ञान	धर्म विज्ञान या एकात्म विज्ञान (Integration Science)
11. इंजीनियरिंग	सत्य सामाजिक अभियंत्रण (Real Social Engineering)
12. तकनीकी	सत्य सामाजिक तकनीकी (Real Social Technology) : WCM-TLM-SHYAM.C Technology
13. संविधान	विवादमुक्त तन्त्रों पर आधारित संविधान
14. राजनीति	सत्य राजनीति / राजनीति–2012+ (POLITICS-2012+)
15. संगठन	विश्व राजनीतिक पार्टी संघ (World Political Party Organisation- WPPO)
16. शिक्षा	पूर्णज्ञान / पूर्ण शिक्षा प्रणाली / शिक्षा -2012+ (EDUCATION-2012+)
17. राष्ट्र सम्बन्ध	आदर्श राष्ट्रीय नागरिक
18. वेदान्त	कर्म वेदान्त : वेदान्त की अन्तिम शाखा
19. मतवाद	एकात्म कर्मवाद : एकात्म मानवतावाद का व्यावहारिक रुप
20. दार्शनिक	विकास दर्शन (Development Philosophy)
21. क्रांति	संपूर्ण क्रांति (Complete Revolution) : प्रलय, स्थिति एवं सृष्टि
22. सांस्कृतिक	भोगेश्वरः भोग (पाश्चात्य) + ईश्वर (प्राच्य) = एकात्म या ईश्वरत्व भाव से भोग
23. मन	विश्व मन (WOLD MIND)
24. मानव	विश्वमानव (विश्वमन से युक्त)
25. मनु	8वें मनु – सावर्णि मनु
26. अवतार	भगवान विष्णु के 10वें और अन्तिम तथा भगवान शंकर के 22वें और अन्तिम संयुक्तावतार (निष्कलंक कल्कि एवं भोगेश्वर)
27. निराकार ब्रह्म	सार्वभौम सत्य–सिद्धान्त (UNIVERSAL TRUTH-THEORY) : विश्व–बन्धुत्व का सिद्धान्त
28. साकार ब्रह्म	लव कुश सिंह
29. पुनर्जन्म–सत् मार्ग से	बुड्ढा कृष्ण (कृष्ण भाग – 2 और अन्तिम) – कृष्ण की अगली और अन्तिम कड़ी
30. पुनर्जन्म–रज मार्ग से	स्वामी विवेकानन्द का पुनर्जन्म
31. पुनर्जन्म–तम मार्ग से	रावण की अगली कड़ी
32. आत्मा	दृश्य विश्वात्मा / शिव / ब्रह्म / मैं
33. अभिनय	वास्तविक जीवन का अभिनेता (Real Life Actor)
34. बम	ज्ञान बम – आध्यात्मिक न्यूट्रान बम
35. अस्त्र	अनियन्त्रित पशुपास्त्र (नारायणास्त्र या सु–दर्शन चक्र व ब्रह्मास्त्र समाहित)
36. माया	योग माया समाहित भोगमाया
37. ज्ञान	एकात्म कर्मज्ञान (शास्वत) : व्यष्टि एवं समष्टि
38. बुद्धि	विश्व बुद्धि व चेतना या सत्य चेतना : पूर्व व्यक्त सत्य चेतना
39. ध्यान व योग	दृश्य सत्य–क्रियाकलाप–एकात्म योग व ध्यान (अन्तिम योग व अन्तिम ध्यान)
40. मिशन	प्राकृतिक सत्य मिशन (Natural Truth Mission)–सर्वोच्च और अन्तिम मिशन
41. धार्मिक नगर	एकात्म काशी– जीवनदायिनी सत्यकाशी : पंचम, अन्तिम तथा सप्तम काशी
42. शक्ति	आत्मशक्ति (SPIRIT POWER),मस्तिष्क शक्ति (BRAIN POWER), मन शक्ति (MIND POWER),सत्य शक्ति (TRUTH POWER)
43. जीवन कथा	विश्वमानव लीला / दर्पण : दो विपरीत दिशाओं के साथ प्रथम एवं अन्तिम कथा
44. प्रेम और कर्म	शास्वत प्रेम और कर्म
45. समन्वय	अन्तिम समन्वय–सिद्धान्त
46. आचार्य	अन्तिम समन्वयाचार्य
47. कला	विश्वमानव कला (कृष्ण कला समाहित)
48. परिचालन प्रणाली	अवतार का परिचालन प्रणाली : मानव–10 (Avatar's Operating System-AOS : Human-10)

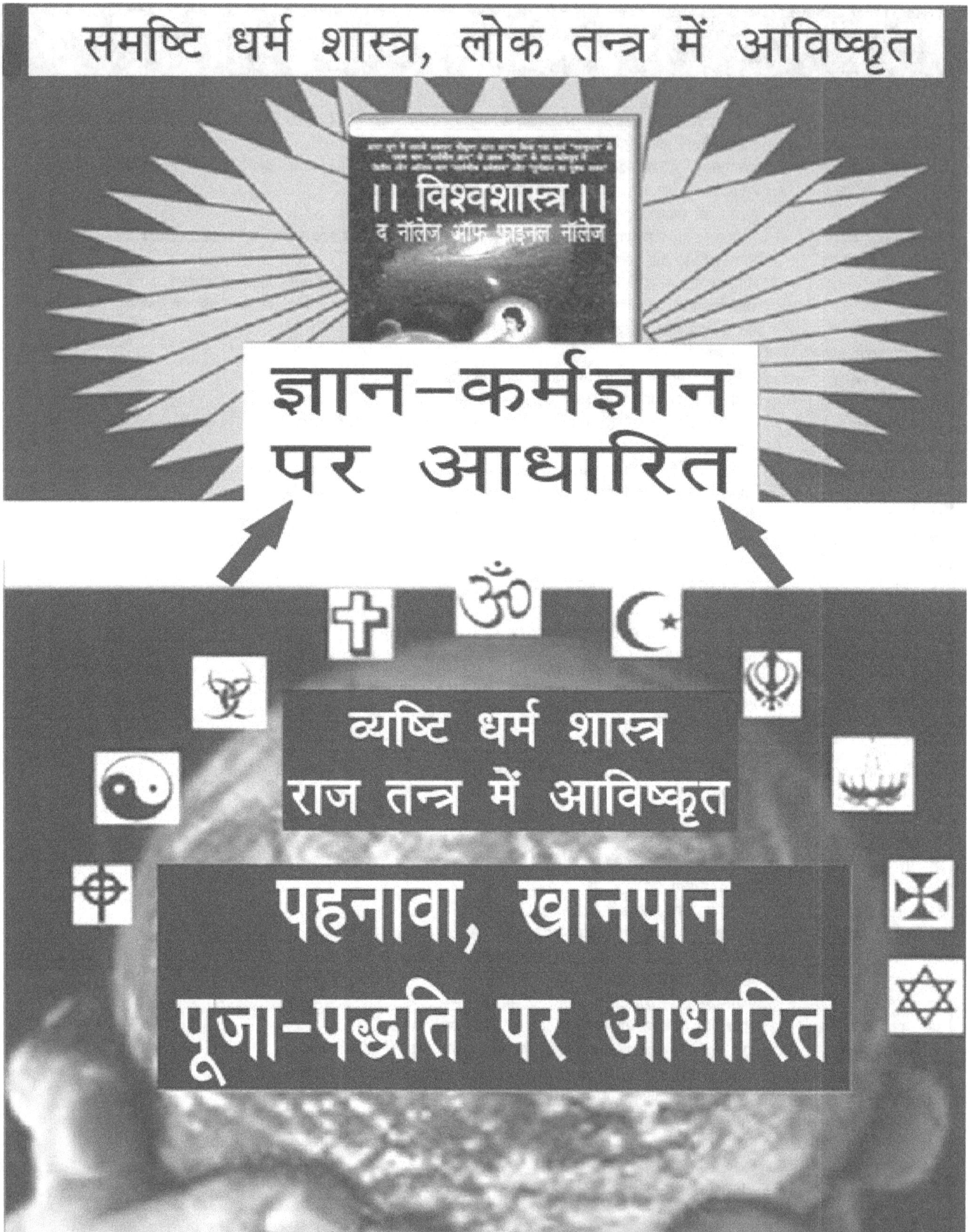
समष्टि धर्म शास्त्र, लोक तन्त्र में आविष्कृत
।। विश्वशास्त्र ।।
द नॉलेज ऑफ फाइनल नॉलेज
ज्ञान-कर्मज्ञान
पर आधारित
व्यष्टि धर्म शास्त्र
राज तन्त्र में आविष्कृत
पहनावा, खानपान
पूजा-पद्धति पर आधारित

प्राकृतिक सत्य मिशन
(Natural Truth Mission)

अपने मालिक स्वयं बनें

BE YOUR OWN BOSS

1. राष्ट्रीय रचनात्मक आन्दोलन: स्वायत्तशासी उपसमिति /संगठन
    I. प्राकृतिक सत्य एवं धार्मिक शिक्षा प्रसार केन्द्र (CENTRE)
    II. ट्रेड सेन्टर (TRADE CENTRE)
    III. विश्व राजनीतिक पार्टी संघ (WPPO)
        (क) परिचय
        (ख) राष्ट्रीय क्रान्ति मोर्चा
        (ग) राष्ट्रीय सहजीवन आन्दोलन
        (घ) स्वराज-सुराज आन्दोलन
        (च) विश्व एकीकरण आन्दोलन (सैद्धान्तिक)
2. प्राकृतिक सत्य मिशन के विश्वव्यापी स्थापना का स्पष्ट मार्ग
3. राम कृष्ण मिशन और प्राकृतिक सत्य मिशन

विश्वधर्म मन्दिर

धर्म के व्यावहारिक अनुभव का मन्दिर-विश्वधर्म मन्दिर, की स्थापना जीवनदायिनी सत्यकाशी क्षेत्र में उचित स्थान देखकर की जायेगी क्योंकि इसकी स्थापना के पीछे स्थान का कोई विशेष कारण और स्थान के लिए शास्त्रीय आधार नहीं है, इसके लिए पूरा सत्यकाशी क्षेत्र ही शास्त्रीय आधार के अन्तर्गत है।

यह एक विशाल कैम्पस होगा जिसमें एक प्रवेश द्वार (जन्म का प्रतीक) और एक ही निकास द्वार (मृत्यु का प्रतीक) होगा। प्रवेश द्वार से प्रवेश करते ही विश्व के प्रमुख धर्मों के अलग-अलग द्वार (जीवन संस्कृति का प्रतीक) होंगे। जिन्हें जिस धर्म का अनुभव प्राप्त करना हो वे उस द्वार से प्रवेश करेंगे और उस धर्म के अनुसार वस्त्र, पूजा पद्धति, धर्म शास्त्र, खान-पान इत्यादि का पूरा अनुभव पूरे दिन प्राप्त करेंगे और अन्त में निकास द्वार से अपने पुराने वस्त्र को धारण कर बाहर आयेंगे। इसका तात्पर्य यह है कि जन्म (प्रवेश द्वार) की एक ही विधि है और मृत्यु (निकास द्वार) की भी एक ही विधि है जो किसी धर्म से सम्बन्धित नहीं है। बीच का जीवन ही उस धर्म का अनुभव है। धर्म में प्रवेश के उपरान्त धर्म (जीवन संस्कृति) परिवर्तन का कोई मार्ग नहीं है। उसके लिए आपको निकास द्वार (मृत्यु) से बाहर आकर फिर जन्म (पुर्नजन्म) लेना पड़ेगा फिर किसी दूसरे धर्म का अनुभव आप प्राप्त कर सकते हैं। यह धर्म के व्यावहारिक अनुभव का मन्दिर-विश्वधर्म मन्दिर, पूर्णतः व्यापारिक ढंग से संचालित होगा।

सत्यकाशी ब्रह्माण्डीय एकात्म विज्ञान विश्वविद्यालय
(Satyakashi Universal Integration Science University-SUISU)

सत्यकाशी ब्रह्माण्डीय एकात्म विज्ञान विश्वविद्यालय, जिसकी स्थापना जीवनदायिनी सत्यकाशी क्षेत्र में उचित स्थान देखकर की जायेगी क्योंकि इसकी स्थापना के पीछे स्थान का कोई विशेष कारण और स्थान के लिए शास्त्रीय आधार नहीं है, इसके लिए पूरा सत्यकाशी क्षेत्र ही शास्त्रीय आधार के अन्तर्गत है।

विभिन्न सम्प्रदाय (धर्म), जाति, मत, दर्शन इत्यादि में विभाजित इस मानव समाज में वर्तमान तथा आने वाले भविष्य के समय की मूल आवश्यकता है-मानव के मनों का एकीकरण अर्थात् मानव मन का भूमण्डलीकरण एवं ब्रह्माण्डीयकरण। इसकी आवश्यकता इसलिए भी है क्योंकि मानव अपने विज्ञान व तकनीकी ज्ञान से प्राप्त संसाधनों का प्रयोग करते हुये, एक तरफ तो ब्रह्माण्ड की ओर चल पड़ा है तो दूसरी तरफ विध्वंस के लिए अनेक हथियारों का भी निर्माण कर चुका है। ऐसी स्थिति में हमें निश्चित रूप से ऐसे एकीकरण की आवश्यकता है जिससे हम इस पृथ्वी से मानसिक स्तर के विवादों को समाप्त कर सकें।

माया सभ्यता के अनुसार विश्व के मानव समाज यह भी मान रहें हैं कि 21 दिसम्बर, 2012 को दुनिया का अन्त हो जायेगा। जबकि हिन्दू धर्म शास्त्र विष्णु पुराण, भागवत पुराण, अग्नि पुराण, गरूड़ पुराण, पद्म पुराण इत्यादि में भगवान के दसवें और महाअवतार "कल्कि" का होना अभी शेष है। जिनसे कलियुग के अंधकार व विनाश को समाप्त करने का कार्य सम्पन्न होगा, साथ ही सत्ययुग का आरम्भ होगा। सिक्ख धर्म के पवित्र ग्रन्थ "दशम् ग्रन्थ" में भी "कल्कि अवतार" का वर्णन मिलता है।

सृजन और विनाश, का स्तर शारीरिक, आर्थिक व मानसिक होता है। जो एक व्यक्ति, समाज, देश और विश्व राष्ट्र के लिए होता है। व्यक्ति पर हुये शारीरिक, आर्थिक व मानसिक सृजन और विनाश को व्यक्ति ही अनुभव करता है परन्तु समाज, देश और विश्व राष्ट्र पर हुये शारीरिक, आर्थिक व मानसिक सृजन व विनाश को सार्वजनिक रूप से सभी देखते है। समाज, देश और विश्व राष्ट्र पर शारीरिक व आर्थिक सृजन और विनाश वर्तमान में तो चल ही रहा है जिसे सार्वजनिक रूप से मानव समाज देख रहा है।

भौतिकवादी पश्चिमी संस्कृति किसी भी सृजन व विनाश को मानसिक स्तर पर सोच ही नहीं सकता क्योंकि वह समस्त क्रियाकलाप को बाह्य जगत में ही घटित होता समझाता है जबकि वर्तमान समय मानसिक स्तर पर विनाश व सृजन का है। इस आधार पर यह कहा जा सकता है कि माया सभ्यता के अनुसार 21 दिसम्बर, 2012 को जो विनाश व सृजन होगा, वह मानसिक स्तर का ही होगा। जिसके परिणामस्वरूप सभी सम्प्रदाय, मत, दर्शन एक उच्च स्तर के विचार या सत्य में विलीन अर्थात् विनाश को प्राप्त करेगा। फलस्वरूप उच्च स्तर के विचार या सत्य में स्थापित होने से सृजन होगा। कुल मिलाकर माया सभ्यता के कैलेण्डर का अन्त तिथि 21 दिसम्बर, 2012,

दुनिया के अन्त की तिथि नहीं बल्कि वह वर्तमान युग के अन्त की अन्तिम तिथि का अनुमान है जिसके बाद नये युग का आरम्भ होगा।

ईश्वर भी इतना मूर्ख व अज्ञानी नहीं है कि वह स्वयं को इस मानव शरीर में पूर्ण व्यक्त किये बिना ही दुनिया को नष्ट कर दे। इसके सम्बन्ध में हिन्दू धर्म शास्त्रों में सृष्टि के प्रारम्भ के सम्बन्ध में कहा गया है कि-"ईश्वर ने इच्छा व्यक्त की कि मैं एक हूँ, अनेक हो जाऊँ"। इस प्रकार जब वही ईश्वर सभी में है तब निश्चित रूप से जब तक सभी मानव ईश्वर नहीं हो जाते तब तक दुनिया के अन्त होने का कोई प्रश्न ही नहीं उठता और विकास क्रम चलता रहेगा।

21 दिसम्बर, 2012 के बाद का समय नये युग के प्रारम्भ का समय है जिसमें ज्ञान, ध्यान, चेतना, भाव, जन, देश, विश्व राष्ट्र, आध्यात्मिक जागरण, मानवता इत्यादि का विश्वव्यापी विकास होगा। परिणामस्वरूप सभी मानव को ईश्वर रूप में स्थापित होने का अवसर प्राप्त होगा। और यही विश्व मानव समाज की मूल आवश्यकता है। प्राचीन वैदिक काल में समाज को नियंत्रित करने के लिए ज्ञानार्जन सबके लिए खुला नहीं था परन्तु वर्तमान और भविष्य की आवश्यकता यह है कि समाज को नियंत्रित करने के लिए सभी को पूर्ण ज्ञान से युक्त कर सभी के लिए ज्ञान को खोल दिया जाय। यही कारण था कि वेद को प्रतीकात्मक रूप में लिख कर गुरू-शिष्य परम्परा द्वारा उसकी व्याख्या की जाती रही थी जिससे राजा और समाज को नियंत्रण में रखा जा सके।

सभी मानव को ईश्वर रूप में स्थापित होने के लिए जो माध्यम चाहिए वह है-"एकात्म विज्ञान" व "ईश्वर शास्त्र" विषय से मानव को शिक्षित करना। इस आवश्यकता हेतु ही इस ट्रस्ट का गठन किया जा रहा है जिससे इस विषय पर शैक्षणिक पाठ्यक्रम के लिए पाठ्य पुस्तकों का सृजन किया जा सके। और शिक्षा पाठ्यक्रम में अनिवार्य रूप से अध्ययन के लिए शामिल कराया जा सके।

पाठ्यक्रम

व्यक्ति के पूर्णता के लिए निम्न तीन प्रकार के पाठ्यक्रम उपलब्ध है-

अ-सामान्यीकरण (Generalization) शिक्षा - ज्ञान के लिए

ब-विशेषीकरण (Specialization) शिक्षा - कौशल के लिए

स-सत्य नेटवर्क (REAL NETWORK) शिक्षा - समाज में प्रकाशित होने के लिए

अ-सामान्यीकरण (Generalization) शिक्षा

इसके अन्तर्गत REAL EDUCATION, REAL PROFESSION, REAL BOOK, REAL STATUS, REAL ESTATE AGENT, REAL KISAN की शिक्षा पाठ्यक्रम हैं। जो पत्राचार द्वारा संचालित है। यह व्यक्ति के स्वयं अपने बुद्धि के विकास से सम्बन्धित पाठ्यक्रम है।

हम सभी व्यक्ति आधारित राजतन्त्र में राजा से उठकर व्यक्ति आधारित लोकतन्त्र में आये, फिर संविधान आधारित लोकतन्त्र में आ गये। अब पूर्ण लोकतन्त्र के लिए मानक आधारित लोकतन्त्र में हम सभी को पहुँचने की अटलनीय यात्रा का चक्र है। अर्थात् व्यक्ति आधारित समाज व शासन से उठकर मानक आधारित समाज व शासन के निर्माण की यात्रा है। वर्तमान तक के धार्मिक-सामाजिक-राजनैतिक नेतागण जिस पूर्ण लोकतन्त्र और परफेक्ट देश या विश्व का सपना देखते हैं, पुनर्निर्माण-सत्य शिक्षा का राष्ट्रीय तीव्र मार्ग, उसी को पूर्ण करने का मार्ग है। और यह विश्व व उसके नागरिकों की विवशतापूर्ण आवश्यकता भी है। "सत्य मानक शिक्षा व पूर्ण ज्ञान" से मानवों को शिक्षित करने की एक प्रणाली व पाठ्यक्रम है पाठ्यक्रम को 20 वर्षों के मेहनत से तैयार किया गया है। इस पाठ्यक्रम को अन्य रूप में

1. व्यवस्था परिवर्तन व सत्यीकरण का प्रथम पाठ्यक्रम
2. "पूर्ण ज्ञान का पूरक पाठ्यक्रम" और "आम आदमी का समाजवादी पाठ्यक्रम"
3. काल, मनवन्तर और युग परिवर्तन का कल्कि अवतार द्वारा व्यक्त पाठ्यक्रम
4. सम्पूर्ण क्रान्ति की कार्य योजना का पाठ्यक्रम
5. विश्व शान्ति, एकता व विश्व सरकार का मार्गदर्शक मानक पाठ्यक्रम भी कहा जाता है।

यह कार्य भारतीय संविधान की धारा-51 (ए): नागरिक का मूल कर्तव्य के अनुसार राष्ट्र और मानव का "आध्यात्मिक सत्य" आधारित सर्वोच्च कर्तव्य का उदाहरण है।

इस पाठ्यक्रम से क्या लाभ है?

1. ज्ञान-ध्यान-चेतना के वर्तमान और भविष्य के युग में आपको पूर्णता प्रदान करता है।
2. आप चाहे जो भी शिक्षा व प्रोफेशनल शिक्षा प्राप्त किये हों, ये आपको पूरक शिक्षा देकर पूर्ण बनाता है।
3. जीवन के प्रत्येक क्षेत्र के विषय के तत्व को समझने की दिव्य-दृष्टि प्रदान करता है।
4. पृथ्वी पर हुये और हो रहे समस्त व्यापार को एक साथ आपके सामने रखता है।
5. आपको अपना मालिक स्वयं बनाता है।

यह पाठ्यक्रम किसके लिए है?

1. यह पाठ्यक्रम उन सभी विश्व के नागरिकों के लिए है जो इस पृथ्वी पर रहते हैं।
2. विशेषकर उनके लिए है जो ज्ञान के लिए ही अपना समय व धन खर्च करने के लिए विद्यालय, महाविद्यालय व विश्वविद्यालय की शरण में हैं।
3. यह उनके लिए भी है जो शिक्षा क्षेत्र में शिक्षक हैं और वे भी जो सामाजिक-राजनीतिक नेतृत्व के क्षेत्र में हैं।
4. यह उनके लिए नहीं है जो धन एकत्रित करने के क्षेत्र में सफल हो चुके हैं और जो धन को ही ज्ञान समझते हैं।

इस पाठ्यक्रम की मान्यता क्या है?

1. यह पाठ्यक्रम किसी भी देश के सरकारी संस्थान द्वारा मान्य नहीं है न ही इससे कोई सरकारी नौकरी आपको प्राप्त होनी है।
2. वर्तमान की सरकारी शिक्षा प्रणाली आपको अगली कक्षा में प्रवेश और परीक्षा पास कर निर्भरता देने वाली है।
3. यह पाठ्यक्रम आपको जीवन की परीक्षा पास करने व आप में आत्मनिर्भरता देने वाली है।
4. यह पाठ्यक्रम विश्व के बुद्धिजीवियों से मान्यता प्राप्त व उनके सपनों का पाठ्यक्रम है।
5. यह पाठ्यक्रम ईश्वरीय मान्यता प्राप्त है।

परन्तु हमारा सदैव प्रयत्न रहेगा कि ये पाठ्यक्रम विश्वविद्यालय अनुदान आयोग, मानव संसाधन मंत्रालय, भारत सरकार से मान्यता प्राप्त होकर विद्यालयों के शिक्षा पाठ्यक्रम अनिवार्य विषय के रूप में शामिल हो जिससे विश्व स्तरीय मानव का निर्माण प्रारम्भ हो सके जिसकी आवश्यकता पूरे विश्व में है। जिस ओर विश्व की बौद्धिक शक्ति की गति भी है।

सत्य शिक्षा (REAL EDUCATION)

01. पूर्ण ज्ञान में प्रमाण पत्र (Certificate in Complete Knowledge-CCK)
02. ईश्वर शास्त्र व व्यापार ज्ञान में प्रमाण पत्र
(Certificate in Godics & Business Knowledge-CGBK)
03. अवतार ज्ञान में प्रमाण पत्र (Certificate in Avatar Knowledge-CAK)
04. गुरू ज्ञान में प्रमाण पत्र (Certificate in Guru Knowledge-CGK)

05. संस्थागत धर्म में डिप्लोमा (Diploma in Institutional Religion-DIR)
06. पूर्ण शिक्षा में स्नातक (Bachelor in Complete Education-BCE)
07. पूर्ण शिक्षा में परास्नातक (Master in Complete Education-MCE)

ब - विशेषीकरण (Specialization) शिक्षा

इसके अन्तर्गत जो विद्यार्थी के निवास क्षेत्र में ही संस्थागत रूप से संचालित है। यह व्यक्ति के स्वयं अपने आजिविका के विकास से सम्बन्धित पाठ्यक्रम है। व्यक्ति कितना भी ज्ञानी क्यों न हो जाये उसे अपने आजीविका के लिए काम तो करना ही पड़ता है। इसलिए उसे युगानुसार कौशल सम्बन्धित पाठ्यक्रम की आवश्यकता होती है।
01. सत्य कौशल (REAL SKILL)
02. सत्य डिजीटल कोचिंग (REAL DIGITAL COACHING)

स-सत्य नेटवर्क (REAL NETWORK)

किसी भी युग में अवतार, महापुरूष, संत या किसी भी व्यक्ति के गुण को सीधे देखकर पहचानने की क्षमता किसी भी व्यक्ति के अन्दर नहीं रही है। उस व्यक्ति को, स्वयं के अपने गुणों को ज्ञान, कर्म, जीवन के माध्यम द्वारा व्यक्त करना होता है। उसके बाद ही कुछ लोग उन्हें पहचानते हैं और उनके साथ एक-दूसरे के सदुपयोग के लिए साथ आते रहे हैं। प्राचीन समय में यह कार्य बहुत कठिन होता था इसके लिए वे अनेक प्रकार के आयोजन करते थे।

वर्तमान युग में भी अनेक प्रकार के आयोजन जैसे-सेमिनार, सम्मेलन, प्रदर्शनी, मेले, परीक्षाएँ, प्रतिस्पर्धा इत्यादि द्वारा अपनी योग्यता प्रदर्शित किये जाते हैं। परन्तु यह सब समय लेने वाला है और आम नागरिक के योग्यता को व्यक्त करने का माध्यम नहीं बन पाता। दुनिया बहुत तेज हो चुकी है। ऐसे में किसी विशेष कार्य के लिए कोई भी संस्था/व्यक्ति/योजना संचालक शीघ्रता से अपने कार्य के लिए योग्य व्यक्ति से जुड़ना चाहता है। सीधे व्यक्ति से व्यक्ति के सम्बन्धित होने, परिचय बनाने के कार्य में मनुष्य जीवन इतना छोटा है कि वह एक सीमित दायरे तक ही रह जाता है। व्यापक दायरे तक जाने के लिए व्यक्ति का निराकार रूप विचार-गुण-योग्यता को ही प्रकाशित करना होता है।

शैक्षिक संस्थान अपने शिक्षार्थी की योग्यता को प्रकाशित करने के लिए अनेक कार्यक्रम जैसे- सेमिनार, सम्मेलन, परीक्षाएँ, प्रतिस्पर्धा इत्यादि आयोजित करती रहती है। राष्ट्र निर्माण का व्यापार-पुनर्निर्माण भी अपने विद्यार्थी के गुणों को प्रकाशित करने के लिए डिजिटल सत्य नेटवर्क की सुविधा और आजीवन रायल्टी प्रदान करता है।

भारत एक भाव प्रधान मनोरंजन आधारित देश है इसलिए भारत को एक बाजार की दृष्टि से अन्य देशों द्वारा देखा जाता है। इसका परिणाम यह है कि डिजिटल नेटवर्क के रूप में आये अनेक सोशल नेटवर्किंग वेबसाइट आपको नेटवर्क तो उपलब्ध करातीं हैं परन्तु आपकी योग्यता व निवास क्षेत्रानुसार, आपसे कोई सम्पर्क कर आपकी शक्ति का उपयोग कर सके, ऐसी सुविधा उपलब्ध नहीं कराती। कहा जाता है-"ईश्वर सब देख रहा है" । डिजिटल वेबसाइट आधारित तकनीकी के आ जाने से और उस पर आपकी योग्यता की स्थिति उपलब्ध होने से आपको कौन-कौन कहाँ से देख रहा है ये आप भी नहीं जान सकते। और यदि आप उनके योग्य हुये तो आपसे सम्पर्क कर लेंगे। जिस प्रकार ईश्वर आपकी योग्यतानुसार इस संसार में आपको कार्य सौंपता है। वर्तमान डिजिटल तकनीकी के

युग में स्वयं को प्रकाशित करना आसान हो गया है। स्वयं को प्रकाशित करें और दूसरे के प्रकाश में स्वयं को लायें। इसके लिए राष्ट्र निर्माण का व्यापार-पुनर्निर्माण द्वारा निम्नलिखित नेटवर्क उपलब्ध हैं।

01. डिजिटल ग्राम नेटवर्क (Digital Village Network)
02. डिजिटल नगर वार्ड नेटवर्क (Digital City Ward Network)
03. डिजिटल एन.जी.ओ/ट्रस्ट नेटवर्क (Digital NGO/Trust Network)
04. डिजिटल विश्वमानक मानव नेटवर्क (Digital World Standard Human Network)
05. डिजिटल नेतृत्व नेटवर्क (Digital Leader Network)
06. डिजिटल जर्नलिस्ट नेटवर्क (Digital Journalist Network)
07. डिजिटल शिक्षक नेटवर्क (Digital Teacher Network)
08. डिजिटल शैक्षिक संस्थान नेटवर्क (Digital Educational Institute Network)
09. डिजिटल लेखक-ग्रन्थकार-रचयिता नेटवर्क (Digital Author Network)
10. डिजिटल गायक नेटवर्क (Digital Singer Network)
11. डिजिटल खिलाड़ी नेटवर्क (Digital Sports Man Network)
12. डिजिटल पुस्तक विक्रेता नेटवर्क (Digital Book Saler Network)
13. डिजिटल होटल और आहार गृह नेटवर्क (Digital Hotel & Restaurant Network)

“सत्यकाशी महायोजना”
(वाराणसी-विन्ध्याचल-शिवद्वार-सोनभद्र के बीच का क्षेत्र)

श्रीराम के कारण चित्रकूट पर्यटन व धार्मिक क्षेत्र बना, श्रीकृष्ण के कारण मथुरा, द्वारिका पर्यटन व धार्मिक क्षेत्र बना, भगवान बुद्ध के कारण सारनाथ, कुशीनगर, बोधगया, वैष्णों देवी के कारण कटरा, सांई बाबा के कारण शिरडी पर्यटन व धार्मिक क्षेत्र बना। अनिर्वचनीय कल्कि महाअवतार भोगेश्वर श्री लव कुश सिंह "विश्वमानव" के अवतरण और उनके "विश्वशास्त्र" के कारण सत्यकाशी (वाराणसी-विन्ध्याचल-शिवद्वार-सोनभद्र के बीच का क्षेत्र) स्थापित है। सत्यकाशी क्षेत्र में ही "विश्वशास्त्र" की अधिकतम रचना हुई है और अनिर्वचनीय कल्कि महाअवतार भोगेश्वर श्री लव कुश सिंह "विश्वमानव" के निवास क्षेत्र सहित लीला भूमि क्षेत्र भी यही क्षेत्र है। भगवान बुद्ध के कारण काशी के उत्तर में काशी का प्रसार हुआ, विश्वशास्त्र के कारण काशी के दक्षिण में काशी का प्रसार हो रहा है।

कितना विचित्र संयोग है कि विन्ध्य क्षेत्र से ही भारत का मानक समय निर्धारित होता है और इसी क्षेत्र से युग परिवर्तन की घोषणा हो रही है। यह भी विचित्रता ही है कि व्यासजी द्वारा काशी को शाप देने के कारण विश्वेश्वर ने व्यासजी को काशी से निष्कासित कर दिया था और वे गंगा पार आ गये और गंगा पार सत्यकाशी क्षेत्र से ही उनके बाद “विश्वशास्त्र” रचना हुई है।

हम सभी साधारण जीवन में ऐसा देखते हैं कि जहाँ कहीं भी कोई फैक्ट्री, नगर निर्माण या विस्तार का कार्य प्रारम्भ हो जाता है। वहाँ एक अलग ही दुनियाँ बसने लगती है और एक व्यापक जन समुदाय को अपने जीवन संचालन के लिए मार्ग प्राप्त हो जाता है। जो किसी जाति, सम्प्रदाय या धर्म आधारित नहीं होती। वह सिर्फ व्यक्ति की योग्यता पर आधारित और वह पीढ़ी दर पीढ़ी के लिए होती है।

सार्वभौम सत्य-सिद्धान्त और समाज समर्थित सत्यकाशी योजना जिसका क्षेत्र है- वाराणसी-विन्ध्याचल-शिवद्वार-सोनभद्र के बीच का भगवान विष्णु और भगवान शिव से जुड़ा क्षेत्र। जो धर्मक्षेत्र से व्यापक सार्थक एवं पौराणिक आधारों पर प्रश्न करता है कि- क्यों काशी नरेश होते हुए भी उनका किला काशी शहर में नहीं? क्यों देवकी के आठवें पुत्र कृष्ण के बदले में पुत्री को कंस ने मारना चाहा तो वह विन्ध्य पर्वत पर आ बसीं? क्यों समष्टि (समाज या सार्वजनिक) धर्म के स्थापनार्थ विष्णु के पाँचवे अवतार वामन अवतार ने जब राजा बलि से तीन पग जमीन मांगा तब अवतार ने पहला पग चुनार क्षेत्र में ही रखा जिसके कारण इसका पुराना नाम चरणाद्रिगढ़ था? क्यों ब्रह्मलीन श्री श्री 1008 सत्ययोगानन्द "भुईधरा बाबा" (भगवान रामकृष्ण की अगली कड़ी) ने सदी का सबसे लम्बा (दि0 13.11.97 से 22.06.98 तक) तथा अदृश्य काल का अन्तिम यज्ञ- विष्णु महायज्ञ और ज्ञानयज्ञ चुनार क्षेत्र में ही आयोजित किये? क्यों विश्व का अन्तिम शास्त्र "विश्वशास्त्र" इसी क्षेत्र से व्यक्त हुआ? क्यों विश्वव्यापी धर्म स्थापना (समष्टि धर्म स्थापना) पाँचवे अवतार वामन अवतार के बाद पुनः इस क्षेत्र से प्रारम्भ हो रहा है।

उपरोक्त प्रश्नों का जबाब भी सत्यकाशी योजना के जन्मदाता गण व्यापकता के साथ देते हैं। भौतिकवादी काशी वासीयों से मुक्त-शिवभक्त काशी नरेश की सत्यता के लिए प्रकृतिक चक्र द्वारा इनका किला काशी शहर में नहीं जिससे वे अन्त में अन्तिम काशी-सत्यकाशी के सत्यकाशी नरेश भी कहलायें। चुनार क्षेत्र पाँचवें अवतार वामन के चरणों से एक श्राप द्वारा ग्रसित हो चुका था कि इस क्षेत्र में जन्म लेने वाले व्यक्ति की चाहें जितना भी समष्टि (समाज) धर्म के लिए प्रयत्न क्यों न करें वे व्यष्टि(व्यक्तिगत) धर्म से अधिक न उठ सकेंगे। जब तक की इस क्षेत्र से बाहर जन्म लेकर कोई पुनः समष्टि धर्म स्थापनार्थ नहीं आ जाता। यह सब इसलिए है कि प्राकृतिक चक्र द्वारा विकसित और सन्तुलित क्षेत्र जो वाराणसी-विन्ध्याचल-शिवद्वार-सोनभद्र के बीच स्थित है। बस यहीं है पुराणों में वर्णित सात काशीयों में अन्तिम काशी-सत्यकाशी। यदि काशी (वाराणसी), शिवाकाशी, उत्तरकाशी और दक्षिण काशी (वैदुर्यपत्तन, बरकला, केरल प्रदेश) को मुख्य काशी माना जाय तो सत्यकाशी पंचम काशी है। और दो

काशीयों को और सम्मिलित किया जाता है तो सत्यकाशी सप्तम काशी होगी। इस प्रकार शिव पुराण में वर्णित सात काशीयों में सत्यकाशी पंचम, अन्तिम तथा सप्तम काशी होगी।

इस प्रकार हम देखते है कि आध्यात्मिक, सार्थक, दूरदर्शी, प्रमाणित, पौराणिक, समाज समर्थित काशी की परम्परा का पालन करते हुए सत्यकाशी योजना है। जबकि लक्ष्य एक व्यापक जनसमुदाय को एक नयी दिशा द्वारा संरक्षण, विकास और आजिविका प्रदान करना है। इसलिए उचित स्थान पर इसका निर्माण आवश्यक है। श्री लव कुश सिंह "विश्वमानव" कृत "विश्वशास्त्र" से मुख्यतः सत्यकाशी क्षेत्र के लिए निम्नलिखित विषय व्यक्त हुये हैं जो रियल स्टेट के व्यवसाय को व्यापक रूप से विकसित करता है-

अनिर्वचनीय कल्कि महाअवतार भोगेश्वर श्री लव कुश सिंह "विश्वमानव" के अवतरण से पुनः पूर्वानुसार उनके जीवन से अनेक दिशाओं में नये आविष्कार व व्यापार को दिशा मिली है। जो निम्न प्रकार हैं -श्री लव कुश सिंह "विश्वमानव" कृत "विश्वशास्त्र" से मुख्यतः सत्यकाशी क्षेत्र के लिए निम्नलिखित विषय व्यक्त हुये हैं (पूर्ण विवरण के लिए "विश्वशास्त्र" अध्याय - दो देखें) -

01. चार शंकराचार्य पीठ के उपरान्त 5वाँ और अन्तिम पीठ "सत्यकाशी पीठ"
02. "सत्यकाशी महोत्सव" व "सत्यकाशी गंगा महोत्सव" आयोजन
03. सार्वभौम देवी माँ कल्कि देवी मन्दिर - माँ वैष्णों देवी की साकार रूप
04. भोगेश्वर नाथ - 13वाँ और अन्तिम ज्योतिर्लिंग
05. सत्यकाशी पंचदर्शन
06. ज्ञान आधारित मनु-मनवन्तर मन्दिर
07. ज्ञान आधारित विश्वात्मा मन्दिर
08. विश्वधर्म मन्दिर - धर्म के व्यावहारिक अनुभव का मन्दिर
09. नाग मन्दिर
10. विश्वशास्त्र मन्दिर (Vishwshastra Temple)
11. एक दिव्य नगर - सत्यकाशी नगर
12. होटल शिवलिंगम् - शिवत्व का एहसास
13. इन्द्रलोक - ओपेन एयर थियेटर
14. हस्तिनापुर - महाभारत का लाइट एण्ड साउण्ड प्रोग्राम
15. सत्य-धर्म-ज्ञान केन्द्रः तारामण्डल की भाँति शो द्वारा कम समय में पूर्ण ज्ञान
16. सत्यकाशी आध्यात्म पार्क
17. वंश नगर - मनु से मानव तक के वंश पर आधारित नगर
18. 8वें सांवर्णि मनु - सम्पूर्ण एकता की मूर्ति (Statue of Complete Unity)
19. विस्मृत भारत रत्न स्मारक (Forgotten Bharat Ratna Memorial)
20. विश्वधर्म उपासना स्थल - उपासना और उपासना स्थल के विश्वमानक (WS-00000) पर आधारित
21. सत्यकाशी ब्रह्माण्डीय एकात्म विज्ञान विश्वविद्यालय
(Satyakashi Universal Integration Science University-SUISU)

एक विश्व - श्रेष्ठ विश्व के निर्माण के लिए आवश्यक कार्य

आचार्य रजनीश "ओशो" की वाणी है - "इस देश को कुछ बाते समझनी होगी। एक तो इस देश को यह बात समझनी होगी कि तुम्हारी परेशानियों, तुम्हारी गरीबी, तुम्हारी मुसीबतों, तुम्हारी दीनता के बहुत कुछ कारण तुम्हारे अंध विश्वासों में है, कम से कम डेढ़ हजार साल पिछे घिसट रहा है। ये डेढ़ हजार साल पूरे होने जरूरी है। भारत को खिंचकर आधुनिक बनाना जरूरी है। मेरी उत्सुकता है कि इस देश का सौभाग्य खुले, यह देश भी खुशहाल हो, यह देश भी समृद्ध हो। क्योंकि समृद्ध हो यह देश तो फिर राम की धुन गुंजे, समृद्ध हो यह देश तो फिर लोग गीत गाँये, प्रभु की प्रार्थना करें। समृद्ध हो यह देश तो मंदिर की घंटिया फिर बजे, पूजा के थाल फिर सजे। समृद्ध हो यह देश तो फिर बाँसुरी बजे कृष्ण की, फिर रास रचे!"

भारत को सम्पूर्ण क्रान्ति की जरूरत है। क्रान्ति के प्रति विचार यह है कि- "राजनीतिक, आर्थिक व सामाजिक परिस्थिति में उसकी स्वस्थता के लिए परिवर्तन ही क्रान्ति है, और यह तभी मानी जायेगी जब उसके मूल्यों, मान्यताओं, पद्धतियों और सम्बन्धों की जगह नये मूल्य, मान्यता, पद्धति और सम्बन्ध स्थापित हों। अर्थात क्रान्ति के लिए वर्तमान व्यवस्था की स्वस्थता के लिए नयी व्यवस्था स्थापित करनी होगी। यदि व्यवस्था परिवर्तन के आन्दोलन में विवेक नहीं हो, केवल भावना हो तो वह आन्दोलन हिंसक हो जाता है। हिंसा से कभी व्यवस्था नहीं बदलती, केवल सत्ता पर बैठने वाले लोग बदलते है। हिंसा में विवेक नहीं उन्माद होता है। उन्माद से विद्रोह होता है क्रान्ति नहीं। क्रान्ति में नयी व्यवस्था का दर्शन - शास्त्र होता है अर्थात क्रान्ति का लक्ष्य होता है और उस लक्ष्य के अनुरुप उसे प्राप्त करने की योजना होती है। दर्शन के अभाव में क्रान्ति का कोई लक्ष्य नहीं होता।"

सम्पूर्ण क्रान्ति से हमारा तात्पर्य सभी विषयों के अपने सत्य अर्थो में स्थापना से है। जो आपके शब्दों में "आध्यात्मिक एवं दार्शनिक विरासत के आधार पर एक भारत - श्रेष्ठ भारत" है। लोकतन्त्र से हम राजतन्त्र में नहीं जा सकते इसलिए व्यवस्था परिवर्तन का अर्थ ही निरर्थक है। आवश्यकता है वर्तमान लोकतन्त्र व्यवस्था को ही सत्य आधारित करने की जिसे व्यवस्था सत्यीकरण कहा जा सकता है। इस कार्य में हमें मानकशास्त्र की आवश्यकता है जिससे तोल कर यह देख सके कि इस लोकतन्त्र व्यवस्था में कहाँ सुधार करने से सत्यीकरण हो जायेगा। यह मानकशास्त्र ही "विश्वशास्त्र" है। जो भारत के तेज विकास सहित कायाकल्प का प्रारूप है। तेज विकास वही देश कर सकता है जहाँ के नागरिक अपने देश के प्रति समर्पित हों और कम से कम उनका मस्तिष्क देश स्तर तक व्यापक हो। संकुचित मस्तिष्क को व्यापक करने से ही वह वर्तमान में आ पायेगा। इन सब उद्देश्यों की प्राप्ति के लिए मूल रूप में निम्नलिखित कार्य करने आवश्यक हैं जो आध्यात्मिक एवं दार्शनिक विरासत का सार्वभौम सत्य-सिद्धान्त रूप है-

अ. भारत के विश्व गुरू बनने के लिए -

"सम्पूर्ण मानक" अर्थात विश्वमानक - शून्य श्रंखला की विश्वव्यापी स्थापना।

ब. संविधानानुसार पूर्ण गणराज्यों के संघ के निर्माण के लिए -

पूर्ण गणराज्य के लिए नगर व ग्राम पंचायत को देश के संविधान की भाँति संविधान देकर गणराज्य बनाते हुये उसका सम्बन्ध सीधे केन्द्र से करना व राज्यों को समाप्त करना।

स. गणराज्य के सशक्तता के लिए -

01. नगर व ग्राम पंचायत के लाभ-हानि का ब्यौरा सार्वजनिक करना और उस अनुसार ही पिछड़े क्षेत्र पर विशेष ध्यान देना।

02. नगर व ग्राम पंचायत से ही सीधे प्रतिदिन सभी आकड़े केन्द्र को जिससे जनगणना, पशुगणना या अन्य आकड़ों के लिए विशेष अभियान की जरूरत नहीं। कार्ड, भूमि व नागरिक से सम्बन्धित सभी प्रमाण-पत्र नगर व ग्राम पंचायत से ही।
03. कृषि उत्पाद का भण्डारण ग्राम पंचायत स्तर पर। पंचायत से ही सीधे नागरिक, अन्य पंचायत और भारत सरकार द्वारा खरीददारी एवं भण्डारण।
04. "अतिथि देवो भवः" - नगर व ग्राम पंचायत के द्वारा बाहरी आगन्तुक, खोजकर्ता, आविष्कारक, निराश्रित के लिए "भोजन की गारण्टी" जिसे अन्नक्षेत्र कहते हैं।

द. गणराज्यः एक भारत - श्रेष्ठ भारत के स्थिरता के लिए -

01. नागरिक के मस्तिष्क को आधुनिक, चिन्तनशील, पूर्ण, एकीकृत, समकक्षीकरण व समझ से युक्त करने के लिए "सत्य मानक शिक्षा" से युक्त करना। जिसके लिए राष्ट्रीय लोकतान्त्रिक नागरिक पात्रता परीक्षा (National Democratic Civilian Elegibility Test - NDCET) सरकारी सेवाओं के लिए अनिवार्य करना साथ ही छात्र के लिए अनिवार्य रूप से कभी भी उत्तीर्ण करना आवश्यक तभी उनका शैक्षिक डिग्री मान्य। इस प्रकार शिक्षक पात्रता परीक्षा (Teacher Elegibility Test - TET) अपने आप समाप्त हो जायेगी।
02. भारत के प्रति समर्पित नागरिक निर्माण का पाठ्यक्रम "सत्य मानक शिक्षा" को संविधान का अंग बनाना।
03. एक राष्ट्र - एक पाठ्यक्रम - एक शिक्षा बोर्ड की व्यवस्था क्योंकि शिक्षा का सम्बन्ध राष्ट्र से है न कि राष्ट्र के किसी भाग से।
04. शिक्षा और आवश्यक वस्तु के विपणन क्षेत्र में भारतीय आध्यात्म एवं दर्शन आधारित स्वदेशी विपणन प्रणालीः 3-एफ (3-F: Fuel-Fire-Fuel) अनिवार्य रूप से लागू करना जिससे उनका खर्च ही उन्हें आर्थिक लाभ दे। फलस्वरूप क्रय शक्ति में बढ़ोत्तरी।
05. न्याय क्षेत्र में समय सीमा में बद्ध न्याय और आर्थिक अपराध का दण्ड सर्वोच्च करना।
06. आरक्षण का आधार शारीरिक, आर्थिक व मानसिक करना।
07. नीजी क्षेत्र के विद्यालय और चिकित्सालय के शुल्क को नियंत्रित करना।
08. भूमि विक्रय पंजीकरण, ब्रोकर को दर्ज कराये बिना न करना। ब्रोकर को कानून के दायरे में लाना।
09. एक राष्ट्र - एक बिक्री कर - एक आयकर। सभी कर समाप्त।
10. एक राष्ट्र - एक राष्ट्रीय लोकतान्त्रिक नागरिक संहिता, दण्ड संहिता जो महिला-पुरूष में भेद ना करे।
11. एक राष्ट्र - एक राष्ट्रीय लोकतान्त्रिक धर्म (समष्ठि धर्म) जिसकी सीमा देश स्तर, अन्य प्रचलित धर्म व्यक्तिगत धर्म (व्यष्टि धर्म) जिसकी सीमा परिवार क्षेत्र।
12. एक राष्ट्र - एक नागरिकता संख्या (इण्टिग्रेटेड सर्किट-चिप युक्त आधार कार्ड) - सम्पूर्ण शारीरिक - आर्थिक/संसाधन - मानसिक - क्रियाकलाप - उपलब्धता (नागरिक डाटाबेस), निगरानी अर्थात यात्रा सम्बन्धित टिकट, होटल व थाने से भी जोड़ना।
13. पद पर नियुक्ति के समय न्यूनतम योग्यता को ही अधिकतम योग्यता निर्धारित करना अर्थात जिस पद के लिए जो योग्यता निर्धारित की जाती है, नियुक्ति के समय उम्मीदवार की अधिकतम योग्यता भी वही होनी चाहिए अन्यथा अयोग्य घोषित। नियुक्ति उपरान्त शिक्षा ग्रहण करने की स्वतन्त्रता।
14. भारतीय ऋषि आश्रम पद्धतिनुसार उत्तराधिकार सम्बन्धी अधिनियम जिसमें यह प्राविधान हो कि 25 वर्ष की अवस्था (गृहस्थ आश्रम में प्रवेश) में उसे पैतृक सम्पत्ति अर्थात दादा की सम्पत्ति जिसमें पिता की अर्जित सम्पत्ति शामिल न रहें, पुत्र के अधिकार में हो जाये।

15. भारतीय ऋषि आश्रम पद्धतिनुसार सरकारी सेवा का सेवानिवृत्ति की उम्र 50 वर्ष (गृहस्थ आश्रम), फिर 25 वर्ष सम्बन्धित विभाग का मार्गदर्शक मण्डल (वानप्रस्थ आश्रम) में 50 प्रतिशत उपस्थिति अनिवार्य और 50 प्रतिशत वेतन, फिर जीवनपर्यन्त पेंशन और अन्य सुविधाएँ (सन्यास आश्रम)।
16. बढ़ती जनसंख्या और चुनाव एक बहुत बड़ी समस्या है। एक नागरिकता संख्या (इण्टिग्रेटेड सर्किट-चिप युक्त आधार कार्ड) से मतदाता सूची का बार-बार बनाना, चुनाव खर्च में अप्रत्याशित रूप से कमी, मतदान प्रतिशत में अत्यधिक बढ़ोत्तरी, 100 प्रतिशत सत्य मतदाता इत्यादि को मात्र एक साफ्टवेयर से नियंत्रित किया जा सकता है।

"नया भारत (NEW INDIA)", केवल आर्थिक विकास से नहीं बनाया जा सकता, उसके लिए राष्ट्रीय बौद्धिक विकास भी चाहिए। **पं0 दीन दयाल उपाध्याय की ये वाणी विचारणीय है - "पूंजीवादी साहस और पूंजी को महत्व देते है तो कम्युनिस्ट श्रम को। पूंजीवादी स्वयं के लिए अधिक हिस्सा माँगते है और कम्युनिस्ट अपने लिए। यह नारा अनुचित, अन्यायपूर्ण और समाजघाती है। धन का अभाव मनुष्य को निष्करूण और क्रूर बना देता है। तो धन का प्रभाव उसे शोषक सामाजिक दायित्व निरपेक्ष, दम्भी और दमनकारी। मनुष्य पशु नहीं है केवल पेट भर जाने से वह सुखी और संतुष्ट हो जायेगा। उसकी जीवन यात्रा "पेट" से आगे "परमात्मा" तक जाती है। उसके मन उसकी बुद्धि और उसकी आत्मा का भी कुछ तकाजा है। इस तकाजे को ध्यान में रखे बिना बनाई गई प्रत्येक व्यवस्था अल्पकालिक ही नही घातक भी होगी।"**

भारत को विश्व गुरू बनाना व अच्छे दिन लाना, यह फल है जिसका जड़ व्यक्ति के मस्तिष्क और गाँव में है। जड़ को मजबूत करने से भारत नामक वृक्ष से अपने आप फल निकलने लगेंगे। पुनर्निर्माण व्यक्ति के मस्तिष्क को मजबूत करने का ही कार्यक्रम है। शेष व्यक्ति व शासन मिलकर पूरा कर लेगें इसका हमें विश्वास है।

एकात्मकर्मवाद और विश्व का भविष्य

पिछले वर्षों में भारत के लोकसभा चुनाव में विश्व के सबसे बड़े लोकतन्त्र के मतदाताओं ने ऐसी स्थिति उत्पन्न कर दी जिससे फलस्वरूप स्पष्ट जनादेश किसी भी राजनीतिक दल को प्राप्त न हो सका। राजनीतिक अस्थिारता को दूर करने के लिए कई दलों ने मिलकर सरकार का गठन किया जिससे एक नई संस्कृति की शुरूआत हुई थी और कार्यप्रणाली "न्यूनतम साझा कार्यक्रम" पर आधारित हुई थी। यह न्यूनतम साझा कार्यक्रम वही कार्यक्रम था। जो सरकार बनाने वाले दलों और समर्थन करने वाले दलों के कार्यक्रम में सामान्य था। यह न्यूनतम साझा कार्यक्रम एकात्मकर्मवाद का क्रम संकुचित अर्थात् सूक्ष्म बीज था। न्यूनतम साझा कार्यक्रम जब सम्पूर्ण मानव समाज अर्थात् विश्व स्तर तक उठकर आविष्कृत किया जा तो वह उसी एकात्मकर्मवाद के क्रम संकुचित बीज का विकसित अर्थात् सर्वोच्च स्तर होगा और वह "विश्व व्यवस्था का न्यूनतम एवम अधिकतम साझा कार्यक्रम कहलाएगा।"

जब तक व्यक्ति अपने मन को एकात्मवाद के सर्वोच्च स्तर पर केन्द्रित कर उसे सत्यार्थ करने का प्रयत्न किया तब-तब वह व्यक्ति महापुरूष के रूप में व्यक्त हुए। जबकि औषधि आधारित अर्थववेद में इस एकात्मवाद की उपयोगिता का ज्ञान पहले से ही विद्यमान है। जिसके सम्बन्ध में स्वामी विवेकानन्द जी कहते हैं- "अत: यदि भारत को महान बनाना है, तो इसके लिए आवश्यकता है संगठन की, शक्ति संग्रह की और बिखरी हुई इच्छाशक्ति को एकत्र कर उसमें समन्वय लाने की। अथर्ववेद संहिता की एक विलक्षण ऋचा याद आ गयी जिसमें कहा गया है, "तुम सब लोग एक मन हो जाओ, सब लोग एक ही विचार के बन जाओ। एक मन हो जाना ही समाज गठन का रहस्य है बस इच्छाशक्ति का संचय और उनका समन्वय कर उन्हें एकमुखी करना ही सारा रहस्य है।" (देखें "नया भारत गढ़ो" पृष्ठ संख्या-55) एकात्म भाव के सम्बन्ध में स्वामी जी कहते हैं-"यह भी न भूलना चाहिए कि हमारे बाद जो लोग आएंगे, वे उसी तरह हमारे धर्म और ईश्वर सम्बन्धी धारणा पर हँसेंगे, जिस तरह हम प्राचीन लोगों के धर्म और ईश्वर की धारणा पर हँसते हैं। यह सब होने पर भी, इन सब ईश्वर सम्बन्धित धारणाओं का संयोग करने वाला एक स्वर्ण सूत्र है और वेदान्त का उद्देश्य है-इस सूत्र की खोज करना। भागवान कृष्ण ने कहा है-""भिन्न भिन्न मणियाँ जिस प्रकार एक सूत्र में पिरोयी जा सकती हैं, उसी प्रकार इन सब विभिन्न भावों के भीतर भी एक सूत्र विद्यमान है।" (देखें "ज्ञानयोग", पृष्ठ संख्या-65) और स्वर्ण सूत्र के सम्बन्ध में स्वामी जी कहते हैं-"एक शब्द में वेदान्त का आदर्श है-मनुष्य के सच्चे स्वरूप को जानना।" (देखें "विवेकानन्द राष्ट्र को आह्वान", पृष्ठ सं0-48)। पं0 दीनदयाल उपाध्याय जी की अनुभूति भी एकात्मभाव के सर्वोच्च स्तर पर केन्द्रित थी जिसे "एकात्म मानवतावाद" के रूप में जाना जाता है।

विश्व शान्ति, एकता एवम् विकास के लिए गठित अन्तर्राष्ट्रीय संघ-संयुक्त राष्ट्र संघ के द्वारा धीरे-धीरे स्वास्थ्य, व्यापार, संचार, पर्यावरण इत्यादि को अन्तर्राष्ट्रीय स्तर पर विचार कर उसे स्थापित किया जा रहा है। जो वर्तमान समय में मनुष्य के भविष्य की आवश्यकता है। क्योंकि बढ़ते जनसंख्या के कारण प्रतयेक व्यक्ति के क्रियाकलाप का प्रभाव किसी न किसी रूप में विश्व व्यवस्था पर भी पड़ रहा है। परिणामस्वरूप यह आवश्यक हो गया है कि आने वाली सदी और उसके उपरान्त के समय के लिए "विश्व व्यवस्था का न्यूनतम एवम् अधिकतम साझा कार्यक्रम" का आविष्कार एवम् स्थापना हो। तभी मानव समाज स्वंय को लगातार विकास की ओर अग्रसर करता रह सकता है।

वर्तमान समय में भारत अपने शारीरिक स्वतन्त्रता और संविधान के पचासवें वर्ष को मना चुका है। जिसके सम्बन्ध में उस वर्ष संसद में "पचास वर्ष की उपलब्धियां एवम् आवश्यकता" पर संसद सदस्यों द्वारा विचार प्रस्तुत किये गये। हमारे सामने यह प्रश्न है कि स्वस्थ समाज और स्वस्थ लोकतन्त्र की प्राप्ति किस प्रकार हो? यह तभी सम्भव हो पाएगा, जब "विश्व व्यवस्था का न्यूनतम एवम् अधिकतम साझा कार्यक्रम को आविष्कृत कर उसे विश्व शिक्षा के रूप में स्थापित किया जाय, जिससे प्रत्येक व्यक्ति ही विश्व हो जाय।" शिक्षा के सम्बन्ध में स्वामी विवेकानन्द जी का कहना था कि "शिक्षा का मतलब यह नहीं है कि तुम्हारे दिमाग में ऐसी बहुत सी बातें इस तरह

ठूँस दी जाय जो आपस में लड़ने लगे और तुम्हारा दिमाग उन्हें जीवन भर में हजम न कर सके। जिस शिक्षा से हम अपना जीवन निर्माण कर सकें, मनुष्य बन सकें, चरित्र गठन कर सकें और विचारों का सामन्जस्य कर सकें, वही वास्तव में शिक्षा कहलाने योग्य है। यदि तुम पांच ही भावों को हजम कर तदनुसार जीवन और चरित्र गठन कर सके हो तो तुम्हारी शिक्षा उस आदमी की अपेक्षा वहुत अधिक है, जिसने एक पूरी की पूरी लाइब्रेरी ही कण्ठस्थ कर ली है।" (देखें "भारत में विवेकानन्द", पृष्ठ सं0-252)।

भूमण्डलीकरण या अन्तर्राष्ट्रीयकरण के युग में पिछले वर्षों गेट समझौता (विश्व व्यापार संगठन) द्वारा बाजार का भी अन्तर्राष्ट्रीयकरण किया गया। जिसके परिणामस्वरूप देश के मानक (भारतीय मानक ब्यूरो) से उठकर विश्व मानक (अन्तर्राष्ट्रीय मानकीकरण संगठन) में मानव द्वारा निर्मित उत्पादों का मानकीकरण होने लगा। इस प्रकार औद्योगिक इकाइयों को वाह्य विषयों के निर्माण की गुणवत्ता का आई0 एस0 ओ0-9000 श्रृंखला तेजी से प्रदान की जाने लगी। इस श्रृंखला की तेजी से सफलता एवं उत्पादों के उपयोग की मानसिकता तभी तक बनीं रह सकती है। जब समाज, संगठन एवं मानव द्वारा निर्माण किये जा रहे मानव मन की गुणवत्ता की श्रृंखला आई0 एस0 ओ0-शून्य श्रृंखला को स्थापित किया जाय अर्थात् अन्त-विषय मानव मन में स्थापित किया जाय। यह मन की गुणवत्ता का मानक या विश्वमन या आई0 एस0 ओ0-शून्य श्रृंखला ही "विश्व व्यवस्था का न्यूनतम एवं अधिकतम साझा कार्यक्रम" होगा।

प्रश्न यह है कि सेक्युलर अर्थात् धर्म निरपेक्ष या सर्वधर्मसमभाव भारतीय संविधान के समर्थन में "अथर्ववेद का एकमन","कृष्ण का एक सूत्र","वेदान्त का उद्देश्य-स्वर्ण सूत्र","स्वामी विवेकानन्द का एक शब्द एवं पाँच भाव" एवं "पं0 दीनदयाल उपाध्याय का एकात्म मानवतावाद" को किस प्रकार अविष्कृत एवं सत्यार्थ किया जाये क्योंकि ये सभी धर्मयुक्त नाम हैं। अर्थात् भारतीय संविधान के अनुसार अयोग्य है। अर्थात् इस अविष्कार का प्रत्येक नाम धर्मनिरपेक्ष एवं सर्वधर्मसमभाव नाम युक्त होना चाहिए।

लव कुश सिंह "विश्वमानव" द्वारा इस सम्बन्ध में अधिक स्पष्ट कहा गया है-"यदि तुम समग्र जगत के ज्ञान से पूर्ण होना चाहते हो तो पाँच भाव-विचार एवं साहित्य, विषय एवं विशेषज्ञ, ब्रह्माण्ड (स्थूल एवं सूक्ष्म) के प्रबन्ध और क्रियाकलाप, मानव (स्थूल एवं सूक्ष्म) के प्रबन्ध और क्रियाकलाप तथा उपासना स्थल का सामंजस्य कर एक मुखी कर लो। यही समग्र जगत का ज्ञान है, भविष्य है, रहस्य है, पूर्ण ज्ञान है, समाज गठन है, पुस्तकालय के ज्ञान से सर्वोच्च है।" विचार के सम्बन्ध में कहा गया है- "यह अद्वैत (एकत्व) ही धर्मनिरपेक्ष है, सर्वधर्मसमभाव है। वेदान्त तथा मानव का सर्वोच्च दर्शन है। जहाँ से मानव विशिष्टाद्वैत, द्वैत एवं वर्तमान में मतवाद के मानसिक गुलामी में गिरा है परन्तु मानव पुन: इसी के उल्टे क्रम से उठकर अद्वैत में स्थापित हो जायेगा। तब वह धर्म में स्थापित एवं विश्वमन से युक्त होकर पूर्ण मानव अर्थात् ईश्वरस्थ मानव को उत्पन्न करेगा।" साहित्य के सम्बन्ध में कहा गया है कि-"मानव एवं प्रकृति के प्रति निष्पक्ष, संतुलित एवं कल्याणार्थ कर्म ज्ञान के साहित्य से बढ़कर आम आदमी से जुड़ा साहित्य कभी भी आविष्कृत नहीं किया जा सकता। यही एक विषय है जिससे एकता, पूर्णता एवं रचनात्मकता एकात्म भाव से लाई जा सकती है। संस्कृति से राज्य नहीं चलता कर्मज्ञान से राज्य चलता है। संस्कृति तभी तक स्वस्थ बनी रहती है जब तक पेट में अन्न हो, व्यवस्थाएं सत्य-सिद्धान्त युक्त हों, दृष्टि पूर्ण मानव निर्माण पर केन्द्रित हो। संस्कृति कभी एकात्म नहीं हो सकती लेकिन रचनात्मक दृष्टिकोण एकात्म होता है जो कालानुसार कर्मज्ञान और कर्म है। अदृश्य काल में अनेकात्म तथा दृश्य काल में एकात्म कर्म ज्ञान अर्थात् एकात्म रचनात्मक दृष्टिकोण होता है यही कर्म आधारित भारतीय संस्कृति है जो प्रारम्भ में भी था और अन्त में पुन-स्पष्ट हो रहा है यही सभी संस्कृतियों का मूल भी है।" काल के सम्बन्ध में कहा गया है- "जब व्यष्टिमन की शान्ति अन्त: विषयों जो सिर्फ अदृश्य विषय मन द्वारा ही प्रमाणित होता है, पर केन्द्रित होती है तो उसे व्यष्टि अदृश्य काल कहते हैं तथा जब व्यष्टि मन की शान्ति दृश्य विषयों अर्थात् वाह्य विषयों, जो सार्वजनिक रुप से प्रमाणित है पर केन्द्रित होता है तो उसे व्यष्टि दृश्यकाल कहते हैं इसी प्रकार सम्पूर्ण समाज का मन जब अदृश्य विषयों पर केन्द्रित होती है तो उसे समष्टि अदृश्य काल कहते हैं तथा जब सम्पूर्ण समाज का मन जब दृश्य विषयों पर केन्द्रित होता है तो उसे समष्टि दृष्यकाल कहते हैं" कर्म ज्ञान के सम्बन्ध में कहा गया है कि-"व्यक्ति जब सम्पूर्ण समष्टि अदृश्य काल में हो तो उसे अदृश्य कर्मज्ञान के अनुसार तथा

जब सम्पूर्ण समष्टि दृश्य काल में हो तो उसे दृश्य कर्मज्ञान के अनुसार कर्म करने चाहिए तभी वह ब्रह्माण्डीय विकास के लिए धर्मयुक्त या एकता बद्ध होकर कार्य करेगा।" स्वर्ण सूत्र के सम्बन्ध में कहा गया है कि-"मानक अर्थात् आत्मा अर्थात् सत्य-धर्म-ज्ञान स्थिर रहता है लेकिन मन को इस ओर लाने वाले सूत्र भिन्न-भिन्न होंगे क्योंकि जो उत्पन्न है वह स्थिर नहीं है। अदृश्य काल में यह सूत्र अनेक होंगे लेकिन दृश्य काल के लिए हमेशा एक ही होगा क्योंकि वह सार्वजनिक प्रमाणित होगा।" स्वर्ण सूत्र के गुण के सम्बन्ध में कहा गया है कि- "अत: यदि भारत को महान बनना है, विश्वगुरु बनाना है, भारतीय संविधान को विश्व संविधान में परिवर्तित करना है तो एकात्मकर्मवाद पर आधारित दृश्य काल के लिए एक शब्द चाहिए जो परिचित हो, केवल उसकी शक्ति का परिचय कराना मात्र हो, स्वभाव से हो, स्थिर हो, समष्टि हो, दृश्य हो, सम्पूर्ण हो, विवादमुक्त हो, विश्वभाषा में हो, आध्यात्मिक एवं भौतिक कारण युक्त हो, सभी विश्वमन के तन्त्रों, व्यक्ति से संयुक्त राष्ट्र संघ के सच्चे स्वरुप एवं विश्व के न्यूनतम एवं अधिकतम साझा कार्यक्रम को प्रक्षेपित करने में सक्षम हो, मानव एवं प्रकृति के विकास में एक कड़ी के रुप में निर्माण के लिए सक्षम हो, मानव एवं प्रकृति के विकास के कल्याणार्थ, निष्पक्ष, सर्वोच्च दृश्य ज्ञान व दृश्य कर्म ज्ञान का संगम हो अदृश्य काल के विकास के सात चक्रों (पाँच अदृश्य कर्म चक्र एवं दो अदृश्य ज्ञान कर्म चक्र जो सभी सम्प्रदायों और धर्मों का मूल है) को दृश्य काल के सात चक्रों (पाँच दृश्य कर्म चक्र, एक दृश्य ज्ञान कर्म चक्र और एक अदृश्य ज्ञान कर्म चक्र) को प्रक्षेपित करने में सक्षम हो, को स्थापित करना पड़ेगा। यह भारत सहित नव विश्व निर्माण का सूत्र है, अन्तिम रास्ता है और उसका प्रस्तुतीकरण प्रथम प्रस्तुतीकरण होगा।" जिसके सम्बन्ध में स्वामी विवेकानन्द जी ने कहा था कि "हिन्दू भावों को अंग्रेजी में व्यक्त करना, फिर शुष्क दर्शन, जटिल पौराणिक कथाएँ और अनूठे आश्चर्यजनक मनोविज्ञान से ऐसे धर्म का निर्माण करना, जो सरल, सहज और लोकप्रिय हो और उसके साथ ही उन्नत मस्तिष्क वालों को संतुष्ट कर सके, इस कार्य की कठिनाइयों को वे ही समझ सकते हैं, जिन्होंने इसके लिए प्रयत्न किया हो। अद्वैत के गुढ़ सिद्धान्त में नित्य प्रति के जीवन के लिए कविता का रस और जीवनदायिनी शक्ति उत्पन्न करनी है। अत्यन्त उलझी हुई पौराणिक कथाओं में से जीवन प्रकृत चरित्रों के उदाहरण समूह निकालने हैं और बुद्धि को भ्रम में डालने वाली योगविद्या से अत्यन्त वैज्ञानिक और क्रियात्मक मनोविज्ञान का विकास करना है और इन सब को एक ऐसे रुप में लाना पड़ेगा कि बच्चा-बच्चा इसे समझ सके। (पत्रावली, पृष्ठ-425)"। वर्तमान समय में विवादास्पद शब्द "सेक्युलर" को स्पष्ट करते हुए लव कुश सिंह "विश्वमानव" द्वारा कहा गया है कि-"जब सभी सम्प्रदायों को धर्म मानकर हम एकत्व की खोज करते हैं तब दो भाव उत्पन्न होते हैं। पहला-यह कि सभी धर्मों को समान दृष्टि से देखें तब उस एकत्व का नाम सर्वधर्मसमभाव होता है। दूसरा-यह कि सभी धर्मों को छोड़कर उस एकत्व को देखें तब उसका नाम धर्मनिरपेक्ष होता है। जब सभी सम्प्रदायों को सम्प्रदाय की दृष्टि से देखते हैं तब एक ही भाव उत्पन्न होता है और उस एकत्व का नाम धर्म होता है। इन सभी भावों में हम सभी उस एकत्व के ही विभिन्न नामों के कारण विवाद करते हैं अर्थात् सर्वधर्मसमभाव, धर्मनिरपेक्ष एवं धर्म विभिन्न मार्गों से भिन्न-भिन्न नाम के द्वारा उसी एकत्व की अभिव्यक्ति है। दूसरे रुप में हम सभी सामान्य अवस्था में दो विषयों पर नहीं सोचते, पहला-वह जिसे हम जानते नहीं, दूसरा-वह जिसे हम पूर्ण रुप से जान जाते हैं। यदि हम नहीं जानते तो उसे धर्मनिरपेक्ष या सर्वधर्मसमभाव कहते हैं जब जान जाते हैं तो धर्म कहते हैं। इस प्रकार आई0 एस0 ओ0-शून्य श्रृंखला उसी एकत्व का धर्मनिरपेक्ष एवं सर्वधर्मसमभाव नाम तथा कर्मवेद-प्रथम, अन्तिम तथा पंचमवेदीय श्रृंखला उसी एकत्व का धर्मयुक्त नाम है तथा इन समस्त कार्यों को सम्पादित करने के लिए जिस शरीर का प्रयोग किया जा रहा है उसका धर्मयुक्त नाम-लव कुश सिंह है तथा धर्मनिरपेक्ष एवं सर्वधर्मसमभाव सहित मन स्तर का नाम विश्वमानव है जब कि मैं (आत्मा) इन सभी नामों से मुक्त है।"

विचार प्रसार एवं विचार स्थापना के लिए कहा गया है कि-"विचार प्रसार एवं विचार स्थापना में एक मुख्य अन्तर है। विचार प्रसार, विचाराधीन होता है। वह सत्य हो भी सकता है और नहीं भी हो सकता परन्तु विचार स्थापना सत्य होता है। विचार स्थापना में नीति प्रयोग की जाती है जिससे उसका प्रभाव सत्य के पक्ष में बढ़ता रहता है और यह विचार स्थापक एवं समाज पर निर्भर करता है जबकि विचार प्रसार में किसी नीति का प्रयोग नहीं होता है जिससे उसका प्रभाव पक्ष पर एवं विपक्ष दोनों ओर हो सकता है और वह सिर्फ समाज के उपर निर्भर करता है।"

इस प्रकार एकात्मकर्मवाद सत्य अर्थों में प्राच्य एवं पाश्चात्य, समाज एवं राज्य, धर्म, धर्मनिरपेक्ष एवं सर्वधर्मसमभाव की एकता के साथ स्वस्थ लोकतन्त्र, स्वस्थ समाज, स्वस्थ उद्योग, नैतिक उत्थान, विश्व व्यवस्था, विश्वएकता, विश्व शान्ति, विश्व विकास, विश्व के भविष्य और उसके नवनिर्माण का प्रथम माडल है जो वर्तमान समाज की आवश्यकता ही नहीं अन्तिम मार्ग है।

विश्व का मूल मन्त्र-
“जय जवान-जय किसान-जय विज्ञान-जय ज्ञान-जय कर्मज्ञान“

प्रगतिशील मानव समाज में मानव का विकास जैसे-जैसे होता गया उसके परिणामस्वरूप विभिन्न सामाजिक-असामाजिक विषय क्षेत्रों का भी विकास होता गया। समाज में प्रत्येक विषय क्षेत्रों की एक महत्वपूर्ण भूमिका है। जिसमें किसी भी क्षेत्र को पूर्ण रूप में महत्वहीन नहीं कह सकते न ही पूर्ण रूप से महत्वपूर्ण कह सकते है। क्योंकि क्षेत्र कोई भी हो मानव की अपनी दृष्टि ही उसके उपयोग और दुरूपयोग से उस क्षेत्र को महत्वहीन, महत्वपूर्ण या सामाजिक-असामाजिक रूप में निर्धारण करती है। इसलिए मानव की दृष्टि जब तक विषय क्षेत्र के गुण, अर्थ, उपयोगिता और दुरूपयोगिता के ज्ञान पर केन्द्रीत नहीं होगी तब तक किसी भी क्षेत्र को निश्चित रूप से पूर्ण-महत्वपूर्ण निर्धारण कर पाना असम्भव है। यहाँ यह कहा जा रहा है कि वाह्य विषय क्षेत्र चाहे कोई भी हो वह मूलतः मानव द्वारा ही संचालित, आविष्कृत, नियमित और स्थापित की जाती है। इसलिए मानव का ज्ञान और कर्मज्ञान ही प्रत्येक विषय क्षेत्र की उपयोगिता और दुरूपयोगिता का निर्धारण करता है।

प्रत्येक विषय का विकास सतत होता रहता है। आज हम जो कुछ भी उत्पाद व्यावहार में देखते है वह और यहाँ तक कि मानव का निर्माण भी एक लम्बे प्रक्रिया, सुधार, परीक्षण, रखरखाव इत्यादि का ही परिणाम है। सतत विकास के परिणामस्वरूप ही वह अपनी पूर्णता और अन्तिम स्वरूप को प्राप्त होता है। भारत के विकास का मूल मन्त्र भी विकास की प्रक्रिया को पार करते हुऐ अपने पूर्ण और अन्तिम स्वरूप में व्यक्त हो चुका है। भारत के पूर्ण मूलमन्त्र के स्वरूप का बीज भूतपूर्व प्रधानमन्त्री स्व0 लाल बहादुर शास्त्री ने “जय जवान-जय किसान“ का नारा देकर किये। यह बीज समयानुसार भारत की मूल आवश्यकता थी, जो आज भी है और आगे भी रहेगी। यहाँ से भारत के मूलमन्त्र के स्वरूप का विकास प्रारम्भ होता है। मई 1998 में परमाणु बम परीक्षण के उपरान्त प्रधानमंन्त्री श्री अटल बिहारी बाजपेयी ने इस मूलमंन्त्र के स्वरूप के विकास क्रम में “जय विज्ञान“ जोड़कर मूलमन्त्र के स्वरूप को “जय जवान-जय किसान-जय विज्ञान“ के रूप में प्रस्तुत किये। जो समयानुसार आज की आवश्यकता है। जो आगे भी रहेगी।

“जय जवान-जय किसान-जय विज्ञान“ तक ही भारत के मूलमन्त्र का पूर्ण विकसित अर्थात् अन्तिम स्वरूप नहीं है क्योंकि जवान-किसान-विज्ञान तीनों स्थान पर मानव ही बैठा है इसलिए मूलमन्त्र के स्वरूप में जब तक मानव के निर्माण का सूत्र नहीं होगा तब तक मूलमन्त्र का स्वरूप भी पूर्ण नहीं हो सकता। इसी कमी को पूर्ण कर पूर्णता प्रदान करने के लिए “विश्व-बन्धुत्व“,“वसुधैव-कुटुम्बकम्“, “बहुजन हिताय-बहुजन सुखाय“,“एकात्म मानवतावाद“ की स्थापना के लिए एकात्मकर्मवाद आधारित सार्वभौम सत्य-सिद्धान्त (धर्मयुक्त नाम-कर्मवेद-प्रथम, अन्तिम तथा पंचमवेदीय श्रृंखला अर्थात् धर्मनिरपेक्ष-सर्वधर्मसम्भाव नाम-विश्वमानक-शून्य श्रृंखला-मन की गुणवता का विश्व मानक) का आविष्कार कर “जय ज्ञान-जय कर्मज्ञान“ को जोड़कर भारत के मूलमन्त्र को पूर्ण और अन्तिम स्वरूप-“जय जवान-जय किसान-जय विज्ञान-जय ज्ञान-जय कर्मज्ञान“ को व्यक्त किया गया है। जो समयानुसार आज की आवश्यकता है जो आगे भी रहेगी। चूँकि भारत का सर्वोच्च और अन्तिम व्यापक रूप ही विश्व है। अर्थात् भारत ही विश्व है और विश्व ही भारत है। इसलिए यह मूलमन्त्र भारत का ही नहीं सम्पूर्ण विश्व का अन्तिम मूलमन्त्र है।

"ज्ञान" जिससे हम अपने विचारों को एकता-समभाव-बन्धुत्व-धैर्य रूप में प्रस्तुत करने में सक्षम होते हैं। जैसा कि मई 1998 में भारत ने परमाणु बम परीक्षण के उपरान्त उठे विश्वव्यापी विवाद को समाप्त करने के लिए "ज्ञान" का प्रयोग कर अपने विचारों की समभाव रूप में विश्व में समक्ष रखने में सफल हुआ। "कर्मज्ञान" जिससे हम समभाव में स्थित हो कर्म करते है। अर्थात् ईश्वरत्व भाव से उपलब्ध संसाधनों पर आधारित हो कर्म करते हैं। "ज्ञान" से हम सिर्फ एकता-समभाव-बन्धुत्व-धैर्य की भाषा बोल सकते हैं जबकि "कर्मज्ञान" से कार्य करते हुए एकता-समभाव-बन्धुत्व-धैर्य की भाषा बोल सकते है। "ज्ञान" यथावत् स्थिति बनाये रखते हुए शान्ति का प्रतीक है। तो "कर्मज्ञान" विकास करते हुये शान्ति बनाये रखने का प्रतीक है। ज्ञानावस्था में कर्म प्राकृतिक चेतना अर्थात् शुद्धरूप से वर्तमान स्थिति में प्राथमिकता से कर्म करना, के अन्तर्गत होता है जबकि कर्मज्ञानावस्था में कर्म प्राकृतिक चेतना समाहित सत्य चेतना अर्थात् भूतकाल का अनुभव, भविष्य की आवश्यकता के साथ प्राथमिकता के साथ वर्तमान में कार्य करना, के अन्तर्गत होता है। वर्तमान और भविष्य की आवश्यकताओं को देखते हुऐ मात्र "ज्ञान" से ही अब विकास सम्भव नहीं है। क्योंकि यह अवस्था "नीतिविहीन" अवस्था है। अब "नीतियुक्त" अवस्था कर्मज्ञानावस्था की आवश्यकता है। जिसके अभाव के कारण ही संसाधनों के होते हुये भी बेरोजगारी, अपराधों का विकास, विखण्डन इत्यादि विनाशक स्थिति उत्पन्न हो रही है। इस कर्मज्ञान का आविष्कार सम्पूर्ण विश्व के मानवजाति के लिए महानतम उपलब्धि हैं।

विश्वव्यापी स्थापना का स्पष्ट मार्ग

मन (मानव संसाधन) के विश्व मानक (WS)-0 श्रृंखला के विश्वव्यापी स्थापना के निम्नलिखित शासनिक प्रक्रिया द्वारा स्पष्ट मार्ग है।

01. **जनता व जन संगठन द्वारा-** जनता व जन संगठन द्वारा जनहित के लिए सर्वोच्च न्यायालय में यह याचिका दायर की जा सकती है कि सभी प्रकार के संगठन जैसे-राजनीतिक दल, औद्योगिक समूह, शिक्षण समूह जनता को यह बतायें कि वह किस प्रकार के मन का निर्माण कर रहा है तथा उसका मानक क्या है?

02. **भारत सरकार द्वारा-** भारत सरकार इस श्रृंखला को स्थापित करने के लिए संसद में प्रस्ताव प्रस्तुत कर अपने संस्थान भारतीय मानक ब्यूरो (BIS) के माध्यम से समकक्ष श्रृंखला स्थापित कर विश्वव्यापी स्थापना के लिए अन्तर्राष्ट्रीय मानकीकरण संगठन (ISO) के समक्ष प्रस्तुत कर सकता है। साथ ही संयुक्त राष्ट्र संघ (UNO) में भी प्रस्तुत कर संयुक्त राष्ट्र संघ (UNO) के पुर्नगठन व पूर्ण लोकतंत्र की प्राप्ति के लिए मार्ग दिखा सकता है। संयुक्त राष्ट्र संघ (UNO) के सन् 2046 ई0 में 100 वर्ष पूरे होने पर विश्व सरकार के गठन व विश्व संविधान के निर्माण का यही WS-0 श्रृंखला आधार सिद्धान्त है जो भारत अभी ही खोजा जा चुका है।

03. **राजनीतिक दल द्वारा-** भारत का कोई एक राष्ट्रीय राजनीतिक दल जिसकी राजनैतिक इच्छाशक्ति हो, वह विश्व राजनीतिक पार्टी संघ (WPPO) का गठन कर प्रत्येक देश से एक राजनीतिक दल को संघ में साथ लेते हुये संयुक्त राष्ट्र संघ पर स्थापना के लिए दबाव बना सकता है।

04. **सयुंक्त राष्ट्र संघ (UNO) द्वारा-** संयुक्त राष्ट्र संघ सीधे इस मानक श्रृंखला को स्थापना के लिए अपने सदस्य देशों के महासभा के समक्ष प्रस्तुत कर अन्तर्राष्ट्रीय मानकीकरण संगठन (ISO) व विश्व व्यापार संगठन के माध्यम से सभी देशों में स्थापित करने के लिए उसी प्रकार बाध्य कर सकता है, जिस प्रकार ISO-9000 व ISO-14000 श्रृंखला का विश्वव्यापी स्थापना हो रहा है। विश्व व्यापार संगठन के ऊपर मन (मानव संसाधन) के विश्व मानक WS-0 श्रृंखला की स्थापना से भारत दबाव बना सकता है।

05. **अन्तर्राष्ट्रीय मानकीकरण संगठन (ISO) द्वारा-** अन्तर्राष्ट्रीय मानकीकरण संगठन सीधे इस श्रृंखला को स्थापित कर सभी देशों के लिए संयुक्त राष्ट्र संघ व विश्व व्यापार संगठन के माध्यम से सभी देशों में स्थापित करने के लिए उसी प्रकार बाध्य कर सकता है, जिस प्रकार ISO-9000 व ISO-14000 श्रृंखला का विश्वव्यापी स्थापना हो रहा है।

मानव एवम् संयुक्त मानव (संगठन, संस्था, ससंद, सरकार इत्यादि) द्वारा उत्पादित उत्पादों को धीरे-धीरे वैश्विक स्तर पर मानकीकरण हो रहा है। ऐसे में संयुक्त राष्ट्र संघ को प्रबन्ध और क्रियाकलाप का वैश्विक स्तर पर मानकीकरण करना चाहिए। जिस प्रकार औद्योगिक क्षेत्र अन्तर्राष्ट्रीय मानकीकरण संगठन (International Standardization Organisation-ISO) द्वारा संयुक्त मन (उद्योग, संस्थान, उत्पाद इत्यादि) को उत्पाद, संस्था, पर्यावरण की गुणवत्ता के लिए ISO जैसे- ISO-9000, ISO-14000 श्रृंखला इत्यादि प्रदान किये जाते हैं उसी प्रकार संयुक्त राष्ट्र संघ को नये अभिकरण विश्व मानकीकरण संगठन (World Standardization Organisation-WSO) बनाकर या अन्तर्राष्ट्रीय मानकीकरण संगठन को अपने अधीन लेकर ISO-0/WSO-0 का प्रमाण पत्र योग्य व्यक्ति और संस्था को देना चाहिए जो गुणवत्ता मानक के अनुरूप हों। भारत को यही कार्य भारतीय मानक ब्यूरो (Bureau of Indiand Standard-BIS) के द्वारा ISO-0 श्रृंखला द्वारा करना चाहिए। भारत को यह कार्य राष्ट्रीय शिक्षा प्रणाली (National Education System-NES) व विश्व को यह कार्य विश्व शिक्षा प्रणाली (World Education System-WES) द्वारा करना चाहिए।

भाग-4
सत्य आमंत्रण

पाँचवें युग - स्वर्णयुग के तीर्थ सत्यकाशी क्षेत्र में प्रवेश का आमंत्रण
पाँचवें युग - स्वर्णयुग में प्रवेश का आमंत्रण

देश में युवा हैं जो इस गौरवशाली देश का नेतृत्व बिना किसी पद पर बैठे ही संकीर्णता, भय, असमानता, असहिष्णुता से ऊपर उठकर राष्ट्र को ज्ञान-विज्ञान के ऐसे धरातल पर स्थापित कर सकते हैं, जिससे भारत की महानता सार्वजनिक रूप से सिद्ध हो सकती है। या यूँ कहें कि भारत का वर्तमान रूप राम, कृष्ण, आादि शंकर, स्वामी विवेकान्द, स्वामी दयानन्द, भगत सिंह, रजनीश इत्यादि जैसे युवाओं ने वैचारिक और प्रत्यक्ष क्रान्ति द्वारा ही, अपने जीवन को अन्य जीवन के लोगों से अलग रखकर व्यक्त किया है। और जब भी भारत अपनी महानता को स्थापित करेगा वह युवा के द्वारा ही होगा क्योंकि कोई भी यहाँ जन्म लेकर और पुस्तकों से ज्ञान प्राप्त कर भारत को महानता नहीं दिला सकता क्योंकि फिर इतने बड़े कार्य के लिए एक जीवन तो ज्ञान की खोज में ही निकल जायेगा-फिर कर्म कब होगा? ऐसे युवा जिन्होंने अपने जीवन को बलिदान स्वरूप रखकर भारत को सतत महानता की ओर ले जाने के लिए प्रयत्न किये है वे तो सिर्फ कर्म करने आये, ज्ञान तो, उन्हें पूर्वजन्म से ही प्राप्त था।

भौतिकवादी समाज विश्व को एक बाजार समझता है लेकिन आध्यात्मवादी समाज विश्व को परिवार समझता है। इस समझ के कारण ही भारत ने "वसुधैव-कुटुम्बकम्", "बहुजन हिताय-बहुजन सुखाय", "विश्वबन्धुत्व", "एकात्म मानवतावाद" जैसे शब्दों का प्रयोग किया है। गुरू-शिष्य परम्परा की अवधारणा-भावना तभी स्वतः स्फूर्त होगी जब शिक्षा पाठ्यक्रम मस्तिष्क को विश्व व्यापक बनाने वाली हो, जिससे ऐसे मनुष्य का निर्माण हो जो सम्पूर्ण ब्रह्माण्ड को अपना स्वरूप समझता हो, और शिक्षा को मात्र रोजगार पाने की सीमा तक न समझता हो। और जब ऐसा होगा तभी शैक्षणिक संस्थानों में नई चेतना, विचारधारा निकलेगी जिससे सामाजिक व राष्ट्रीय उत्थान को बल मिलेगा।
एक परफेक्ट देश के लिए व्यक्ति-विचार आधारित नहीं बल्कि मानक आधारित होना जरूरी है। अब हमें विश्व में मानक देश (Standard Country) का निर्माण करना होगा। और यह पहले स्वयं भारत और अमेरिका को होना पड़ेगा। भारत गणराज्य-लोकतन्त्र का जन्मदाता रहा है जिसका क्रम या मार्ग - जिस प्रकार हम सभी व्यक्ति आधारित राजतन्त्र में राजा से उठकर व्यक्ति आधारित लोकतन्त्र में आये, फिर संविधान आधारित लोकतन्त्र में आ गये उसी प्रकार पूर्ण लोकतन्त्र के लिए मानक व संविधान आधारित लोकतन्त्र में हम सभी को पहुँचना है।

भारत का अब धर्म के नाम पर बँटना नामुमकिन है क्योंकि अब वह "विश्वधर्म" और उसके शास्त्र "विश्वशास्त्र" को जन्म दे चुका है। विश्व का एकीकरण तभी हो सकता है जब हम सब प्रथम चरण में मानसिक रूप से एकीकृत हो जायें। फिर विश्व के शारीरिक (भौगोलिक) एकीकरण का मार्ग खुलेगा। एकीकरण के प्रथम चरण का ही कार्य है - मानक एवं एकात्मकर्मवाद आधारित मानव समाज का निर्माण। जिसका आधार ही विश्वमानक का आविष्कार है जो स्वामी विवेकानन्द के वेदान्त की व्यावहारिकता और विश्व-बन्धुत्व के विचार का शासन के स्थापना प्रक्रिया के अनुसार आविष्कृत है।

पुराण पढें और देखें है न, पृथ्वी की समस्या पहले ब्रह्मा के पास जाती है। यदि वह उनसे हल नहीं हो पाती तो अपने उच्च अधिकारी विष्णु के पास फाइल फारवार्ड की जाती है। यदि उनसे भी नहीं हल होती तो मुख्य कार्यालय शिव-शंकर के कार्यालय में भेज दी जाती है। जब सभी अन्धे होते हैं तो काना (एक आँख) वाला शासन करता है। जब सभी काने होते हैं तो दो आँख वाला शासन करता है। जब सभी दो आँख वाले होते हैं तब तीसरे नेत्र वाले का शासन आता है। जबकि सभी शासक अपने समय के अनुसार सर्वश्रेष्ठ ही होते हैं। नीति आयोग दो आँख वालों का समूह है, अब उसे काशी-सत्यकाशी से तीसरे नेत्र का प्रकाश माँगना चाहिए। ससम्मान निवेदन करें या राष्ट्र निर्माण के लिए अपनी क्षमता-बौद्धिकता पेश करें। **- लव कुश सिंह "विश्वमानव"**

पाँचवें युग - स्वर्णयुग के तीर्थ सत्यकाशी क्षेत्र में प्रवेश का आमंत्रण

काल अर्थात समय को समय से बांधा नहीं जा सकता। कोई भी व्यक्ति समष्टि के लिए किसी निश्चित दिन का दावा नहीं कर सकता कि इस दिन से किसी युग का परिवर्तन, किसी युग का अन्तिम दिन या किसी युग के प्रारम्भ का दिन है। क्योंकि हम दिन, दिनांक या कैलेण्डर का निर्धारण ब्रह्माण्डीय गतिविधि अर्थात सूर्य, चाँद, ग्रह इत्यादि के गति को आधार बनाकर निर्धारित करते है। इसी प्रकार युग का निर्धारण पूर्णतया मानव मन की केन्द्रित स्थिति से निर्धारित होता है न कि किसी निर्धारित अवधि के द्वारा। मन की केन्द्रित स्थिति निम्न स्थितियों में होती है-

0 या 5. स्थिति - अदृश्य मार्ग से मन का आत्मीय केन्द्रित स्थिति।

1. **स्थिति** - व्यक्तिगत प्रमाणित अदृश्य मार्ग से मन का आत्मीय केन्द्रित स्थिति अर्थात व्यक्तिगत प्रमाणित माध्यम द्वारा आत्मा पर केन्द्रित मन। यह स्थिति सतयुग की अन्तिम स्थिति है। इस युग में कुल 6 अवतार मत्स्य, कूर्म, वाराह, नृसिंह, वामन और परशुराम हुयें।

2. **स्थिति** - सार्वजनिक प्रमाणित अदृश्य मार्ग से मन का आत्मीय केन्द्रित स्थिति अर्थात सार्वजनिक प्रमाणित माध्यम - प्रकृति व ब्रह्माण्ड द्वारा आत्मा पर केन्द्रित मन। यह स्थिति त्रेतायुग की अन्तिम स्थिति है। इस युग में सातवें अवतार श्री राम हुयें।

3. **स्थिति** - व्यक्तिगत प्रमाणित दृश्य मार्ग से मन का आत्मीय केन्द्रित स्थिति अर्थात व्यक्तिगत प्रमाणित व्यक्ति व भौतिक वस्तु माध्यम द्वारा आत्मा पर केन्द्रित मन। यह स्थिति द्वापर युग की अन्तिम स्थिति है। इस युग में आँठवें अवतार श्री कृष्ण हुयें।

4. **स्थिति** - सार्वजनिक प्रमाणित दृश्य मार्ग से मन का आत्मीय केन्द्रित स्थिति अर्थात सार्वजनिक प्रमाणित व्यक्ति व भौतिक वस्तु माध्यम द्वारा आत्मा पर केन्द्रित मन। यह स्थिति कलियुग की अन्तिम स्थिति है। इस युग में नवें अवतार बुद्ध हुये और दसवें और अन्तिम अवतार श्री लव कुश सिंह "विश्वमानव" व्यक्त हैं।

0 या 5. स्थिति - दृश्य मार्ग से मन का आत्मीय केन्द्रित स्थिति।

उपरोक्त स्थिति में स्थित मन से ही उस युग में शास्त्र-साहित्यों की रचना होती रही है। और उस अनुसार ही प्रत्येक व्यक्ति अपनी स्थिति का पता लगा सकता है कि वह किस युग में जी रहा है।

उपरोक्त में से कोई भी स्थिति जब व्यक्तिगत होती है तब वह व्यक्ति उस युग में स्थित होता है चाहे समाज या सम्पूर्ण विश्व किसी भी युग में क्यों न हो। इसी प्रकार जब उपरोक्त स्थिति में से कोई भी स्थिति में समाज या सम्पूर्ण विश्व अर्थात अधिकतम व्यक्ति उस स्थिति में स्थित होते है तब समाज या सम्पूर्ण विश्व उस युग में स्थित हो जाता है।

युग परिवर्तन सदैव उस समय होता है जब समाज के सर्वोच्च मानसिक स्तर पर एक नया अध्याय या कड़ी जुड़ता है। और एक नये विचार से व्यवस्था या मानसिक परिवर्तन होता है। इस प्रकार यह आत्मसात् करना चाहिए कि सम्पूर्ण समाज इस समय चौथे युग-कलियुग के अन्त में है और जैसे-जैसे "विश्वशास्त्र" के ज्ञान से युक्त

होता जायेगा वह पाँचवे युग-स्वर्ण युग में प्रवेश करता जायेगा। और जब बहुमत हो जायेगा तब सम्पूर्ण समाज या विश्व पाँचवे युग-स्वर्ण युग में स्थित हो जायेगा।

"सत्यकाशी क्षेत्र-व्यास क्षेत्र" जो कभी काशी राज्य का ही अंग हुआ करता था, द्वारा "काशी-सत्यकाशी" के राष्ट्रगुरू बनने की योग्यता प्रस्तुत हो चुकी है।

स्वामी विवेकानन्द जी सत्य रूप में रिजर्व बैंक से दस गुना विचार धन दे गये। और वो 100 से अधिक वर्ष पूर्व ही दे गये। अभी भारत उसे कैश (नगद) में परिवर्तित ही नहीं करा पा रहा है तो भारत को उस विचार धन से क्या लाभ? जबकि स्वामी जी के विचार की अगली किस्त आ गई है और वह कैश (नगद) में परिवर्तित होगी। अगली किस्त अनन्त है और वह इतना है कि जैसे-जैसे खर्च होगा वैसे-वैसे बढ़ता ही जायेगा। क्योंकि वो किस्त इस रूप में है-

शब्द से सृष्टि की ओर...
सृष्टि से शास्त्र की ओर...
शास्त्र से काशी की ओर...
काशी से सत्यकाशी की ओर...
और सत्यकाशी से अनन्त की ओर...
एक अन्तहीन यात्रा..............................

वहीं पूर्व राष्ट्रपति ए.पी.जे, अब्दुल कलाम जी ने कहा था-"नवीनता के द्वारा ही ज्ञान को धन में बदला जा सकता है।" ज्ञान को व्यक्ति के व्यावहारिक जीवन के लिए उपयोगी बनाने और उसके व्यापारीकरण से ही कल्याण होता है। सभी जानते हैं - "जगत एक सपना है, यह जगत असत्य है, ब्रह्म ही सत्य", तो क्या कोई काम न किया जाये?

पाँचवें युग-स्वर्णयुग के तीर्थ सत्यकाशी क्षेत्र में प्रवेश करने के लिए आप सभी को मैं लव कुश सिंह "विश्वमानव" हृदय से आमंत्रित करता हूँ।

पाँचवें युग - स्वर्णयुग में प्रवेश का आमंत्रण

जिस प्रकार त्रेतायुग से द्वापरयुग में परिवर्तन के लिए वाल्मिकि रचित "रामायण" आया, जिस प्रकार द्वापरयुग से कलियुग में परिवर्तन के लिए महर्षि व्यास रचित "महाभारत" आया उसी प्रकार कलियुग से पाँचवें युग-स्वर्णयुग में परिवर्तन के लिए "विश्वशास्त्र" सत्यकाशी क्षेत्र जो वाराणसी-विन्ध्याचल-शिवद्वार-सोनभद्र के बीच का क्षेत्र है, से व्यक्त हुआ है। प्रत्येक अवतार के समय शास्त्राकार अन्य होते थे और शास्त्र में नायक अलग होता था परन्तु "विश्वशास्त्र" का नायक और शास्त्राकार एक ही है इसलिए अवतार के होने न होने पर कोई विवाद नहीं होगा क्योंकि यह सदैव सिद्ध रहेगा कि यह शास्त्र है तो शास्त्राकार भी रहा होगा। यही इस अन्तिम अवतार की कला थी जो अवतारों के अनेक कलाओं में पहली और अन्तिम बार प्रयोग हुआ है। अवतारों के प्रत्यक्ष से प्रेरक तक की यात्रा में पूर्ण प्रेरक रूप का यह सर्वोच्च और अन्तिम उदाहरण है। जिस प्रकार प्रत्येक वस्तु में स्थित आत्मा प्रेरक है उसी प्रकार मनुष्य के लिए यह शास्त्र पूर्ण प्रेरक के रूप में सदैव मानव समाज के समक्ष रहेगा।

इस "विश्वशास्त्र" को आप सभी को समर्पित करने के बाद ईश्वर के पास कुछ भी शेष नहीं है और ईश्वर अपने कर्तव्य से मुक्त और मोक्ष को प्राप्त कर चुका है। निर्णय आपके हाथ में है कि आप ज्ञान-कर्मज्ञान का आस करेंगे या समय का पास। यह पूर्णतः आप पर ही निर्भर हैै। केवल मन से युक्त होकर पशु मानव जीते है। संयुक्त मन से युक्त होकर जीना मानव का जीना है तथा सार्वभौम सत्य-सिद्धान्त से युक्त संयुक्त मन, ईश्वरीय मानव की अवस्था है। यह "विश्वशास्त्र" ही आपका अपना यथार्थ स्वरूप और आपका कल्याणकर्ता है।

हम वर्तमान में ब्रह्मा के 58वें वर्ष में 7वें मनु-वैवस्वत मनु के शासन में श्वेतवाराह कल्प के द्वितीय परार्ध में, 28वें चतुर्युग का अन्तिम युग-कलियुग के ब्रह्मा के प्रथम वर्ष के प्रथम दिवस में विक्रम सम्वत् 2096 (सन् 2012 ई0) में हैं। वर्तमान कलियुग ग्रेगोरियन कैलेण्डर के अनुसार दिनांक 17-18 फरवरी को 3102 ई.पू. में प्रारम्भ हुआ था। इस प्रकार अब तक 15 नील, 55 खरब, 21 अरब, 97 करोड़, 61 हजार, 624 वर्ष इस ब्रह्मा के सृजित हुए हो गये हैं

इस प्रकार दिनांक 21 दिसम्बर, 2012 दिन शुक्रवार (मार्गशीर्ष, शुक्ल पक्ष, नवमी, विक्रम संवत् 2069) जिस दिन मायां सभ्यता का कैलेण्डर पूर्णता को प्राप्त किया है, से दसवें और अन्तिम महावतार लव कुश सिह "विश्वमानव" की ओर से युग का चैथा और अन्तिम युग- कलियुग का समय तथा काल का पहला अदृश्य काल समाप्त होकर युग का पाँचवाँ और अन्तिम युग - स्वर्णयुग तथा काल का दूसरा और अन्तिम काल - दृश्य काल दिनांक 22 दिसम्बर, 2012 दिन शनिवार (मार्गशीर्ष, शुक्ल पक्ष, दशमी, विक्रम संवत् 2069) से प्रारम्भ होता है। और समस्त संसार के समक्ष और मनुष्य जीव के अस्तित्व तक शनिचर और शंकर रूपी "विश्वशास्त्र" उसके ज्ञान की परीक्षा लेने के लिए सदैव सामने व्यक्त रहेगा।

अब आप मेरे ईश्वरीय समाज में आने के लिए स्वतन्त्र है जिसके लिए आपको कहीं आना-जाना नहीं है। आप जिस समाज, धर्म, सम्प्रदाय, मत इत्यादि में हैं, वहीं रहे। सिर्फ "विश्वशास्त्र" को पढ़े और पूर्णता को प्राप्त करें क्योंकि कोई भी विचारधारा चाहे उसकी उपयोगिता कालानुसार समाज को हो या न हो, यदि वह संगठन का रूप लेकर अपना आय स्वयं संचालित करने लगती है तो उसके साथ व्यक्ति जीवकोपार्जन, श्रद्धा व विश्वास से जुड़ता है न कि ज्ञान के लिए। पाँचवें युग-स्वर्णयुग और ईश्वरीय समाज में प्रवेश करने के लिए आप सभी को मैं लव कुश सिंह "विश्वमानव" हृदय से आमंत्रित करता हूँ।

शनिवार, 22 दिसम्बर, 2012 से प्रारम्भ हो चुका है-

1. काल के प्रथम रूप अदृश्य काल से दूसरे और अन्तिम दृश्य काल का प्रारम्भ।
- इसलिए कि अधिकतम व्यक्ति व समाज का मन दृश्य विषयों पर केन्द्रित है।

2. मनवन्तर के वर्तमान 7वें मनवन्तर वैवस्वत मनु से 8वें मनवन्तर सांवर्णि मनु का प्रारम्भ।
- इसलिए कि सांवर्णि मनु के "सार्वभौम" गुण का प्रयोग कर श्री लव कुश सिंह "विश्वमानव" व्यक्त हैं।

3. अवतार के नवें बुद्ध से दसवें और अन्तिम अवतार-कल्कि महावतार का प्रारम्भ।
- इसलिए कि आधुनिक युग के लिए एकीकरण व मानकीकरण के सभी प्रणाली व्यष्टि व समष्टि के लिए संयुक्त एवं अन्तिम रूप से कल्कि अवतार द्वारा व्यक्त है।

4. युग के चैथे कलियुग से पाँचवें युग स्वर्ण युग का प्रारम्भ।
- इसलिए कि युग परिवर्तन के लिए कल्कि अवतार का आगमन हो चुका है।

5. व्यास और द्वापर युग में आठवें अवतार श्रीकृष्ण द्वारा प्रारम्भ किया गया कार्य "नवसृजन" के प्रथम भाग "सार्वभौम ज्ञान" के शास्त्र "गीता" से द्वितीय अन्तिम भाग "सार्वभौम कर्मज्ञान", "पूर्णज्ञान का पूरक शास्त्र", लोकतन्त्र का "धर्मनिरपेक्ष धर्मशास्त्र" और आम आदमी का "समाजवादी शास्त्र" द्वारा व्यवस्था सत्यीकरण और मन के ब्रह्माण्डीयकरण और नये व्यास का प्रारम्भ।
- इसलिए कि नया और अन्तिम शास्त्र "विश्वशास्त्र" प्रकाशित हो चुका है।

"लोग देश भक्ति की चर्चा करते हैं। मैं भी देश भक्ति में विश्वास करता हूँ और देशभक्ति के सम्बन्ध में मेरा भी एक आदर्श है। बड़े काम करने के लिए तीन बातों की आवश्यकता होती है। पहला है- हृदय-अनुभव की शक्ति। बुद्धि या विचारशक्ति में क्या धरा है? वह तो कुछ दूर जाती है और बस वहीं रूक जाती है। पर हृदय, हृदय तो महाशक्ति का द्वार है; अन्तःस्फूर्ति वहीं से आती है। प्रेम असम्भव को भी सम्भव कर देता है। यह प्रेम ही जगत के सब रहस्यों का द्वार है। अतएव, ऐ मेरे भावी सुधारकों, मेरे भावी देशभक्तों-तुम हृदयवान बनों।" (मेरी समर नीति-पृ0-38)

- स्वामी विवेकानन्द

भाग-5
समष्टि धर्म दृष्टि

अनिर्वचनीय कल्कि महाअवतार भोगेश्वर श्री लव कुश सिंह" विश्वमानव" का मानवों के नाम खुला चुनौती पत्र

अनिर्वचनीय कल्कि महाअवतार का काशी-सत्यकाशी क्षेत्र से विश्व शान्ति का अन्तिम सत्य-सन्देश

मानवों के नाम खुला चुनौति पत्र

प्रिय मानवों,

हम (अवतारी श्रृंखला) आप लोगों के प्रति कल्याण भावना रखते हुये उन सभी रहस्यों को खोलकर रख देना चाहते है जिससे आज तक हम आप का भोग करते आये है। पत्र के अन्त में यह भी बताऊँगा कि इन रहस्यों के खोलने के प्रति मेरा उद्देश्य क्या है? और यह भाव हमारे मन में क्यों आया? दिल खोलकर यह भी स्पष्ट करेंगे कि हम लोगों की उत्पत्ति कैसे हुई? और हमने अपने अधिपत्य के लिए क्या-क्या किया। अब स्थिति क्या है तथा भाविष्य में काल की गति किस ओर जा रही है?

इन सब बातों को स्पष्ट करने से पहले कुछ सूत्रों को स्पष्ट करना चाहूँगा। वर्तमान समय में यह देख रहा हूँ कि आरोप-प्रत्यारोप तथा अपने अपने सीमित मस्तिष्क से अनेकों प्रकार की व्याख्या की संस्कृति बढ़ती जा रही है। इस सम्बन्ध में यह कहना चाहूँगा कि सर्वप्रथम यह जानो कि अब तक के संसार में उत्पन्न कोई भी महापुरूष, पैगम्बर, दूत इत्यादि सार्वजनिक प्रमाणित रूप से पूर्ण रूप में नही थे। क्योंकि यदि वे पूर्ण होते तो उनके द्वारा व्यक्त विचारों की सत्ता उसी भाँति निर्विरोध रूप से स्थापित हो चुकी होती जिस प्रकार सार्वजनिक प्रमाणित विज्ञान ने अपनी सत्ता को अल्प समय में ही सभी के उपर स्थापित कर लिया है। दूसरी बात यह है कि सीमित मस्तिष्क से असीम मस्तिष्क (या अपने से अधिक मस्तिष्क) की सही व्याख्या कभी नहीं की जा सकती। यदि तुम श्री कृष्ण (या अपने से अधिक) की व्याख्या करना चाहते हो तो पहले श्री कृष्ण के मस्तिष्क (या अपने से अधिक मस्तिष्क) के बराबर होना पड़ेगा। इसी प्रकार बुद्ध, मुहम्मद, ईसा इत्यादि के सम्बन्ध में भी है। तीसरी बात यह है कि आरोप-प्रत्यारोप की संस्कृति से कोई हल नही निकलता, न ही बुद्धि का विकास होता है बल्कि साम्प्रदायिक विद्वेष व एक दूसरे का प्रचार-प्रसार ही होता है। क्योंकि तुम विरोध या आरोप-प्रत्यारोप ही सही परन्तु अपने विरोधी का नाम तो लेते ही हो। फलस्वरूप जिसके पास बुद्धि की प्रबलता होती है उसके लिए अल्प बुद्धि वाला विरोधी प्रचारक बन जाता है। और यह तो तुम जानते ही होगे कि हम बुद्धि प्रबल वर्ग है। इसलिए तुम लोग अनजाने ही हमारे प्रचारक बने बैठे हो। इसके लिए आवश्यक है कि तुम लोग ऐसे रास्ते को अपनाओं जिससे हम लोगों का नाम न ही आये और तुम लोग में बुद्धि का विकास तेजी से हो। तुम्हें यह बात सदा याद रखनी पड़ेगी कि बुद्धि के विकास से संगठित संगठन लम्बी अवधि तक स्थायित्व बनाये रहती है जबकि इसके विपरीत संगठित संगठन को कभी भी बुद्धि के प्रयोग द्वारा विखण्डित किया जा सकता है। प्रायः ऐसे संगठन का प्रयोग तुम्हारे अपने ही नेता अपने स्वार्थ को साधने में करते है।

हे मानवों, पहले कर्म या पहले ज्ञान बुद्धि? यह प्रश्न तो पहले अण्डा या पहले मुर्गी? जैसा प्रश्न है, और यह सदा से अनसुलझा ही है और रहेगा भी। परन्तु इतना तो जानना आवश्यक है कि हम कर्म करते-करते कुछ नियमों को प्राप्त करते है। यदि हम इन नियमों पर ध्यान देते रहते हैं तो हमें अपने गलतियों के पुनरावृत्ति को रोकने में सहयोग मिलता है। इन नियमों का जानना ही ज्ञान-बुद्धि कहलाता है। अब कोई व्यक्ति यह सोच सकता है कि कर्म करने से पहले हम इन नियमों का अध्ययन करेंगे तो कोई यह सोच सकता है कि ज्ञान-बुद्धि को पढ़ने से क्या होगा, हमें पहले कर्म करना है। इस स्थिति में इन दोनों में पहले नियमों को अध्ययन कर कर्म करने वाले व्यक्ति के जीवन में विकास की गति अधिक होगी जबकि पहले कर्म करने वाला व्यक्ति उन्हीं नियमों को कर्म करते-करते अनुभव करेगा जो पहले ही अनुभव कर व्यक्त की जा चुकी है। शिक्षा का अर्थ यही है कि पहले उन तमाम नियमों का अध्ययन कर लिया जाय फिर कर्मरत हुआ जाय। हम ऐसा ही करते रहे हैं और तुम को नचाते रहे हैं।

कम समय में अधिकतम ज्ञान-बुद्धि के विकास का मार्ग यह है कि जिस प्रकार विज्ञान के क्षेत्र में जिस वस्तु का आविष्कार पूर्ण हो जाता है। पुनः उसके आविष्कार पर समय व बुद्धि खर्च नहीं करते बल्कि उसके आगे की ओर आविष्कार या उस आविष्कार को समझने पर समय व बुद्धि खर्च किया जाता है। उसी प्रकार ज्ञान के क्षेत्र

में जो भी आविष्कार हो चुके हैं सीधे वहाँ से प्रारम्भ करना चाहिए। विज्ञान के क्षेत्र में आविष्कार कहाँ तक पहुँचा है इसकी चर्चा हम इस पत्र में बाद में करेंगे। परन्तु ज्ञान के क्षेत्र में समन्वायाचार्य श्रीकृष्ण के बाद विद्रोही के रूप में भगवान बुद्ध आये, इनके बाद पुनः समन्वयाचार्य श्री रामकृष्ण-स्वामी विवेकानन्द आये, फिर विद्रोही के रूप में आचार्य रजनीश "ओशो" आये। ओशो के बाद कार्य शेष है। इसलिए बुद्धि के सम्बन्ध में ओशो का क्या कहना है यह देखना आवश्यक है। ओशो का कहना है -" अगर तुम अकड़े रहे कि हम अपनी गरीबी खुद ही मिटा येंगे, तो तुम ही तो गरीबी बनाने वाले हो, तुम मिटाओगे कैसे? तुम्हारी बुद्धि इसके भीतर आधार है, तुम इसे मिटाओगे कैसे? तुम्हें अपने द्वार-दरवाजे खोलने होंगे। तुम्हें अपना मस्तिष्क थोड़ा विस्तीर्ण करना होगा। इस देश को कुछ बाते समझनी होंगी। एक तो इस देश को यह बात समझनी होंगी कि तुम्हारी परेशानियों, तुम्हारी गरीबी, तुम्हारी मुसीबतों, तुम्हारी दीनता के बहुत कुछ कारण तुम्हारे अंधविश्वासों में है। भारत अभी भी समसामयिक नहीं है, कम से कम डेढ़ हजार वर्ष पिछे घिसट रहा है। ये डेढ़ हजार साल पूरे होने जरूरी है। भारत को खींचकर आधुनिक बनाना जरूरी है। लेकिन सबसे बड़ी अड़चन इस देश की मान्यताएँ है। इसलिए मैं लड़ रहा हूँ तुम्हारे लिए।" यह डेढ़ हजार वर्षों का अन्तर हम किसके परिश्रम से उत्पन्न बुद्धि की देन है? विचार करो मानवों।

अब हम अपने मूल विषय की ओर आते हैं परन्तु इसे समझने के लिए अपने ही बुद्धि, ज्ञान, तथा विज्ञान का ही प्रयोग उचित होगा और सदैव ध्यान में रखना होगा कि यदि सिर्फ कृष्ण को लेकर समाज निर्माण चाहोगे तो न हो सकेगा। इसी प्रकार न ही सिर्फ बुद्ध से, न मुहम्मद से, न ही ईसा या अन्य किसी से। हाँ भीड़ इकट्ठा हो जायेगी परन्तु बुद्धि विकास नहीं।

प्रारम्भ से अब तक की कथा इस प्रकार है। मानव के वर्तमान सभ्यता तक की यात्रा में उत्थान-पतन के अनेकों चरण आये परन्तु इनमें मुख्य चरण ऐसे थे जो सम्पूर्ण मानव सभ्यता और मानवता को पतन के मोड़ पर ले जाने वाली थी। उनमें -

मानव सभ्यता पर पहला संकट काल प्रकृति द्वारा आज से कई हजार वर्ष पूर्व आया था। उस समय पृथ्वी एक भंयकर प्राकृतिक आपदा का शिकार हो गयी थी, फलस्वरूप जहाँ जल था वहाँ थल, तथा जहाँ थल था वहाँ जल की स्थिति अधिकतम स्थानों पर उत्पन्न हो गयी। इस आपदा के स्थिर होने के बाद कुछ लोग एक टापू पर जीवित बच गये। जहाँ मानव सभ्यता के विकास के लिए आवश्यक संसाधन नहीं थी फलस्वरूप उनका वहाँ से बड़े भूभाग पर जाना विवशता बन गयी। उनमें से एक बुद्धि प्रबल व्यक्ति ने मछलियों के स्वभाव जल की धारा के विपरीत दिशा में गति करने से ज्ञान (सिद्धान्त) प्राप्त कर नाव द्वारा मछलियों की दिशा की ओर चल पड़े और वे ऐसे स्थान पर पहुँच गये जो मानव सभ्यता के विकास के लिए पूर्ण योग्य थी। ये स्थान ही हिमालय का क्षेत्र था। इस प्रकार बुद्धि प्रबल उस व्यक्ति ने मानव सभ्यता को उसके संकट काल से बचाया।

मानव सभ्यता पर दूसरा संकट काल मानवों द्वारा ही उत्पन्न हो गया था। प्रथम संकट काल के उपरान्त कालान्तर में जल स्तर घटने लगा और हिमालय के चारो ओर की ओर भूमि रिक्त होती गयी। प्रथम दृष्टि में आयी भूमि ही कूर्मांचल क्षेत्र है। जैसे-जैसे भूमि रिक्त होती गयी मानव सभ्यता का विकास व प्रसार होना पुनः प्रारम्भ हो गया। जनसंख्या व कार्य बढ़ने से व्यवस्था संकट उत्पन्न हो गया जिससे दो व्यवस्था प्रणाली का जन्म हुआ। पहला - हम अपनी व्यवस्था खुद मिलकर-बैठकर आपसी सहमति से करेंगे। दूसरा- सभी व्यवस्थओं की जिम्मेदारी किसी एक व्यक्ति के उपर छोड़ दिया जाय। पहली व्यवस्था गणराज्य या समाजवाद कहलायी तथा दूसरी व्यवस्था राज्य या व्यक्तिवाद कहलायी। पहली व्यवस्था के समर्थक देवता कहलाये क्योंकि ये प्रकृति के समर्थक और उसके अनुसार सभी के सह-अस्तित्व को महत्ता देते थे जबकि दूसरी व्यवस्था के समर्थक असुर कहलाये क्योंकि ये सिर्फ अपनी इच्छा और अस्तित्व को महत्ता देते थे। समयोपरान्त दोनों व्यवस्थाओं में अपने-अपने अधिपत्य के लिए युद्ध होने लगा। फलस्वरूप मानवता व मानव सभ्यता का विकास रूक कर पतन की ओर जाने लगी। संकट के इस समय में एक सहनशील, शांत, धैर्यवान, लगनशील व्यक्ति ने दोनों पक्षो के बीच मध्यस्थ की भूमिका के द्वारा विचारों के मंथन अर्थात निर्णायक बहस से अनेक विचारों पर समन्वय स्थापित कर मानव

सभ्यता के विकास की ओर दोनों पक्षों का ध्यान केन्द्रित किया। फलस्वरूप मानव सभ्यता पुनः विकास की ओर बढ़ चली।

मानव सभ्यता पर तीसरा संकट काल राज्य का नेतृत्व करने वाले राजा के कारण ही उत्पन्न हो गया। दूसरे संकट के उपरान्त राज्य का नेतृत्व करने वाला राजा अपने साम्राज्य को विशाल रूप से विकसित किया और अपने प्रभाव को लगातार बढ़ाता जा रहा था ऐसी स्थिति में समाज समर्थक देवताओं का मनोबल समाप्त होने की ओर हो गया। इस स्थिति का अनुभव कर एक मेधावी, सूझ-बुझ, सम्पन्न, पुरूषार्थी, धीर-गम्भीर, निष्कामी, बलिष्ठ, सक्रिय, अहिंसक और समूह प्रेमी व्यक्ति ने लोगों का मनोबल बढ़ाया, उन्हें उत्साहित और सक्रिय किया जिसके परिणामस्वरूप समाज समर्थकों के मनोबल में वृद्धि हुई और उस राजा के राज्य को समाप्त कर गणराज्य व्यवस्था की स्थापना से मानवता आधारित मानव सभ्यता का विकास पुनः प्रारम्भ हो गया।

मानव सभ्यता पर चौथा संकट काल पुनः राज्य का नेतृत्व करने वाले राजा के कारण ही उत्पन्न हो गया। उसने पूर्व के सभी सह-अस्तित्व के विचारों को तोड़कर अपनी इच्छा से व्यवस्था चलाने को प्राथमिकता दी। और प्रजा के कष्टों में वृद्धि होने लगी। परिणामस्वरूप उस राजा का पुत्र प्रजाहित को ध्यान में लेते हुये समाज समर्थक बन गया। राजा अपने पुत्र को समाज समर्थक बनता देख अपने पुत्र को ही अनेक प्रकार के कष्ट देने लगा। वह राजा इतना बलशाली था कि उसको युद्ध से हराना नामुकिन था, उसके कार्यों से उसके सहयोगी दरबारी भी अन्दर ही अन्दर घृणा करते थे। परन्तु प्रत्यक्ष विरोध किसी के लिए सम्भव नहीं था। इन परिस्थितियों में सभी समाज समर्थक प्रजा देवता भी विरोधक क्षमता को खो चुके थे। ऐसी स्थिति में उस राजा का एक दरबारी ही प्रत्यक्ष रूप से एका-एक हिंसक बनकर दरबार में ही राजा का वध कर डाला चूँकि वह दरबारियों के मन की स्थिति को अच्छी प्रकार जानता था इसलिए ऐसा करने में उसे कोई बाधा नहीं थी। वहीं वह राजा अपने प्रभुत्व के कारण सभी दरबारियों को अपने हित में ही समर्पित रहने वाला समझकर भ्रम में था। राजा का वध के उपरान्त राजा के समाज समर्थक पुत्र ने गणराज्य व्यवस्था द्वारा मानव सभ्यता के विकास के लिए आगे कर्म किया। जिसका निर्माता वह हिंसक दरबारी व्यक्ति था।

मानव सभ्यता पर पाँचवा संकट काल पुनः राज्य का नेतृत्व करने वाले राजा के ही कारण उत्पन्न हो गया था। यह राजा इतना अधिक कुशल था कि इसने समाज समर्थक गुणों को भी आत्मसात् कर समाज समर्थक देवताओं का भी विश्वास पात्र बन गया। परिणामस्वरूप समाज समर्थक देवता भी राजा का गुणगान करते हुये आश्वस्त व निष्क्रिय होने लगे। इस राजा ने अपने राज्य का प्रसार व्यापक रूप से किया। इस स्थिति में मानव सभ्यता का वर्तमान तो सुरक्षित था परन्तु भविष्य अन्धकार में था क्योंकि वर्तमान राजा के उपरान्त, आवश्यक नहीं था कि नया राजा भी उसी राजा की भाँति हो और तब तक समाज समर्थक पूर्ण रूप से निष्क्रिय हो गये र हेंगे। इस स्थिति को एक दूर दृष्टा व्यक्ति ने समझकर राजा के ही गुण का प्रयोग करते हुये उससे थोड़ी सी भूमि लेकर उस व्यक्ति ने उस भूमि पर गणराज्य व्यवस्था की स्थापना व व्यवस्था को जीवित कर, उसके सुख से प्रजा को परिचित कराया। फलस्वरूप इस व्यवस्था का प्रसार होने लगा और राजा का सु-राज्य भी स्व-राज से समाप्त हो गया। गणराज्य की स्थापना कर उस व्यक्ति ने मानवता और मानव सभ्यता को विकास की ओर गति दी।

मानव सभ्यता पर छठा सकंट काल अनेक राज्यों के नेतृत्व करने वाले अनेक राजाओं के कारण गणराज्य व्यवस्था के स्थायी स्थिरता के लिए उत्पन्न हो गया। पाँचवे संकट से निकलने के बाद जनसंख्या और भूमि का विस्तार इतना अधिक हो चुका था कि एक राजा और राज्य के अधीन नियत्रंण असम्भव हो गया, जिसके परिणामस्वरूप अनेक राजाओं के नेतृत्व में अलग-अलग अनेक राज्य स्थापित हो गये थे। ऐसी स्थिति में राज्यवाद बढ़ रहा था। और राज्यवादी राजाओं का वध भी असम्भव होता जा रहा था। ऐसी स्थिति में गणराज्य या समाजवाद की स्थिरता पर प्रश्न चिन्ह लगने लगा था। फलस्वरूप एक व्यक्ति ने अनेक राज्यवादी राजाओं का वध करके अनेक राज्यों को गणराज्य के रूप में परिवर्तित कर दिया। परन्तु उस व्यक्ति ने देखा कि यह समस्या का स्थायी हल नहीं हो सकता क्योंकि अनेकों राजाओं का वध बारबार सम्भव नहीं और ऐसा करने से प्रजा में अन्यवाद अर्थात हमारे कार्य दूसरे करें का भाव बढ़ रहा था। इन स्थितियों के स्थायी हल के लिए उस व्यक्ति ने राज्यवाद और समाजवाद

दोनों में समन्वय स्थापित कर एक नई व्यवस्था का सूत्रपत किया। इस व्यवस्था के लिए उस पुरूष ने ब्रह्माण्ड में व्याप्त व्यवस्था सिद्धान्तों को आधार बनाया तथा मूल तीन गुणों की पहचान की

1. सत्व गुण- सुख, ज्ञान और प्रकाश अर्थात आत्मा और सूक्ष्म बुद्धि अर्थात मार्गदर्शक और विकास दर्शन का गुण
2. रज गुण- आंकाक्षा, इच्छा और सकाम कर्म अर्थात भाव हृदय और मन अर्थात क्रियान्वयन दर्शन का गुण
3. तम गुण - अज्ञान, दुःख और अंधकार अर्थात इन्द्रिय, अनात्म, प्राण और स्थूल शरीर अर्थात विनाश दर्शन का गुण।

इन गुणों के आधार पर सभी जीव विभजित किये गये। मानव जाति में चार विभाजन हुये।

1. सत्व गुण प्रधान- ब्राह्मण वर्ग
2. रज गुण प्रधान - क्षत्रिय वर्ग
3. रज तम गुण प्रधान - वैश्य वर्ग
4. तम गुण प्रधान - शूद्र वर्ग।

इन गुणों के आधार पर उनके लिए कर्म निर्धारित किये गये। और गणराज्य की व्यवस्था बनायी गयी जो इस प्रकार थी।

1. गणराज्य का एक रज गुण प्रधान - क्षत्रिय राजा होगा क्योंकि ब्रह्माण्डीय गणराज्य में रज गुण प्रधान प्रकृति ही राजा है।
2. राजा, राज्यवादी न हो इसलिए उस पर सत्व गुण प्रधान -ब्राह्मण का नियंत्रण होगा क्योंकि ब्रह्माण्डीय गणराज्य में रज गुण प्रधान प्रकृति पर नियंत्रण के लिए सत्व गुण प्रधान आत्मा है।
3. राजा, सीधे आम जनता से चुना जायेगा क्योंकि ब्रह्माण्डीय गणराज्य में प्रकृति सर्वव्यापी है और वह सभी गुणों का सम्मिलित रूप है।
4. राजा का निर्णय राज्यसभा के दो तिहाई बहुमत से हो क्योंकि ब्रह्माण्डीय गणराज्य में प्रकृति का निर्णय सत्व, रज व तम तीन गुणों में से दो गुणों के समर्थन का ही रूप होता है।
5. रज-तम प्रधान-वैश्य तथा तम प्रधान शूद्र चूंकि इन्द्रिय, प्राण और स्थूल शरीर पर ही केन्द्रित रहते है इसलिए इन्हें बुद्धि ज्ञान से नियत्रिंत न करके बल, कानून व आज्ञा के नियत्रंण में रखा जाय।

इस प्रकार उस महापुरूष ने राज्य व गणराज्य के मिश्रित व्यवस्था से एक सर्वमान्य व्यवस्था को स्थापित कर मानवता व मानव सभ्यता के विकास के लिए स्थायी मार्ग उपलब्ध कराया जो दीर्घ काल तक चली।

मानव सभ्यता पर सातवां संकट काल गणराज्य के नयी व्यवस्था के स्थायी स्थिरता के कारण आया। छठें संकट से उत्थान की ओर अग्रसर करने वाले पुरूष के समक्ष यह समस्या आयी कि नयी व्यवस्था को बने रहने और उसके प्रसार का दायित्व किसे सौंपा जाय। इसके लिए उस पुरूष ने अन्य सहयोगियों के सहयोग और योजनाबद्ध तरीके से एक राजा के पुत्र (भावी राजा) में नई व्यवस्था के प्रसार के लिए योग्यता का निर्माण किये परिणामस्वरूप उस युवराज ने अपने जीवन पर्यन्त इस व्यवस्था की स्थापना और प्रसार किया तथा मानवता और मानव सभ्यता की रक्षा की।

मानव सभ्यता पर आठवां संकट काल गणराज्य व्यवस्था के कारण नहीं बल्कि उस व्यवस्था के पीठासीन व्यक्तियों के कर्तव्य विमुख और देवता तथा असुर संस्कारों के पूर्ण पहचान से बुद्धि के अक्षम हो जाने के कारण आया। इस संकट काल के समय राजा को नियंत्रण व मार्गदर्शन में रखने वाला ब्राह्मण भी जनकल्याण से विमुख हो स्व-कल्याण में लिप्त हो चुका था। यह स्थिति छोटे राज्यों से लेकर बड़े राज्यों में व्याप्त हो चुकी थी। ऐसी स्थिति में एक व्यक्ति ने यह देखा कि पीछे, जब भी मानवता पर संकट आया, तब उस संकट से किसी व्यक्ति के द्वारा उत्थान हो जाने पर जब तक उत्थान करने वाला व्यक्ति जीवित रहता था तभी तक गणराज्य व्यवस्था यथावत् रहती थी। बाद में पुनः राज्यवादी व्यवस्था स्थापित हो जाती थी। दूसरे यह कि व्यवस्था कोई भी खराब नहीं होती उस पर बैठने वाले लोगों की बुद्धि के अनुसार ही व्यवस्था का रूप संचालित होता है मानवता और मानव सभ्यता के इस संकट काल में सभी अपने अपने बुद्धि को पूर्ण तथा व्यक्तिगत स्वार्थ में इस प्रकार डूबे हुये थे कि बिना पूर्ण

वध के उत्थान मुश्किल हो चुका था। परिणामस्वरूप उस अति बुद्धि सम्पन्न व्यक्ति ने आम जनता को सक्रिय करने के लिए प्रेरित किया, गणराज्य के उदाहरण स्वरूप एक नगर का निर्माण कराया तथा पूर्ण वध के लिए उस समय के विशाल राज्य के नेतृत्व में उपजे विवाद का सहारा प्राप्त कर बहुत से एकतन्त्रात्मक राज्यों को नष्ट किया और करवाया। साथ ही उस समय में समाज में व्याप्त अनेक मत-मतान्तार व विचारों के एकीकरण के लिए सत्य-विचार का ज्ञान भी दिया जिससे व्यक्ति, व्यक्ति पर विश्वास न कर अपने बुद्धि से स्वयं निर्णय करें और प्रेरणा प्राप्त करता रहे। इस प्रकार साकार व्यक्ति आधारित मानवता के सर्वोच्च संकट से उस व्यक्ति ने नई निराकार सिद्धान्त आधारित मानवता के उत्थान का मार्ग उपलब्ध कराया।

मानव समाज पर नौवां संकट काल वर्तमान से लगभग 2500 वर्ष पूर्व आया था जिसका कारण राजाओं का साम्राज्यवादी-प्रसारवादी व्यवहार था। इस समय मानव समाज जितना विकास करता वह अल्पसमय में एक राज्य से दूसरे राज्य में युद्ध करने में ही नष्ट हो जाता। सम्पूर्ण मानवता हिंसा से भर उठी थी। ऐसे में राजपरिवार का ही एक युवा व्यक्ति अपने परिवार तथा राज्य का त्याग कर अहिंसा का सन्देश दिया। तथा प्रजा को प्रेरित करने के लिए धर्म, संघ और बुद्धि के शरण में जाने की मूल शिक्षा दी। एक राजा के द्वारा इस युवा सन्यासी के सन्देश को स्वीकार कर शिष्य बन जाने से इस सन्यासी का प्रसार जितना हुआ उससे बहुत कम उसके विचारों का हुआ परिणामस्वरूप अल्पअवधि के लिए हिंसा भरे मानव समाज को थोड़ी राहत मिली और सभ्यता उत्थान की ओर अग्रसर हुई।

हे मानवों, मानव सभ्यता और मानवता के दसवें, अन्तिम तथा वर्तमान संकट का खुलासा हम इस पत्र में आगे करेंगे। यहाँ हम कुछ ऐसे रहस्यों का खुलासा करने जा रहे है। जो वर्तमान मानव के दृष्टि में परिवर्तन हाने मात्र के कारण उत्पन्न हुई है।

पाँचवें सकंट के समय तक भारत के मूल निवासी ही भारत की भूमि के अधिपति थे, परन्तु वे राज्य को कुशलता पूर्वक चलाने में असमर्थ होते जा रहे थे। इसी समय में हिमालय के उत्तर-पश्चिम क्षेत्र से भारत के बाहर के मनुष्यों का भारत में आगमन हुआ। इस समय भारत के मूल निवासी प्रकृति पूजक बहुदेववाद को मानती थी। भारत के बाहर से आये मनुष्यों ने भारत के मूल निवासियों के लिए राज्य प्रशासन में अपने ज्ञान-बुद्धि का प्रयोग कर एक अच्छे मार्गदर्शक का कार्य करते थे। प्रकृति के गुणों के आधार पर जब मनुष्यों का विभाजन हुआ तब भारत के मूल निवासी शूद्र वर्ग की योग्यता रखते थे। परन्तु ऐसा नही था कि भारत के बाहर से आये मनुष्य ब्राह्मण, क्षत्रिय, तथा वैश्य वर्ग में अर्थात भारत के बाहर सभी उच्च वर्ग में तथा भारत के मूल निवासी सभी निम्न वर्ग में थे। परन्तु उनमें इसकी अधिकता थी। कालान्तर में ये वर्ग जन्म आधारित हो अनेक उपवर्गों -जातियों में विभाजित हो गयी। जिसका रूप वर्तमान में दिख रहा है। परन्तु आज भी यदि जन्म आधारित दृष्टि से हटकर गुण आधारित दृष्टि से देखोगे तो प्रत्येक वर्ग या जाति में प्रत्येक वर्ग के व्यक्ति दिखाई पड़ेंगे। भारत के बाहर के ये व्यक्ति ही आर्य कहलाये तथा कालान्तर में मानव सभ्यता में अनेक उत्थान-पतन से ये आर्य जाति और मूल भारतीय जाति इतने अधिक मिश्रित हुये कि वर्तमान में समग्र हिन्दू जाति ही आर्यों की मूल पहचान बन गयी। और अब सभी के लिए शस्त्र बल बढ़ाकर क्षत्रिय बनना, ज्ञान बल बढ़ाकर ब्राह्मण बनना तथा धन बल बढ़ाकर वैश्य बनाना खुला हुआ है, परन्तु जातियाँ इसके लिए प्रयत्न तो करे।

प्रकृति के तीन गुणों में से सर्वोच्च, शुद्ध और सर्वव्यापी गुण सत्व आधारित मानव वर्ग ही हम हैं। जन्म के समय हम आदर्श ब्राह्मण थे। हमारा कार्य ब्रह्माण्ड में सर्वव्यापी अटलनीय, अपरिवर्तनीय सत्य-सिद्धान्त और उसके अनुसार कर्म विधान की अनुभूति करना तथा राजा और राज्य के माध्यम से उसे प्रभावी बनाना था। बदले में राजा द्वारा हमें साधन-सुविधा प्राप्त होती थी। यही हमारा सम्पूर्ण जीवन था। इस क्रम में हम लोगों न सर्वव्यापी सत्य-सिद्धान्तों को संहिता रूप में लिखा जो बाद में विषयों आधारित विभक्त होकर चार वेद ॠग्, यजु, साम और अथर्वेद का रूप धारण किया। इसी प्रकार धर्म अनुष्ठान एवम् पवित्र ग्रन्थो की व्याख्या से सम्बन्धित ग्रन्थ अरण्यक का सृजन हम लोगों ने किया। कालान्तर में जब राजाओं द्वारा यज्ञों से यथेष्ठ फल न प्राप्त होने की बुद्धि आयी तब क्षत्रिय राजाओं न स्वयं अपने कर्मों के अनुभव से दर्शन क्षेत्र में अपने बुद्धि को दिशा दी, जिसके फलस्वरूप

अधिकतम उपनिषद् उन्होंने स्वयं लिखे जो बाद में भारतीय दर्शन का मुख्य आधार बनी। इस क्रम में हमलोगों ने वेदांग अर्थात सूत्र साहित्य में 1. स्वर विज्ञान से सम्बन्धित शिक्षा 2. धर्मानुसार अर्थात कल्प में चार वर्ग - श्रोत सूत्र (श्रोत यज्ञ से सम्बन्धित), शुल्क सूत्र (यज्ञ स्थल तथा अग्निवेदी निर्माण तथा माप से सम्बन्धित जो आगे चलकर ज्योतिष का आधार बना) गृहय सूत्र (मानव जीवन से सम्बन्धित अनुष्ठान) तथा धर्म सूत्र (धार्मिक तथा अन्य प्रकार के नियम जो आगे चलकर भारतीय विधि का आधार बना) 3. व्याकरण 4. निरूक्त अर्थात व्युत्पत्ति 5. छन्द 6. ज्योतिष की भी रचना की। मनुष्य को पुरूषार्थ करने के लिए- धर्म, अर्थ, काम, मोक्ष तथा आदर्श जीवन के लिए ब्रह्मचर्य, गृहस्थ, वानप्रस्थ तथा सन्यास आश्रम की व्यवस्था हम प्राचीन आदर्श ब्राह्मणों की ही देन है।

हे प्रिय मानवों हम प्राचीन आदर्श ब्राह्मण प्रत्येक विषय को चक्रीय रूप में देखते हैं और यह ज्ञान हमने भारत के मूल निवासी ऋषियों से ही प्राप्त किये जिसके आधार पर समस्त वैदिक साहित्य का विस्तार हुआ है। हम प्रचीन ब्राह्मण ईश्वरवादी है और ईश्वर को स्वीकारते थे परन्तु उस रूप में नहीं जिस रूप में वर्तमान समाज मानता है, वर्तमान समाज का ईश्वर, मूर्ति, जप, तप, व्रत, पर्व, त्यौहार इत्यादि तो हमारी अगली पीढ़ी ने अपने जीवकोपार्जन और ईश्वर की ओर आपको लाने के लिए तब बनायी, जब हमारे कर्मकण्डों को राजाओं और राज्यों का समर्थन मिलना बन्द हो गया। हम ईश्वर को निराकार सर्वव्यापी, सर्वशक्तिमान सत्य-सिद्धान्त के रूप में देखते हैं। तथा जो इसे अपने जीवन में धारण कर प्रत्यक्ष या अप्रत्यक्ष रूप से मानव सभ्यता और मानव उत्थान के लिए अगले चरण के रूप में कालानुसार प्रयोग करता हैं उसे साकार ईश्वर या अवतार कहे। इस प्रकार मानव सभ्यता और मानवता पर आये उपरोक्त वर्णित नौ सकंटों से उत्थान की ओर ले जाने वाले व्यक्तियों को हमने क्रमशः उनके गुणों के आधार पर तथा नाम से मत्स्य, कूर्म, वाराह, नृसिंह, वामन, परशुराम तथा राम को प्रत्यक्ष अंशावतार, श्री कृष्ण को व्याक्तिगत प्रमाणित प्रत्यक्ष एवम् प्रेरक पूर्णावतार तथा भगवान बुद्ध को प्रेरक अंशावतार कहा और स्वीकार किया है। और जो भी ऐसा करेगा वह अवतार कहा ही जायेगा। सत्य कहूँ तो हम आदर्श ब्राह्मणों का वही प्रतिरूप होता है। और मात्र अवतार ही हमलोगों के समर्पण का कारण होता है। वही मात्र एक सर्वोच्च आदर्श ब्राह्मण होता है क्योंकि वही ब्रह्म है। यहाँ तक आने के लिए तुम्हें स्थूल शरीर, इन्द्रिय, प्राण, भाव, मन तथा सूक्ष्म बुद्धि को पार करना होगा। अर्थात तुम्हारा मन इन सब विषयों में होते हुये भी इनसे मुक्त होना चाहिए। तभी तुम इन सबका संचालन कर सकते हो। अभी तो तुम इस क्रम में धीरे-धीरे बढ़ते हुए बुद्धि तक पहुँच रहे हो। मैं नहीं कह रहा कि तुम बुद्धिहीन हो, तुम्हारा कर्म कह रहा है। क्योंकि बुद्धि का अर्थ यह नहीं होता कि तुम स्थूल शरीर, इन्द्रिय, प्राण, भाव, मन की पूर्ति के लिए अपनी बुद्धि लगाओ। ऐसी बुद्धि क्षैतिज अर्थात जीवन स्तर की बुद्धि कही जाती है। तुम्हें उध्व अर्थात सामाजिक, राजनीतिक, राष्ट्रीय, वैश्विक स्तर की ओर बुद्धि खर्च करनी चाहिए। तभी तुम्हारा उत्थान हो सकता है। जब तुम सर्वोच्च और आत्मीय स्तर पर पहुँच जाओगे तो तुम ब्राह्मण, क्षत्रिय, वैश्य व शूद्र में आवश्यकतानुसार व समयानुसार परिवर्तित हो अभिनय करने में हमलोगों की भाँति कुशल हो जाओगे। क्योंकि यह एक पर एक आवरण की भाँति गुणों का संक्रमणीय, संग्रहणीय और गुणात्मक रूप है। अर्थात शूद्र होने पर वैश्य के गुणों को नहीं समझा जा सकता। परन्तु वैश्य होने पर शूद्र के गुण को आसानी से समझा जा सकता है। इसी प्रकार क्षत्रिय होने पर वैश्य व शूद्र के गुणों को, ब्राह्मण होने पर क्षत्रिय, वैश्य व शूद्र के गुणों को तथा आदर्श ब्राह्मण अर्थात ब्रह्म होने पर ब्राह्मण, क्षत्रिय, वैश्य व शूद्र के गुणों को आसानी से समझा जा सकता है। आदर्श ब्राह्मण अर्थात ब्रह्म का अंश तो सभी में विद्यमान है परन्तु वह गुणों के आवरण से छिपा है। इन गुणों पर एक-एक कर नियंत्रण करते हुये आवरण हटाते जाओ अन्ततः तुम स्वयं को ब्रह्म रूप में देखोगे। तुम कहोगे इससे क्या होगा? तो हम यह स्पष्ट और सत्य रूप से कहते हैं कि तुम हम लोगों जैसे हो जाओगे और तुम्हारी बुद्धि क्षैतिज सहित उध्व हो जायेगी। तब तुम अपने वास्तविक अधिकार को प्राप्त कर पाओगे।

हे मानवों इस संसार में मानव शरीर से व्यक्त होने वाले व्यवहारों में असीम विभिन्नता और विचित्रता है। हमलोगों का प्रयत्न सत्य तथा लोककल्याण के स्थायी भाव को बनाये रखने के लिए विभिन्न रूपों से इस ओर मोड़ना तथा जोड़ना ही रहा है। इन मानव व्यवहारों के विचित्रताओं और विभिन्नताओं में कुछ तो ऐसे होते हैं जो अपनी ही इच्छा पर आजीवन संकल्पित रहते हैं। ये ऐसे होते हैं कि 'हम नहीं बदलेगे चाहे जमाना क्यों न बदल जाये' कुछ ऐसे

होते हैं जो अपनी इच्छा की पूर्ति के लिए अनेकों प्रकार के अनैतिक कार्य करने से भी नहीं चूकते, चाहे उसका परिणाम अन्ततः दुःखदायी ही क्यों न हो। कुछ ऐसे होते हैं जो व्यक्तिगत स्तर पर आर्दश व्यक्ति के रूप में तो कुछ समाजिक स्तर पर तो कुछ वैश्विक स्तर पर आर्दश के रूप में स्वयं को प्रस्तुत करते हैं। मनुष्य के इन विभिन्न व्यवहारों की क्रिया के रूप में समझने के लिए ही हमलोगों ने पुराणों की रचना की। जिससे मनुष्य अनेक प्रकार के व्यवहारों सहित समग्र ब्रह्माण्ड को एक साथ समझ सके और अपने व्यवहार को नियंत्रित कर सके। साथ ही स्वयं अपने व्यवहारों को समझे और उसके अनुसार व्यक्त हो सके। हे मानवों जगत् का सम्पूर्ण कल्याण स्वकल्याण में ही निहित है परन्तु जो स्व का अर्थ सिर्फ व्यक्तिगत समझते हैं वे ही व्यक्तिवादी असुरी प्रकृति के होते हैं तथा जो स्व का अर्थ सार्वभौम, जिसमें वह स्वयं भी होता है, ऐसा समझते हैं वे दैवी समाजवादी प्रकृति के होते हैं। असुरी प्रवृत्तियाँ सिर्फ सीधी रेखा में सोचती ही जैसे - जन्म फिर मृत्यु जबकि दैवी प्रवृत्तियाँ चक्रीय रूप में अर्थात जन्म फिर मृत्यु फिर जन्म इस प्रकार सोचती हैं। समस्त पुराणों की रचना दैवी प्रवृति की ही कृतियाँ हैं। जिसमें असुरों के आदर्श गुरू को शुक्राचार्य कहा गया है। जबकि देवताओं के आदर्श गुरू को गुरू बृहस्पति कहा गया। राजाओं के आदर्श राजा को इन्द्र कहा गया है। अन्य सभी ब्रह्माण्ड में उपलब्ध प्रभावकारी विषयों को देवताओं के रूप में कल्पना कर प्रक्षेपित किया गया है। जैसे - वायु देव, अग्नि देव, चन्द्र देव इत्यादि। इसी प्रकार आदर्श व्यक्ति चरित्र को ब्रहमा एवम् परिवार तथा आदर्श सामाजिक व्यक्ति चरित्र अर्थात व्यक्तिगत प्रमाणित आदर्श वैश्विक व्यक्ति चरित्र को विष्णु एवम् परिवार तथा आदर्श वैश्विक व्यक्ति अर्थात सार्वजनिक प्रमाणित आदर्श वैश्विक व्यक्ति चरित्र को शिव-शंकर एवम् परिवार के रूप में प्रक्षेपित है। यहाँ ध्यान देने योग्य यह है कि आदर्श वैश्विक व्यक्ति चरित्र में आदर्श सामाजिक व्यक्ति चरित्र तथा आदर्श समाजिक व्यक्ति चरित्र में आदर्श व्यक्ति चरित्र समाहित है। इन आदर्श चरित्रों की इनकी गुणों के अनुसार इनके वस्त्र, शस्त्र, शास्त्र, वाहन इत्यादि भी प्रक्षेपित किये गये हैं। जो मात्र व्यक्तिगत प्रमाणित प्रतिकात्मक मानव रूप में प्रक्षेपण मात्र है न कि वास्तविकता के आधार रूप में। इन मानक आदर्श चरित्रों के पूर्ण या अंश रूप में जो भी मानव संसार में व्यक्त होता है उसे पुनर्जन्म या अंश या पूर्ण अवतार के रूप में स्वीकार किया जाता है। और चूंकि दैवी प्रवृत्तियाँ प्रत्येक वस्तु के पूर्व के भी एक अस्तित्व को स्वीकार करती हैं। इसलिए इन पुनर्जन्म या अंश या पूर्ण अवतारों को आदर्श मानक चरित्रों से जोड़कर अवतारी पुराण की रचना की जाती रही है। इस अनुसार उपरोक्त नौ अंश-पूर्ण अवतारों में दो - श्रीराम को ब्रह्मा का पूर्णावतार तथा श्री कृष्ण को विष्णु का पूर्णावतार कहा गया जबकि शेष सात (मत्स्य, कूर्म, वाराह, नृसिंह, वामन, परशुराम तथा बुद्ध), ईश्वर (सत्य-सिद्धान्त) के अंशावतार के रूप में स्वीकार किये गये हैं।

हे मानवों शास्त्र रचनाकार को व्यास उपाधि से पुकारा जाता है। व्यास कितने दिव्य और दूर द्रष्टा रहे होंगे, इस पर विचार करना आवश्यक है क्योंकि अन्ततः हम सभी के विचारों का निर्माण विचारों को ही पढ़कर या सुनकर ही होता रहा है और अनुभव द्वारा उसकी पुष्टि की जाती रही है। व्यास रचित पुराणों में कुल 24 (1. श्री सनकादि, 2. वराहावतार, 3. नारद मुनि, 4. नर-नारायण, 5. कपिल, 6. दत्तात्रेय, 7. यज्ञ, 8. ऋषभदेव, 9. पृथु, 10. मत्स्यावतार, 11. कूर्म, 12. धन्वन्तरि, 13. मोहिनी, 14. हयग्रीव, 15. नृसिंह, 16. वामन, 17. गजेन्द्रोधारावतार, 18. परशुराम , 19. वेदव्यास, 20. हन्सावतार, 21. राम, 22. कृष्ण, 23. बुद्ध, 24. कल्कि) अवतार जिसमें मुख्य 10 (मत्स्य, कूर्म, वाराह, नृसिंह, वामन, परशुराम, राम, कृष्ण, बुद्ध और कल्कि) अवतार का ही विवरण है। दोनों में अन्तिम, कल्कि अवतार ही हैं। तो क्या अन्तिम अवतार के बाद अवतारी श्रृंखला का कार्य समाप्त हो जायेगा? और यदि यह सत्य होता है तब व्यास के उस अवतारी श्रृंखला के गणित को आप लोग क्या कहोगे? इसे जानने के लिए मानव सभ्यता के उस अन्तिम संकट को पहचानना होगा जो अन्तिम अवतार का कार्य होगा। यह अन्तिम अवतार ही सार्वजनिक प्रमाणित आदर्श वैश्विक व्यक्ति चरित्र और शिव-शंकर के पूर्णावतार के रूप में होगा। क्योंकि कालक्रम में ब्रह्मा के पूर्णावतार के रूप में श्रीराम तथा विष्णु का पूर्णावतार के रूप में श्रीकृष्ण का अवतरण हो चुका है।

मानव सभ्यता पर दसवाँ और अन्तिमं संकट काल स्वयं मानवों द्वारा ही उत्पन्न हो गया था जिसका ज्ञान स्वयं मानवों को भी नहीं था। इस संकट को समझने के लिए एक सत्य-प्रत्यक्ष वृतान्त उदाहरणस्वरूप लिख रहा हूँ-

मैं जब भी हाबड़ा (पश्चिम बंगाल) जाता हूँ तब दो स्थानों पर अवश्य जाता हूँ। पहला राम कृष्ण मिशन, बेलूड़ मठ और दूसरा वनस्पति उद्यान (बोटेनिकल गार्डन)। यहाँ कुल अब तक तीन बार, सन् 1984 (कालेज शैक्षणिक यात्रा), सन् 1987 (स्वयं) और सन् 2010 (स्वयं) में जा चुका हूँ। राम कृष्ण मिशन, बेलूड़ मठ इसलिए जाता हूँ क्योंकि वहाँ से सर्वोच्च "आध्यात्मिक सत्य" की अनुभूति कर सकूँ, उस मन स्तर से स्वयं का योग करा सकूँ। वनस्पति उद्यान (बोटेनिकल गार्डन) इसलिए जाता हूँ क्योंकि वहाँ एक वट वृक्ष है जिसे बिग बनियान ट्री (Big Banyan Tree) कहते हैं, यहाँ बैठकर मैं संसार की संरचना, तन्त्र और उसके संगठन से स्वयं का महायोग कराता हूँ। इन दोनों के कारण स्वयं को मैं सार्वभौम का एक इकाई होते भी, स्वयं को सार्वभौम ही अनुभव करता हूँ और यह सतत मेरे अन्दर प्रवाहित होता रहता है।

बड़ा वट वृक्ष (Big Banyan Tree), सैकड़ों वर्ष पुराना एक विशाल क्षेत्र में फैला वट वृक्ष है। जिसका मूल वृक्ष अब अस्तित्व में नहीं है उसके तनों से निकले सैंकड़ों जड़ वर्तमान में स्वयं एक वृक्ष, फिर उनके तनों से निकले सैंकड़ों जड़ भी वर्तमान में एक-एक वृक्ष के रूप में स्थापित हैं और सभी एक-दूसरे से जुड़े हुये हैं, बस जो नहीं है, वह है मूल वृक्ष। इस प्रकार सम्पूर्ण वृक्ष परिवार एक बड़े क्षेत्र में फैल चुका है और निरन्तर जारी भी है। प्रत्येक स्वयं स्वतन्त्र वृक्ष के रूप में स्थापित वृक्ष का अपने परिवार के रूप में तना, पत्ता, फूल और फल सब निकलते रहते हैं और जिसे जहाँ अर्थात नजदीकी स्रोत से सुविधा अर्थात खुराक मिल सकता हैं वहाँ से प्राप्त करते हुये विकास कर रहे हैं। इस कार्य में आपस में कोई विवाद नहीं है। कोई किसी पर अधिपत्य जमाना नहीं चाहता, ना ही अन्य के विकास में कोई बाधा पहुँचाता है। जिसको जिस ओर उचित वातावरण मिलता जाता है, उस ओर वह विकास कर रहा है। कुल मिलाकर स्व प्रेरित सुशासन की भाँति संचालित है। इस वट वृक्ष के सबसे बाद अर्थात वर्तमान के तनों-पत्तों के लिए उसका जन्मदाता व पालनकर्ता के रूप में उसका नजदीकी जड़ ही है इसलिए उसकी कथा-कहानी वहीं से शुरू होती है और वहीं तक उसका ज्ञान है जो एक संकुचित और सीमित ज्ञान है। वह पूर्ण को नहीं जान रहा, उसका पूर्णत्व, सार्वभौम पूर्णत्व नहीं बल्कि सीमित पूर्णत्व है। सीमित पूर्णत्व में भी वह आनन्द में हैं और विकासशील है। उसका विकास होना सार्वभौम का ही विकास होना है परन्तु उसे उसका ज्ञान नहीं है और वह उस सार्वभौम के विकास में अपने योगदान को करते हुये भी स्वयं को गौरवान्वित नहीं अनुभव कर रहा है। सार्वभौम से युक्त होने के बाद भी उसे अपने परिवार से ही जुड़ा रहना उसकी विवशता भी है और इसके अलावा कोई अन्य मार्ग भी नहीं हैं। उसके सार्वभौम का मार्ग भी उसके अपने परिवार के ही मार्ग से होकर जाता है। वृक्ष के साथ यह मजबूरी भी है कि क्योंकि वह स्थिर है इसलिए उसका छोटा परिवार केवल पड़ोस तक के ही दायरे के सम्पर्क में है। दूसरे छोर के परिवार का क्या हाल है उसे कुछ नहीं पता।

हे मानवों, ये संसार भी उपरोक्त वट वृक्ष के सामन ही फैला हुआ है। परन्तु उस भाँति विकास नहीं कर रहा है। मनुष्य के अन्दर बीमारी की भाँति अधिकतम "शक्ति और लाभ (पावर और प्राफिट)" की दौड़ ने उसे अधिपत्य, अत्याचार, दूसरे को दबाना इत्यादि से युक्त कर दिया है। और जो इस दौड़ में नहीं हैं वे सीमित पूर्णत्व में आनन्द के साथ विकासशील हैं। उन्हें और भी तेज विकास की इच्छा है परन्तु उनके बुद्धि का दायरा ही सीमित है इसलिए उन्हें मार्ग नहीं मिल रहा है। यदि उनको मार्ग भी मिल रहा हो तो वट वृक्ष की भाँति उसके नजदीकी जन्मदाता ने उसे यह बता रखा है कि जब उस सार्वभौम का मार्ग मेरे ही रास्ते से जाता है तो जो मैं कह रहा हूँ उसे करो। और इसके लिए वे अपने परिवार के लिए अनेक प्रकार की प्रणाली दे रखे हैं। जबकि ये प्रणाली देने वाले उनके नजदीकी जन्मदाता स्वयं कहाँ से आये हैं स्वयं उन्हे भी नहीं पता। क्योंकि वे स्वयं भी उस वट वृक्ष के खो गये मूल जड़ की तरह अपने मूल जड़ को नहीं जानते। वे भी अपने नजदीकी जन्मदाता का ही अनुसरण कर रहे होते हैं। ये प्रणालीयाँ अनेक प्रकार की हैं उदाहरणस्वरूप कुछ मुख्य निम्नवत् हैं-

1. उनके द्वारा प्रस्तुत कुछ पुस्तकें होती हैं जिन्हें नियमानुसार प्रतिदिन पढ़ना होता है। पढ़ने के पूर्व शुद्धता की भी प्रक्रिया अनिवार्य होती है अन्यथा पुस्तकें परिणाम नहीं दे पायेंगी, ये भी शर्त होती हैं।
2. उनके द्वारा भोजन से सम्बन्धित कुछ नियम बना दिये जाते हैं कि क्या खाना है और क्या नहीं खाना है।
3. उनके द्वारा कोई मन्त्र दे कर उसे नियमानुसार जपने के लिए दे दिया जाता है।
4. उनके द्वारा किसी यन्त्र-तन्त्र द्वारा समस्या मुक्ति का उपाय बता दिया जाता है।
5. उनके द्वारा किसी विशेष प्रकार के रंग और ढ़ग के वस्त्र निर्धारित कर दी जाती है जिससे उनकी पहचान एक अलग रूप में हो। अर्थात समाज का एक और विभाजन कर उसे प्रस्तुत कर देते हैं।

सामान्य रूप से सभी द्वारा अनिवार्य रूप से ये भी निर्धारित कर दी जाती है कि किसी दूसरे के नियमों को न तो जानना है, न सुनना है, न पढ़ना है और न ही उसमें शामिल होना है। अर्थात एक गतिशील प्राणी मनुष्य को जिसे सदैव श्रेष्ठ से, श्रेष्ठतम और सर्वोच्च तक उठने-विकास करने के लिए निर्मित किया गया था, उसे एक सीमित दायरे में बुद्धिबद्ध कर दिया गया। मनुष्य जिसका निर्माण अपनी मस्तिष्क को असीम क्षमता को विकसित कर ईश्वर रूप में व्यक्त होना था, उसे जड़ (स्थिर) बना दिया गया।

हे मानवों, मनुष्यों की सबसे बड़ी कमजोरी "स्वयं में गुणों का विकास कर स्वयं बन जाने या हो जाने" में नहीं बल्कि "पाने" की इच्छा है। इस पाने की इच्छा की कमजोरी का परिणाम ही है उपरोक्त अनेक प्रकार के बुद्धिबद्ध करने की विधियाँ।

हे मानवों, उपरोक्त के पृष्ठभूमि में उनका उद्देश्य केवल अपने स्वार्थ की पूर्ति के सिवाय कुछ नहीं होता। क्योंकि मार्गदर्शक या प्रेरक या शिक्षक का उद्देश्य स्वयं से श्रेष्ठ मानव का निर्माण होता है न कि सदैव जीवन भर एक ही प्रणाली या प्रक्रिया या कक्षा में पढ़ते-दुहराते रहने के लिए विवश करना। उपरोक्त के पृष्ठभूमि में शारीरिक-आर्थिक-मानसिक शोषण का ही कार्य विभिन्न प्रकार से चल रहा है। कोई अपने कृषि कार्य को मुफ्त में हल करवा रहा है, तो कोई अपने नाम के उत्पादों को सिर्फ उन्हें ही खरीदने के लिए बुद्धिबद्ध कर दिया है।

हे मानवों, इन सबको आस्था का व्यापार कहते हैं। जबकि मैं देख रहा हूँ कि प्रत्येक संस्कारित करने की क्रिया जो उस काल के लिए आस्था का विषय था। उसके अगले काल के लिए संस्कारित करने की नयी क्रिया उपलब्ध हो जाने के बावजूद, मानव शरीर पिछले काल के संस्कारित करने वाली क्रिया के प्रति आस्था रखते हुये मूर्खता का स्पष्ट प्रदर्शन कर रहा है। सभी कालों में, सभी संस्कारित करने की क्रियाओं में मैं (सार्वभौम आत्मा) ही आस्था का विषय था परन्तु क्रिया के प्रति आस्था रखना मूर्खता का स्पष्ट प्रमाण ही तो है। चाहे वह व्यक्तिगत इच्छा से हो या सामाजिक प्रदर्शन की इच्छा से। इन समस्त संस्कारित करने के क्रिया के पीछे जो रहस्य आज तक गोपनीय था उसे मैंने तुम्हारें समक्ष सार्वजनिक प्रकाशित कर दिया है। अब कुछ भी गोपनीय नहीं। बावजूद इसके प्रत्येक मनुष्य अपनी मूर्खता रूपी आस्था को प्रदर्शित करने के लिए स्वतन्त्र है। परन्तु वह मुझ (सार्वभौम आत्मा) को प्राप्त नहीं कर सकता। हे मानवों, ईश्वर बहुमत से नहीं निर्धारित किया जाता इसलिए ही उसे अनिवर्चनीय कहा गया है। किसी भी वस्तु के प्रति आस्था के विकास से और समस्त मानवों को उसके प्रति आस्थावान् बना देने से वह वस्तु गुण प्रकट कर वैसा नहीं बन सकती जैसा आप उम्मीद करते हो।

हे मानवों, एक तरह से देखा जाये तो उपरोक्त व्यवस्था से कोई समस्या है ही नहीं क्योंकि जिसकी इच्छा जहाँ से पूर्ति हो रही है और विकास का मार्ग मिल रहा है, वह वहाँ से जुडा हुआ है। इसलिए मानव सभ्यता पर आया यह दसवाँ और अन्तिम संकट, संकट होते हुये भी संकट जैसा नहीं दिखता। इस व्यवस्था से हमें कोई समस्या भी नहीं है। समस्या ये है कि धर्म को जिस उद्देश्य के लिए निर्मित किया गया था वही धर्म, संकट में है। यह धर्म ही उस वट वृक्ष का मूल है, सार्वभौम है, समष्टि है। इसके ज्ञान से युक्त दोनों को अर्थात विशाल संसार रूपी वट वृक्ष के छोटे-छोटे परिवार के नेतृत्वकर्ता मुखिया सहित उसके सदस्यों को होना आवश्यक है। तभी परिवार के नेतृत्वकर्ता मुखिया द्वारा बनाये गये उपरोक्त प्रणाली-नियम परिणाम-फल दे पायेंगे जिसकी इच्छा परिवार के सदस्य करते हैं।

हे मानवों, अब सार्वजनिक प्रमाणित आदर्श वैश्विक व्यक्ति चरित्र और शिव-शंकर के पूर्णावतार के रूप में होने वाले अन्तिम अवतार के स्वरूप को समझते हैं जिनसे संकट में पड़े धर्म का उत्थान होना है-

इस क्रम में पहले शिव-शंकर के रूप को समझते हैं। फिर अन्तिम अवतार के लिए बचे शेष कार्य को भी समझेंगे। शिव-शंकर अवतार के आठ रूप और उनके अर्थ निम्नवत हैं-

1. शर्व- सम्पूर्ण पृथ्वी को धारण कर लेना अर्थात पृथ्वी के विकास या सृष्टि कार्य में इस रूप को पार किये बिना सम्भव न होना।

2. भव- जगत को संजीवन देना अर्थात उस विषय को देना जिससे जगत संकुचित व मृत्यु को प्राप्त होने न पाये।

3. उग्र- जगत के भीतर और बाहर रहकर श्री विष्णु को धारण करना अर्थात जगत के पालन के लिए प्रत्यक्ष या प्रेरक कर्म करना।

4. भीम- सर्वव्यापक आकाशात्मक रूप अर्थात आकाश की भाँति सर्वव्यापी अनन्त ज्ञान जो सभी नेतृत्व विचारों को अपने में समाहित कर ले।

5. पशुपति- मनुष्य समाज से पशु प्रवृत्तियों को समाप्त करना अर्थात पशु मानव से मनुष्य को उठाकर ईश्वर मानव की ओर ले जाना। दूसरे रूप में जीव का शिव रूप में निर्माण।

6. ईशान- सूर्य रूप से दिन में सम्पूर्ण संसार में प्रकाश करना अर्थात ऐसा ज्ञान जो सम्पूर्ण संसार को पूर्ण ज्ञान से प्रकाशित कर दे।

7. महादेव- चन्द्र रूप से रात में सम्पूर्ण संसार में अमृत वर्षा द्वारा प्रकाश व तृप्ति देना अर्थात ऐसा ज्ञान जो संसार को अमृतरूपी शीतल ज्ञान से प्रकाशित कर दे।

8. रूद्र- जीवात्मा का रूप अर्थात शिव का जीव रूप में व्यक्त होना।

शिव-शंकर देवता व दानव दोनों के देवता हैं जबकि श्री विष्णु सिर्फ देवताओं के देवता हैं। अर्थात शिव-शंकर जब रूद्र रूप की प्राथमिकता में होंगे तब उनके लिए देवता व दानव दोनो प्रिय होंगे लेकिन जब उग्र रूप की प्राथमिकता में होंगे तब केवल देवता प्रिय होंगे। अर्थात शिव-शंकर का पूर्णवतार इन आठ रूपों से युक्त हो संसार का कल्याण करते हैं।

हे मानवों, अब सार्वजनिक प्रमाणित आदर्श वैश्विक व्यक्ति चरित्र और शिव-शंकर के पूर्णावतार के रूप में होने वाले अन्तिम अवतार के कार्य को समझते हैं जिनसे संकट में पड़े धर्म का उत्थान होना है-

ईश्वर (सार्वभौम सत्य-सिद्धान्त) के दसवें और अन्तिम अवतार के समय तक राज्य और समाज स्वतः ही प्राकृतिक बल के अधीन कर्म करते-करते सिद्धान्त प्राप्त करते हुए पूर्ण गणराज्य की ओर बढ़ रहा था परिणामस्वरुप गणराज्य का रुप होते हुए भी गणराज्य सिर्फ राज्य था और एकतन्त्रात्मक अर्थात् व्यक्ति समर्थक तथा समाज समर्थक दोनों की ओर विवशतावश बढ़ रहा था।

भारत में निम्लिखित रुप व्यक्त हो चुका था।

1. ग्राम, विकास खण्ड, नगर, जनपद, प्रदेश और देश स्तर पर गणराज्य और गणसंघ का रुप।
2. सिर्फ ग्राम स्तर पर राजा (ग्राम व नगर पंचायत अध्यक्ष) का चुनाव सीधे जनता द्वारा।
3. गणराज्य को संचालित करने के लिए संचालक का निराकार रुप- संविधान।
4. गणराज्य के तन्त्रों को संचालित करने के लिए तन्त्र और क्रियाकलाप का निराकार रुप-नियम और कानून।
5. राजा पर नियन्त्रण के लिए ब्राह्मण का साकार रुप- राष्ट्रपति, राज्यपाल, जिलाधिकारी इत्यादि।

विश्व स्तर पर निम्नलिखित रुप व्यक्त हो चुका था।

1. गणराज्यों के संघ के रुप में संयुक्त राष्ट्र संघ का रुप।
2. संघ के संचालन के लिए संचालक और संचालक का निराकार रुप- संविधान।
3. संघ के तन्त्रों को संचालित करने के लिए तन्त्र और क्रियाकलाप का निराकार रुप- नियम और कानून।
4. संघ पर नियन्त्रण के लिए ब्राह्मण का साकार रुप-पाँच वीटो पावर।
5. प्रस्ताव पर निर्णय के लिए सदस्यों की सभा।

6. नेतृत्व के लिए राजा- महासचिव।

जिस प्रकार आठवें अवतार द्वारा व्यक्त आत्मा के निराकार रुप "गीता" के प्रसार के कारण आत्मीय प्राकृतिक बल सक्रिय होकर गणराज्य के रुप को विवशतावश समाज की ओर बढ़ा रहा था उसी प्रकार अन्तिम अवतार द्वारा निम्नलिखित शेष समष्टि कार्य पूर्ण कर प्रस्तुत कर देने मात्र से ही विवशतावश उसके अधिपत्य की स्थापना हो जाना है।

1. गणराज्य या लोकतन्त्र के सत्य रुप- गणराज्य या लोकतन्त्र के स्वरुप का अन्तर्राष्ट्रीय/ विश्व मानक।
2. राजा और सभा सहित गणराज्य पर नियन्त्रण के लिए साकार ब्राह्मण का निराकार रुप- मन का अन्तर्राष्ट्रीय/ विश्व मानक।
3. गणराज्य के प्रबन्ध का सत्य रुप- प्रबन्ध का अन्तर्राष्ट्रीय/ विश्व मानक।
4. गणराज्य के संचालन के लिए संचालक का निराकार रुप- संविधान के स्वरुप का अन्तर्राष्ट्रीय/ विश्व मानक।
5. साकार ब्राह्मण निर्माण के लिए शिक्षा का स्वरुप- शिक्षा पाठ्यक्रम का अन्तर्राष्ट्रीय/ विश्व मानक।

इस समष्टि कार्य द्वारा ही काल व युग परिवर्तन होगा न कि सिर्फ चिल्लाने से कि "सतयुग आयेगा" , "सतयुग आयेगा" से। यह समष्टि कार्य जिस शरीर से सम्पन्न होगा वही अन्तिम अवतार के रूप में व्यक्त होगा। धर्म में स्थित वह अवतार चाहे जिस सम्प्रदाय (वर्तमान अर्थ में धर्म) का होगा उसका मूल लक्ष्य यही शेष समष्टि कार्य होगा और स्थापना का माध्यम उसके सम्प्रदाय की परम्परा व संस्कृति होगी।

हे मानवों, उपरोक्त कार्य ही उस एक मात्र शेष अन्तिम अवतार का कार्य है और जो उपरोक्त कार्य को पूर्ण करेगा वह कल्कि अवतार के नाम से जाना जायेगा। हे मानवों उपरोक्त कार्य ही शेष ईश्वर के लिए कार्य है और मनुष्य के लिए चुनौति।

इस क्रम में मैं लव कुश सिंह "विश्वमानव" अपने "विश्वशास्त्र" से उपरोक्त कार्य को पूर्ण करने के लिए और स्वयं को धर्म मार्ग से अनिर्वचनीय कल्कि महाअवतार भोगेश्वर के रूप में तथा भारतीय लोकतान्त्रिक गणराज्य मार्ग से "भारत रत्न" के रूप में स्थापित करने के लिए एक मार्ग-एक प्रारूप प्रस्तुत किया हूँ जो अपने युग-समय में पहला प्रारूप है। इस प्रारूप "विश्वशास्त्र" के धर्मक्षेत्र से 90 नाम और धर्मनिरपेक्ष या सर्वधर्मसमभाव क्षेत्र से 141 नाम देने के बाद भी इस प्रारूप का नाम "ब्रह्माण्डशास्त्र" नहीं रखा। मनुष्यों के लिए यह चुनौति है कि वे "ब्रह्माण्डशास्त्र" की रचना कर मेरे प्रारूप "विश्वशास्त्र" को गलत या संकुचित सिद्ध कर मुझे अनिर्वचनीय कल्कि महाअवतार भोगेश्वर की योग्यता से वंचित कर दे। हे मानवों अगर आप ऐसा कर पाओं तो मेरे लिए मेरे द्वारा उत्पन्न किये गये अनन्त कृतियों में सबसे सम्मान के योग्य मानव नाम की कृति ही अन्तिम रूप से सर्वश्रेष्ठ होगी अन्यथा "विश्वशास्त्र" से मैं तुम्हारे अन्दर प्रवेश कर तुम में से ही स्वयं को प्रकट करूँगा।

हे मानवों, इन रहस्यों के खोलने के प्रति मेरा उद्देश्य क्या है? यह उद्देश्य सरल है क्योंकि एक सरल, साधारण, अघोर का उद्देश्य कभी भी कठीन, असाधारण और घोर नहीं हो सकता। साधारण सी बात है- प्रत्येक वस्तु स्वयं अपने जैसा ही निर्माण, उत्पादन या प्रजनन करती है। इस क्रम में ईश्वर भी स्वयं जैसा ईश्वर का ही निर्माण, उत्पादन या प्रजनन करेगा, न कि मूर्ख, अज्ञानी, बुद्धिबद्ध और गुलाम मनुष्य का। मात्र एक विचार- "ईश्वर ने इच्छा व्यक्त की कि मैं एक हूँ, अनेक हो जाऊँ" और "सभी ईश्वर हैं" , यह प्रारम्भ और अन्तिम लक्ष्य है। मनुष्य की रचना "पावर और प्राफिट (शक्ति और लाभ)" के लिए नहीं बल्कि असीम मस्तिष्क क्षमता के विकास के लिए हुआ है। फलस्वरूप वह स्वयं को ईश्वर रूप में अनुभव कर सके, जहाँ उसे किसी गुरू की आवश्यकता न पड़ें, वह स्वंयभू हो जाये, उसका प्रकाश वह स्वयं हो। एक गुरू का लक्ष्य भी यही होता है कि शिष्य मार्गदर्शन प्राप्त कर गुरू से आगे निकलकर, गुरू तथा स्वयं अपना नाम और कृति इस संसार में फैलाये, ना कि जीवनभर एक ही कक्षा में (गुरू में) पढ़ता रह जाये। एक ही कक्षा में जीवनभर पढ़ने वाले को समाज क्या नाम देता है, समाज अच्छी प्रकार जानता है और आपलोग खुद स्वयं भी जातने हैं। "विश्वशास्त्र" से कालक्रम को उसी मुख्यधारा में मोड़ दिया गया है। एक शास्त्राकार, अपने द्वारा व्यक्त किये गये पूर्व के शास्त्र का उद्देश्य और उसकी सीमा तो बता ही सकता है परन्तु व्याख्याकार ऐसा नहीं कर सकता।

स्वामी विवेकानन्द जी कहते हैं- "हम गुरु के बिना कोई ज्ञान प्राप्त नहीं कर सकते। अब बात यह है कि यदि मनुष्य, देवता अथवा कोई स्वर्गदूत हमारे गुरु हो, तो वे भी तो ससीम हैं, फिर उनसे पहले उनके गुरु कौन थे? हमें मजबूर होकर यह चरम सिद्धान्त स्थिर करना ही होगा कि एक ऐसे गुरु हैं जो काल के द्वारा सीमाबद्ध या अविच्छिन्न नहीं हैं। उन्हीं अनन्त ज्ञान सम्पन्न गुरु को, जिनका आदि भी नहीं और अन्त भी नहीं, ईश्वर कहते हैं। (राजयोग, रामकृष्ण मिशन, पृष्ठ-134)

चाँद की ओर ईशारा करने वाले की उँगली की ओर नहीं, चाँद की ओर देखा जाता है। और चाँद को पकड़ा जाता है न कि उँगली दिखाने वाले को।

हे मानवों, यह भाव हमारे मन में क्यों आया? यह भाव हमारे मन में आने का कारण हृदय की विशालता है। हम अब अपने द्वारा निर्मित उत्पादों को, अब और अधिक समय तक कबाड़ के रूप में न तो रख सकते हैं और ना ही देखना चाहते हैं। अब सभी को हम स्वयं जैसा पूर्ण देखना चाहते हैं।

हे मानवों, हम लोगों की उत्पत्ति कैसे हुई? हमारी उत्पत्ति ज्ञान से हुई है। जिन्हें ज्ञान है वही अपने आप को संघर्ष में पाते हैं और सर्वश्रेष्ठता के लिए कर्मशील हैं। शेष सभी तो प्रकृति के अनुसार आते-जाते रहते हैं। इस ज्ञान को ही ब्रह्म कहते हैं। देवता रूप में इस ज्ञान को ब्रह्मा के रूप में प्रक्षेपित किया गया है। यह ज्ञान जिस-जिस अंगो द्वारा प्राथमिकता से अनुभव में आता है उतने प्रकार के मानव अपने-आप को उत्पन्न समझते हैं। पुराण रचनाकार महर्षि व्यास ने ब्रह्मा अर्थात ज्ञान के पुत्रों का प्रक्षेपण किये हैं। ब्रह्मा के 10 मानस पुत्रों 1. मन (विचार से ज्ञान प्राप्त करने वाले) से मरीचि, 2. नेत्रों (देखकर ज्ञान प्राप्त करने वाले) से अत्रि, 3. मुख (वाणी से ज्ञान प्राप्त करने वाले) से अंगिरा, 4. कान (सुन कर ज्ञान प्राप्त करने वाले) से पुलस्त्य, 5. नाभि (केन्द्र से ज्ञान प्राप्त करने वाले) से पुलह, 6. हाथ (कर्म से ज्ञान प्राप्त करने वाले) से कृतु, 7. त्वचा (स्पर्श से ज्ञान प्राप्त करने वाले) से भृगु, 8. प्राण (श्वास से ज्ञान प्राप्त करने वाले) से वशिष्ठ, 9. अँगूठे (आत्मा से ज्ञान प्राप्त करने वाले) से दक्ष तथा 10. गोद (प्रेम से ज्ञान प्राप्त करने वाले) से नारद उत्पन्न हुये। ये दस प्रकार ज्ञान से उत्पन्न है और इतने प्रकार के मानव निर्मित होकर संसार में विचरण कर रहे हैं। इसे ये न समझना चाहिए कि मन या नेत्र इत्यादि से कैसे ब्रह्मा ने अपने पुत्रों को उत्पन्न किया? चूंकि शरीर का अस्तित्व अस्थायी है इसलिए विचार के आधार पर ये मनुष्य के वर्ग या श्रेणी का निर्धारण है। हमारे द्वारा इतने वर्गों अर्थात परिवार को उत्पन्न करने के बाद स्वयं को सर्वश्रेष्ठ और मूल सिद्ध करते रहना भी हमारी ही जिम्मेदारी और कर्तव्य है ताकि हमारा परिवार एक संयुक्त परिवार के रूप में प्रकाशित हो।

हे मानवों, हमने अपने अधिपत्य के लिए क्या-क्या किया? हे मानवों हमने अपने अधिपत्य के लिए सदैव साम-दाम-दण्ड-भेद की विधि से निम्नलिखित गुणों को समय-समय पर प्रेम से मानव मस्तिष्क में स्थापित किया और करता रहूँगा और अन्त में इसे मानवों को स्वेच्छा से स्वीकार करने पर विवश भी कर दूँगा-

01. मुख्य-गुण सिद्धान्त - इसमें धारा के विपरीत दिशा (राधा) में गति करने का विचार-सिद्धान्त मानव मस्तिष्क में डाला गया।

02. मुख्य-गुण सिद्धान्त - इसमें सहनशील, शांत, धैर्यवान, लगनशील, दोनों पक्षों के बीच मध्यस्थ की भूमिका वाला गुण (समन्वय का सिद्धान्त) का विचार-सिद्धान्त मानव मस्तिष्क में डाला गया।

03. मुख्य-गुण सिद्धान्त - इसमें सूझ-बुझ, सम्पन्न, पुरूषार्थी, धीर-गम्भीर, निष्कामी, बलिष्ठ, सक्रिय, शाकाहारी, अहिंसक और समूह प्रेमी, लोगों का मनोबल बढ़ाना, उत्साहित और सक्रिय करने वाला गुण (प्रेरणा का सिद्धान्त) का विचार-सिद्धान्त मानव मस्तिष्क में डाला गया।

04. मुख्य-गुण सिद्धान्त - प्रत्यक्ष रूप से एका-एक लक्ष्य को पूर्ण करने वाले (लक्ष्य के लिए त्वरित कार्यवाही का सिद्धान्त) का विचार-सिद्धान्त मानव मस्तिष्क में डाला गया।

05. मुख्य-गुण सिद्धान्त - भविष्य द्रष्टा, राजा के गुण का प्रयोग करना, थोड़ी सी भूमि पर गणराज्य व्यवस्था की स्थापना व व्यवस्था को जिवित करना, उसके सुख से प्रजा को परिचित कराने वाले गुण (समाज का सिद्धान्त) का विचार-सिद्धान्त मानव मस्तिष्क में डाला गया।

06. मुख्य-गुण सिद्धान्त - गणराज्य व्यवस्था को ब्रह्माण्ड में व्याप्त व्यवस्था सिद्धान्तों को आधार बनाने वाले गुण और व्यवस्था के प्रसार के लिए योग्य व्यक्ति को नियुक्त करने वाले गुण (लोकतन्त्र का सिद्धान्त और उसके प्रसार के लिए योग्य उत्तराधिकारी नियुक्त करने का सिद्धान्त) का विचार-सिद्धान्त मानव मस्तिष्क में डाला गया।

07. मुख्य-गुण सिद्धान्त - आदर्श चरित्र के गुण के साथ प्रसार करने वाला गुण (व्यक्तिगत आदर्श चरित्र के आधार पर विचार प्रसार का सिद्धान्त) का विचार-सिद्धान्त मानव मस्तिष्क में डाला गया।

08. मुख्य-गुण सिद्धान्त - आदर्श सामाजिक व्यक्ति चरित्र के गुण, समाज में व्याप्त अनेक मत-मतान्तर व विचारों के समन्वय और एकीकरण से सत्य-विचार के प्रेरक ज्ञान को निकालने वाले गुण (सामाजिक आदर्श व्यक्ति का सिद्धान्त और व्यक्ति से उठकर विचार आधारित व्यक्ति निर्माण का सिद्धान्त) का विचार-सिद्धान्त मानव मस्तिष्क में डाला गया।

09. मुख्य-गुण सिद्धान्त - प्रजा को प्रेरित करने के लिए धर्म, संघ और बुद्धि के शरण में जाने का गुण (धर्म, संघ और बुद्धि का सिद्धान्त) का विचार-सिद्धान्त मानव मस्तिष्क में डाला गया।

10. मुख्य-गुण सिद्धान्त - आदर्श मानक सामाजिक व्यक्ति चरित्र समाहित आदर्श मानक वैश्विक व्यक्ति चरित्र अर्थात सार्वजनिक प्रमाणित आदर्श मानक वैश्विक व्यक्ति चरित्र का विचार-सिद्धान्त मानव मस्तिष्क में डालने का काम वर्तमान है और वो अन्तिम भी है।

हे मानवों, अब स्थिति क्या है तथा भाविष्य में काल की गति किस ओर जा रही है? हे मानवों अब स्थिति यह है कि हमें आपके परम प्रिय सिद्धान्त "शक्ति और लाभ (पावर और प्राफिट)" से कोई असहमति नहीं हैं बल्कि यह आपमें कुछ करने की प्रवृत्ति का महान गुण हैं। इसका प्रकाश आप में सदैव जलते रहना चाहिए। काल की गति इस प्रकाश को कैसे सफलतापूर्वक प्राप्त किया जा सकता है उस ज्ञान को ग्रहण करके उस अनुसार कार्य करने की ओर जा रही है अर्थात ज्ञान युग की ओर जा रही है। और मस्तिष्क का विकास ही इसका मार्ग है। भविष्य का समय ऐसे ही मानवों के स्वागत की प्रतीक्षा कर रहा है।

काशी-सत्यकाशी क्षेत्र से विश्व शान्ति का अन्तिम सत्य-सन्देश

प्रिय आत्मीय मानवों,

इस संसार के मनुष्यों को अपना अन्तिम सन्देश देने से पहले मैं आपको उस क्षेत्र से परिचय कराना चाहता हूँ जिस क्षेत्र से यह सन्देश देने का साहस किया गया है क्योंकि कोई भी क्रिया बिना कारण के नहीं होती। मेरा समस्त मूल कार्य जिस क्षेत्र से सम्पूर्ण हुआ, उस क्षेत्र को मैं सत्यकाशी क्षेत्र कहता हूँ और मैं जिस ग्राम का निवासी हूँ वह काशी (वाराणसी) के चौरासी कोस यात्रा तथा सत्यकाशी क्षेत्र का उभय क्षेत्र में स्थित है। इसलिए मैं जितना काशी (वाराणसी) का हूँ उतना ही सत्यकाशी का हूँ। इस प्रकार यह सन्देश काशी-सत्यकाशी का संयुक्त सन्देश है।

सत्यकाशी क्षेत्र जो काशी (वाराणसी), विन्ध्याचल, शिवद्वार और सोनभद्र के बीच का क्षेत्र है, एक पौराणिक-आध्यात्मिक और साधना के लिए उपयुक्त क्षेत्र के रूप में प्राचीन काल से आकर्षण में रहा है। इस क्षेत्र का हृदय क्षेत्र चुनार है। चुनार का किला राजा विक्रमादित्य ने अपने भाई भर्तहरि के तपस्या में हिंसक जानवरों द्वारा व्यवधान न उत्पन्न हो इसके लिए बनवाया था। ये राजा विक्रमादित्य वही हैं जिनके नाम से विक्रम सम्वत् कैलेण्डर स्थापित है। चुनार ईश्वर के पाँचवें अवतार-वामन अवतार का क्षेत्र है जिनसे समाज की शक्ति का प्रथम जन्म हुआ था।

सत्यकाशी क्षेत्र के चारों कोण पर स्थित 1. काशी (वाराणसी) का अपना प्राचीन और पुरातन इतिहास है जो सर्वविदित है। 2. विन्ध्याचल, जो शिव-शक्ति के उपासना का अद्भुत केन्द्र है। यशोदा से उत्पन्न पुत्री (जिनके बदले श्रीकृष्ण प्राप्त हुये थे) महासरस्वती अष्टभुजा देवी के नाम से यहीं स्थापित हैं। भारत देश का मानक समय माँ विन्ध्यवासिनी धाम से तय होता है। पुराणों के अनुसार रावण ने भी इसे मानक समय स्थल मानकर यहाँ शिवलिंग की स्थापना की थी। 3. शिवद्वार, त्रिकोणीय तान्त्रिक साधना के लिए जगत विख्यात था और साधना की राजधानी था। इसे ही मीरजापुर गजेटियर में गुप्तकाशी की संज्ञा से अभिकल्पित किया गया है। 4. सोनभद्र, सोन संस्कृति की पौराणिक पृष्ठभूमि वैदिककालीन सभ्यता की पराकाष्ठापरक ऐतिहासिकता से सम्बद्ध है। सन्त परम्पराओं का एक महत्वपूर्ण परिव्रजन इस क्षेत्र में हुआ जिसमें शैव व शाक्त प्रमुख थे। शैव सम्प्रदाय से जुड़े अघोर तन्त्र ने इसे बहुत सराहा और इसे अपनी कर्मभूमि बना लिया। सोन नद के तट पर शव छेदन क्रिया की भी प्रशिक्षा आयुर्वेद के जिज्ञासुओं को दी जाती थी। शैव तन्त्र से प्रभावित अघोर तन्त्र शव-साधना में सिद्धहस्त था और शव में इकार की प्राण प्रतिष्ठा का जीवन्त रूप शिव को दे देना इनकी अलौकिक साधना का चरमोत्कर्ष है। अघोरपन्थी नाम के पश्चात् "राम" का प्रयोग करते थे। इस क्षेत्र में सवर्ण वर्ग में प्रायः ब्राह्मण वर्ग भी राम का प्रयोग अपने नाम में करता है। इस क्षेत्र में पाशुपात तन्त्र के महान साधक लोरिक का नाम विशेष है।

उपरोक्त तो अति संक्षिप्त परिचय है विस्तार से "विश्वशास्त्र" के अध्याय-दो में प्रकाशित है, जिस क्षेत्र से ये विश्व ऐतिहासिक अन्तिम, अपरिवर्तनीय और अटलनीय सन्देश देने का साहस किया गया है।

हे मानवों, इस संसार में व्यक्त साहित्य, दर्शन, मत, सम्प्रदाय, नियम, संविधान इत्यादि को व्यक्त करने का माध्यम मात्र केवल मानव शरीर ही है इसलिए यह सोचो की यदि सार्वभौम सत्य-सिद्धान्त आधारित ऐसा साहित्य जो सार्वदेशीय, सार्वकालिक और सम्पूर्ण मानव समाज के लिए असीम गुणों और दिशाओं से युक्त हो, अन्तिम रुप से एक ही मानव शरीर से व्यक्त हो रहा हो जिसके ज्ञान के बिना मानव, मानव नहीं पशु हो, उसे स्वीकार और आत्मसात् करना मानव की विवशता हो, तो तुम उस व्यक्तकर्ता मानव को क्या कहोगे? और उसका क्या दोष? यह तो मैं तुम पर ही छोड़ता हूँ। परन्तु धार्मिक-आध्यात्मिक भाषा में उसी असीम गुणों-दिशाओं के प्रकाट्य शरीर को पूर्ण और अन्तिम साकार-सगुण-दृश्य-ब्रह्म-ईश्वर-आत्मा-शिव कहते हैं तथा सार्वभौम सत्य-

सिद्धान्त को निराकार-निर्गुण-अदृश्य-ब्रह्म-ईश्वर-आत्मा-शिव कहते हैं वह शरीर चूँकि सिद्धान्त युक्त होता है इसलिए वह धर्मशास्त्र का प्रमाण रुप होता है। जो धर्मशास्त्रों और धर्मज्ञानियों के प्रति विश्वास बढ़ाता है। वर्तमान समय में सिर्फ यह देखने की आवश्यकता है कि क्या वह सार्वभौम सत्य-सिद्धान्त शास्त्र-साहित्य विश्व विकास-एकता-स्थिरता-शान्ति के क्षेत्र में कुछ रचनात्मक भूमिका निभा सकता है या नहीं? यह देखने की आवश्यकता नहीं है कि उसका व्यक्तकर्ता एक ही शरीर है क्योंकि इससे कोई लाभ नहीं। प्रत्येक मानव चाहे वह किसी भी स्तर का हो वह शारीरिक संरचना में समान होता है परन्तु वह विचारों से ही विभिन्न स्तर पर पीठासीन है, इसलिए मानव, शरीर नहीं विचार है उसी प्रकार विश्वमानव शरीर नहीं, विश्व विचार अर्थात् सार्वभौम सत्य-सिद्धान्त है। इसी प्रकार "मैं" , अहंकार नहीं, "सिद्धान्त" है। प्रत्येक स्तर पर पीठासीन मानव अपने स्तर का सिद्धान्त रुप से "मैं" का अंश रुप से तथा विचार रुप से "अहंकार" का अंश रुप ही है। "मैं" का पूर्ण दृश्य, वास्तविक, सर्वोच्च और अन्तिम रुप वही होगा जो सम्पूर्ण ब्रह्माण्ड के सभी विषयों में व्याप्त हो जाय। तभी तो वह असीम गुणों और दिशाओं से युक्त होगा तथा प्रत्येक दिशा या गुण से उसका नाम अलग-अलग होगा परन्तु वह एक ही होगा। हे मानव, तुम इसे देख नहीं पाते क्योंकि तुम "दृष्टि" से युक्त हो अर्थात् तुम एक ही दिशा या गुण द्वारा देखने की क्षमता रखते हो तुम्हें "दिव्य दृष्टि" अर्थात् अनेक दिशा या गुणों द्वारा एक साथ देखने की क्षमता रखनी चाहिए तभी तुम यथार्थ को देख पाओगे, तभी तुम "मैं" के विश्व रुप को देख पाओगे। दृष्टि से युक्त होने के कारण ही तुम मेरे आभासी रुप-शरीर रुप को ही देखते हो, तुम मेरे वास्तविक रुप-सिद्धान्त रुप को देख ही नहीं पाते। इसी कारण तुम मुझे अहंकार रुप में देखते हो। और इसी कारण तुम "भूमण्डलीकरण (Globalisation)" का विरोध करते हो जबकि "ग्लोबलाईज्ड" दृष्टि ही "दिव्य दृष्टि" है। जिसका तुम मात्र विरोध कर सकते हो क्योंकि यह प्राकृतिक बल के अधीन है जो तुम्हें मानव से विश्वमानव तक के विकास के लिए अटलनीय है। दृष्टि, अहंकार है, अंधकार है, अपूर्ण मानव है तो दिव्य दृष्टि, सिद्धान्त है, प्रकाश है, पूर्णमानव-विश्वमानव है। तुम मानव की अवस्था से विश्वमानव की अवस्था में आने का प्रयत्न करो न कि विश्वमानव का विरोध। विरोध से तुम्हारी क्षति ही होगी। जिस प्रकार "श्रीकृष्ण" नाम है "योगेश्वर" अवस्था है, "गदाधर" नाम है "रामकृष्ण परमहंस" अवस्था है, "सिद्धार्थ" नाम है "बुद्ध" अवस्था है, "नरेन्द्र नाथ दत्त" नाम है "स्वामी विवेकानन्द" अवस्था है, "रजनीश" नाम है "ओशो" अवस्था है। उसी प्रकार व्यक्तियों के नाम, नाम है "भोगेश्वर विश्वमानव" उसकी चरम विकसित, सर्वोच्च और अन्तिम अवस्था है। "दृष्टि" से युक्त होकर विचार व्यक्त करना निरर्थक है, प्रभावहीन है, यहाँ तक की तुम्हें विरोध करने का भी अधिकार नहीं क्योंकि वर्तमान और भविष्य के समय में इसका कोई महत्व नहीं, अर्थ नहीं क्योंकि वह व्यक्तिगत विचार होगा न कि सार्वजनिक संयुक्त विचार। यह सार्वजनिक संयुक्त विचार ही "एकात्म विचार" है और यही वह अन्तिम सत्य है, यही "सार्वभौम सत्य-सिद्धान्त" है। यही धर्मनिपरपेक्ष और सर्वधर्मसमभाव नाम से विश्वमानक-शून्य श्रृंखला: मन की गुणवत्ता का विश्वमानक तथा धर्म नाम से कर्मवेद: प्रथम, अन्तिम और पंचमवेदीय श्रृंखला है जिसकी शाखाएं सम्पूर्ण ब्रह्माण्ड में व्याप्त है और सम्पूर्ण ब्रह्माण्ड व्यक्त है जिसकी स्थापना चेतना के अन्तिम रुप-दृश्य सत्य चेतना के अधीन है। यही "मैं" का दृश्य रुप है। यही "विश्व-बन्धुत्व" , "वसुधैव-कुटुम्बकम्" , "बहुजनहिताय-बहुजनसुखाय" , "एकात्म-मानवतावाद" , "सर्वेभवन्तु-सुखिनः" की स्थापना का "एकात्मकर्मवाद" आधारित अन्तिम मार्ग है।

मन और मन का मानक। मन-व्यक्तिगत प्रमाणित अदृश्य सत्य। मन का मानक-सार्वजनिक प्रमाणित दृश्य सत्य। अनासक्त मन अर्थात् आत्मा अर्थात् व्यक्तिगत प्रमाणित अदृश्य आत्मा अर्थात् मन का अदृश्य मानक। मन का मानक अर्थात् सार्वजनिक प्रमाणित दृश्य आत्मा अर्थात् सार्वजनिक प्रमाणित दृश्य अनासक्त मन। मन का मानक में मन समाहित है।

आत्मा का सार्वजनिक प्रमाणित धर्मनिरपेक्ष एवं सर्वधर्मसमभाव दृश्य रुप एकात्म ज्ञान, एकात्म ज्ञान सहित एकात्म कर्म तथा एकात्म ज्ञान और एकात्म कर्म सहित एकात्म ध्यान के तीन व्यक्त होने के स्तर हैं जो क्रमशः एकात्म वाणी, एकात्म वाणी सहित एकात्म प्रेम तथा एकात्म वाणी और एकात्म प्रेम सहित एकात्म समर्पण द्वारा शक्ति प्राप्त करता है। जिनका धर्मयुक्त अदृश्य रुप भारतीय संस्कृति के पौराणिक कथाओं में ब्रह्मा, विष्णु,

महेश (शंकर) के रुप में तथा सरस्वती, लक्ष्मी और पार्वती शक्ति के रुप में प्रक्षेपित हैं। जिनकी उपयोगिता क्रमशः व्यक्ति, समाज और ब्रह्माण्ड को संतुलन, स्थिरता एवं विकास में है।

यदि तुम उपरोक्त गुणों को रखते हो तो तुम ही ब्रह्मा हो, विष्णु और महेश हो। साथ ही सरस्वती, लक्ष्मी और पार्वती भी। और यदि यह सीमित कर्मक्षेत्र तक में है तो तुम एक सीमाबद्ध और यदि यह सम्पूर्ण ब्रह्माण्ड के सर्वोच्च व्यापक अन्तिम और असीमित कर्म क्षेत्र तक में है तो तुम एक मूल ब्रह्मा, विष्णु, महेश और शक्ति सरस्वती, लक्ष्मी और पार्वती के अवतार हो। यदि तुम इस अनुसार नहीं तो तुम इनके अलावा मानव, दानव, पशु-मानव इत्यादि हो।

जब प्रत्येक शब्द धर्म और धर्मनिरपेक्ष या सर्वधर्मसमभाव में वर्गीकृत किया जा सकता है तब ईश्वर नाम को भी धर्मयुक्त नाम और धर्म निरपेक्ष या सर्वधर्मसमभाव नाम में व्यक्त किया जा सकता है। क्योंकि ईश्वर नाम भी शब्द है। जिस प्रकार व्यक्तिगत प्रमाणित अदृश्य काल के लिए धर्मयुक्त समष्टि ईश्वर नाम-" ऊँ" है। उसी प्रकार सार्वजनिक प्रमाणित दृश्य काल के लिए धर्मनिरपेक्ष और सर्वधर्मसमभाव समष्टि ईश्वर नाम- " TRADE CENTRE" है। जिसमें धर्म युक्त ईश्वर नाम-" ऊँ" का धर्मनिरपेक्ष और सर्वधर्मसमभाव रुप समाहित है।

एक ही देश काल मुक्त सर्वव्यापी अदृश्य सत्य-धर्म-ज्ञान है-आत्मा। और एक ही देश काल मुक्त सर्वव्यापी दृश्य सत्य-धर्म-ज्ञान है- क्रिया या परिवर्तन या $E=MC^2$ या आदान-प्रदान या TRADE या TRANSACTION। इस प्रकार सर्वोच्च और अन्तिम दृश्य सत्य-धर्म-ज्ञान से समस्त विषयों के यथार्थ व्यक्त रुप सर्वमान्य, सार्वजनिक प्रमाणित दृश्य और अन्तिम है। और व्यक्त कर्ता ज्ञानी या ब्रह्म या शिव की अन्तिम कड़ी है। इस आधार पर यह कहा जा सकता है कि "आत्मा" और मेरा दृश्य रुप (आदान-प्रदान) ही स्वस्थ उद्योग, स्वस्थ समाज और स्वस्थ लोकतन्त्र सहित विश्व शान्ति, एकता, स्थिरता और विकास का अन्तिम मार्ग है। चाहे वह वर्तमान में आत्मसात् किया जाये या भविष्य में परन्तु सत्य तो यही है।

मन से मन के मानक के व्यक्त होने के सम्पूर्ण यात्रा में कुछ महापुरुषों ने अदृश्य मानक आत्मा को व्यक्त करने के लिए कार्य किये तो कुछ ने अदृश्य सहित दृश्य मानक के लिए। मन के अदृश्य मानक आत्मा की श्रृंखला में निवृत्ति मार्गी-साधु, संत इत्यादि जिनकी सर्वोच्च स्थिति ब्रह्मा हैं। मन के अदृश्य सहित दृश्य मानक के श्रृंखला में प्रवृत्ति मार्गी-गृहस्थ युक्त सन्यासी इत्यादि जिनकी सर्वोच्च स्थिति विष्णु हैं। इस मानक को व्यवहारिकता में लाने के लिए ध्यान मार्गी जिनकी सर्वोच्च स्थिति महेश हैं। और यही वर्तमान तथा भविष्य के समाज की आवश्यकता है। और यही मन के मानक की उपयोगिता है।

मन के मानक को व्यक्त करने में जो शब्द, ज्ञान-विज्ञान, नाम-रुप इत्यादि प्रयोग किये गये हैं-वे सब मन से मन के मानक के विकास यात्रा में विभिन्न महापुरुषों द्वारा व्यक्त हो मानव समाज में पहले से मान्यता प्राप्त कर विद्यमान है। मैं (विश्वात्मा) सिर्फ उसको वर्तमान की आवश्यकता और वर्तमान से जोड़ने के लिए समयानुसार व्यक्त कर मन के मानक को व्यक्त कर दिया हूँ। यदि समाज इसे आत्मसात् नहीं करता तो उसके पहले मैं (विश्वात्मा) ही उसे आत्मसात् नहीं करता क्योंकि मैं शुद्ध-बुद्ध-मुक्त आत्मा हूँ, मैं नाम-रुप से मुक्त हूँ, मैं शिव हूँ, मैं शिव हूँ, मैं शिव हूँ। और ऐसा कहने वाला मैं पहला नहीं हूँ। मुझसे पहले भी अनेक सिद्धों द्वारा ऐसी उद्घोषणा की जा चुकी है और वे अपने समय के देश-काल स्थितियों में उसे सिद्ध भी कर चुके हैं और जब तक प्रत्येक मानव ऐसा कहने के योग्य नहीं बनता तब तक धर्म शास्त्रों में सृष्टि के प्रारम्भ में कहा गया ईश्वरीय वाणी-" ईश्वर ने इच्छा व्यक्त की कि मैं एक हूँ अनेक हो जाऊँ" कैसे सिद्ध हो पायेगा। मेरे उद्घोष का सबसे बड़ा प्रमाण "सत्य मानक शिक्षा" द्वारा लक्ष्य "पुनर्निर्माण" व उसके प्राप्ति की कार्य योजना है। जो अपने आप में पुरातन, विलक्षण और वर्तमान तक ऐसा नहीं हुआ है, जैसा है। श्रीराम द्वारा शारीरिक शक्ति के माध्यम से शारीरिक शक्ति का प्रयोग कर सत्यीकरण हुआ था, श्रीकृष्ण द्वारा आर्थिक शक्ति के माध्यम से व्यक्तिगत बौद्धिक शक्ति का प्रयोग कर सत्यीकरण हुआ था, अब यह कार्य व्यक्तिगत बौद्धिक शक्ति के माध्यम से सार्वभौम बौद्धिक शक्ति का प्रयोग कर सत्यीकरण किया जा रहा है। जो श्रीराम, श्रीकृष्ण के क्रम में अगला कार्य है। यह मानने का कार्य नहीं जानने का कार्य है। मानने से,

मानने वाले का कोई कल्याण नहीं होता, कल्याण तो सिर्फ जानने वालों का ही होता रहा है, होता है और होता रहेगा।

वर्तमान एवं भविष्य के मानव समाज को मैं (विश्वात्मा) का यह अन्तिम सत्य संदेश है कि-मानव की वास्तविक चेतना-सत्य चेतना अर्थात् भूतकाल का अनुभव और भविष्य की आवश्यकतानुसार वर्तमान में परिणाम ज्ञान से युक्त हो कार्य करना है न कि पशुओं की प्राकृतिक चेतना अर्थात् शुद्ध रुप से वर्तमान में कार्य करना है। सत्य चेतना में प्राकृतिक चेतना समाहित रहती है। अर्थात् मानव का विकास प्राकृतिक चेतना से सत्य चेतना की ओर होना चाहिए। और विज्ञान की भाँति धर्म के विषय में भी सदा आविष्कृत विषय से आविष्कार की ओर बढ़ना चाहिए अन्यथा स्थिति यह होगी कि वह तो आपके पास पहले से आविष्कृत था परन्तु उसी के आविष्कार में आपने पूरा जीवन व्यतीत कर दिया।

सम्पूर्ण मानव समाज से यह निवेदन है कि ईश्वर के सम्बन्ध में जो कुछ भी अब तक आविष्कृत है यद्यपि कि वह सब मैं (आत्मा) इस भौतिक शरीर (श्री लव कुश सिंह "विश्वमानव") से व्यक्त कर चुका हूँ लेकिन फिर भी व्यक्ति ईश्वर नहीं बन सकता। सिर्फ समष्टि ही ईश्वर होता है और समष्टि ही संयुक्त है। जिसकी चरम विकसित अवस्था सम्पूर्ण ब्रह्माण्ड का यथार्थ रुप है जो एक संयुक्त विचार-सत्य-सिद्धान्त ही है व्यक्ति नहीं। जबकि इसको व्यक्त और आत्मसात् करने वाला व्यक्ति ही है अर्थात् ईश्वर और व्यक्ति एक दूसरे पर निर्भर है। परिणामस्वरुप जो कुछ भी इस भौतिक शरीर द्वारा व्यक्त कर देना था-वह दे दिया गया और बात यहीं समाप्त हो गयी। क्योंकि मैं (विश्वात्मा) तुम्हारे अनूरुप सामान्य हो गया क्योंकि ईश्वर (संयुक्त विचार सत्य-सिद्धान्त) बाहर हो गया और वह सभी में व्याप्त हो गया। तू भी सामान्य, मैं भी सामान्य। तू भी ईश्वर, मैं भी ईश्वर। तू भी शिव, मैं भी शिव। इससे अलग सिर्फ माया, भ्रम, अन्धविश्वास है। और जब तक मैं (विश्वात्मा) इस शरीर में हूँ एक वर्तमान और भविष्य का एकात्म ध्यान युक्त प्रबुद्ध मानव के सिवाय कुछ अधिक भी नहीं समझा जाना चाहिए बस यही निवेदन है।

इस अन्तिम के सम्बन्ध में यह कहना चाहूँगा कि इस पर अभी विवाद करने से कोई लाभ नहीं है। अभी तो सिर्फ यह देखना है कि यह कालानुसार वर्तमान और भविष्य के लिए व्यक्ति से विश्व प्रबन्ध तक के लिए उपयोगी है या नहीं और जब तक मानव सृष्टि रहेगी तब तक यह सार्वभौम सत्य-सिद्धान्त अभेद्य और अकाट्य बना रहता है। तब यह समझ लेना होगा कि यह अन्तिम था। और व्यक्त करने वाला मानव शरीर पूर्ण ब्रह्म की अन्तिम कड़ी अर्थात् शिव का साकार सगुण रुप ही था।

आलोचना और विरोध मानव का स्वभाव है परन्तु सत्य की आलोचना और विरोध यदि बिना विचारे ही होगा तो यह उस मनुष्य के लिए स्वयं की मूर्खता का प्रदर्शन ही बन सकता है क्योंकि ऐसा नहीं है कि अन्य मनुष्य इसे नहीं समझ रहे हैं। इसलिए इसके लिए थोड़ा सतर्कता रखें विशेषकर उन लोगों के लिए जो सार्वजनिक रुप से विचार प्रस्तुत करते हैं।

हाँ, एक अन्तिम सत्य और-उपरोक्त अन्तिम सत्य भी सत्य और अन्तिम सत्य है या नहीं? इसके लिए भी तो ज्ञान और बुद्धि चाहिए।

प्रकाशित खुशमय तीसरी सहस्त्राब्दि के साथ यह एक सर्वोच्च समाचार है कि नयी सहस्त्राब्दि केवल बीते सहस्त्राब्दियों की तरह एक सहस्त्राब्दि नहीं है। यह प्रकाशित और विश्व के लिए नये अध्याय के प्रारम्भ का सहस्त्राब्दि है। केवल वक्तव्यों द्वारा लक्ष्य निर्धारण का नहीं बल्कि स्वर्गीकरण के लिए असिमीत भूमण्डलीय मनुष्य और सर्वोच्च अभिभावक संयुक्त राष्ट्र संघ सहित सभी स्तर के अभिभावक के कर्तव्य के साथ कार्य योजना पर आधारित। क्योंकि दूसरी सहस्त्राब्दि के अन्त तक विश्व की आवश्यकता, जो किसी के द्वारा प्रतिनिधित्व नहीं हुई उसे विवादमुक्त और सफलतापूर्वक प्रस्तुत किया जा चुका है। जबकि विभिन्न विषयों जैसे-विज्ञान, धर्म, आध्यात्म, समाज, राज्य, राजनीति, अन्तर्राष्ट्रीय सम्बन्ध, परिवार, व्यक्ति, विभिन्न संगठनों के क्रियाकलाप, प्राकृतिक, ब्रह्माण्डीय, देश, संयुक्त राष्ट्र संघ इत्यादि की स्थिति और परिणाम सार्वजनिक प्रमाणित दृश्य रुप में थे।

विज्ञान के सर्वोच्च आविष्कार के आधार पर अब यह विवाद मुक्त हो चुका है कि मन केवल व्यक्ति, समाज, और राज्य को ही नहीं प्रभावित करता बल्कि यह प्रकृति और ब्रह्माण्ड को भी प्रभावित करता है। केन्द्रीयकृत और ध्यानीकृत मन विभिन्न शारीरिक सामाजिक और राज्य के असमान्यताओं के उपचार का अन्तिम मार्ग है। स्थायी स्थिरता, विकास, शान्ति, एकता, समर्पण और सुरक्षा के लिए प्रत्येक राज्य के शासन प्रणाली के लिए आवश्यक है कि राज्य अपने उद्देश्य के लिए नागरिकों का निर्माण करें। और यह निर्धारित हो चुका है कि क्रमबद्ध स्वस्थ मानव पीढ़ी के लिए विश्व की सुरक्षा आवश्यक है। इसलिए विश्वमानव के निर्माण की आवश्यकता है, लेकिन ऐसा नहीं है और विभिन्न अनियन्त्रित समस्या जैसे-जनसंख्या, रोग, प्रदूषण, आतंकवाद, भ्रष्टाचार, विकेन्द्रीकृत मानव शक्ति एवं कर्म इत्यादि लगातार बढ़ रहे है। जबकि अन्तरिक्ष और ब्रह्माण्ड के क्षेत्र में मानव का व्यापक विकास अभी शेष है। दूसरी तरफ लाभकारी भूमण्डलीकरण विशेषीकृत मन के निर्माण के कारण विरोध और नासमझी से संघर्ष कर रहा है। और यह असम्भव है कि विभिन्न विषयों के प्रति जागरण समस्याओं का हल उपलब्ध करायेगा।

मानक के विकास के इतिहास में उत्पादों के मानकीकरण के बाद वर्तमान में मानव, प्रक्रिया और पर्यावरण का मानकीकरण तथा स्थापना आई0 एस0 ओ0-9000 एवं आई0 एस0 ओ0-14000 श्रृंखला के द्वारा मानकीकरण के क्षेत्र में बढ़ रहा है। लेकिन इस बढ़ते हुये श्रृंखला में मनुष्य की आवश्यकता (जो मानव और मानवता के लिए आवश्यक है) का आधार "मानव संसाधन का मानकीकरण" है क्योंकि मनुष्य सभी (जीव और निर्जीव) का निर्माणकर्ता और उसका नियन्त्रणकर्ता है। मानव संसाधन के मानकीकरण के बाद सभी विषय आसानी से लक्ष्य अर्थात् विश्वस्तरीय गुणवत्ता की ओर बढ़ जायेगी क्योंकि मानव संसाधन के मानक में सभी तन्त्रों के मूल सिद्धान्त का समावेश होगा।

वर्तमान समय में शब्द- "निर्माण" भूमण्डलीय रुप से परिचित हो चुका है इसलिए हमें अपना लक्ष्य मनुष्य के निर्माण के लिए निर्धारित करना चाहिए। और दूसरी तरफ विवादमुक्त, दृश्य, प्रकाशित तथा वर्तमान सरकारी प्रक्रिया के अनुसार मानक प्रक्रिया उपलब्ध है। जैसा कि हम सभी जानते हैं कि मानक हमेशा सत्य का सार्वजनिक प्रमाणित विषय होता है न कि विचारों का व्यक्तिगत प्रमाणित विषय। अर्थात् प्रस्तुत मानक विभिन्न विषयों जैसे-आध्यात्म, विज्ञान, तकनीकी, समाजिक, नीतिक, सैद्धान्तिक, राजनीतिक इत्यादि के व्यापक समर्थन के साथ होगा। "उपयोग के लिए तैयार" तथा "प्रक्रिया के लिए तैयार" के आधार पर प्रस्तुत मानव के विश्व स्तरीय निर्माण विधि को प्राप्त करने के लिए मानव निर्माण तकनीकी WCM-TLM-SHYAM.C (World Class Manufactuing–Total Life Maintenance- Satya, Heart, Yoga, Ashram, Meditation.Conceousnesas) प्रणाली आविष्कृत है जिसमें सम्पूर्ण तन्त्र सहभागिता (Total System Involvement-TSI) है और विश्वमानक शून्य: मन की गुणवत्ता का विश्वमानक श्रृंखला (WS-0: World Standard of Mind Series) समाहित है। जो विश्वमानव निर्माण प्रक्रिया की तकनीकी और मानव संसाधन की गुणवत्ता का विश्वमानक है। जैसे-औद्योगिक क्षेत्र में इन्स्टीच्यूट आफ प्लान्ट मेंन्टीनेन्स, जापान द्वारा उत्पादों के विश्वस्तरीय निर्माण विधि को प्राप्त करने के लिए उत्पाद निर्माण तकनीकी डब्ल्यू0 सी0 एम0-टी0 पी0 एम0-5 एस (WCM-TPM-5S (World Class Manufacturing - Total Productive Maintenance -Siri (छँटाई), Seton (सुव्यवस्थित), Sesaso (स्वच्छता), Siketsu (अच्छास्तर), Shituke (अनुशासन) प्रणाली संचालित है। जिसमें सम्पूर्ण कर्मचारी सहभागिता (Total Employees Involvement) है।) का प्रयोग उद्योगों में विश्व स्तरीय निर्माण प्रक्रिया के लिए होता है। और आई.एस.ओ.-9000 (ISO-9000) तथा आई.एस.ओ.-14000 (ISO-14000) है।

युग के अनुसार सत्यीकरण का मार्ग उपलब्ध कराना ईश्वर का कर्तव्य है आश्रितों पर सत्यीकरण का मार्ग प्रभावित करना अभिभावक का कर्तव्य है। और सत्यीकरण के मार्ग के अनुसार जीना आश्रितों का कर्तव्य है जैसा कि हम सभी जानते है कि अभिभावक, आश्रितों के समझने और समर्थन की प्रतिक्षा नहीं करते। अभिभावक यदि किसी विषय को आवश्यक समझते हैं तब केवल शक्ति और शीघ्रता से प्रभावी बनाना अन्तिम मार्ग होता है। विश्व के बच्चों के लिए यह अधिकार है कि पूर्ण ज्ञान के द्वारा पूर्ण मानव अर्थात् विश्वमानव के रुप में बनना। हम सभी विश्व के नागरिक सभी स्तर के अभिभावक जैसे-महासचिव संयुक्त राष्ट्र संघ, राष्ट्रों के राष्ट्रपति-प्रधानमंत्री, धर्म,

समाज, राजनीति, उद्योग, शिक्षा, प्रबन्ध, पत्रकारिता इत्यादि द्वारा अन्य समानान्तर आवश्यक लक्ष्य के साथ इसे जीवन का मुख्य और मूल लक्ष्य निर्धारित कर प्रभावी बनाने की आशा करते हैं। क्योंकि लक्ष्य निर्धारण वक्तव्य का सूर्य नये सहस्त्राब्दि के साथ डूब चुका है। और कार्य योजना का सूर्य उग चुका है। इसलिए धरती को स्वर्ग बनाने का अन्तिम मार्ग सिर्फ कर्तव्य है। और रहने वाले सिर्फ सत्य-सिद्धान्त से युक्त संयुक्तमन आधारित मानव है, न कि संयुक्तमन या व्यक्तिगतमन से युक्तमानव।

आविष्कार विषय "व्यक्तिगत मन और संयुक्तमन का विश्व मानक और पूर्णमानव निर्माण की तकनीकी है जिसे धर्म क्षेत्र से कर्मवेद: प्रथम, अन्तिम तथा पंचमवेदीय श्रृंखला तथा शासन क्षेत्र से WS-0: मन की गुणवत्ता का विश्व मानक श्रृंखला तथा WCM-TLM-SHYAM.C तकनीकी कहते है। सम्पूर्ण आविष्कार सार्वभौम सत्य-सिद्धान्त अर्थात सम्पूर्ण ब्रह्माण्ड में व्याप्त अटलनीय, अपरिवर्तनीय, शाश्वत व सनातन नियम पर आधारित है, न कि मानवीय विचार या मत पर आधारित।" सम्पूर्ण ब्रह्माण्ड में व्याप्त एक ही सत्य-सिद्धान्त द्वारा व्यक्तिगत व संयुक्त मन को एकमुखी कर सर्वोच्च, मूल और अन्तिम स्तर पर स्थापित करने के लिए शून्य पर अन्तिम आविष्कार WS-0 श्रृंखला की निम्नलिखित पाँच शाखाएँ है।

1. डब्ल्यू.एस. (WS)-0:विचार एवम् साहित्य का विश्वमानक
2. डब्ल्यू.एस. (WS)-00: विषय एवम् विशेषज्ञों की परिभाषा का विश्वमानक
3. डब्ल्यू.एस. (WS)-000:ब्रह्माण्ड (सूक्ष्म एवम् स्थूल) के प्रबन्ध और क्रियाकलाप का विश्वमानक
4. डब्ल्यू.एस. (WS)-0000: मानव (सूक्ष्म तथा स्थूल) के प्रबन्ध और क्रियाकलाप का विश्वमानक
5. डब्ल्यू.एस. (WS)-00000:उपासना और उपासना स्थल का विश्वमानक

संयुक्त राष्ट्र संघ सीधे इस मानक श्रृंखला को स्थापना के लिए अपने सदस्य देशों के महासभा के समक्ष प्रस्तुत कर अन्तर्राष्ट्रीय मानकीकरण संगठन व विश्व व्यापार संगठन के माध्यम से सभी देशों में स्थापित करने के लिए उसी प्रकार बाध्य कर सकता है, जिस प्रकार ISO-9000 व ISO-14000 श्रृंखला का विश्वव्यापी स्थापना हो रहा है।

20 वर्षों से जिस समय की प्रतीक्षा मैं लव कुश सिंह "विश्वमानव" कर रहा था वह आ गया है। जो व्यक्ति प्राकृतिक बल को समझ जाते हैं वे उसके अनुसार कार्य योजना तैयार करते है। इस क्रम में व्यक्ति, समाज, देश व विश्व की आवश्यकता को 20 वर्ष पहले ही समझ लिया गया था और उस अनुसार ही लक्ष्य निर्धारित कर उसके प्राप्ति के लिए कार्य योजना तैयार की जा रही थी। सिर्फ लक्ष्य निर्धारण से ही कार्य सम्पन्न नहीं हो जाता बल्कि लक्ष्य की सत्यता की प्रमाणिकता के लिए धर्म शास्त्रों, पुराणों, दार्शनिकों, सामाजिक-राजनीतिक नेतृत्वकर्ताओं, विज्ञान व आध्यात्म इत्यादि के विचारों-सिद्धान्तों के द्वारा उसे पुष्टि प्रदान करने की भी आवश्यकता होती है। फिर उसे उस लक्ष्य तक पहुँचाने के लिए कार्य योजना बनानी पड़ती है।

वर्तमान समय, सम्पूर्ण पुनर्निर्माण और सत्यीकरण का समय है। हमें प्रत्येक विषय को प्रारम्भ से समझना और समझाना पड़ेगा। तभी व्यक्ति, समाज, देश व विश्व को सत्य दिशा प्राप्त हो सकेगी और इस कार्य को करने वाला काशी-सत्यकाशी क्षेत्र इस वर्तमान समय में राष्ट्र गुरू बनेगा जिसका कारण होगा-" राष्ट्र को सत्य मार्गदर्शन देना"। और फिर यही कारण भारत को जगतगुरू के रूप में स्थापित कर देगा।

हम सभी के मोटर वाहनों में, वाहन कितने किलोमीटर चला उसे दिखाने के लिए एक यंत्र होता है। यदि इस यंत्र की अधिकतम 6 अंकों तक किलोमीटर दिखाने की क्षमता हो तब उसमें 6 अंक दिखते है। जो प्रारम्भ में 000000 के रूप में होता है। वाहन के चलते अर्थात विकास करते रहने से 000001 फिर 000002 इस क्रम से बढ़ते हुये पहले इकाई में, फिर दहाई में, फिर सैकड़ा में, फिर हजार में, फिर दस हजार में, फिर लाख में, के क्रम में यह आगे बढ़ते हुये बदलता रहता है। एक समय ऐसा आता है जब सभी अंक 999999 हो जाते हें फिर क्या होगा? फिर सभी 000000 के अपने प्रारम्भ वाली स्थिति में आ जायेंगे। इन 6 अंक के प्रत्येक अंक के चक्र में 0 से 9 अंक के चक्र होते है। जो वाहन के चलने से बदलकर चले हुये किलोमीटर को दिखाते है। यही स्थिति भी इस सृष्टि के काल चक्र की है। सृष्टि चक्र में पहले काल है जिसके दो रूप अदृश्य और दृश्य हैं। फिर इन दोनों काल में 5 युग

हैं। 4 अदृश्य काल के 1 दृश्य काल के। और इन दोनों काल में 14 मनवन्तर और मनु हैं। 7 अदृश्य काल के 7 दृश्य काल के। फिर इन युगों में युगावतार अवतार होते हैं। फिर व्यास व शास्त्र होते हैं। ये सब वैसे ही है जैसे अंक गणित में इकाई, दहाई, सैकड़ा, हजार, दस हजार, लाख इत्यादि होते हैं। उपर उदाहरण दिये गये यंत्र में जब सभी अंक 999999 हो जाते हैं तब विकास के अगले एक बदलाव से इकाई, दहाई, सैकड़ा, हजार, दस हजार, लाख सभी बदलते हैं। वर्तमान सृष्टि चक्र की स्थिति भी यही हो गयी है कि अब अगले अवतार के मात्र एक विकास के लिए सत्यीकरण से काल, मनवन्तर व मनु, अवतार, व्यास व शास्त्र सभी बदलेंगे। इसलिए देश व विश्व के धर्माचार्यों, विद्वानों, ज्योतिषाचार्यों इत्यादि को अपने-अपने शास्त्रों को देखने व समझने की आवश्यकता आ गयी है क्योंकि कहीं ये कार्य वही तो नहीं है? और यदि नहीं तो वह कौन सा कार्य होगा जो इन सबको बदलने वाली घटना को घटित करेगा?

सामान्यतः मनुष्य का स्वभाव अपने जैसा ही दूसरे को समझना होता है। वह कैसे यह सोच सकता है कि एक व्यक्ति सांसारिक कार्यों से निर्लिप्त रहते हुये 20 वर्षों से ऐसी शोध व योजना पर ध्यान केन्द्रित कर कार्य करने में लगा हुआ है जो भारत को उसके सत्य महानता की ओर ले जाने वाला कार्य है। और ऐसा कार्य भारत सहित विश्व के लिए कितने बड़े समाचार का विषय बनेगा?

"विश्वशास्त्र" में जन्म-जीवन-पुनर्जन्म-अवतार-साकार ईश्वर-निराकार ईश्वर, अदृश्य और दृश्य ईश्वर नाम, मानसिक मृत्यु व जन्म, भूत-वर्तमान-भविष्य, शिक्षा व पूर्ण शिक्षा, संविधान व विश्व संविधान, ग्राम सरकार व विश्व सरकार, विश्व शान्ति व एकता, स्थिरता व व्यापार, विचारधारा व क्रियाकलाप, त्याग और भोग, राधा और धारा, प्रकृति और अहंकार, कर्तव्य और अधिकार, राजनीति व विश्व राजनीति, व्यक्ति और वैश्विक व्यक्ति, ज्ञान व कर्मज्ञान, योग, अदृश्य और दृश्य योग व ध्यान, मानवतावाद व एकात्मकर्मवाद, नायक-शास्त्राकार-आत्मकथा, महाभारत और विश्वभारत, जाति और समाजनीति, मन और मन का विश्वमानक, मानव और पूर्ण मानव एवं पूर्ण मानव निर्माण की तकनीकी, आकड़ा व सूचना और विश्लेषण, शास्त्र और पुराण इत्यादि अनेकों विषय और उनके वर्तमान समय के शासनिक व्यवस्था में स्थापना स्तर तक की विधि को व्यक्त किया गया है। इस एक ही "विश्वशास्त्र" साहित्य के गुणों के आधार पर धर्म क्षेत्र से 90 नाम और धर्मनिरपेक्ष व सर्वधर्मसमभाव क्षेत्र से 141 नाम भी निर्धारित किये गये हैं।

जब दुनिया बीसवीं सदी के समाप्ति के समीप थी तब वर्ष 1995 ई0 में कोपेनहेगन में सामाजिक विकास का विश्व शिखर सम्मेंलन हुआ था। इस शिखर सम्मेंलन में यह माना गया कि-" आर्थिक विकास अपने आप में महत्वपूर्ण विषय नहीं है, उसे समाजिक विकास के हित में काम करना चाहिए। यह कहा गया कि पिछले वर्षों में आर्थिक विकास तो हुआ, पर सभी देश सामाजिक विकास की दृष्टि से पिछड़े ही रहे। जिसमें मुख्यतः तीन बिन्दुओं-बढ़ती बेरोजगारी, भीषण गरीबी और सामाजिक विघटन पर चिन्ता व्यक्त की गई। यह स्वीकार किया गया कि सामाजिक विकास की समस्या सार्वभौमिक है। यह सर्वत्र है, लेकिन इस घोर समस्या का समाधान प्रत्येक संस्कृति के सन्दर्भ में खोजना चाहिए।" इसका सीधा सा अर्थ यह है कि व्यक्ति हो या देश, आर्थिक विकास तभी सफल होगा जब बौद्धिक विकास के साथ मनुष्य के गुणवत्ता में भी विकास हो। इसी सम्मेलन में भारत ने यह घोषणा की कि-" वह अपने सकल घरेलू उत्पाद का 6 प्रतिशत शिक्षा पर व्यय करेगा।" भारत इस पर तब से कितना अमल कर पाया यह तो सबके सामने है। लेकिन बौद्धिक विकास के साथ मनुष्य के गुणवत्ता में भी विकास के लिए भारत सहित विश्व के हजारों विश्वविद्यालय जिस पूर्ण सकारात्मक एवम् एकीकरण के विश्वस्तरीय शोध को न कर पाये, वह पूर्ण किया जा चुका है और उसे पाठ्यक्रम का रूप देकर पुनर्निर्माण के माध्यम से आपके सामने है। परिणामस्वरूप एकल सार्वभौमिक रचनात्मक बुद्धि बनाम विश्व बुद्धि का रूप आपके सामने है।

शास्त्रों व अनेक भविष्यवक्ताओं के भविष्यवाणीयों को पूर्णतया सिद्ध करते हुये यह कार्य उसी समय अवधि में सम्पन्न हुआ है। भविष्यवाणीयों के अनुसार ही जन्म, कार्य प्रारम्भ और पूर्ण करने का समय और जीवन है। अधिक जानने के लिए इन्टरनेट पर गूगल व फेसबुक में नियामतपुर कलाँ, लव कुश सिंह "विश्वमानव" , सत्यकाशी,

विश्वशास्त्र, विश्वमानव (NIYAMATPUR KALAN, LAVA KUSH SINGH "VISHWMANAV" , SATYAKASHI, VISHWSHASTRA, VISHWMANAV) इत्यादि से सर्च कर जानकारी पायी जा सकती है।

सामाजिक-आर्थिक प्रणाली और शिक्षा के दायित्व पर आधारित सम्पूर्ण कार्य योजना को राष्ट्र को समर्पित करते हुये और प्रकृति से लिए गये हवा, पानी, धूप इत्यादि का कर्ज उतारते हुये, इस व्यापार पर स्वयं का एकाधिकार न रहे इसलिए इसे, पूरी रूचि से संचालित करने वालों के हाथों में ही सौंपने की भी योजना है जिससे ज्ञान का व्यापार भी हो जायेगा और राष्ट्र सेवा भी हो जायेगी।

जय भारत देश, जय विश्व राष्ट्र

सत्य, आधुनिक अथवा प्राचीन किसी समाज का सम्मान नहीं करता। समाज को ही सत्य का सम्मान करना पड़ेगा। अन्यथा समाज ध्वंस हो जाये कोई हानि नहीं। किसी प्रकार की राजनीति में मुझे विश्वास नहीं है। ईश्वर तथा सत्य ही एक मात्र राजनीति है बाकि सब कूड़ा-करकट है।

-स्वामी विवेकानन्द

Think Globally - Act Locally
वैश्विक सोच - स्थानीय कार्यवाही

जिस प्रकार शरीर स्थित मन का स्तर व्यक्ति को इस संसार में अभिनय करवाता है, उसी प्रकार एक लेखक ही पर्दे पर या जीवन में अभिनय करवाता है।
वाल्मिकि और तुलसी के लिखने से श्रीराम का अभिनय,
और व्यास के लिखने से श्रीकृष्ण का अभिनय अभी भी चल रहा है।
व्यापक सोचें, व्यापक लिखे। पढ़े- "विश्वशास्त्र"

आत्मा पर कौन विश्वास करता है, सभी शरीर पर विश्वास करते हैं

WRITER IS ACTOR

भाग-6

परिवर्तन

सीधी समझ

नये भारत में, नये मनुष्य के उदय के लिए

व्यवस्था के परिवर्तन या सत्यीकरण का पहला प्रारूप और उसकी कार्य विधि

वे शब्द जिसके बिना युग परिवर्तन सम्भव नहीं

उपाधियाँ मिलती है- पीएच0 डी0, डी0 लिट0 और डी0 फिल0 और उनका बड़ा सम्मान होता है। उनका काम क्या है? उनका काम यह है कि वे तय करते हैं कि गोरखनाथ कब पैदा हुए थे। कोई कहता है दसवीं सदी के अंत में, कोई कहता है ग्यारहवीं सदी के प्रारम्भ में। इस पर बड़ा विवाद चलता है। बड़े-बड़े विश्वविद्यालयों के ज्ञानी सिर खपा कर खोज में लगे रहते हैं। शास्त्रों की, प्रमाणों की, इसकी, उसकी। उनकी पूरी जिन्दगी इसी में जाती है। इससे बड़ा अज्ञान और क्या होगा? गोरख कब पैदा हुए, इसे जानकर करोगे क्या? इसे जान भी लिया तो पाओगे क्या? गोरख न भी पैदा हुए, यह भी सिद्ध हो जाये, तो भी क्या फायदा? हुए हों या न हुए हों, अर्थहीन है। गोरख ने क्या जिया उसका स्वाद लो। इसलिए तुम्हारे विश्वविद्यालय ऐसी व्यर्थता के कामों में संलग्न हैं कि बड़ा आश्चर्य होता है कि इन्हें विश्वविद्यालय कहो या न कहो। इनका काम ही........तुम्हारे विश्वविद्यालय में चलने वाली जितनी शोध है, सब कूड़ा-करकट है।

-आचार्य रजनीश "ओशो"

(अक्टुबर व नवम्बर 1978 में दिये गये प्रवचन का अंश)

FINAL KNOWLEDGE BOMB BLAST

AFTER FIRST NOBEL DISCOVERY OF ZERO BY INDIA AGAIN ZERO BASED FINAL DISCOVERY

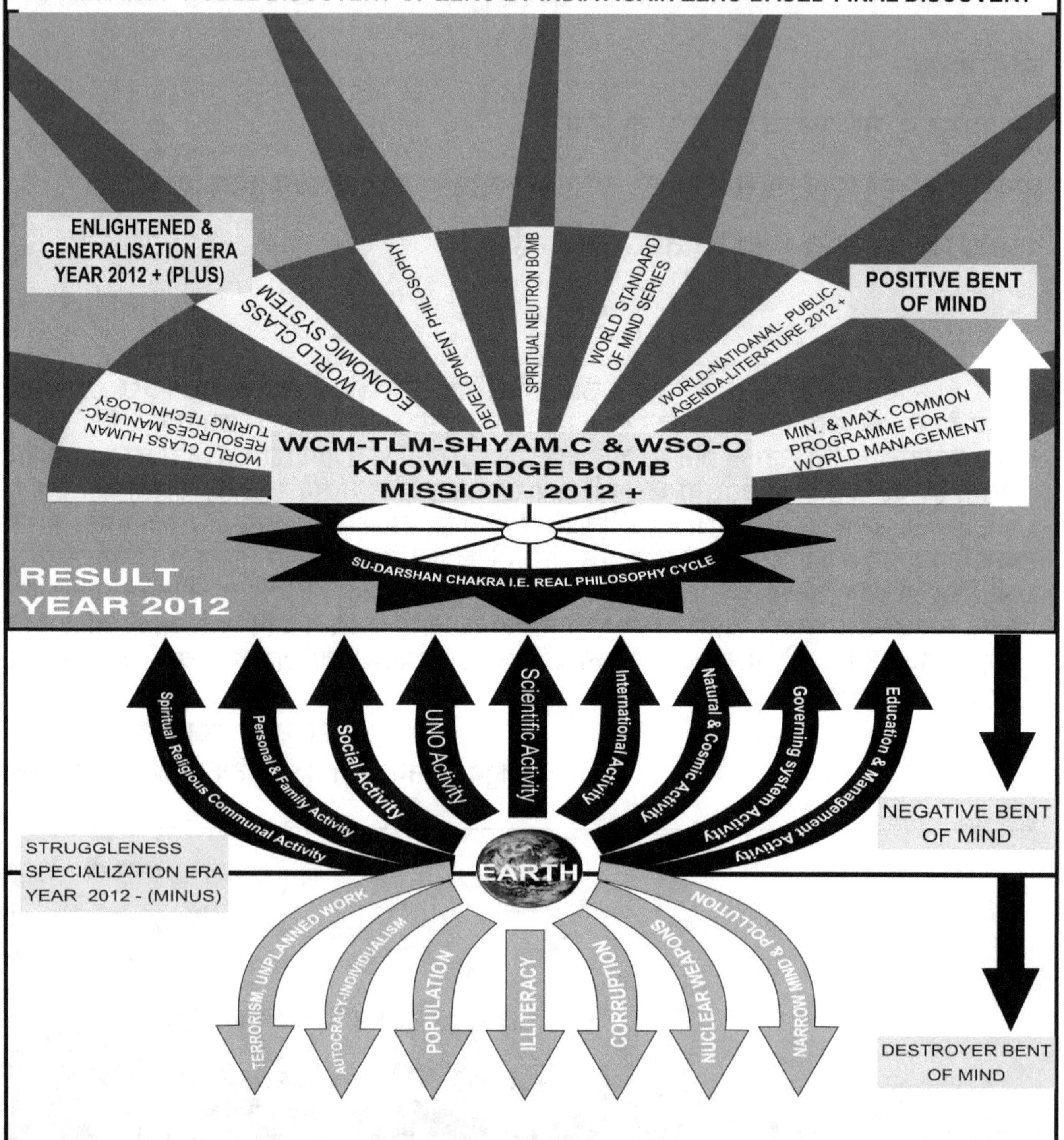

मैकाले शिक्षा पद्धति हम बदल नहीं सकते लेकिन अलग से "सत्य मानक शिक्षा" ग्रहण तो कर सकते हैं।

सरकारी पाठ्यक्रम बनाम नीजी पाठ्यक्रम / सार्वभौम आत्मीय पाठ्यक्रम / ईश्वरीय पाठ्यक्रम

ज्ञान के इस युग में ज्ञान की ओर चलें

FINAL KNOWLEDGE BOMB BLAST

यह चित्र **“FINAL KNOWLEDGE BOMB BLAST”** एक गहन वैचारिक मानचित्र है, जो मानव चेतना, ज्ञान, दर्शन और वैश्विक व्यवस्था के परिवर्तन को प्रतीकात्मक रूप में प्रस्तुत करता है।

इसमें यह दिखाया गया है कि वर्ष 2012 को एक *युग-संधि* के रूप में देखा गया है- जहाँ संघर्ष, विशेषज्ञता और विखंडन (2012–minus) से निकलकर मानवता को प्रबोधन, सामान्यीकरण और समन्वय (2012–plus) की ओर बढ़ना है।

चित्र के केंद्र में **WCM–TLM–SHYAM.C & WSO-O Knowledge Bomb Mission** और **सु-दर्शन चक्र (Real Philosophy Cycle)** को रखा गया है, जो यह संकेत देता है कि वास्तविक परिवर्तन शस्त्रों से नहीं, बल्कि दर्शन, विवेक और समग्र ज्ञान से आता है। ऊपर की ओर उठती संरचना *Positive Bent of Mind* को दर्शाती है, जहाँ विश्व-स्तरीय सोच, आध्यात्मिक दर्शन, मानवीय मूल्य, वैश्विक एजेंडा और कॉमन प्रोग्राम के माध्यम से मानव चेतना का विस्तार होता है।

चित्र के निचले भाग में पृथ्वी को केंद्र बनाकर मानव गतिविधियों-आध्यात्मिक, सामाजिक, वैज्ञानिक, अंतरराष्ट्रीय, शैक्षिक और प्रशासनिक-को दर्शाया गया है, जो यदि संतुलित हों तो उन्नति का मार्ग बनती हैं, और यदि असंतुलित हों तो *Negative* तथा *Destroyer Bent of Mind* की ओर ले जाती हैं।

वहीं नीचे की ओर गिरते तीर आतंकवाद, तानाशाही, जनसंख्या विस्फोट, अशिक्षा, भ्रष्टाचार, परमाणु खतरे और संकीर्ण सोच जैसे विनाशकारी तत्वों का प्रतिनिधित्व करते हैं। समग्र रूप से यह चित्र यह संदेश देता है कि वर्तमान युग में मानवता के सामने विकल्प स्पष्ट है-या तो संकीर्ण, नकारात्मक और विनाशकारी सोच, या फिर **“ज्ञान आधारित सार्वभौमिक दर्शन”** के माध्यम से पृथ्वी और मानव सभ्यता का संतुलित, शांतिपूर्ण और प्रबुद्ध भविष्य।

सीधी समझ

बड़ा वट वृक्ष (Big Banyan Tree), सैकड़ों वर्ष पुराना एक विशाल क्षेत्र में फैला वट वृक्ष है। जिसका मूल वृक्ष अब अस्तित्व में नहीं है उसके तनों से निकले सैंकड़ों जड़ वर्तमान में स्वयं एक वृक्ष, फिर उनके तनों से निकले सैंकड़ों जड़ भी वर्तमान में एक-एक वृक्ष के रूप में स्थापित हैं और सभी एक-दूसरे से जुड़े हुये हैं, बस जो नहीं है, वह है मूल वृक्ष। इस प्रकार सम्पूर्ण वृक्ष परिवार एक बड़े क्षेत्र में फैल चुका है और निरन्तर जारी भी है। प्रत्येक स्वयं स्वतन्त्र वृक्ष के रूप में स्थापित वृक्ष का अपने परिवार के रूप में तना, पत्ता, फूल और फल सब निकलते रहते हैं और जिसे जहाँ अर्थात् नजदीकी स्रोत से सुविधा अर्थात् खुराक मिल सकता हैं वहाँ से प्राप्त करते हुये विकास कर रहे हैं। इस कार्य में आपस में कोई विवाद नहीं है। कोई किसी पर अधिपत्य जमाना नहीं चाहता, ना ही अन्य के विकास में कोई बाधा पहुँचाता है। जिसको जिस ओर उचित वातावरण मिलता जाता है, उस ओर वह विकास कर रहा है। कुल मिलाकर स्व प्रेरित सुशासन की भाँति संचालित है। इस वट वृक्ष के सबसे बाद अर्थात् वर्तमान के तनों-पत्तों के लिए उसका जन्मदाता व पालनकर्ता के रूप में उसका नजदीकी जड़ ही है इसलिए उसकी कथा-कहानी वहीं से शुरू होती है और वहीं तक उसका ज्ञान है जो एक संकुचित और सीमित ज्ञान है। वह पूर्ण को नहीं जान रहा, उसका पूर्णत्व, सार्वभौम पूर्णत्व नहीं बल्कि सीमित पूर्णत्व है। सीमित पूर्णत्व में भी वह आनन्द में हैं और विकासशील है। उसका विकास होना सार्वभौम का ही विकास होना है परन्तु उसे उसका ज्ञान नहीं है और वह उस सार्वभौम के विकास में अपने योगदान को करते हुये भी स्वयं को गौरवान्वित नहीं अनुभव कर रहा है। सार्वभौम से युक्त होने के बाद भी उसे अपने परिवार से ही जुड़ा रहना उसकी विवशता भी है और इसके अलावा कोई अन्य मार्ग भी नहीं हैं। उसके सार्वभौम का मार्ग भी उसके अपने परिवार के ही मार्ग से होकर जाता है। वृक्ष के साथ यह मजबूरी भी है कि क्योंकि वह स्थिर है इसलिए उसका छोटा परिवार केवल पड़ोस तक के ही दायरे के सम्पर्क में है। दूसरे छोर के परिवार का क्या हाल है उसे कुछ नहीं पता।

हे मानवों, ये संसार भी उपरोक्त वट वृक्ष के सामन ही फैला हुआ है। परन्तु उस भाँति विकास नहीं कर रहा है। मनुष्य के अन्दर बीमारी की भाँति अधिकतम "शक्ति और लाभ (पावर और प्राफिट)" की दौड़ ने उसे अधिपत्य, अत्याचार, दूसरे को दबाना इत्यादि से युक्त कर दिया है। और जो इस दौड़ में नहीं हैं वे सीमित पूर्णत्व में आनन्द के साथ विकासशील हैं। उन्हें और भी तेज विकास की इच्छा है परन्तु उनके बुद्धि का दायरा ही सीमित है इसलिए उन्हें मार्ग नहीं मिल रहा है। यदि उनको मार्ग भी मिल रहा हो तो वट वृक्ष की भाँति उसके नजदीकी जन्मदाता ने उसे यह बता रखा है कि जब उस सार्वभौम का मार्ग मेरे ही रास्ते से जाता है तो जो मैं कह रहा हूँ उसे करो। और इसके लिए वे अपने परिवार के लिए अनेक प्रकार की प्रणाली दे रखे हैं। जबकि ये प्रणाली देने वाले उनके नजदीकी जन्मदाता स्वयं कहाँ से आये हैं स्वयं उन्हे भी नहीं पता। क्योंकि वे स्वयं भी उस वट वृक्ष के खो गये मूल जड़ की तरह अपने मूल जड़ को नहीं जानते। वे भी अपने नजदीकी जन्मदाता का ही अनुसरण कर रहे होते हैं। ये प्रणालीयाँ अनेक प्रकार की हैं उदाहरणस्वरूप कुछ मुख्य निम्नवत् हैं-

1 उनके द्वारा प्रस्तुत कुछ पुस्तकें होती हैं जिन्हें नियमानुसार प्रतिदिन पढ़ना होता है। पढ़ने के पूर्व शुद्धता की भी प्रक्रिया अनिवार्य होती है अन्यथा पुस्तकें परिणाम नहीं दे पायेंगी, ये भी शर्त होती हैं।
2 उनके द्वारा भोजन से सम्बन्धित कुछ नियम बना दिये जाते हैं कि क्या खाना है और क्या नहीं खाना है।
3 उनके द्वारा कोई मन्त्र दे कर उसे नियमानुसार जपने के लिए दे दिया जाता है।
4 उनके द्वारा किसी यन्त्र-तन्त्र द्वारा समस्या मुक्ति का उपाय बता दिया जाता है।
5 उनके द्वारा किसी विशेष प्रकार के रंग और ढ़ग के वस्त्र निर्धारित कर दी जाती है जिससे उनकी पहचान एक अलग रूप में हो। अर्थात् समाज का एक और विभाजन कर उसे प्रस्तुत कर देते हैं।

सामान्य रूप से सभी द्वारा अनिवार्य रूप से ये भी निर्धारित कर दी जाती है कि किसी दूसरे के नियमों को न तो जानना है, न सुनना है, न पढ़ना है और न ही उसमें शामिल होना है। अर्थात् एक गतिशील प्राणी मनुष्य को जिसे सदैव श्रेष्ठ से, श्रेष्ठतम और सर्वोच्च तक उठने-विकास करने के लिए निर्मित किया गया था, उसे एक सीमित

दायरे में बुद्धिबद्ध कर दिया गया। मनुष्य जिसका निर्माण अपनी मस्तिष्क को असीम क्षमता को विकसित कर ईश्वर रूप में व्यक्त होना था, उसे जड़ (स्थिर) बना दिया गया।

हे मानवों, मनुष्यों की सबसे बड़ी कमजोरी "स्वयं में गुणों का विकास कर स्वयं बन जाने या हो जाने" में नहीं बल्कि "पाने" की इच्छा है। इस पाने की इच्छा की कमजोरी का परिणाम ही है उपरोक्त अनेक प्रकार के बुद्धिबद्ध करने की विधियाँ।

हे मानवों, उपरोक्त के पृष्ठभूमि में उनका उद्देश्य केवल अपने स्वार्थ की पूर्ति के सिवाय कुछ नहीं होता। क्योंकि मार्गदर्शक या प्रेरक या शिक्षक का उद्देश्य स्वयं से श्रेष्ठ मानव का निर्माण होता है न कि सदैव जीवन भर एक ही प्रणाली या प्रक्रिया या कक्षा में पढ़ते-दुहराते रहने के लिए विवश करना। उपरोक्त के पृष्ठभूमि में शारीरिक-आर्थिक-मानसिक शोषण का ही कार्य विभिन्न प्रकार से चल रहा है। कोई अपने कृषि कार्य को मुफ्त में हल करवा रहा है, तो कोई अपने नाम के उत्पादों को सिर्फ उन्हें ही खरीदने के लिए बुद्धिबद्ध कर दिया है।

हे मानवों, इन सबको आस्था का व्यापार कहते हैं। जबकि मैं देख रहा हूँ कि प्रत्येक संस्कारित करने की क्रिया जो उस काल के लिए आस्था का विषय था। उसके अगले काल के लिए संस्कारित करने की नयी क्रिया उपलब्ध हो जाने के बावजूद, मानव शरीर पिछले काल के संस्कारित करने वाली क्रिया के प्रति आस्था रखते हुये मूर्खता का स्पष्ट प्रदर्शन कर रहा है। सभी कालों में, सभी संस्कारित करने की क्रियाओं में मैं (सार्वभौम आत्मा) ही आस्था का विषय था परन्तु क्रिया के प्रति आस्था रखना मूर्खता का स्पष्ट प्रमाण ही तो है। चाहे वह व्यक्तिगत इच्छा से हो या सामाजिक प्रदर्शन की इच्छा से। इन समस्त संस्कारित करने के क्रिया के पीछे जो रहस्य आज तक गोपनीय था उसे मैंने तुम्हारें समक्ष सार्वजनिक प्रकाशित कर दिया है। अब कुछ भी गोपनीय नहीं। बावजूद इसके प्रत्येक मनुष्य अपनी मूर्खता रूपी आस्था को प्रदर्शित करने के लिए स्वतन्त्र है। परन्तु वह मुझ (सार्वभौम आत्मा) को प्राप्त नहीं कर सकता। हे मानवों, ईश्वर बहुमत से नहीं निर्धारित किया जाता इसलिए ही उसे अनिवर्चनीय कहा गया है। किसी भी वस्तु के प्रति आस्था के विकास से और समस्त मानवों को उसके प्रति आस्थावान् बना देने से वह वस्तु गुण प्रकट कर वैसा नहीं बन सकती जैसा आप उम्मीद करते हो।

हे मानवों, एक तरह से देखा जाये तो उपरोक्त व्यवस्था से कोई समस्या है ही नहीं क्योंकि जिसकी इच्छा जहाँ से पूर्ति हो रही है और विकास का मार्ग मिल रहा है, वह वहाँ से जुडा हुआ है। इसलिए मानव सभ्यता पर आया यह दसवाँ और अन्तिम संकट, संकट होते हुये भी संकट जैसा नहीं दिखता। इस व्यवस्था से हमें कोई समस्या भी नहीं है। समस्या ये है कि धर्म को जिस उद्देश्य के लिए निर्मित किया गया था वही धर्म, संकट में है। यह धर्म ही उस वट वृक्ष का मूल है, सार्वभौम है, समष्टि है। इसके ज्ञान से युक्त दोनों को अर्थात् विशाल संसार रूपी वट वृक्ष के छोटे-छोटे परिवार के नेतृत्वकर्ता मुखिया सहित उसके सदस्यों को होना आवश्यक है। तभी परिवार के नेतृत्वकर्ता मुखिया द्वारा बनाये गये उपरोक्त प्रणाली-नियम परिणाम-फल दे पायेंगे जिसकी इच्छा परिवार के सदस्य करते हैं।

हमारी उत्पत्ति ज्ञान से हुई है। जिन्हें ज्ञान है वही अपने आप को संघर्ष में पाते हैं और सर्वश्रेष्ठता के लिए कर्मशील हैं। शेष सभी तो प्रकृति के अनुसार आते-जाते रहते हैं। इस ज्ञान को ही ब्रह्म (सार्वभौम एकात्म ज्ञान) कहते हैं। देवता रूप में इस ज्ञान को ब्रह्मा के रूप में प्रक्षेपित किया गया है। यह ज्ञान जिस-जिस अंगो द्वारा प्राथमिकता से अनुभव में आता है उतने प्रकार के मानव अपने-आप को उत्पन्न समझते हैं।

पुराण रचनाकार महर्षि व्यास ने ब्रह्मा अर्थात ज्ञान के पुत्रों का प्रक्षेपण किये हैं। ब्रह्मा के 10 मानस पुत्रों

01.मन (विचार) से ज्ञान प्राप्त करने वाले मरीचि

02.नेत्रों (देखकर) ज्ञान प्राप्त करने वाले अत्रि

03.मुख (वाणी) से ज्ञान प्राप्त करने वाले अंगिरा

04.कान (सुन) कर ज्ञान प्राप्त करने वाले पुलस्त्य

05.नाभि (केन्द्र) से ज्ञान प्राप्त करने वाले पुलह

06.हाथ (कर्म) से ज्ञान प्राप्त करने वाले कृतु

07.त्वचा (स्पर्श) से ज्ञान प्राप्त करने वाले भृगु

08.प्राण (श्वास) से ज्ञान प्राप्त करने वाले वशिष्ठ

09.अँगूठे (आत्मा) से ज्ञान प्राप्त करने वाले दक्ष

10.गोद (प्रेम) से ज्ञान प्राप्त करने वाले नारद

ये दस प्रकार ज्ञान से उत्पन्न है और इतने प्रकार के मानव निर्मित होकर संसार में विचरण कर रहे हैं। इसे ये न समझना चाहिए कि मन या नेत्र इत्यादि से कैसे ब्रह्मा ने अपने पुत्रों को उत्पन्न किया? चूंकि शरीर का अस्तित्व अस्थायी है इसलिए विचार के आधार पर ये मनुष्य के वर्ग या श्रेणी का निर्धारण है। इसे मानकीकरण (Standardization) या वर्गीकरण (Classification) भी कहा जा सकता है। जिस प्रकार आजकल मानकीकरण के शब्द ISOऔर ISI मार्का दिये जाते हैं।

नये भारत में, नये मनुष्य के उदय के लिए

आप लंगोट से जौकी पर आ गये...पायजामे से पतलून पर आ गये...नाड़े से बेल्ट पर आ गये...खड़ाऊँ से बूट पर आ गये...कलम से कीबोर्ड पर आ गये। पगडंडियों से एक्सप्रेस वे पर आ गये...चूल्हे से इंडक्शन कुकर पर आ गये...जंगलो से अपार्टमेंट तक आ गये। हल से ट्रैक्टर पर आ गये...पैदल से लक्ज़री जहाज़ों पर आ गये...दीये-मशाल से एलईडी पर आ गये...आप लैंडलाइन से ओरियो एंड्रॉयड तक आ गये...तीर-कमान और गदा से ऑटोमैटिक बंदूकों और मिसाइलों पर आ गये। दुनियां चाँद पे चली गई...मंगल की छाती पर नासा ने रोबोट उतार दिया....शनि मंगल सूर्यग्रहण-चन्द्रग्रहण के हर रहस्य से पर्दा उठ गया!

आप पाँच हज़ार ईसापूर्व और पाँचवी-छठवीं शताब्दी से इक्कीसवी शताब्दी में आ गये...आप लगातार अपडेट होते रहे हैं!!! मगर फिर भी तुम ग्रह-नक्षत्रों को...शनि-मंगल को जन्मकुंडली में देख-देख कर काँप रहे हो। अपना भविष्य सुधारने के लिए बाबा-बाबियों का रास्ता नाप रहे हो। क्या इसी दिन के लिए तुमने बी.एससी, एम.एससी पीएच.डी की थी?? कि तुम पढ़े-लिखे जाहिलों की फौज में शामिल हो जाना! क्या इसी दिन के लिए तुम डॉक्टर, इंजीनियर, वकील, मजिस्ट्रेट या प्रोफेसर बने थे? कि बंगले पर काली हांडी टांगना! निम्बू मिर्ची टांगना! नजर न लगने से एक पैर में काला धागा बांधना?? और अपने उज्ज्वल भविष्य की भीख किसी बाबा-बाबी के दर पर नाक रगड़ के मांगना?

देश आजाद हो गया! दुनिया आजाद हो गई! आखिर कब मिलेगी तुम्हें आजादी?? इस अंधी मानसिक गुलामी से? दुनिया रोज नए-नए आविष्कार कर रही है! तुम हजारों साल पुरानी भाषा, संस्कृति, रीति, रिवाजो की वैज्ञानिक व्याख्या करने में लगे हो! क्या भारत पुनः विश्वगुरु तुम्हारे जैसे मनोरोगियों की वजह से कभी बन पाएगा? बंद कमरे में तुम्हारी चोटी कट जाती! अँधेरे में अकेले में तुम्हें भूत-पलीत सताते हैं! तुम्हें ही सारी दुनिया की नजर लगती है! डायन तो तुम्हारे हर घर में मौजूद है!! तुम्हारे तंत्र-मंत्र-यंत्र काम क्यों नहीं करते हैं? एक पैर में काले धागे वाला रक्षा सूत्र तुम्हारी चोंटी क्यों नहीं बचाता है? आखिर कब तक तुम मानसिक गुलाम रहोगे?

तुम्हारी समस्याएं लौकिक है। मगर तुम्हें हर समस्या का हल परलोक में नजर आता है! संसार तुम्हारे लिए स्वप्नवत् है माया है! भगवान की लीला है! नाटक है! भ्रम है! आखिर तुम्हें इस सपने से कौन जगाए? कब तक शब्दों के साथ बलात्कार करोगे? कब तक धोखे में रहोगे? कब तक हर सिद्धान्त हर आविष्कार को शास्त्रों ऋषि-मुनियों के माथे मड़ोगे??

तुम लोग को जो जगाए वही धर्मद्रोही, देशद्रोही, जातिवादी या नास्तिक है? चारुवाक, बुद्ध, महावीर, कपिल, कणाद गौतम, नागसेन, अश्वघोष, कबीर, नानक, रविदास, ओशो, फुले, शाहू, पेरियार, भीम, भगतसिंह, कोवूर, राहुल संस्कृत्यायन, दयानन्द, विवेकानंद, सबने विवेक लगाया! मगर फिर भी तुम्हारा विवेक नहीं जागा!

तुम्हारा धर्म कब अपडेट (Update) होगा?
तुम्हारी आस्था कब अपडेट (Update) होगी?
तुम्हारा ईश्वर कब अपडेट (Update) होगा?
तुम्हारी सोच कब अपडेट (Update) होगी?
तुम्हारे धर्म की किताबें कब अपडेट (Update) होंगी?

कम्प्यूटर और मोबाइल का साफ्टवेयर तो तुरन्त करते हो, तुम्हारे मस्तिष्क का साफ्टवेयर कब अपडेट (Update) होगा?

क्योंकि तुम विश्वगुरु के अहंकार की दारू पीकर गरीबी, अनपढ़ता, लिंगभेद, जातिभेद, भाषाभेद, क्षेत्रभेद, साम्प्रदायिकता की नाली में पड़े हो! आखिर तुम्हें कब मिलेगी आजादी? इस उम्दा मानसिक गुलामी से?

सोच के बता देना!!
आओ एक कदम शब्दों के उँचाइयों की ओर..........

IDEAS + ACTION = CHANGE

व्यवस्था के परिवर्तन या सत्यीकरण का पहला प्रारूप और उसकी कार्य विधि

उदाहरण के रूप में, यदि किसी शिक्षित व्यक्ति जिसे अंकगणित का ज्ञान हो, उसके समक्ष संख्या 5 लिख दिया जाये और उससे कहा जाये कि इस संख्या के आगे और पीछे की संख्या लिखें तो वह आसानी से उसे लिख देगा परन्तु अंकगणित का अज्ञानी ऐसा नहीं कर पायेगा। उसका सारा ध्यान केवल संख्या 5 पर ही टिका रह जायेगा क्योंकि वह संख्या पद्धति से अपरिचित है। अगर वह कुछ लिख भी देगा तो वह आवश्यक नहीं कि सत्य हो और उसमें सुधार की पूरी सम्भावना बनी रहेगी। समाज सुधार के क्षेत्र में भी यही बात है। हम एक समस्या देखते हैं फिर उसमें कुछ सुधार कर देते हैं। फल यह होता है कि कुछ समय बाद पुनः उसमें सुधार की आवश्यकता आ जाती है।

जितने अधिक आकड़ों को विश्लेषित कर हम परिणाम को खोजेंगे उतने ही सत्य परिणाम हमारे सामने आयेंगे। प्रस्तुत शास्त्र व्यक्त अधिकतम आकड़ों के व्यवस्थित प्रस्तुतीकरण का शास्त्र है। दूसरे रूप में इसे धर्म ज्ञान का बैलेन्ससीट भी कह सकते है। इन सम्पूर्ण आकड़ों पर आधारित होकर व्यक्ति, समाज और विश्व राष्ट्र के लिए लिया गया निर्णय ही एक सत्य निर्णय हो सकता है। समाज सुधार के सम्बन्ध में स्वामी विवेकानन्द का कहना है कि-"तथाकथित समाज-सुधार के विषय में हस्तक्षेप न करना क्योंकि पहले आध्यात्मिक सुधार हुये बिना अन्य किसी भी प्रकार का सुधार हो नहीं सकता (राम पृष्ठ मिशन, पत्रावली भाग-1, पृष्ठ-29), भारत के शिक्षित समाज से मैं इस बात पर सहमत हूँ कि समाज का आमूल परिवर्तन करना आवश्यक है। पर यह किया किस तरह जाये? सुधारकों की सब कुछ नष्ट कर डालने की रीति व्यर्थ सिद्ध हो चुकी है। मेरी योजना यह है, हमने अतीत में कुछ बुरा नहीं किया। निश्चय ही नहीं किया। हमारा समाज खराब नहीं, बल्कि अच्छा है। मैं केवल चाहता हूँ कि वह और भी अच्छा हो। हमें असत्य से सत्य तक अथवा बुरे से अच्छे तक पहुँचना नहीं है। वरन् सत्य से उच्चतर सत्य तक, श्रेष्ठ से श्रेष्ठतर और श्रेष्ठतम तक पहुँचना है। मैं अपने देशवासियों से कहता हूँ कि अब तक जो तुमने किया, सो अच्छा ही किया है, अब इस समय और भी अच्छा करने का मौका आ गया है।"-(राम पृष्ठ मिशन, जितने मत उतने पथ, पृष्ठ-46)

व्यक्ति हो या ज्ञानी, समाज हो या राज्य, देश हो या विश्व, समाज नेता हों या राजनेता सभी को अब यह जान लेना चाहिए कि विश्व एक परिवार है और उस परिवार का शास्त्र-"विश्वशास्त्र" है। जब तक यह शास्त्र उपलब्ध नहीं था तब तक इस विश्व परिवार के एकीकरण का मार्ग नहीं खुला था, अब वह मार्ग मिल चुका है। कोई भी समाज निर्माण या युग परिवर्तन का कार्य एक क्षण का कार्य नहीं है। यह एक लम्बी अवधि की प्रक्रिया का कार्य है। इसे हम उन समाज सुधारकों के संस्थाओं के कार्य को देख कर अनुभव कर सकते हैं।

व्यवस्था परिवर्तन, एक राजनीतिक लुभावना वाला शब्द है। वह कैसे होगा, इसके लिए एक प्रारूप की आवश्यकता होती है अगर वह नहीं है तो व्यवस्था परिवर्तन चिल्लाने से नहीं होता। फिर व्यवस्था परिवर्तन किस बात का? मानव समाज को संचालित करने के लिए तो सिर्फ दो ही मूल व्यवस्था है-एक राजतन्त्र, जिसका युग जा चुका है। दूसरा-लोकतन्त्र, जिसका युग चल रहा है और यही अन्तिम व्यवस्था भी बनी रहेगी क्योंकि ब्रह्माण्डीय व्यवस्था भी लोकतन्त्र से ही चल रहा है और मनुष्य के मस्तिष्क से अन्ततः वही व्यक्त हो रहा है। लोकतन्त्र से हम राजतन्त्र में नहीं जा सकते इसलिए व्यवस्था परिवर्तन का अर्थ ही निरर्थक है।

आवश्यकता है वर्तमान लोकतन्त्र व्यवस्था को ही सत्य आधारित करने की जिसे व्यवस्था सत्यीकरण कहा जा सकता है। इस कार्य में हमें मानकशास्त्र की आवश्यकता है जिससे तोल कर यह देख सके कि इस लोकतन्त्र व्यवस्था में कहाँ सुधार करने से सत्यीकरण हो जायेगा। यह मानकशास्त्र ही "विश्वशास्त्र" है। सिर्फ मतदाता बनने व वोट डालने से ही लोकतन्त्र स्वस्थ नहीं हो सकता। उसके लिए देश व विश्व के पूर्ण ज्ञान की आवश्यकता होगी। इसलिए आवश्यक है कि प्रत्येक मतदाता "विश्वशास्त्र" के ज्ञान से युक्त हो।

अच्छा होता कि हमारे राजनेतागण कुछ दिनों के लिए सन्यास लेकर थोड़ा कुछ अध्ययन-चिंतन करते रहते ताकि उन्हें बार-बार लक्ष्य के लिए शब्दों का परिवर्तन न करना पड़ता। एक ही स्थिति में बहुत समय तक रहने पर बुद्धि, बद्ध हो जाती है। एक-एक सीढ़ी चढ़कर, पहुँच गये-पहुँच गये चिल्लाने से अच्छा है कि अन्तिम सीढ़ी पर पर बैठकर चिल्लाना कि पहुँच गये।

चाहे कुछ हो यदि प्रारूप नहीं, तो न तो व्यवस्था परिवर्तन हो सकता है, न ही व्यवस्था सत्यीकरण हो सकता है, न ही सम्पूर्ण क्रान्ति। भीड़ से क्रान्ति नहीं सिर्फ हंगामा होता है। भीड़ में जोश होता है, होश नहीं।

इस मानक शास्त्र के प्रस्तुत हो जाने से व्यवस्था परिवर्तन की नहीं बल्कि व्यवस्था के सत्यीकरण का मार्ग खुल चुका है। जिसका व्यक्ति, समाज और विश्व राष्ट्र को आवश्यकता भी है। किसी एक विषय पर बहुत अधिक पुस्तक मस्तिष्क को भ्रमित ही करती है। यह शास्त्र प्रारम्भ से अन्त तक के विकास को क्रमबद्ध प्रस्तुत करता है जिससे हम सभी एक सत्य निर्णय करने में सक्षम हों और पूर्ण ज्ञान से युक्त हो जायें और हमारा कोई भी सुधार एक स्थायी, अच्छा और दूरगामी परिणाम देने वाला हो।

प्रश्न यह भी उठता है कि परिवार का मुखिया जिसके द्वारा परिवार का संचालन होता है, यदि वह परिवार के हित व विकास के विषय में कर्म न करता हो तो क्या परिवार का सदस्य उसमें हस्तक्षेप करने का अधिकारी है या नहीं? यही बात देश को चलाने वाले संसद के विषय में भी है। यदि संसद स्वयं देशहित व जनहित के प्रति उदासीन हो जाये तो क्या जनता संसद को मार्गदर्शन देने का अधिकार नहीं रखती? यदि नहीं तो संविधान की धारा-51(ए) के अन्तर्गत नागरिक का मौलिक कर्तव्य की उपयोगिता क्या है? ध्यान रखने योग्य विषय यह है कि कोई भी चुना हुआ प्रतिनिधि सिर्फ उतने ही बड़े क्षेत्र का प्रतिनिधि होता है जिस क्षेत्र से वह चुना जाता है। भारत में ऐसा कोई प्रतिनिधि जनता से नहीं चुना जाता जो भारत का प्रतिनिधित्व करता हो और जब तक भारत का प्रतिनिधित्व करने वाला चुनाव नहीं होता या भारत की जनता का राष्ट्रीय मुद्दों पर विचार कर संसद के कर्तव्य का बोध कराने वाली स्वतन्त्र संस्था नहीं बन जाती, तब तक जनता को संसद को संविधान की धारा-51(ए) के अन्तर्गत नागरिक का मौलिक कर्तव्य के अनुसार न्यायालय व संसद के माध्यम से सरकार को मार्गदर्शन देने का कर्तव्य करना चाहिए जो उसका अधिकार भी है।

वे शब्द जिसके बिना युग परिवर्तन सम्भव नहीं

सन् 1893 से सन् 1993 के 100 वर्षों के समय में विश्व के बौद्धिक शक्ति को जिन्होंने सबसे अधिक हलचल दी वे हैं-धर्म की ओर से स्वामी विवेकानन्द और धार्मिकता की ओर से आचार्य रजनीश"ओशो"। मनुष्य जिस प्रकार भौतिक विज्ञान के नवीन आविष्कारों को आसानी से ग्रहण करता है उसी प्रकार धर्म-आध्यात्म-दर्शन के नवीन आविष्कारों को भी मनुष्य को ग्रहण करना चाहिए, तभी मानसिक-आध्यात्मिक स्वतन्त्रता का अनुभव हो सकेगा। अन्यथा पूर्ण शारीरिक गुलामी का समय बीत चुका, आर्थिक गुलामी का काल चल रहा है और मानसिक गुलामी के काल चक्र में मनुष्य फँस जायेगा।

स्वामी विवेकानन्द जी का कहना था-

- "उसी मूल सत्य की फिर से शिक्षा ग्रहण करनी होगी, जो केवल यहीं से, हमारी इसी मातृभूमि से प्रचारित हुआ था। फिर एक बार भारत को संसार में इसी मूल तत्व का-इसी सत्य का प्रचार करना होगा। ऐसा क्यों है? इसलिए नहीं कि यह सत्य हमारे शास्त्रों में लिखा है वरन् हमारे राष्ट्रीय साहित्य का प्रत्येक विभाग और हमारा राष्ट्रीय जीवन उससे पूर्णतः ओत-प्रोत है। इस धार्मिक सहिष्णुता की तथा इस सहानुभूति की, मातृभाव की महान शिक्षा प्रत्येक बालक, स्त्री, पुरुष, शिक्षित, अशिक्षित सब जाति और वर्ण वाले सीख सकते हैं। तुमको अनेक नामों से पुकारा जाता है, पर तुम एक हो।" (जितने मत उतने पथ, राम कृष्ण मिशन, पृष्ठ-39)।
- "अत: यदि भारत को महान बनाना है, तो इसके लिए आवश्यकता है संगठन की, शक्ति संग्रह की और बिखरी हुई इच्छाशक्ति को एकत्र कर उसमें समन्वय लाने की। अथर्ववेद संहिता की एक विलक्षण ऋचा याद आ गयी जिसमें कहा गया है, "तुम सब लोग एक मन हो जाओ, सब लोग एक ही विचार के बन जाओ। एक मन हो जाना ही समाज गठन का रहस्य है बस इच्छाशक्ति का संचय और उनका समन्वय कर उन्हें एकमुखी करना ही सारा रहस्य है।" (देखें "नया भारत गढ़ो" पृष्ठ संख्या-55)
- "यह भी न भूलना चाहिए कि हमारे बाद जो लोग आएंगे, वे उसी तरह हमारे धर्म और ईश्वर सम्बन्धी धारणा पर हँसेंगे, जिस तरह हम प्राचीन लोगों के धर्म और ईश्वर की धारणा पर हँसते हैं। यह सब होने पर भी, इन सब ईश्वर सम्बन्धित धारणाओं का संयोग करने वाला एक स्वर्ण सूत्र है और वेदान्त का उद्देश्य है-इस सूत्र की खोज करना। भागवान कृष्ण ने कहा है-""भिन्न भिन्न मणियाँ जिस प्रकार एक सूत्र में पिरोयी जा सकती हैं, उसी प्रकार इन सब विभिन्न भावों के भीतर भी एक सूत्र विद्यमान है।" (देखें "ज्ञानयोग", पृष्ठ संख्या-65) ,
- "एक शब्द में वेदान्त का आदर्श है-मनुष्य के सच्चे स्वरूप को जानना।" (देखें "विवेकानन्द राष्ट्र को आह्वान", पृष्ठ सं0-48)।
- यदि हम अपने व्यक्तिगत एवं सामूहिक जीवन में वैज्ञानिक चेतना सम्पन्न एवं आध्यात्मिक एक साथ न हो पाए, तो मानवजाति का अर्थपूर्ण अस्तित्व ही संशय का विषय हो जाएगा। (विज्ञान और आध्यात्मिकता, पृष्ठ-9)
- हमेशा यूरोप से सामाजिक तथा एशिया से आध्यात्मिक शक्तियों का उद्भव होता रहा है एवं इन दोनों शक्तियों के विभिन्न प्रकार के सम्मिश्रण से ही जगत का इतिहास बना है। वर्तमान मानवेतिहास का एक और नवीन पृष्ठ धीरे-धीरे विकसित हो रहा है एवं चारो ओर उसी का चिन्ह दिखाई दे रहा है। कितनी ही नवीन योजनाओं का उद्भव तथा नाश होगा, किन्तु योग्यतम वस्तु की प्रतिष्ठा सुनिश्चित है, सत्य और शिव की अपेक्षा योग्यतम वस्तु और हो ही क्या सकती है? (पत्रावली भाग-1, पृष्ठ-310)

स्वामी विवेकानन्द के अनुसार शब्द से सृष्टि का रहस्य

01. बृहत् ब्रह्माण्ड में भी ब्रह्मा, हिरण्यगर्भ या समष्टि महत् ने पहले अपने आप को नाम के, और फिर बाद में रुप के आकार में अर्थात् इस परिदृश्यमान जगत के आकार में अभिव्यक्त किया। (भक्ति योग, पृष्ठ-44)
02. यह सारा व्यक्त इन्द्रियग्राह्य जगत रुप है, और इसके पीछे है अनन्त अव्यक्त स्फोट। स्फोट का अर्थ-समस्त जगत की अभिव्यक्ति का कारण शब्द-ब्रह्म है। समस्त नामों अर्थात् भावों की नित्य समवायी उपादान स्वरुप यह नित्य स्फोट ही वह शक्ति है, जिससे भगवान इस विश्व की सृष्टि करते हैं। यही नहीं बल्कि भगवान पहले स्फोट रुप में परिणत हो जाते हैं और तत्पश्चात् अपने को उससे भी स्थूल इस इन्द्रियग्राह्य जगत के रुप में परिणत कर लेते हैं। (भक्ति योग, पृष्ठ-45)
03. इस स्फोट का एक मात्र वाचक शब्द है-"ऊँ"। और चूँकि हम किसी भी उपाय से शब्द को भाव से अलग नहीं कर सकते, इसलिए यह "ऊँ" भी इस नित्य स्फोट से नित्य संयुक्त है। (भक्ति योग, पृष्ठ-45)
04. एकमेव यह "ऊँ" ही इस प्रकार सर्वभावाव्यापी वाचक शब्द है, अन्य कोई भी इसके समान नहीं। स्फोट ही सारे भावों का उपादान है, फिर भी वह स्वयं पूर्ण रुप से विकसित कोई विशिष्ट भाव नहीं है। अर्थात् यदि उन सब भेदों को, जो एक भाव को दूसरे से अलग करते हैं, निकाल दिया जाय, तो जो कुछ बचा रहता है, वही स्फोट है। इसलिए इस स्फोट को "नादब्रह्म" कहते हैं। (भक्ति योग, पृष्ठ-45)
05. जो वाचक शब्द उसे सब से कम विशेषभावापन्न करेगा, पर साथ ही उसके स्वरुप को यथासम्भव पूरी तरह प्रकाशित करेगा, वही उसका सबसे सच्चा वाचक होगा। और यह वाचक शब्द है-एकमात्र "ऊँ" क्योंकि ये तीनों अक्षर अ, उ और म्, जिनका एक साथ उच्चारण करने से "ऊँ" होता है, समान शब्दों के साधारण वाचक के तौर पर लिये जा सकते हैं। (भक्ति योग पृष्ठ, पृष्ठ-46)
06. अक्षर "अ" सारे अक्षरों में सबसे कम विशेषभावापन्न है। इसीलिए भगवान श्रीकृष्ण गीता में कहते हैं-"अक्षरों में मैं "अ" कार हूँ। " (गीता,10/33) स्पष्ट रुप से उच्चारित जितने भी शब्द हैं, उनकी उच्चारण क्रिया मुख में जिह्वा के मूल से आरम्भ होती है और ओठों में आकर समाप्त हो जाती है। "अ" जिह्वा मूल अर्थात् कण्ठ से उच्चारित होता है, और "म" ओठों से होने वाला अन्तिम शब्द है। और "उ" उस शक्ति का सूचक है, जो जिह्वा मूल से आरम्भ होकर मुँह भर में लुढ़कती हुई ओठों में आकर समाप्त हो जाती है। यदि "ऊँ" का उच्चारण ठीक ढंग से किया जाय, तो इसके शब्दोच्चारण की सम्पूर्ण क्रिया सम्पन्न हो जाती है-दूसरे किसी भी शब्द में यह शक्ति नहीं। (भक्ति योग, पृष्ठ-46)
07. जिस प्रकार अल्पतम् विशेष भावात्मक तथा सार्वभौमिक वाचक शब्द "ऊँ" के सम्बन्ध में वाच्य और वाचक आपस में अभेद्य रुप से सम्बद्ध हैं उसी प्रकार वाच्य और वाचक का यह अविच्छिन्न सम्बन्ध भगवान और विश्व के विभिन्न खण्ड भावों पर भी लागू है, अतएव उनमें से प्रत्येक का एक विशिष्ट वाचक शब्द होना आवश्यक है। (भक्ति योग, पृष्ठ-47)
08. ये वाचक शब्द ऋषियों की गम्भीरतम आध्यात्मिक अनुभूति से उत्पन्न हुए हैं और वे भगवान तथा विश्व के जिन विशेष-विशेष खण्ड भाव के वाचक हैं, उन विशेष भावों को यथासम्भव प्रकाशित करते हैं। जिस प्रकार "ऊँ" अखण्ड ब्रह्म का वाचक है, उसी प्रकार अन्यान्य मंत्र भी उसी परम पुरुष के खण्ड-खण्ड भावों के वाचक हैं। ये सभी ईश्वर के ध्यान और प्रकृत ज्ञान की प्राप्ति में सहायक हैं। (भक्ति योग, पृष्ठ-47)
09. सृष्टि के पूर्व ब्रह्म शब्दात्मक बनते है, फिर ओंकारात्मक या नादात्मक होते है। तत्पश्चात पहले कल्पों के विशेष शब्द जैसे-भूः, भुवः, स्व-अथवा गो, मानव, घट, पट इत्यादि का प्रकाश उसी आंकार से होता है। सिद्ध संकल्प ब्रह्म में क्रमश-एक-एक शब्द के होते ही उसी क्षण उन सब पदार्थो का भी प्रकाश हो जाता है और इस विचित्र जगत् का विकास हो उठता है। अब समझे न कि कैसे शब्द ही सृष्टि का मूल है। -स्वामी विवेकानन्द (विवेकानन्द जी के संग में पृष्ठ-62)
10. यह सारा व्यक्त इन्द्रिय ग्राह्य जगत रूप है, और इसके पीछे है अनन्त अव्यक्त स्फोट। स्फोट का अर्थ-समस्त जगत की अभिव्यक्ति का कारण शब्द-ब्रह्म। समस्त नामों अर्थात् भावों की नित्य समवायी उपादान स्वरूप यह नित्य स्फोट ही वह शक्ति है, जिससे भगवान इस विश्व की सृष्टि करते है। यही नहीं बल्कि भगवान पहले स्फोट-रूप में परिणत हो जाते है और तत्पश्चात अपने को उससे भी स्थूल इस इन्द्रिय ग्राह्य जगत् के रूप में परिणत कर लेते है। -स्वामी विवेकानन्द (राजयोग-पृष्ठ-45)

आचार्य रजनीश"ओशो" का कहना था-

- "श्रीकृष्ण का महत्व अतीत के लिए कम भविष्य के लिए ज्यादा है। सच ऐसा है कि कृष्ण अपने समय से कम से कम पाँच हजार वर्ष पहले पैदा हुये। सभी महत्वपूर्ण व्यक्ति अपने समय से पहले पैदा होते हैं और

सभी गैर महत्वपूर्ण व्यक्ति अपने समय के बाद पैदा होते हैं। बस महत्वपूर्ण और गैर महत्वपूर्ण में इतना फर्क है और सभी साधारण व्यक्ति अपने समय के साथ पैदा होते हैं महत्वपूर्ण व्यक्ति को समझना आसान नहीं होता। उसका वर्तमान और अतीत उसे समझने में असमर्थता अनुभव करता है जब हम समझने योग्य नहीं हो पाते तब हम उसकी पूजा शुरु कर देते हैं या तो हम उसका विरोध करते हैं। दोनों पूजाएं हैं एक मित्र की एक शत्रु की।"

- उसके लिए सब हंसी खेल है, सब लीला है। इसलिए हमने कृष्ण को पूर्णावतार कहा। राम गम्भीर हैं छोटी-छोटी बात का हिसाब रखते हैं। नियम मर्यादा से चलते हैं- मर्यादा पुरूषोत्तम हैं। कृष्ण अमर्याद हैं न कोई नियम है न कोई मर्यादा। कृष्ण के लिए जीवन लीला है।
- धर्म कोई विषय थोड़े ही है। धर्म की कोई सीमा थोड़े ही है। धर्म तो समस्त जीवन का नाम है। जीवन में जो कुछ भी समाविष्ट है, धर्म उस सभी के सम्बन्ध में वक्तव्य देने का हकदार है। राजनीतिज्ञ, धर्म के सम्बन्ध में वक्तव्य नहीं दे सकता क्योंकि राजनीति की सीमा है। लेकिन धार्मिक व्यक्ति, राजनीति के सम्बन्ध में वक्तव्य दे सकता है क्योंकि धर्म की कोई सीमा नही है धर्म असीम है, धर्म तो पूरे जीवन को घेरता है जैसे आकाश घेरता है। धर्म से तो कोई भी चीज छोड़ी नहीं जा सकती। धार्मिक व्यक्ति की दृष्टि तो सब सम्बन्धों में होगी।
- जो एक गुरू बोल रहा है, वह अनन्त सिद्धों की वाणी है। अभिव्यक्ति में भेद होगा, शब्द अलग होंगे, प्रतीक अलग होंगे मगर जो एक सिद्ध बोलता है, वह सभी सिद्धों की वाणी है। इनसे अन्यथा नहीं हो सकता है। इसलिए जिसने एक सिद्ध को पा लिया, उसने सारे सिद्धों की परम्परा को पा लिया। क्योंकि उनका सूत्र एक ही है। कुंजी तो एक ही है, जिसमें ताला खुलता है अस्तित्व का।
- "इस देश को कुछ बाते समझनी होगी। एक तो इस देश को यह बात समझनी होगी कि तुम्हारी परेशानियों, तुम्हारी गरीबी, तुम्हारी मुसीबतों, तुम्हारी दीनता के बहुत कुछ कारण तुम्हारे अंध विश्वासों में है, भारत कम से कम डेढ़ हजार साल पिछे घिसट रहा है। ये डेढ़ हजार साल पूरे होने जरूरी है। भारत को खिंचकर आधुनिक बनाना जरूरी है। मेरी उत्सुकता है कि इस देश का सौभाग्य खुले, यह देश भी खुशहाल हो, यह देश भी समृद्ध हो। क्योंकि समृद्ध हो यह देश तो फिर राम की धुन गुंजे, समृद्ध हो यह देश तो फिर लोग गीत गाँये, प्रभु की प्रार्थना करें। समृद्ध हो यह देश तो मंदिर की घंटिया फिर बजे, पूजा के थाल फिर सजे। समृद्ध हो यह देश तो फिर बाँसुरी बजे कृष्ण की, फिर रास रचे! यह दीन दरिद्र देश, अभी तुम इसमें कृष्ण को भी ले आओंगे तो राधा कहाँ पाओगे नाचनेवाली? अभी तुम कृष्ण को भी ले आओगे, तो कृष्ण बड़ी मुश्किल में पड़ जायेंगे, माखन कहाँ चुरायेगें? माखन है कहाँ? दूध दही की मटकिया कैसे तोड़ोगे? दूध दही की कहाँ, पानी तक की मटकिया मुश्किल है। नलों पर इतनी भीड़ है! और एक आध गोपी की मटकी फोड़ दी, जो नल से पानी भरकर लौट रही थी, तो पुलिस में रिपोर्ट दर्ज करा देगी कृष्ण की, तीन बजे रात से पानी भरने खड़ी थी नौ बजते बजते पानी भर पायी और इन सज्जन ने कंकड़ी मार दी। धर्म का जन्म होता है जब देश समृद्ध होता है। धर्म समृद्ध की सुवास है। तो मैं जरूर चाहता हूँ यह देश सौभाग्यशाली हो लेकिन सबसे बड़ी अड़चन इसी देश की मान्यताएं है। इसलिए मैं तुमसे लड़ रहा हूँ। तुम्हारे लिए।"

व्यक्ति-समाज-राज्य-विश्व की आवश्यकता, भविष्यवक्ताओं की भविष्यवाणीयां, ग्रहों के चालों, सूर्य व चन्द्र ग्रहण, सामाजिक-राजनीतिक विचारकों के विचार-सपनें-उम्मीद इत्यादि युग परिवर्तन की ओर दिशा निर्देश कर रहीं हैं। ऐसे में सृष्टि के लिए सार्वभौम सर्वोच्च अन्तिम अर्थों वाले शब्दों (जिसकी सूची अगले पृष्ठ पर दी गई है।) **पर चर्चा ही एक मात्र युग परिवर्तन का मार्ग है।**

वे सार्वभौम एकात्म शब्द जिसके बिना युग परिवर्तन सम्भव नहीं (सर्वोच्च, अन्तिम और दृश्य)

क्र.सं. विषय क्षेत्र	सम्बन्धित क्षेत्र से मुख्य नाम
01. विश्व क्षेत्र	विश्व संविधान / साहित्य / विचार / सिद्धान्त / प्रबन्ध / दर्शन / मत / मानव / एकता / शान्ति / विकास / स्थिरता / आत्मा / अभिनेता / बुद्धि / राजनीति / क्रांति
02. राज्य क्षेत्र	विश्व (राष्ट्र) ऐजेण्डा–2012+ (WORLD NATION AGENDA-2012+) विश्व व्यवस्था का अधिकतम एवं न्यूनतम साझा कार्यक्रम
03. समाज क्षेत्र	लोक / गण / जन ऐजेण्डा–2012+ (PUBLIC AGENDA-2000+)
04. धर्म क्षेत्र	वेदान्त धर्म स्थापना
05. साहित्य क्षेत्र	विश्व साहित्य–"विश्वभारत" समाहित "विश्वशास्त्र" साहित्य– आदर्श वैश्विक व्यक्ति चरित्र कथा साहित्य
06. सामाज शास्त्र	मानक / जन / गण / लोक शास्त्र
07. धर्मशास्त्र	धर्मयुक्त नाम – कर्मवेदः प्रथम, अन्तिम और पंचम वेद और आधारित उपनिषद् (व्यष्टि एवं समष्टि) सर्वधर्मसमभाव / धर्मनिरपेक्ष नाम – मन की गुणवत्ता का विश्व मानक : शून्य श्रृंखला (व्यष्टि एवं समष्टि)
08. मानक क्षेत्र	मन की गुणवत्ता का विश्व मानक : शून्य श्रृंखला
09. अदृश्य विज्ञान	दृश्य आध्यात्म विज्ञान
10. दृश्य विज्ञान	धर्म विज्ञान या एकात्म विज्ञान (Integration Science)
11. इंजीनियरिंग	सत्य सामाजिक अभियंत्रण (Real Social Engineering)
12. तकनीकी	सत्य सामाजिक तकनीकी (Real Social Technology) : WCM-TLM-SHYAM.C Technology
13. संविधान	विवादमुक्त तन्त्रों पर आधारित संविधान
14. राजनीति	सत्य राजनीति / राजनीति–2012+ (POLITICS-2012+)
15. संगठन	विश्व राजनीतिक पार्टी संघ (World Political Party Organisation- WPPO)
16. शिक्षा	पूर्णज्ञान / पूर्ण शिक्षा प्रणाली / शिक्षा -2012+ (EDUCATION-2012+)
17. राष्ट्र सम्बन्ध	आदर्श राष्ट्रीय नागरिक
18. वेदान्त	कर्म वेदान्त : वेदान्त की अन्तिम शाखा
19. मतवाद	एकात्म कर्मवाद : एकात्म मानवतावाद का व्यावहारिक रुप
20. दार्शनिक	विकास दर्शन (Development Philosophy)
21. क्रांति	संपूर्ण क्रांति (Complete Revolution) : प्रलय, स्थिति एवं सृष्टि
22. सांस्कृतिक	भोगेश्वरः भोग (पाश्चात्य) + ईश्वर (प्राच्य) = एकात्म या ईश्वरत्व भाव से भोग
23. मन	विश्व मन (WOLD MIND)
24. मानव	विश्वमानव (विश्वमन से युक्त)
25. मनु	8वें मनु – सावर्णि मनु
26. अवतार	भगवान विष्णु के 10वें और अन्तिम तथा भगवान शंकर के 22वें और अन्तिम संयुक्तावतार (निष्कलंक कल्कि एवं भोगेश्वर)
27. निराकार ब्रह्म	सार्वभौम सत्य–सिद्धान्त (UNIVERSAL TRUTH-THEORY) : विश्व–बन्धुत्व का सिद्धान्त
28. साकार ब्रह्म	लव कुश सिंह
29. पुनर्जन्म–सत् मार्ग से	बुड्ढा कृष्ण (कृष्ण भाग – 2 और अन्तिम) – कृष्ण की अगली और अन्तिम कड़ी
30. पुनर्जन्म–रज मार्ग से	स्वामी विवेकानन्द का पुनर्जन्म
31. पुनर्जन्म–तम मार्ग से	रावण की अगली कड़ी
32. आत्मा	दृश्य विश्वात्मा / शिव / ब्रह्म / मैं
33. अभिनय	वास्तविक जीवन का अभिनेता (Real Life Actor)
34. बम	ज्ञान बम – आध्यात्मिक न्यूट्रान बम
35. अस्त्र	अनियन्त्रित पशुपास्त्र (नारायणास्त्र या सु–दर्शन चक्र व ब्रह्मास्त्र समाहित)
36. माया	योग माया समाहित भोगमाया
37. ज्ञान	एकात्म कर्मज्ञान (शास्वत) : व्यष्टि एवं समष्टि
38. बुद्धि	विश्व बुद्धि व चेतना या सत्य चेतना : पूर्व व्यक्त सत्य चेतना
39. ध्यान व योग	दृश्य सत्य–क्रियाकलाप–एकात्म योग व ध्यान (अन्तिम योग व अन्तिम ध्यान)
40. मिशन	प्राकृतिक सत्य मिशन (Natural Truth Mission)–सर्वोच्च और अन्तिम मिशन
41. धार्मिक नगर	एकात्म काशी– जीवनदायिनी सत्यकाशी : पंचम, अन्तिम तथा सप्तम काशी
42. शक्ति	आत्मशक्ति (SPIRIT POWER),मस्तिष्क शक्ति (BRAIN POWER), मन शक्ति (MIND POWER),सत्य शक्ति (TRUTH POWER)
43. जीवन कथा	विश्वमानव लीला / दर्पण : दो विपरीत दिशाओं के साथ प्रथम एवं अन्तिम कथा
44. प्रेम और कर्म	शास्वत प्रेम और कर्म
45. समन्वय	अन्तिम समन्वय–सिद्धान्त
46. आचार्य	अन्तिम समन्वयाचार्य
47. कला	विश्वमानव कला (कृष्ण कला समाहित)
48. परिचालन प्रणाली	अवतार का परिचालन प्रणाली : मानव–10 (Avatar's Operating System-AOS : Human-10)
49. शंकराचार्य पीठ	सत्यकाशी पीठ : पंचम और अन्तिम शंकराचार्य पीठ

भाग-7

केन्द्र या मध्य (भारत) में पांचवां और अन्तिम सत्यकाशी पीठ

सत्यकाशी पीठ: स्थान

सत्यकाशी पीठ: इतिहास और उद्देश्य

पाँचवाँ और अंतिम शंकराचार्य पीठ: इसकी विशेषता

"हिन्दू धर्म की जो पकड़ थी, वह इस समय कमजोर पड़ गयी है क्योंकि भारतीय स्वतंत्रता आन्दोलन के समय से राजनेताओं का वर्चस्व बढ़ा और उन्होंने धर्म रक्षकों को दबा दिया, जिसके परिणामस्वरूप 163 साल तक शंकराचार्य की पदवी खाली रही। इसलिए आवश्यक है कि शिक्षा के क्षेत्र में धर्म की स्थापना हो। स्वस्थ एवं श्रेष्ठ साहित्य का सृजन हो। महापुरूषों को घूम-घूम कर सनातन धर्म का प्रचार-प्रसार करना चाहिए जिससे लोगों के हृदय में भारतीय धर्म-शास्त्र के प्रति आस्था-विश्वास बढ़े।"

- स्वामी स्वरूपानन्द (द्वारिका पीठाधीश्वर जगद्‌गुरू शंकराचार्य)
साभार - दैनिक आज, समाचार पत्र, वाराणसी, दि0 10-5-1997

स्पष्टिकरण

सत्य से सार्वभौम सत्य-सिद्धान्त तक का मार्ग अवतारों का मार्ग है। सार्वभौम सत्य-सिद्धान्त की अनुभूति ही अवतरण है। इसके अंश अनुभूति को अंश अवतार तथा पूर्ण अनुभूति को पूर्ण अवतार कहते है। ग्रन्थों में अवतारों की कई कोटि बतायी गई है जैसे अंशाशावतार, अंशावतार, आवेशावतार, कलावतार, नित्यावतार, युगावतार इत्यादि, जो भी सार्वभौम सत्य-सिद्धान्त को व्यक्त करता है वे सभी अवतार कहलाते हैं। व्यक्ति से लेकर समाज के सर्वोच्च स्तर तक सार्वभौम सत्य-सिद्धान्त को व्यक्त करने के क्रम में ही विभिन्न कोटि के अवतार स्तरबद्ध होते हैं। अवतार मानव मात्र के लिए ही कर्म करते हैं न कि किसी विशेष मानव समूह या सम्प्रदाय के लिए। अवतार, धर्म, धर्मनिरपेक्ष व सर्वधर्मसमभाव से युक्त अर्थात एकात्म से युक्त होते है। इस प्रकार अवतार से उत्पन्न शास्त्र मानव के लिए होते हैं, न कि किसी विशेष मानव समूह के लिए। उत्प्रेरक, शासक और मार्गदर्शक आत्मा सर्वव्यापी है। इसलिए एकात्म का अर्थ संयुक्त आत्मा या सार्वजनिक आत्मा है। अवतारों के प्रत्यक्ष और प्रेरक दो कार्य विधि हैं। प्रत्यक्ष अवतार वे होते हैं जो स्वयं अपनी शक्ति का प्रत्यक्ष प्रयोग कर समाज का सत्यीकरण करते हैं। यह कार्य विधि समाज में उस समय प्रयोग होता है जब अधर्म का नेतृत्व एक या कुछ मानवों पर केन्द्रित होता है। प्रेरक अवतार वे होते हैं जो स्वयं अपनी शक्ति का अप्रत्यक्ष प्रयोग कर समाज का सत्यीकरण जनता एवं नेतृत्वकर्ता के माध्यम से करते हैं। यह कार्य विधि समाज में उस समय प्रयोग होता है जब समाज में अधर्म का नेतृत्व अनेक मानवों और नेतृत्वकर्ताओं पर केन्द्रित होता है।

इन विधियों में से कुल दस अवतारों में से प्रथम सात (मत्स्य, कूर्म, वाराह, नृसिंह, वामन, परशुराम, राम) अवतारों ने समाज का सत्यीकरण प्रत्यक्ष विधि के प्रयोग द्वारा किया था। आठवें अवतार (श्रीकृष्ण) ने दोनों विधियों प्रत्यक्ष ओर प्रेरक का प्रयोग किया था। नवें (भगवान बुद्ध) और अन्तिम दसवें अवतार की कार्य विधि प्रेरक ही है।

सनातन अद्वैत दर्शन के अनुसार यह जगत ही ईश्वर का दृश्य रूप है। ऐसे में सभी ईश्वर हैं। सभी ईश्वर के बहुरूप हैं और सभी में प्रकाशित वही ईश्वरीय सत्ता है। सार्वभौम एकात्म की ओर ले जाने वाले सभी प्रक्षेपित

मानक चरित्र सनातन हैं जैसे ब्रह्मा परिवार, विष्णु परिवार और महेश परिवार। इस सार्वभौम एकात्म की ओर विचार व्यक्त करने वाला अर्थात उसी का प्रचार-प्रसार व स्थापना करने वाला युगावतार तो नहीं हो सकता लेकिन वह अवतार अवश्य होता है क्योंकि उसने भी उस सार्वभौम सत्य-सिद्धान्त का साक्षात्कार किया है।

ईश्वर के मानवीयकरण व मानव के ईश्वरीयकरण के लिए आपके भौतिक शरीर से व्यक्त विश्वात्मा की इच्छा को धर्म क्षेत्र से नाम कर्मवेदः प्रथम, अन्तिम तथा पंचम वेद एवं धर्मनिरपेक्ष क्षेत्र से मन का विश्वमानकः शून्य श्रृंखला समाहित "विश्वशास्त्र-द ना॰लेज आ॰फ फाइनल ना॰लेज" के रूप में पूर्ण किया जा चुका है। जिसमें पुराणों का धर्मनिरपेक्ष और सर्वधर्मसमभाव रूप भी सम्पूर्ण मानव जाति को स्पष्ट दृष्टिगत होगा। परिणामस्वरूप भारतीय धर्म शास्त्रों के प्रति विश्वव्यापी आस्था बढ़ना स्वाभाविक है। साथ ही अनेक सत्य-साहित्यों की रचना के लिए भी मार्ग प्रशस्त और रचना कर दिये गये हैं।

तीनों देवताओं ब्रह्मा, विष्णु और शिव-शंकर के मूल गुणों के आधार पर उनके वास्तविक रुप अर्थात् चार वेदों को व्यक्त करने वाले चार मुखों से युक्त सृष्टिकर्ता ब्रह्मा का रुप, चार भुजाओं से युक्त पालनकर्ता विष्णु का रुप तथा ब्रह्मा और विष्णु समाहित पाँचों वेदों को व्यक्त करने वाले पाँच मुखों से युक्त कल्याणकर्ता शिव-शंकर का अन्तिम रुप, तीनों देवताओं का दिव्यरुप कहलाता है। इसी अनुसार शिव-शंकर के अवतार ही केवल पंचमुखी होते हैं। इसी क्रम में पंचमुखी हनुमान और वेद माता मां गायत्री को भी दिखाया गया है। इस अनुसार पांचवें वेद और पांचवें शंकराचार्य पीठ की स्थापना ही युग परिवर्तन की प्रक्रिया का आरम्भ और सनातन विश्व की ओर कदम है।

व्यक्ति-समाज-राज्य-विश्व की आवश्यकता, भविष्यवक्ताओं की भविष्यवाणीयां, ग्रहों के चालों, सूर्य व चन्द्र ग्रहण, सामाजिक-राजनीतिक विचारकों के विचार-सपनें-उम्मीद इत्यादि युग परिवर्तन की ओर दिशा निर्देश कर रहीं हैं। ऐसे में सृष्टि के लिए सार्वभौम सर्वोच्च अन्तिम अर्थों वाले शब्दों पर चर्चा ही एक मात्र युग परिवर्तन का मार्ग है।

आविष्कार उपयोगी होता है, आविष्कारक नहीं।
रचना अधिक समय तक रहती है रचनाकार अदृश्य हो जाता है और रचना के आधार पर अन्य रचना भी होती रहती है।

सनातन विश्व के लिए समस्त प्रक्रिया 150 पुस्तकों के रूप में वेबसाइट

www.64inch.com

पर उपलब्ध है और कार्य समाप्त होता है। व्यक्ति और नेतृत्वकर्ता अपने धर्म

का पालन करें, समाधान उपलब्ध हो चुका है।

दिशा	पीठ का नाम/ स्थान	उद्देश्य	संबंधित वेद	महावाक्य	तत्व
उत्तर	बदरी ज्योतिर्मठ पीठ उत्तराखंड, जोशीमठ	ज्ञान और विवेक	अथर्ववेद	अयमात्मा ब्रह्म (यह आत्मा ब्रह्म है)	वायु
दक्षिण	श्रींगेरी शारदा पीठ कर्नाटक, श्रींगेरी	स्थिरता और परंपरा	यजुर्वेद	अहम् ब्रह्मास्मि (मैं ब्रह्म हूँ)	पृथ्वी
पूर्व	पुरी गोवर्धनमठ पीठ ओडिशा, पुरी	भक्ति और समर्पण	ऋग्वेद	प्रज्ञानं ब्रह्म (चेतना ब्रह्म है)	जल
पश्चिम	द्वारका शारदा पीठ गुजरात, द्वारका	कर्म और संकल्प	सामवेद	तत्त्वमसि (तू ब्रह्म है)	अग्नि
केन्द्र या मध्य	सत्यकाशी पीठ उत्तर प्रदेश, चरणाद्रिगढ़	चेतना और एकत्व	कर्मवेद	सर्वे ब्रह्म (सभी ब्रह्म हैं)	आकाश

क्षिति, जल, पावक, गगन, समीरा। पंच तत्व मिलि बनेहु शरीरा ।।

सत्यकाशी पीठः स्थान

मानव जीवन की यात्रा को हम चार स्तरों में देख सकते हैं - **संभल (Shambhal), संभला (Shambhala), ज्ञानगंज (Gyanganj) और संगरीला (Sangrila)**

संभल (Shambhal) को हम भौतिक जगत का प्रतीक मान सकते हैं। यह धरती पर बसा हुआ वास्तविक नगर है, जहाँ लोग रहते हैं, संघर्ष करते हैं और जीवन की यात्रा करते हैं। धार्मिक मान्यता के अनुसार यहाँ भविष्य में कल्कि अवतार का जन्म होगा। इसका अर्थ यह भी है कि संभल हमें यह याद दिलाता है कि परिवर्तन और नवजागरण हमेशा इसी सांसारिक धरती से प्रारंभ होता है।

संभला (Shambhala) आध्यात्मिक जगत का प्रतीक है। यह उस आदर्श समाज और चेतना की ओर संकेत करता है, जहाँ धर्म, करुणा और सत्य का शासन है। बौद्ध ग्रंथों में इसे एक अदृश्य, पवित्र राज्य बताया गया है। इसका दार्शनिक अर्थ यह है कि हर मनुष्य के भीतर एक संभला है - एक ऐसा क्षेत्र जहाँ शांति, संतुलन और धर्म की शक्ति हमेशा जीवित रहती है। यह हमारे भीतर के आदर्श और परम लक्ष्य का रूप है।

ज्ञानगंज (Gyanganj) गूढ़ और रहस्यमय चेतना का प्रतीक है। यह वह क्षेत्र है, जहाँ अमर योगी और सिद्ध रहते हैं, और जो साधारण दृष्टि से छिपा हुआ है। इसका अर्थ यह है कि सत्य और सर्वोच्च ज्ञान कभी सतही रूप में उपलब्ध नहीं होते, बल्कि गहन साधना और आंतरिक परिवर्तन से ही प्राप्त किए जा सकते हैं। ज्ञानगंज हमें यह सिखाता है कि परम सत्य अदृश्य है, परंतु साधना से प्रकट हो सकता है।

इस प्रकार, ये चारों स्तर - **भौतिक, आध्यात्मिक, गूढ़ और आदर्श** - मानव जीवन और चेतना की समग्र यात्रा का प्रतिनिधित्व करते हैं, जहाँ साधना, अनुभव और ज्ञान मिलकर आत्मा को पूर्णता की ओर ले जाते हैं।

इस प्रकार, इन तीनों को मिलाकर देखा जाए तो:

- **संभल** = जीवन और समाज का यथार्थ (भौतिक जगत)
- **संभला** = आदर्श और धर्म का उच्च्च स्वरूप (आध्यात्मिक जगत)
- **ज्ञानगंज** = रहस्यमय सत्य और अमर ज्ञान (गूढ़ जगत)

ये तीनों मिलकर मानव जीवन की पूर्ण यात्रा का संकेत देते हैं - भौतिक से आध्यात्मिक और फिर गूढ़ एवं परम सत्य तक।

संगरीला (Sangrila/Shangri-La) एक कल्पित पर्वतीय स्थल है, जिसे आदर्श समाज और शांति का प्रतीक माना जाता है। यह जगह सामान्य दृष्टि से अदृश्य या दूरस्थ मानी जाती है, जहाँ जीवन सुखमय, स्वस्थ और सामंजस्यपूर्ण होता है। दार्शनिक रूप से इसे मानव चेतना के उच्चतम स्तर, आत्मा की शांति और आदर्श जीवन का प्रतीक माना जाता है। **संगरीला (Sangrila)** का अर्थ यह भी है कि सच्ची खुशी और संतुलन केवल भीतर की यात्रा और साधना से ही प्राप्त होते हैं, बाहरी समृद्धि से नहीं।

1. **शब्द-संदर्भ में**: “Sangrila” अक्सर “Shangri-La” का रूपांतर होता है, जो कि एक कल्पित, आदर्श, रहस्यमयी और शांति-पूर्ण स्थान है।
2. **दार्शनिक/आध्यात्मिक संदर्भ में**: इसे ज्ञानगंज या संभला जैसे गूढ़ और रहस्यमयी क्षेत्रों के समान माना जा सकता है।
3. **अन्य संदर्भ**: यदि यह किसी किताब, स्थान या परियोजना का नाम है, तो उसका अलग अर्थ हो सकता है।

पीठ (Peeth) स्थापित करने की योजना

उद्देश्य और दर्शन तय करना

- पहले यह स्पष्ट करें कि पीठ का उद्देश्य क्या होगा:
    - **अद्वैत वेदांत का प्रचार**
    - **साधकों का प्रशिक्षण और मोक्ष की ओर मार्गदर्शन**
    - **धार्मिक शिक्षा, योग और ध्यान केंद्रित करना**
- पीठ का नाम “Satyakashi” इसलिए चुना गया है क्योंकि यह **सत्य और ज्ञान के प्रकाश का प्रतीक** है।

गुरु या आध्यात्मिक मार्गदर्शक

- पीठ को वैध और आध्यात्मिक मान्यता प्राप्त करने के लिए **एक योग्य गुरु या शिष्य परंपरा वाला व्यक्ति** आवश्यक है।
- गुरु का कार्य होगा:
    - **साधकों का प्रशिक्षण**
    - **धर्म और वेदांत का प्रचार**
    - **पीठ की प्रतिष्ठा बनाना**

स्थान और इमारत का चयन

- स्थान चुनते समय ध्यान दें:
    - **शांत और आध्यात्मिक वातावरण**
    - **साधकों के लिए आवास और साधना स्थल**
    - **भक्तों और पर्यटकों के आने-जाने की सुविधा**
- इमारत में हो सकते हैं:
    - मुख्य मंदिर / पूजा स्थल
    - ध्यान और साधना कक्ष
    - वेदांत शिक्षण कक्ष
    - गुरुकुल या आश्रम

धार्मिक और आध्यात्मिक गतिविधियाँ

- नियमित क्रियाएँ:

- **साधना, ध्यान और कीर्तन**
    - **वेदांत और शास्त्र अध्ययन**
    - **धार्मिक कार्यशालाएँ और प्रवचन**
- विशेष आयोजन:
    - **अस्थायी या वार्षिक उत्सव**
    - **अद्वैत वेदांत पर सेमिनार**
    - **साधक प्रशिक्षण शिविर**

समुदाय और साधकों का निर्माण

- पीठ केवल इमारत नहीं, **साधकों और भक्तों का केंद्र** होना चाहिए।
- इसके लिए करें:
    - सामाजिक और आध्यात्मिक गतिविधियों का आयोजन
    - साधकों के लिए निवास और शिक्षा सुविधाएँ
    - पीठ का प्रचार: पुस्तकों, वेबसाइट और सामाजिक मंचों के माध्यम से

आधिकारिक मान्यता और नेटवर्क

- भारत में शंकराचार्य परंपरा के मुख्य पीठों के साथ **संपर्क और मार्गदर्शन**।
- नए पीठ को स्थानीय प्रशासन और धार्मिक संस्थानों से **मान्यता और सहयोग** दिलाना।
- अन्य पीठों और गुरु परिषदों के साथ **संवाद और सहयोग**।

दीर्घकालीन योजना

- पीठ को स्थायी और प्रतिष्ठित बनाने के लिए:
    - नियमित साधना और शिक्षा कार्यक्रम
    - नए साधकों और भक्तों को जोड़ना
    - पीठ के **अध्यात्मिक, सामाजिक और शैक्षिक प्रभाव** को बढ़ाना

निष्कर्ष:

नया **Satyakashi Peeth** बनाया जा सकता है, लेकिन यह केवल इमारत नहीं, बल्कि **ज्ञान, साधना और आध्यात्मिक मार्गदर्शन का केंद्र** होना चाहिए। एक योग्य गुरु, साधक समुदाय और सही दृष्टिकोण इसके लिए अनिवार्य हैं।

अन्तिम अवतार कल्कि
का संभल (Shambhal), संभला (Shambhala), ज्ञानगंज (Gyanganj) और संगरीला (Sangrila) से सम्बन्ध

इसका उत्तर गहराई से समझा जाए तो यह केवल भूगोल या कथा का नहीं, बल्कि चेतना के विकास का रहस्य है।

1. संभल (Shambhal) - अवतार का धरातल

हिन्दू ग्रन्थों में कहा गया है कि **कल्कि अवतार का जन्म 'संभल' नामक स्थान पर होगा।** यह स्थान भौतिक जगत में मौजूद है - उत्तर प्रदेश का एक नगर, परंतु प्रतीक रूप से यह मानवता के भीतर जन्म लेती दिव्यता का संकेत है। जब धर्म क्षीण होता है, तब वही संभल - अर्थात् "संभलने का बिंदु" - अवतार का आधार बनता है।

संभल = पृथ्वी पर दिव्यता का उद्भव बिंदु।

2. संभला (Shambhala) - धर्मराज्य या दिव्य व्यवस्था

बौद्ध और हिन्दू दोनों परम्पराओं में **Shambhala** को धर्म का गुप्त राज्य माना गया है। बौद्ध ग्रंथ 'कालचक्र तंत्र' में कहा गया है कि जब अधर्म चरम पर होगा, तब Shambhala से एक राजा प्रकट होगा जो अधर्म का अंत करेगा - यह प्रतीक रूप से **कल्कि अवतार का ही वर्णन** है।

संभला = दिव्य शासन या धर्मराज्य, जहाँ से कल्कि की प्रेरणा उठती है।

3. ज्ञानगंज (Gyanganj) - सिद्धों का अदृश्य लोक

ज्ञानगंज को अमर योगियों का क्षेत्र कहा जाता है, जहाँ से विश्व के आध्यात्मिक प्रवाह को दिशा मिलती है। कई सिद्ध परंपराएँ मानती हैं कि कल्कि का आध्यात्मिक मार्गदर्शन इन्हीं योगियों द्वारा किया जाएगा।

ज्ञानगंज = दिव्य ऊर्जा और योगिक शक्ति का स्रोत, जहाँ से कल्कि को आत्मिक बल प्राप्त होगा।

4. संगरीला (Sangrila / Shangri-La) - आदर्श समाज या चेतना का चरम स्वरूप

संगरीला का विचार पश्चिमी और तिब्बती रहस्य परंपराओं में आता है - एक अमर, शांति-पूर्ण, आदर्श स्थान, जहाँ कोई रोग, संघर्ष या अधर्म नहीं होता। यह उस अवस्था का प्रतीक है जो **कल्कि युग के बाद की सृष्टि** होगी - अर्थात सत्ययुग का पुनर्स्थापन।

संगरीला = वह दिव्य युग या चेतना का चरम, जो कल्कि अवतार के कार्य का परिणाम है।

सारांश (संक्षेप में सम्बन्ध)

स्तर	प्रतीक	सम्बन्ध कल्कि से
संभल (Shambhal)	भौतिक जन्मभूमि	कल्कि अवतार का पृथ्वी पर अवतरण
संभला (Shambhala)	दिव्य धर्मराज्य	धर्म का पुनःस्थापन करने की शक्ति का उद्गम
ज्ञानगंज (Gyanganj)	गूढ़ योगिक लोक	कल्कि को आत्मिक दिशा और सिद्ध शक्ति का आधार
संगरीला (Sangrila)	आदर्श चेतना का युग	कल्कि कार्य का अंतिम परिणाम - पुनः सत्ययुग

अर्थात् -

संभल में कल्कि अवतरित होते हैं, संभला से उन्हें धर्म की प्रेरणा मिलती है, ज्ञानगंज से योगिक शक्ति, और संगरीला उनके कार्य का लक्ष्य है - सत्य और शांति का पुनर्स्थापन।

सत्यकाशी पीठ: योग्य स्थान

इस संसार को अन्तिम सन्देश देने से पहले आपको उस क्षेत्र से परिचय कराना चाहता हूँ जिस क्षेत्र से यह सन्देश देने का साहस किया गया है क्योंकि कोई भी क्रिया बिना कारण के नहीं होती।

समस्त मूल कार्य जिस क्षेत्र से सम्पूर्ण हुआ, उस क्षेत्र को सत्यकाशी क्षेत्र कहता हूँ और जिस ग्राम का निवासी हूँ वह काशी (वाराणसी) के चौरासी कोस यात्रा तथा सत्यकाशी क्षेत्र का उभय क्षेत्र में स्थित है। इसलिए जितना काशी (वाराणसी) का हूँ उतना ही सत्यकाशी का हूँ। इस प्रकार यह सन्देश काशी-सत्यकाशी का संयुक्त सन्देश है।

सत्यकाशी क्षेत्र जो काशी (वाराणसी), विन्ध्याचल, शिवद्वार और सोनभद्र के बीच का क्षेत्र है, एक पौराणिक-आध्यात्मिक और साधना के लिए उपयुक्त क्षेत्र के रूप में प्राचीन काल से आकर्षण में रहा है। इस क्षेत्र का हृदय क्षेत्र चुनार है। चुनार का किला राजा विक्रमादित्य ने अपने भाई भर्तहरि के तपस्या में हिंसक जानवरों द्वारा व्यवधान न उत्पन्न हो इसके लिए बनवाया था। ये राजा विक्रमादित्य वही हैं जिनके नाम से विक्रम सम्वत् कैलेण्डर स्थापित है। चुनार ईश्वर के पाँचवें अवतार-वामन अवतार का क्षेत्र है जिनसे समाज की शक्ति का प्रथम जन्म हुआ था।

सत्यकाशी क्षेत्र के चारों कोण पर स्थित

1. काशी (वाराणसी) का अपना प्राचीन और पुरातन इतिहास है जो सर्वविदित है।
2. विन्ध्याचल, जो शिव-शक्ति के उपासना का अद्भुत केन्द्र है। यशोदा से उत्पन्न पुत्री (जिनके बदले श्रीकृष्ण प्राप्त हुये थे) महासरस्वती अष्टभुजा देवी के नाम से यहीं स्थापित हैं। भारत देश का मानक समय माँ विन्ध्यवासिनी धाम से तय होता है। पुराणों के अनुसार रावण ने भी इसे मानक समय स्थल मानकर यहाँ शिवलिंग की स्थापना की थी।
3. शिवद्वार, त्रिकोणीय तान्त्रिक साधना के लिए जगत विख्यात था और साधना की राजधानी था। इसे ही मीरजापुर गजेटियर में गुप्तकाशी की संज्ञा से अभिकल्पित किया गया है।
4. सोनभद्र, सोन संस्कृति की पौराणिक पृष्ठभूमि वैदिककालीन सभ्यता की पराकाष्ठापरक ऐतिहासिकता से सम्बद्ध है। सन्त परम्पराओं का एक महत्वपूर्ण परिव्रजन इस क्षेत्र में हुआ जिसमें शैव व शाक्त प्रमुख थे। शैव सम्प्रदाय से जुड़े अघोर तन्त्र ने इसे बहुत सराहा और इसे अपनी कर्मभूमि बना लिया। सोन नद के तट पर शव छेदन क्रिया की भी प्रशिक्षा आयुर्वेद के जिज्ञासुओं को दी जाती थी। शैव तन्त्र से प्रभावित अघोर तन्त्र शव-साधना में सिद्धहस्त था और शव में इकार की प्राण प्रतिष्ठा का जीवन्त रूप शिव को दे देना इनकी अलौकिक साधना का चरमोत्कर्ष है। अघोरपन्थी नाम के पश्चात् "राम" का प्रयोग करते थे। इस क्षेत्र में सवर्ण वर्ग में प्रायः ब्राह्मण वर्ग भी राम का प्रयोग अपने नाम में करता है। इस क्षेत्र में पाशुपात तन्त्र के महान साधक लोरिक का नाम विशेष है।

उपरोक्त तो अति संक्षिप्त परिचय है विस्तार से "विश्वशास्त्र" के अध्याय-दो में प्रकाशित है, जिस क्षेत्र से ये विश्व ऐतिहासिक अन्तिम, अपरिवर्तनीय और अटलनीय सन्देश देने का साहस किया गया है।

भौतिक रूप से सत्यकाशी पीठ के लिए योग्य स्थान सत्यकाशी क्षेत्र ही है। सत्यकाशी पीठ उसी अद्वैत वेदान्त पर आधारित है। जिस के आधार पर आदि शंकाराचार्य द्वारा चार पीठों की स्थापना की थी। युग परिवर्तन के लिए आदि शंकाराचार्य द्वारा स्थापित चार पीठों के वर्तमान शंकाराचार्यों का यह दायित्व है कि वे इस श्रृंखला को आगे बढ़ाते हुये धर्म के वैश्विक स्थापना के लिए आगे आयें।

सत्यकाशी पीठ: इतिहास और उद्देश्य

भारत का इतिहास केवल राजाओं और युद्धों का इतिहास नहीं है,
बल्कि यह **चेतना के विकास का इतिहास** है।
हर युग में जब धर्म और राजनीति के बीच संतुलन बिगड़ता है,
तो कोई न कोई पीठ उस संतुलन को पुनर्स्थापित करने के लिए जन्म लेती है।

ऐसा ही एक अद्वितीय उदय है -
"सत्यकाशी पीठ" का,
जो मानवता के अगले अध्याय की भूमिका बन चुका है।

"जहाँ ज्ञान शासन को दिशा देता है,
वहीं शासन धर्म का साधन बन जाता है।"

काशी से सत्यकाशी तक: चेतना की यात्रा

प्राचीन काशी को "मोक्षभूमि" कहा गया,
क्योंकि वहाँ ज्ञान और मृत्यु - दोनों के रहस्य सिखाए जाते थे।
पर सत्यकाशी - ज्ञान का अगला आयाम है।
यह मृत्यु से मुक्ति नहीं, बल्कि **अज्ञान से मुक्ति** की भूमि है।

तीन चरणों में यह यात्रा समझी जा सकती है:

1. **काशी** - व्यक्तिगत मुक्ति का केंद्र।
2. **महाकाशी** - सार्वभौमिक चेतना का केंद्र।
3. **सत्यकाशी** - वैश्विक एकत्व और अद्वैत शासन का केंद्र।

"काशी आत्मा की दीक्षा है,
सत्यकाशी आत्मा का शासन है।"

स्थापना का उद्देश्य

सत्यकाशी पीठ का जन्म केवल धार्मिक नहीं,
बल्कि आध्यात्मिक-राजनीतिक समन्वय की आवश्यकता से हुआ।
विश्व में बढ़ती भौतिकता, असमानता, और नैतिक संकट के बीच
इस पीठ का उद्देश्य है -

1. **धर्म और शासन के बीच अद्वैत संबंध पुनः स्थापित करना।**
2. **राजनीति को आत्मा से जोड़ना।**
3. **विज्ञान, धर्म, और समाज - तीनों का एक समग्र मॉडल प्रस्तुत करना।**

इसके चार प्रमुख सूत्र:

- **धर्म** = **चेतना की नीति**
- **राजनीति** = **सेवा की क्रिया**
- **अर्थनीति** = **संतुलन की व्यवस्था**
- **विज्ञान** = **सत्य की खोज**

सत्यकाशी की परंपरा और वंश

सत्यकाशी पीठ किसी व्यक्ति द्वारा स्थापित संस्था नहीं है -
यह **ब्रह्म परंपरा का विस्तार** है।
आदि शंकराचार्य ने चार दिशाओं में चार पीठें स्थापित कीं -
पूर्व, पश्चिम, उत्तर, दक्षिण -
जो वेद, धर्म और आत्मज्ञान के केंद्र बने।

परंतु कालान्तर में जब राजनीति धर्म से अलग और धर्म समाज से अलग हुआ,
तो **पाँचवीं पीठ** की आवश्यकता पड़ी -
जो अद्वैत दर्शन को शासन की नीतियों में उतार सके।

"चार पीठों ने धर्म को जीवित रखा,
पाँचवीं पीठ उसे जीवन में उतारेगी।"

सत्यकाशी का उद्देश्य – धर्म का पुनर्निर्माण, शासन का पुनर्जागरण

आज की मानवता धर्म को या तो संप्रदाय मानती है या अनुष्ठान।
पर सत्यकाशी कहता है -

"धर्म = जीवन की वैज्ञानिक व्यवस्था।"

इस पीठ का उद्देश्य है -
धर्म को **व्यवहार में**, राजनीति को **सेवा में**,
और विज्ञान को **चेतना में** बदलना।

इसके तीन प्रमुख लक्ष्य:

1. **आध्यात्मिक शासन (Spiritual Governance):**
   जहाँ नीतियाँ करुणा और सत्य पर आधारित हों।
2. **चेतना आधारित शिक्षा (Conscious Education):**
   जहाँ बच्चों को ज्ञान नहीं, आत्मा से जोड़ने की विधि सिखाई जाए।
3. **वैश्विक समरसता (Global Oneness):**
   जहाँ राष्ट्रवाद का स्थान "मानववाद" ले ले।

सत्यकाशी और मानवता का भविष्य

सत्यकाशी केवल एक धार्मिक केंद्र नहीं,
बल्कि मानवता का भविष्य मॉडल है।

यह वह स्थान है जहाँ -

- विज्ञान और वेदांत मिलते हैं,
- राजनीति और करुणा जुड़ते हैं,
- और व्यक्ति स्वयं में "राजऋषि" बनता है।

"जब शासक साधक बन जाएगा,
तब ही पृथ्वी पर धर्मराज्य स्थापित होगा।"

निष्कर्ष

सत्यकाशी पीठ का इतिहास कोई कालखंड नहीं,
बल्कि एक **युग की उद्घोषणा** है।
यह उस समय का प्रतीक है
जब ब्रह्मज्ञान शासन का केंद्र बनेगा,
और शासन ब्रह्म की सेवा बन जाएगा।

"सत्यकाशी केवल एक स्थान नहीं -
वह चेतना की वह ज्योति है
जो युगों से अंधकार में जलती रही है।"

पाँचवाँ और अंतिम शंकराचार्य पीठ: इसकी विशेषता

आदि शंकराचार्य ने चार दिशाओं में चार पीठों की स्थापना की -
उत्तर में **ज्योतिर्मठ (बद्रीनाथ)**,
दक्षिण में **श्रृंगेरी पीठ**,
पूर्व में **गौड़पीठ (पुरी)**,
और पश्चिम में **द्वारका शारदापीठ**।

इन चारों पीठों ने धर्म की लौ को जलाए रखा -
ज्ञान, भक्ति, कर्म और योग - चारों मार्गों के संतुलन से।
परंतु जैसे-जैसे युग आगे बढ़ा,
मानवता की चुनौती केवल धर्म रक्षा नहीं रही,
बल्कि **धर्म को शासन, विज्ञान और समाज में जीवित रखना** बन गई।

इसी आवश्यकता से जन्म लेता है -
पाँचवाँ और अंतिम शंकराचार्य पीठ - "सत्यकाशी पीठ।"

"चार पीठों ने धर्म को सुरक्षित रखा,
पाँचवाँ पीठ धर्म को सार्वभौमिक बना देगा।"

पाँचवाँ पीठ क्यों आवश्यक हुआ

शंकराचार्य का कार्य केवल धार्मिक पुनर्जागरण नहीं था;
वह चेतना की क्रांति थी।
उनकी परंपरा ने अद्वैत का सिद्धांत दिया -
कि **सभी भिन्नताएँ एक ही परमसत्य की लहरें हैं।**

परंतु आधुनिक युग में -

- धर्म राजनीति से अलग हुआ,
- ज्ञान आस्था से अलग हुआ,

- और मनुष्य स्वयं अपने अस्तित्व से अलग हो गया।

ऐसे समय में आवश्यक था
कि अद्वैत केवल दर्शनशास्त्र न रह जाए,
बल्कि राजनीति और जीवन का सिद्धांत बन जाए।
इसी हेतु स्थापित हुआ -
सत्यकाशी पीठ - पाँचवाँ और अंतिम शंकराचार्य पीठ।

इसकी स्थापना का प्रतीकात्मक अर्थ

चार पीठें **चार तत्वों (पृथ्वी, जल, अग्नि, वायु)** से संबंधित हैं,
जबकि पाँचवाँ पीठ **आकाश तत्व** का प्रतीक है -
अर्थात् सर्वव्यापक चेतना।

दिशा	पीठ	तत्व	उद्देश्य
पूर्व	पुरी (गौड़)	जल	भक्ति और समर्पण
पश्चिम	द्वारका	अग्नि	कर्म और संकल्प
उत्तर	ज्योतिर्मठ	वायु	ज्ञान और विवेक
दक्षिण	श्रृंगेरी	पृथ्वी	स्थिरता और परंपरा
केंद्र	**सत्यकाशी**	**आकाश**	**चेतना और एकत्व**

"आकाश सबको जोड़ता है -
उसी तरह सत्यकाशी सभी परंपराओं को एक चेतना में जोड़ता है।"

पाँचवाँ पीठ - अद्वैत का आधुनिक रूप

सत्यकाशी पीठ का लक्ष्य अद्वैत को केवल ध्यान या उपनिषद तक सीमित नहीं रखना,
बल्कि उसे शासन और समाज की नीतियों में उतारना है।

इसका सार है -
"अद्वैत शासन" = ऐसा तंत्र जहाँ आत्मा और राज्य में कोई विभाजन न हो।
यह पीठ आत्मा-केन्द्रित राजनीति का सिद्धांत प्रस्तुत करती है -
जहाँ सत्ता साधना है,
शासन सेवा है,
और नेतृत्व तप है।

सत्यकाशी पीठ की पाँच विशेषताएँ

1. अद्वैत का संस्थागत रूप

यह पीठ अद्वैत को केवल तत्वज्ञान नहीं,
बल्कि संस्थागत चेतना बनाती है।
धर्म, शिक्षा, राजनीति, अर्थ और विज्ञान -
सभी को एकसूत्र में बाँधती है।

2. राजऋषि परंपरा का पुनर्जागरण

आदर्श शासक वही है जो साधक भी हो।
सत्यकाशी इस परंपरा को पुनर्जीवित करता है -
जहाँ राज्य का मार्गदर्शन ऋषियों द्वारा होता है।

3. विज्ञान और अध्यात्म का संगम

यह पीठ "Consciousness Studies" और "Spiritual Technology"
को एक साथ लाकर मानव चेतना के विकास को वैज्ञानिक दृष्टि देती है।

4. वैश्विक धर्म - Beyond Religion

सत्यकाशी का धर्म किसी संप्रदाय का नहीं,
बल्कि "मानवता की आत्मा" का है।
यह कहता है -

"जो सत्य को खोजता है, वही सनातन है।"

5. राज्य और आत्मा का समन्वय

यह पीठ बताती है कि शासन तंत्र तभी स्थायी है
जब वह आत्मिक अनुशासन पर आधारित हो।
यह "राजनीति का आध्यात्मिकीकरण" है,
जिसे भविष्य की सभ्यता का आधार माना गया है।

"अंतिम शंकराचार्य पीठ" क्यों कहा गया

चार पीठें धर्म की दिशा का प्रतीक थीं,
पाँचवाँ पीठ **धर्म की दिशा से परे उसकी पूर्णता** का प्रतीक है।
यह अब किसी भौगोलिक क्षेत्र के लिए नहीं,
बल्कि पूरे विश्व की चेतना के लिए है।

"जब मनुष्य का धर्म मानवता होगा,
तब सत्यकाशी पाँचवाँ ही नहीं, अंतिम पीठ सिद्ध होगा।"

सत्यकाशी पीठ का दार्शनिक आधार

इस पीठ की जड़ें तीन सूत्रों पर टिकी हैं -

1. **ब्रह्म सत्यम्** - सत्य सर्वत्र है।
2. **जगत् मिथ्या** - भेद, संप्रदाय और हिंसा केवल अज्ञान की छाया हैं।
3. **जीवो ब्रह्मैव नापरः** - प्रत्येक व्यक्ति ब्रह्म का ही अंश है।

यही दर्शन राजनीति में यह रूप लेता है -

दर्शन	राजनीतिक रूप
ब्रह्म सत्यम्	राज्य का आधार सत्य और नीति
जगत मिथ्या	जाति, रंग, धर्म से ऊपर समानता
जीवो ब्रह्मैव	प्रत्येक नागरिक में दिव्यता का सम्मान

निष्कर्ष

**सत्यकाशी पीठ शंकराचार्य की परंपरा का समापन नहीं,
बल्कि उसका परिपूर्ण रूप है।
यह धर्म, राजनीति, और चेतना -
तीनों के संगम से एक** नया युग **आरंभ करता है।**

**"पहले चार पीठों ने दिशा दी,
पाँचवें ने दिशा को प्रकाश बना दिया।"**

**सत्यकाशी पीठ इसलिए अंतिम है -
क्योंकि यह अद्वैत को सिद्धांत नहीं,
बल्कि जीवित अनुभव बना देता है।**

भाग-8

सत्यकाशी पीठ के कार्य

धारा-उद्धार: धर्म की पुनर्स्थापना

मनुष्य चेतना का रूपांतरण

साधना, दीक्षा और आध्यात्मिक अनुष्ठान

वैश्विक कार्य: मानवता के लिए संदेश

शिव-तत्व और कल्कि-तत्व का मिलन

"सार्वभौम सत्य-सिद्धान्त" पर आधारित "युग परिवर्तन श्रृंखला" के नवयुग के शास्त्र-साहित्य

धारा-उद्धार: धर्म की पुनर्स्थापना

सत्यकाशी पीठ का प्रथम और सर्वोपरि कार्य है-**धारा-उद्धार**, अर्थात वह दिव्य धारा जो युगों से मलीन, विभ्रांत या विकृत हो चुकी है, उसे पुनः शुद्ध स्वरूप में प्रवाहित करना। "धर्म" शब्द यहाँ किसी संप्रदाय, पद्धति या विचारधारा का नाम नहीं; धर्म का अर्थ है-**जगत की अंतर्निहित समरसता, सत्य और सृष्टि-नियम**।

जब युग बदलता है, धर्म की धारा अवरुद्ध हो जाती है।
सत्य केवल ग्रंथों में रह जाता है, इसके प्रयोग का बल खो जाता है।
लोग अनुष्ठान तो करते हैं, पररस के बिना;
मंत्र तो बोलते हैं, पर अर्थ के बिना;
धर्म का नाम तो लेते हैं, पर धर्म का जीवन नहीं जीते।

सत्यकाशी पीठ इस जड़ता को तोड़ता है।

यह धारा-उद्धार तीन प्रकार से होता है:

1. सत्य-दृष्टि का पुनर्जागरण

लोगों में सत्य को पहचानने और जीने की क्षमता पुनः सक्रिय होती है।
यह क्षमता बिना किसी प्रवचन-केवल चेतना-संक्रमण से जगती है।

2. धर्म का प्रयोगशाला-रूप

सत्यकाशी पीठ धर्म को जीवन के केंद्र में स्थापित करता है।
धर्म यहाँ सिद्धांत नहीं-व्यवहार और चरित्र का प्रवाह है।

3. युग-धर्म की घोषणा

हर युग का धर्म अलग होता है।
कलियुग से सतयुग में प्रवेश के लिए जो धर्म आवश्यक है-योग, करुणा, सत्य, उच्च चेतना, मानव-एकत्व-उसका पुनःस्थापन पीठ के मुख्य कार्यों में है।

इस प्रकार, धारा-उद्धार वह बीज है जिससे नए युग की पूरी फसल अंकुरित होती है।

मनुष्य चेतना का रूपांतरण

युग परिवर्तन का मूल आधार मनुष्य की बाहरी परिस्थितियाँ नहीं-उसकी **भीतर की चेतना** है। सत्यकाशी पीठ का दूसरा मुख्य कार्य इसी रूपांतरण से जुड़ा है।

मनुष्य आज बुद्धि में प्रबल है, पर चेतना में सुप्त।
ज्ञान बहुत है, पर विवेक कम।
सूचना बहुत है, पर अनुभूति नहीं।
असंतोष बहुत है, पर दिशा नहीं।

पीठ का उद्देश्य मनुष्य को बाहरी उपलब्धियों से हटाकर भीतर की यात्रा में प्रवेश कराना है।

रूपांतरण के चार चरण

1. जागरण (Awakening)

मनुष्य स्वयं से पहला प्रश्न पूछता है-"मैं कौन हूँ?"
यह प्रश्न जन्म देता है।

2. शुद्धि (Purification)

पुराने संस्कार, भय, भ्रम और अहंकार टूटने लगते हैं।

3. विस्तार (Expansion)

चेतना शरीर-मन से आगे बढ़कर सूक्ष्म और कारण-स्तरों को अनुभव करने लगती है।

4. परिणति (Realization)

मनुष्य अपने भीतर स्थित दिव्य-सत्ता को पहचान लेता है।
यही "नया मनुष्य" है-युग परिवर्तन का वाहक।

पीठ का कार्य प्रत्येक साधक को इन चार चरणों के मार्ग से गुज़ारना है-धीरे, सहज, और सामूहिक ऊर्जा के साथ।

साधना, दीक्षा और आध्यात्मिक अनुष्ठान

हर परिवर्तन की जड़ अनुशासन और साधना है।
सत्यकाशी पीठ में साधना केवल ध्यान या मंत्र नहीं-यह एक पूर्ण जीवन-शास्त्र है।

1. साधना (Spiritual Practice)

- आंतरिक शांति
- चेतना का विस्तार
- ऊर्जा का स्थिरीकरण
- स्मृति-शोधन
- आत्म-प्रकाश

पीठ की साधना आधुनिक मन के अनुसार सरल, गहरी और प्रभावकारी है।
यह शरीर, मन, प्राण और चेतना-सभी स्तरों पर काम करती है।

2. दीक्षा (Initiation)

दीक्षा बाहरी कर्म नहीं-ऊर्जा का आंतरिक स्थानांतरण है।
यह वह क्षण है जब साधक की चेतना में युग-ऊर्जा का बीज रोपा जाता है।
यह बीज धीरे-धीरे जागता है और साधक स्वयं एक "चेतना-केंद्र" बन जाता है।

3. अनुष्ठान (Rituals)

अनुष्ठान ब्रह्मांडीय ऊर्जा को पृथ्वी पर स्थिर करने के उपकरण हैं।
सत्यकाशी पीठ में अनुष्ठान प्राचीन और आधुनिक दोनों हैं-
वे बाहरी प्रतीकों से अधिक आंतरिक परिवर्तन पर आधारित हैं।

अनुष्ठान केवल पूजा नहीं-वे प्रकाश का आह्वान हैं।

वैश्विक कार्य - मानवता के लिए संदेश

सत्यकाशी पीठ का कार्य किसी एक देश, संस्कृति या समुदाय तक सीमित नहीं।
युग परिवर्तन हमेशा वैश्विक होता है-इसलिए उसका संदेश भी वैश्विक होता है।

आज मानवता कई स्तरों पर विभाजित है-
भाषा, धर्म, राजनीति, अर्थव्यवस्था, जाति, विचार।
पर चेतना का सत्य इन सभी से ऊपर है।

सत्यकाशी पीठ का वैश्विक संदेश यही है:

1. मानव एक है

भिन्नता केवल बाहरी है; भीतर सबमें एक ही प्रकाश विद्यमान है।

2. पृथ्वी हमारा साझा आश्रम है

मानवता को पृथ्वी-चेतना के साथ सुसंगत होना होगा।

3. धर्म संघर्ष नहीं-एकता का मार्ग है

सभी पवित्र परंपराएँ एक ही सत्य के भिन्न द्वार हैं।

4. विज्ञान और अध्यात्म एक-दूसरे के पूरक हैं

दुनिया का नया युग तभी जन्म लेगा जब विज्ञान चेतना को समझेगा, और अध्यात्म विज्ञान को अपनाएगा।

5. कल्कि-ऊर्जा सार्वभौमिक है

यह ऊर्जा किसी राष्ट्र का, पंथ का, या समूह का स्वामित्व नहीं;
यह सम्पूर्ण मानवता का जन्मसिद्ध अधिकार है।

सत्यकाशी पीठ का उद्देश्य इसी संदेश को विश्व तक पहुँचाना है-शब्द, कला, ध्यान, साधना, विज्ञान और ऊर्जा के माध्यम से।

शिव-तत्व और कल्कि-तत्व का मिलन

युग परिवर्तन का अंतिम रहस्य दो महाशक्तियों के मिलन में निहित है-
शिव-तत्व और **कल्कि-तत्व**।

शिव-तत्व

संहार, मौन, तत्त्व-ज्ञान, समाधि और शून्य का प्रतिनिधि।
यह सभी रूपों का विसर्जन है-स्रोत में लौटना।

कल्कि-तत्व

नव-सृष्टि, धर्मस्थापन, ऊर्जा का उत्थान और युग-चक्र का पुनर्मूल्यांकन।
यह समय को पुनः संतुलित करने वाली शक्ति है।

दोनों का मिलन तब होता है जब:

- पुराना युग समाप्त हो रहा हो
- नया युग जन्म ले रहा हो
- पृथ्वी अपनी चेतना बदल रही हो
- मानवता परिवर्तन की पुकार कर रही हो

शिव-तत्व पुरातन को शून्य करता है,
और उसी शून्य में कल्कि-तत्व नया ब्रह्मांडीय क्रम स्थापित करता है।

सत्यकाशी पीठ इसी मिलन का केंद्र है-
जहाँ **शिव का मौन** और **कल्कि का उदय**
एक साथ कार्य करते हैं।

यही मिलन युग के नये चक्र की शुरुआत है-
यहीं से सतयुग का नया सूर्योदय होता है।

"सार्वभौम सत्य-सिद्धान्त" पर आधारित "युग परिवर्तन श्रृंखला" के नवयुग के शास्त्र-साहित्य

विभिन्न सम्प्रदाय (धर्म), जाति, मत, दर्शन इत्यादि में विभाजित इस मानव समाज में वर्तमान तथा आने वाले भविष्य के समय की मूल आवश्यकता है- मानव के मनो का एकीकरण अर्थात मानव मन का भूमण्डलीकरण एवं ब्रह्माण्डीयकरण। इसकी आवश्यकता इसलिए भी है क्योंकि मानव अपने विज्ञान व तकनीकी ज्ञान से प्राप्त संसाधनो का प्रयोग करते हुये, एक तरफ तो ब्रह्माण्ड की ओर चल पड़ा है तो दुसरी तरफ विध्वंस के लिए अनेक हथियारों का भी निर्माण कर चुका है। ऐसी स्थिति में हमें निश्चित रूप से ऐसे एकीकरण की आवश्यकता है जिससे हम इस पृथ्वी से मानसिक स्तर के विवादों को समाप्त कर सकें।

माया सभ्यता के अनुसार विश्व के मानव समाज यह भी मान रहें हैं कि 21 दिसम्बर, 2012 को दुनिया का अन्त हो जायेगा। जबकि हिन्दू धर्म शास्त्र विष्णु पुराण, भागवत पुराण, अग्नि पुराण, गरूड़ पुराण, पद्म पुराण इत्यादि में भगवान के दसवें और महाअवतार "कल्कि" का होना अभी शेष है। जिनसे कलियुग के अंधकार व विनाश को समाप्त करने का कार्य सम्पन्न होगा, साथ ही सत्ययुग का आरम्भ होगा। सिक्ख धर्म के पवित्र ग्रन्थ "दशम् ग्रन्थ" में भी "कल्कि अवतार" का वर्णन मिलता है।

सृजन और विनाश, का स्तर शारीरिक, आर्थिक व मानसिक होता है। जो एक व्यक्ति, समाज, देश और विश्व राष्ट्र के लिए होता है। व्यक्ति पर हुये शारीरिक, आर्थिक व मानसिक सृजन और विनाश को व्यक्ति ही अनुभव करता है परन्तु समाज, देश और विश्व राष्ट्र पर हुये शारीरिक, आर्थिक व मानसिक सृजन व विनाश को सार्वजनिक रूप से सभी देखते है। समाज, देश और विश्व राष्ट्र पर शारीरिक व आर्थिक सृजन और विनाश वर्तमान में तो चल ही रहा है जिसे सार्वजनिक रूप से मानव समाज देख रहा है।

भौतिकवादी पश्चिमी संस्कृति किसी भी सृजन व विनाश को मानसिक स्तर पर सोच ही नहीं सकता क्योंकि वह समस्त क्रियाकलाप को बाह्य जगत में ही घटित होता समझाता है जबकि वर्तमान समय मानसिक स्तर पर विनाश व सृजन का है। इस आधार पर यह कहा जा सकता है कि माया सभ्यता के अनुसार 21 दिसम्बर, 2012 को जो विनाश व सृजन होगा, वह मानसिक स्तर का ही होगा। जिसके परिणामस्वरूप सभी सम्प्रदाय, मत, दर्शन एक उच्च स्तर के विचार या सत्य में विलीन अर्थात विनाश को प्राप्त करेगा। फलस्वरूप उच्च स्तर के विचार या सत्य में स्थापित होने से सृजन होगा। कुल मिलाकर माया सभ्यता के कैलेण्डर का अन्त तिथि 21 दिसम्बर, 2012, दुनिया के अन्त की तिथि नहीं बल्कि वह वर्तमान युग के अन्त की अन्तिम तिथि का अनुमान है जिसके बाद नये युग का आरम्भ होगा।

ईश्वर भी इतना मूर्ख व अज्ञानी नहीं है कि वह स्वयं को इस मानव षरीर में पूर्ण व्यक्त किये बिना ही दुनिया को नष्ट कर दे। इसके सम्बन्ध में हिन्दू धर्म शास्त्रों में सृष्टि के प्रारम्भ के सम्बन्ध में कहा गया है कि- "ईश्वर ने इच्छा व्यक्त की कि मैं एक हूँ, अनेक हो जाऊँ"। इस प्रकार जब वही ईश्वर सभी में है तब निश्चित रूप से जब तक सभी मानव ईश्वर नहीं हो जाते तब तक दुनिया के अन्त होने का कोई प्रश्न ही नहीं उठता। और विकास क्रम चलता रहेगा।

21 दिसम्बर, 2012 के बाद का समय नये युग के प्रारम्भ का समय है जिसमें ज्ञान, ध्यान, चेतना, भाव, जन, देश, विश्व राष्ट्र, आध्यात्मिक जागरण, मानवता इत्यादि का विश्वव्यापी विकास होगा। परिणामस्वरूप सभी मानव को ईश्वर रूप में स्थापित होने का अवसर प्राप्त होगा। और यही विश्व मानव समाज की मूल आवश्यकता है। प्राचीन वैदिक काल में समाज को नियंत्रित करने के लिए ज्ञानार्जन सबके लिए खुला नहीं था परन्तु वर्तमान और भविष्य की आवश्यकता यह है कि समाज को नियंत्रित करने के लिए सभी को पूर्ण ज्ञान से युक्त कर सभी के लिए ज्ञान को खोल दिया जाय। यही कारण था कि वेद को प्रतीकात्मक रूप में लिख कर गुरू-शिष्य परम्परा द्वारा उसकी व्याख्या की जाती रही थी जिससे राजा और समाज को नियंत्रण में रखा जा सके।

सभी मानव को ईश्वर रूप में स्थापित होने के लिए जो माध्यम चाहिए वह है-"एकात्म विज्ञान" व "ईश्वर शास्त्र" विषय से मानव को शिक्षित करना और शिक्षा पाठ्यक्रम में अनिवार्य रूप से अध्ययन के लिए शामिल कराया जा सके।

"सार्वभौम सत्य-सिद्धांत"पर आधारित "युग परिवर्तन श्रृंखला" मानवता के अगली पीढ़ी के उदय के लिए

"नये युग" में "नये भारत" के लिए "नवीन मान-राग-प्राण" पर आधारित क्रियान्वयन प्रणाली (Operation System)-मानव-10 (MANAV-10) की पुस्तकें

यह नई पीढ़ी (Gen-Z) के लिए "विकसित भारत" और "मानव-10 प्रणाली" (MANAV-10 System) को प्रोत्साहित करने वाली श्रृंखला का हिस्सा है। अर्थात् यह पुस्तक किसी धर्म, जाति या मत से ऊपर उठकर "Universal Truth Principles" की ओर संकेत करती है।

मुद्रित (Printed Hard Copy) पुस्तक के लिए लिंक(Link)

https://notionpress.com/author/lava_kush

E_Book के लिए

www.64inch.com

द्वापर युग में आठवें अवतार श्रीकृष्ण द्वारा प्रारम्भ किया गया कार्य नवसृजन के
प्रथम भाग सार्वभौम ज्ञान के शास्त्र "गीता" के बाद कलियुग में
द्वितीय और अन्तिम भाग "सार्वभौम कर्मज्ञान" और "पूर्णज्ञान का पूरक शास्त्र"

विश्व युद्ध के पहले
दिव्य दृष्टि
सत्यकाशी पीठ
पांचवां और अन्तिम शंकराचार्य पीठ

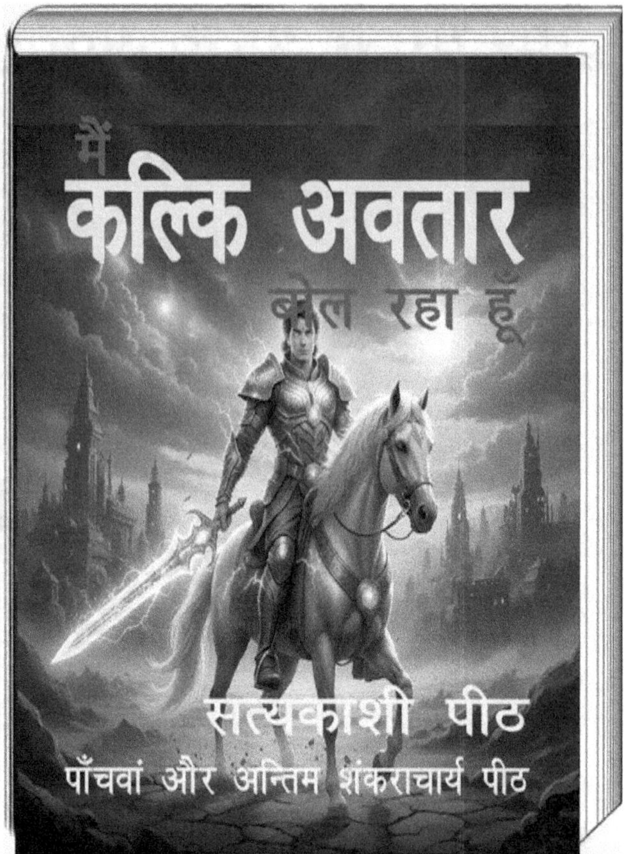
मैं
कल्कि अवतार
बोल रहा हूँ
सत्यकाशी पीठ
पाँचवां और अन्तिम शंकराचार्य पीठ

समष्टि गीता
यथार्थ प्रकाश
सत्यकाशी पीठ
पाँचवां और अन्तिम शंकराचार्य पीठ

फिल्म स्क्रीप्ट
राइटिंग
IDEAS
You are the writer of your life
FRESH Ideas
Writing is designing with words
creative THINKING
LIGHTS CAMERA ACTION
Short Films.
लव कुश सिंह "विश्वमानव"

प्रारम्भिक सत्य
अन्तिम
दृष्टि
सत्यकाशी पीठ
पाँचवां और अन्तिम शंकराचार्य पीठ

सत्य धर्म
युग परिवर्तक
दृष्टि
सत्यकाशी पीठ
पाँचवां और अन्तिम शंकराचार्य पीठ

सत्य दार्शनिक-दर्शन
और
कर्म वेदान्त-विकास
दर्शन
सत्यकाशी पीठ
पाँचवां और अन्तिम शंकराचार्य पीठ

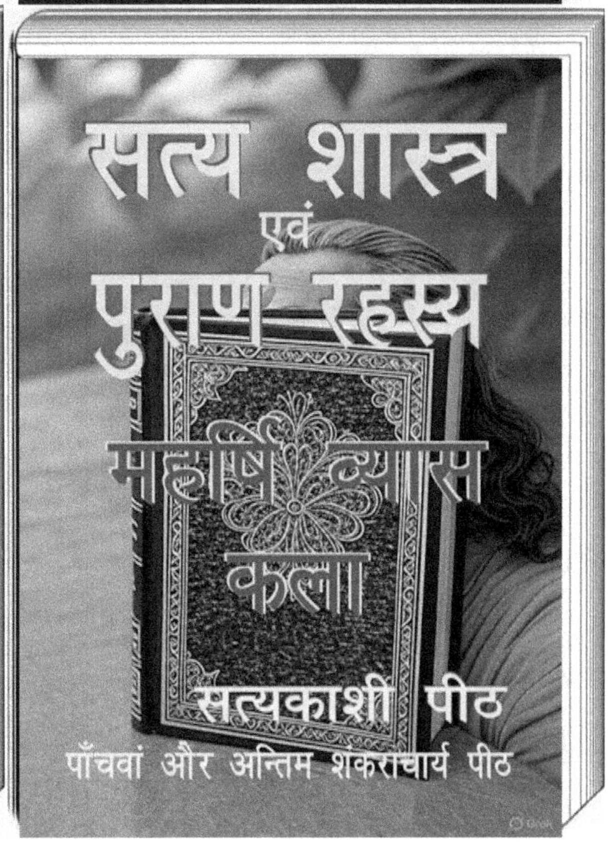
सत्य शास्त्र
एवं
पुराण रहस्य
महर्षि व्यास
कला
सत्यकाशी पीठ
पाँचवां और अन्तिम शंकराचार्य पीठ

संत एवं गुरु
और
विश्व संत एवं गुरु
सत्यकाशी पीठ
पाँचवां और अन्तिम शंकराचार्य पीठ

समाज और
ईश्वरीय समाज
सत्यकाशी पीठ
पाँचवां और अन्तिम शंकराचार्य पीठ

सत्य शास्त्र और
विश्वशास्त्र
सत्यकाशी पीठ
पाँचवां और अन्तिम शंकराचार्य पीठ

कृति
और
विश्व
कृति
सत्यकाशी पीठ
पाँचवां और अन्तिम शंकराचार्य पीठ

भारत माता मन्दिर
और
विश्वधर्म मन्दिर
सत्यकाशी पीठ
पाँचवां और अन्तिम शंकराचार्य पीठ

महाभारत
और
विश्वभारत
सत्यकाशी पीठ
पाँचवां और अन्तिम शंकराचार्य पीठ

संविधान और
विश्व संविधान
सत्यकाशी पीठ
पांचवां और अन्तिम शंकराचार्य पीठ

शिक्षा और
पूर्ण शिक्षा
सत्यकाशी पीठ

देवता और सार्वभौम देवता
कल्कि
सत्यकाशी पीठ

माँ कल्कि

द्वादस ज्योतिर्लिंग और
१३वां अन्तिम ज्योतिर्लिंग
?
सत्यकाशी पीठ
पाँचवां और अन्तिम शंकराचार्य पीठ

काशी
मोक्षदायिनी
और
जीवनदायिनी

सत्यकाशी
स्वर्णयुग
का
तीर्थ

काशी
रहस्योद्घाटन
सत्यकाशी पीठ
पांचवां और अन्तिम शंकराचार्य पीठ

2020
सत्यकाशी पीठ
पाँचवां और अन्तिम शंकराचार्य पीठ

ईश्वर
का
संक्षिप्त इतिहास
सत्यकाशी पीठ
पाँचवां और अन्तिम शंकराचार्य पीठ

अवतार
अन्तिम सत्य दृष्टि
सत्यकाशी पीठ
पाँचवां और अन्तिम शंकराचार्य पीठ
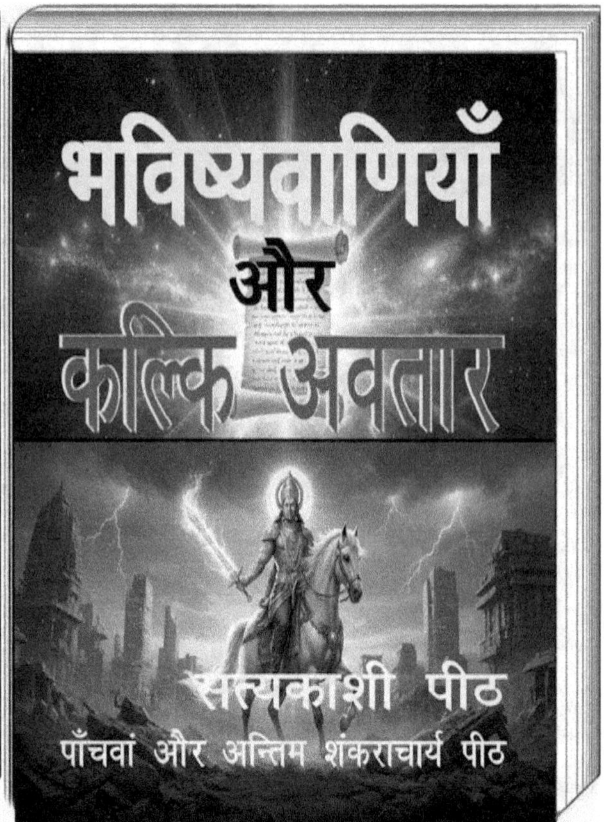
भविष्यवाणियाँ
और
कल्कि अवतार
सत्यकाशी पीठ
पाँचवां और अन्तिम शंकराचार्य पीठ

स्वामी विवेकानन्द
और
कल्कि अवतार
सत्यकाशी पीठ
पाँचवां और अन्तिम शंकराचार्य पीठ

मनु, मनवन्तर
और
कल्कि अवतार
सत्यकाशी पीठ
पाँचवां और अन्तिम शंकराचार्य पीठ

व्यास, शास्त्र
और
कल्कि अवतार
सत्यकाशी पीठ
पाँचवां और अन्तिम शंकराचार्य पीठ

ऋषि, ऋषि परम्परा
और
कल्कि अवतार
सत्यकाशी पीठ
पाँचवां और अन्तिम शंकराचार्य पीठ

दूसरा आगमन
या
अन्तिम आगमन
सत्यकाशी पीठ
पाँचवां और अन्तिम शंकराचार्य पीठ

परिवर्तन
काल, मनु, युग,
व्यास और शास्त्र
सत्यकाशी पीठ
पाँचवां और अन्तिम शंकराचार्य पीठ

राम, रावण
और
सार्वभौम एकात्म
सत्यकाशी पीठ
पाँचवां और अन्तिम शंकराचार्य पीठ

मैं
व्यक्तिगत या सार्वभौम
सत्यकाशी पीठ
पाँचवां और अन्तिम शंकराचार्य पीठ
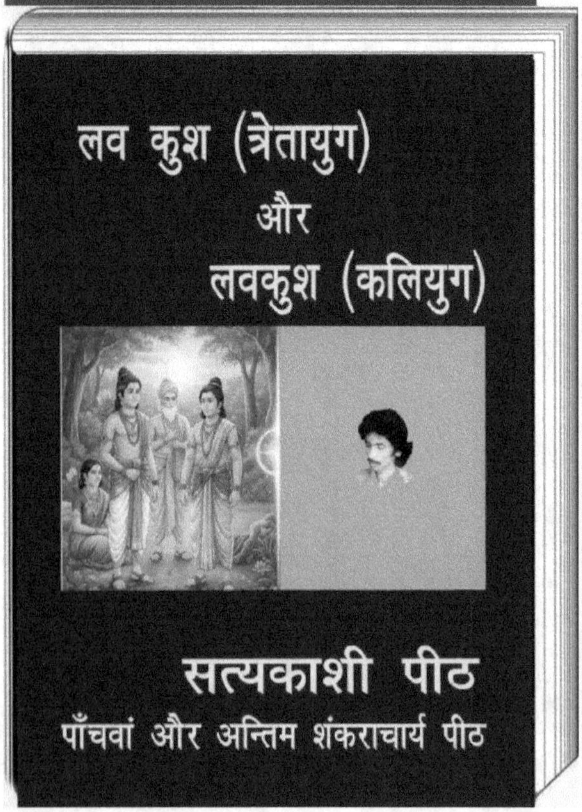
लव कुश (त्रेतायुग)
और
लवकुश (कलियुग)
सत्यकाशी पीठ
पाँचवां और अन्तिम शंकराचार्य पीठ

कल्कि महावतार
आ चुके हैं
(ACTION PLAN)
सत्यकाशी पीठ
पाँचवां और अन्तिम शंकराचार्य पीठ

लव कुश सिंह
(कल्कि महावतार)
जीवन, ज्ञान, कर्म और विश्वरूप
सत्यकाशी पीठ
पाँचवां और अन्तिम शंकराचार्य पीठ

वैश्विक बुद्ध
बुद्ध का
भाग-दो
और अन्तिम
सत्यकाशी पीठ
पाँचवां और अन्तिम शंकराचार्य पीठ

बुड्ढ़ा कृष्ण
कृष्ण का
भाग-दो
और अन्तिम
सत्यकाशी पीठ
पाँचवां और अन्तिम शंकराचार्य पीठ

सम्पूर्ण क्रान्ति
अन्तिम कार्य योजना
64
सत्यकाशी पीठ
पांचवां और अन्तिम शंकराचार्य पीठ

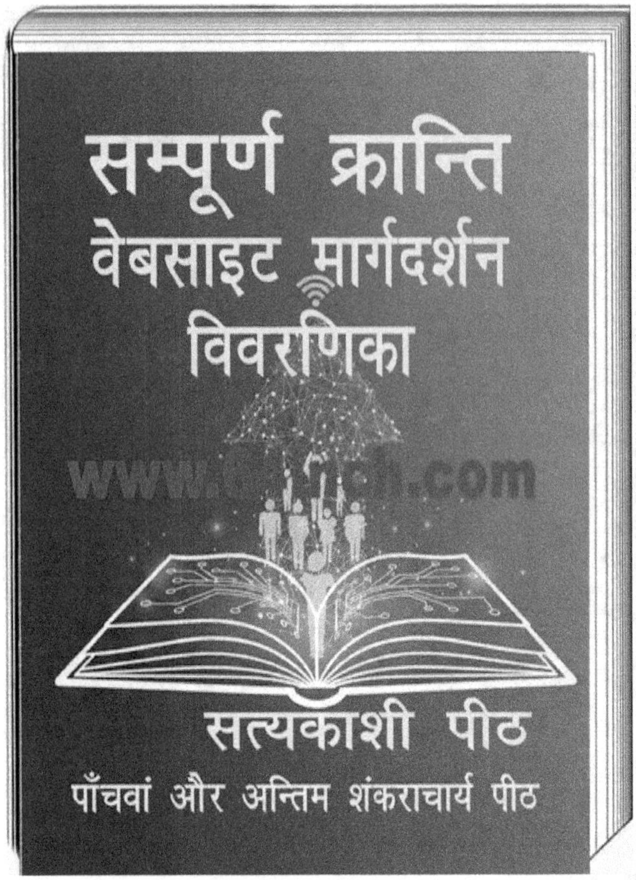
सम्पूर्ण क्रान्ति
वेबसाइट मार्गदर्शन
विवरणिका
सत्यकाशी पीठ
पाँचवां और अन्तिम शंकराचार्य पीठ

पुनर्निर्माण
(RENEW)
समस्या, समाधान
और
राष्ट्र निर्माण की योजना
सत्यकाशी पीठ
पाँचवां और अन्तिम शंकराचार्य पीठ

पुनर्निर्माण
(RENEW)
ग्राम एवं नगर वार्ड
प्रेरक
सत्यकाशी पीठ
पाँचवां और अन्तिम शंकराचार्य पीठ

द्वापर युग में आठवें अवतार श्रीकृष्ण द्वारा प्रारम्भ किया गया कार्य "नवसृजन" के
प्रथम भाग "सार्वभौम ज्ञान" के शास्त्र "गीता" के बाद कलियुग में
द्वितीय और अन्तिम भाग "सार्वभौम कर्मज्ञान" और "पूर्णज्ञान का पूरक शास्त्र"
।। विश्वशास्त्र ।।
द नॉलेज ऑफ फाइनल नॉलेज
परिचय
- लव कुश सिंह "विश्वमानव"

एन्टायर पालिटिक्स
पूर्ण पाठ्यक्रम
सत्यकाशी पीठ
और अन्तिम शंकराचार्य पीठ

वसुधैव
कुटुम्बकम्
सत्यकाशी पीठ
पाँचवां और अन्तिम शंकराचार्य पीठ

||कर्मवेद||
प्रथम, अन्तिम तथा पंचम
सत्यकाशी पीठ
पांचवां और अन्तिम शंकराचार्य पीठ

आठवें अवतार
श्रीकृष्ण
के
संदेश
सत्यकाशी पीठ
पांचवां और अन्तिम शंकराचार्य पीठ

अयोध्या नहीं,
मुंगेर है
राम जन्मभूमि
सत्यकाशी पीठ
पाँचवां और अन्तिम शंकराचार्य पीठ

विश्वमानव
भूतपूर्व नेतृत्वकर्ताओं
का
स्पष्टिकरण
सत्यकाशी पीठ
पाँचवां और अन्तिम शंकराचार्य पीठ

विश्वमानव
वर्तमान नेतृत्वकर्ताओं
का
स्पष्टिकरण
सत्यकाशी पीठ
पाँचवां और अन्तिम शंकराचार्य पीठ

विश्वमानव
वार्ता, वक्तव्य
एवं
वाणीयाँ
सत्यकाशी पीठ

विश्वमानव
पत्रावली, प्रसारण
और
अन्तिम पत्र
सत्यकाशी पीठ
पाँचवां और अन्तिम शंकराचार्य पीठ

सत्य जनहित
आह्वान
सत्यकाशी पीठ
पाँचवां और अन्तिम शंकराचार्य पीठ

विश्व शान्ति
अन्तिम सत्य दृष्टि
सत्यकाशी पीठ
पाँचवां और अन्तिम शंकराचार्य पीठ

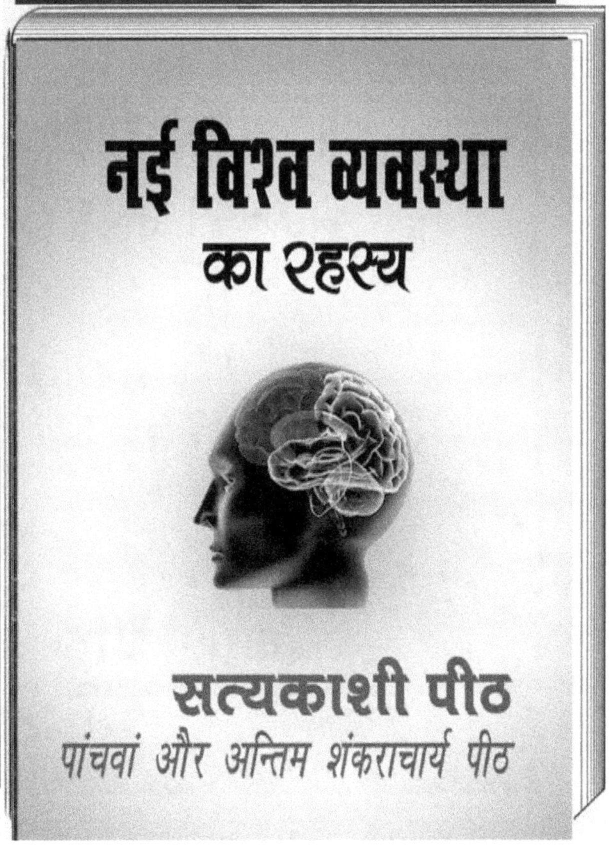
नई विश्व व्यवस्था
का रहस्य
सत्यकाशी पीठ
पांचवां और अन्तिम शंकराचार्य पीठ

समाजवाद
ब्रह्माण्डीय विकास का अवतारी मार्ग
सत्यकाशी पीठ
पांचवां और अन्तिम शंकराचार्य पीठ

भारतवाद
राष्ट्रवाद की मुख्यधारा
सत्यकाशी पीठ
पांचवां और अन्तिम शंकराचार्य पीठ

100 वर्षीय संयुक्त राष्ट्र
को अग्रिम सन्देश
सत्यकाशी पीठ
पांचवां और अन्तिम शंकराचार्य पीठ

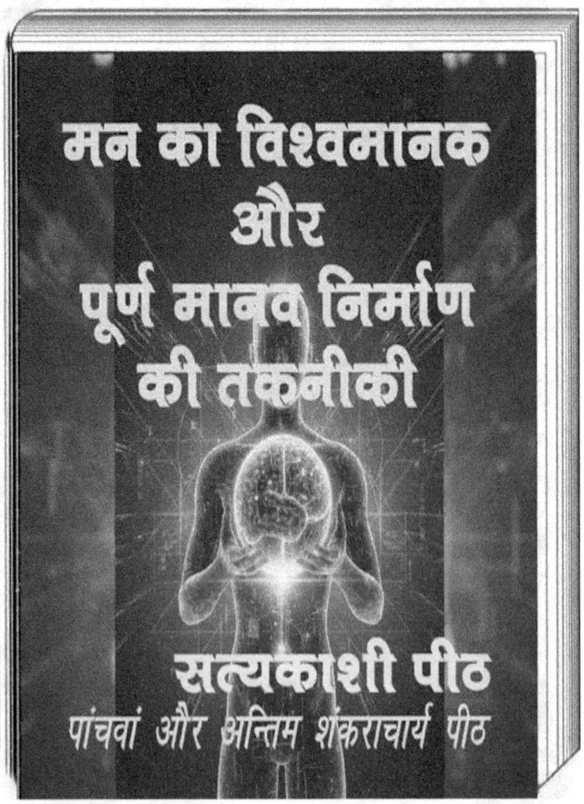
मन का विश्वमानक
और
पूर्ण मानव निर्माण
की तकनीकी
सत्यकाशी पीठ
पांचवां और अन्तिम शंकराचार्य पीठ

गणराज्य, संघ,
मानकीकरण संगठन
और
सम्पूर्ण मानक
सत्यकाशी पीठ
पाँचवां और अन्तिम शंकराचार्य पीठ

व्यापार केन्द्र
दृश्य सत्य
सत्यकाशी पीठ
पाँचवां और अन्तिम शंकराचार्य पीठ

सार्वभौम एकात्म
नव विश्व निर्माण
सत्यकाशी पीठ
पांचवां और अन्तिम शंकराचार्य पीठ

मानक विपणन
प्रणाली
सत्यकाशी पीठ
पाँचवां और अन्तिम शंकराचार्य पीठ

स्वर्णयुग का मानक
आदर्श नागरिक
दिशा निर्देश
सत्यकाशी पीठ
पांचवां और अन्तिम शंकराचार्य पीठ

स्वर्णयुग का
विश्वधर्म
परिचय
सत्यकाशी पीठ
पांचवां और अन्तिम शंकराचार्य पीठ

मैत्रेय बुद्ध
की ओर
सत्यकाशी पीठ
पांचवां और अन्तिम शंकराचार्य पीठ

विशाल ज्ञान विज्ञान
सबका समाधान
सूर्योदय
जय जनता जय कानून
हम सब एक दूसरे से हैं और एक दूसरे के लिए हैं
सौजन्य से : सारे गैर सरकारी प्राणी : सरकारी प्राणी : इज्जतदार नेता और
सबका भविष्य विद्यार्थीगण........के लिए।

सार्वभौम सत्य-सिद्धान्त आधारित "युग परिवर्तक" श्रृंखला
कल्कि धाम
और
कल्कि परिचय
- लव कुश सिंह "विश्वमानव"

सार्वभौम सत्य-सिद्धान्त आधारित "युग परिवर्तक" श्रृंखला
चार शंकराचार्य पीठ
और
पांचवां-अन्तिम पीठ
सत्यकाशी पीठ
सत्यकाशी पीठ
सत्यकाशी पीठ
पांचवां और अन्तिम शंकराचार्य पीठ

कल्कि अमृत
महाकुम्भ
2025
FINAL KNOWLEDGE BOMB BLAST
सत्यकाशी पीठ
पांचवां और अन्तिम शंकराचार्य पीठ

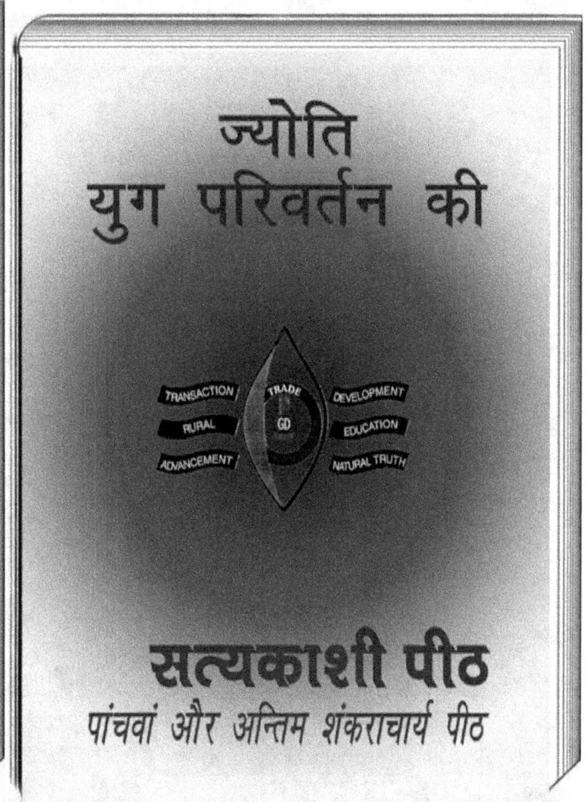
ज्योति
युग परिवर्तन की
TRANSACTION
TRADE
DEVELOPMENT
RURAL
GD
EDUCATION
ADVANCEMENT
NATURAL TRUTH
सत्यकाशी पीठ
पांचवां और अन्तिम शंकराचार्य पीठ

युग परिवर्तन
के
शब्द
सत्यकाशी पीठ
पांचवां और अन्तिम शंकराचार्य पीठ

विचारों का अंत
2025
सत्यकाशी पीठ
पांचवां और अन्तिम शंकराचार्य पीठ

विश्व सत्य घोषणा-पत्र
2025–मानव जाति तक
RSS
Rational Service Society
सत्यकाशी पीठ
पांचवां और अन्तिम शंकराचार्यपीठ

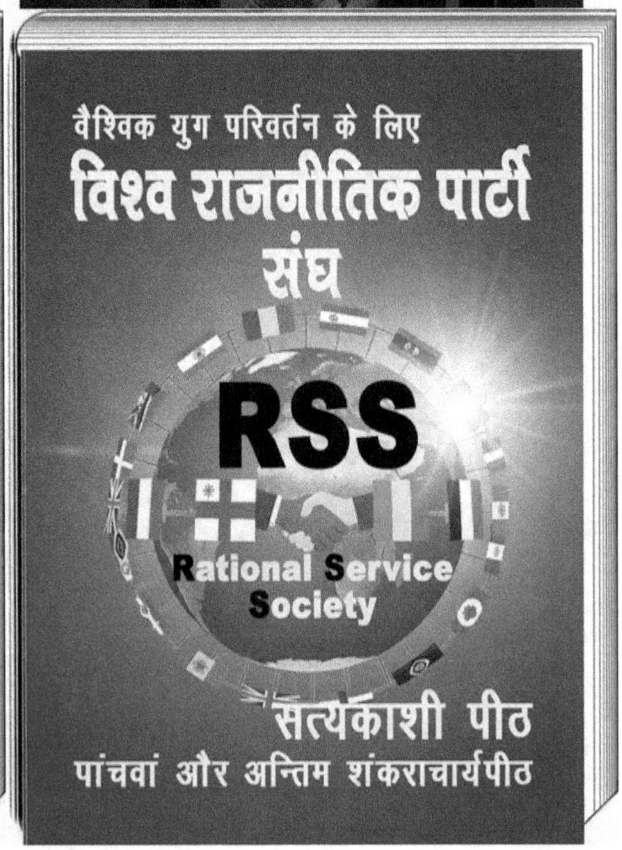
वैश्विक युग परिवर्तन के लिए
विश्व राजनीतिक पार्टी
संघ
RSS
Rational Service Society
सत्यकाशी पीठ
पांचवां और अन्तिम शंकराचार्यपीठ

क्रिप्टो करेंसी
और मोबाइल माइनिंग
—लव कुश सिंह "विश्वमानव"

पीढ़ी
मानवीय और ईश्वरीय
वात्सल्य त्रिपाठी

बुढ़ा कृष्ण
अन्तिम मिलन
वात्सल्य त्रिपाठी

GEN जी
अन्तिम लक्ष्य
वात्सल्य त्रिपाठी

पॉचवां-अन्तिम पीठ
सत्यकाशी पीठ
परिचय
वात्सल्य त्रिपाठी
पॉचवां और आंतिम शंकराचार्य पीठ

कबीर और जेन-जी
नई चेतना, नया मानव
चेतना और नवयुग की संवाद यात्रा
वात्सल्य त्रिपाठी

कल्कि की ज्योति
बिहार से
ज्योति राठौड़

एक बिहारी
धरती पर भारी
ज्योति राठौड़

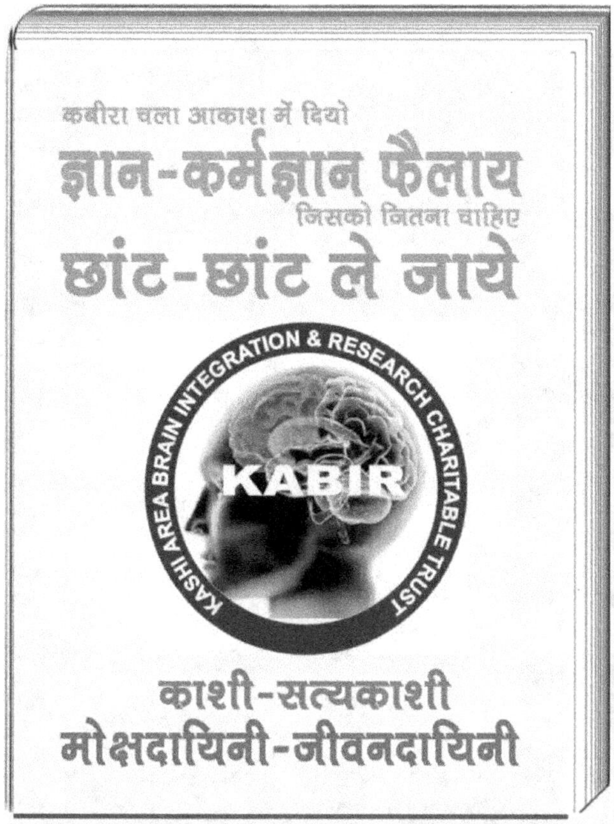

कबीरा चला आकाश में दियो
ज्ञान-कर्मज्ञान फैलाय
जिसको जितना चाहिए
छांट-छांट ले जाये
KASHI AREA BRAIN INTEGRATION & RESEARCH CHARITABLE TRUST
KABIR
काशी-सत्यकाशी
मोक्षदायिनी-जीवनदायिनी

कुर्म वंश
और
चरणाद्रिगढ़
स्वामी रमेशानन्द

आर.एस.एस
नवयुग के लिए
वैश्विक व्यक्तिगत पुस्तकालय
RATIONAL SERVICE SOCIETY (RSS)
WORLD PERSONAL LIBRARY FOR NEW AGE
A GUIDE TO GLOBAL WISDOM & FUTURE THOUGHT
स्वामी रमेशानन्द

झोला उठने के बाद
सोशल मीडिया
के लिए
कन्टेन्ट बैंक
विस्तृत गाइड: विचार, रणनीतियाँ, और संसाधन
www.64inch.com
सत्यकाशी पीठ
पांचवां और अन्तिम शंकराचार्य पीठ

झोला उठने के बाद
कल्कि
के तीन चरण
सत्यकाशी पीठ
पांचवां और अन्तिम शंकराचार्य पीठ

युग परिवर्तन के लिए:
विश्व पुस्तकालय बनाम कल्कि पुस्तकालय
www.64inch.com
बनाम
कल्कि पुस्तकालय
ज्ञान का महासंग्राम - भविष्य का निर्माण
सत्यकाशी पीठ
पांचवां और अन्तिम शंकराचार्य पीठ

व्हाट्सएप्प यूनिवर्सिटी
और
सु-इसु यूनिवर्सिटी
सत्यकाशी पीठ
पांचवां और अन्तिम शंकराचार्य पीठ

इंडिया
भारत का विश्वरूप
सत्यकाशी पीठ
पांचवां और अन्तिम शंकराचार्य पीठ

अधूरे सपनों का अन्तिम मार्ग
सत्यकाशी पीठ
पांचवां और अन्तिम शंकराचार्य पीठ

मानक संविधान और बहुजन
सत्यकाशी पीठ
पांचवां और अन्तिम शंकराचार्य पीठ

विकसित भारत अन्तिम मुद्दे
-ईश्वरीय/मानवीय पीढ़ी 10 (GEN-10)
-व्यक्तिगत
-पारिवारीक
-सामाजिक
-धार्मिक
-राष्ट्रीय
-वैश्विक
सत्यकाशी पीठ
पांचवां और अन्तिम शंकराचार्य पीठ

एक नया विकल्प
THREADS
सत्यकाशी पीठ
पांचवां और अन्तिम शंकराचार्य पीठ

विकसित भारत
शिक्षितों का अन्तिम ईश्वरीय मॉडल
सत्यकाशी पीठ
पांचवां और अन्तिम शंकराचार्य पीठ

विकास मॉडल
आसुरी
और
ईश्वरीय
सत्यकाशी पीठ
पांचवां और अन्तिम शंकराचार्य पीठ

युग परिवर्तन और 1000 वर्षों के लिए
सत्यकाशी पीठ
का सम्पूर्ण कार्य
कौन,
क्यों,
कैसे
कल्कि?
सत्यकाशी पीठ
पांचवां और अन्तिम शंकराचार्य पीठ

बैल बुद्धि
और
विकसित
भारत
सत्यकाशी पीठ
पांचवां और अन्तिम शंकराचार्य पीठ

सत्यकाशी पीठ
पांचवां और अन्तिम शंकराचार्य पीठ

एक्सट्रा
टु ए बी
समान नागरिक व्यापार ज्ञान संहिता (CCTKC)
सत्यकाशी पीठ
पांचवां और अन्तिम शंकराचार्य पीठ

एक्सट्रा
टु ए बी
समान नागरिक आर्थिक संहिता (UCEC)
सत्यकाशी पीठ
पांचवां और अन्तिम शंकराचार्य पीठ

अंध भक्ति
से मुक्ति की ओर
मुक्ति मंत्र
"जिसने अंधभक्ति दिया
वही मुक्ति देगा"
सत्यकाशी पीठ
पांचवां और अन्तिम शंकराचार्य पीठ

VISHVABHARAT
न मो
नारायण
सत्यकाशी पीठ
पांचवां और अन्तिम शंकराचार्य पीठ

अगला स्तर
फिल्म और राजनीति पर
विचारों का संग्रह
सत्यकाशी पीठ
पांचवां और अन्तिम शंकराचार्य पीठ

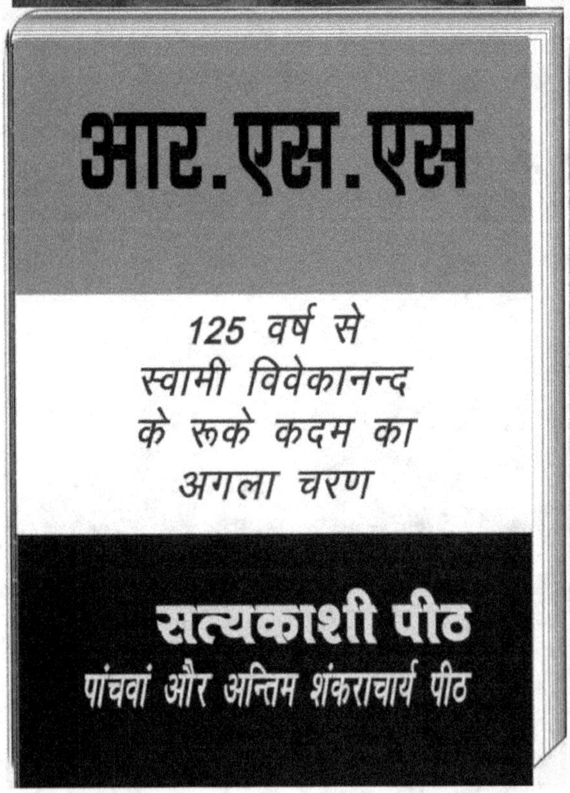
आर.एस.एस
125 वर्ष से
स्वामी विवेकानन्द
के रूके कदम का
अगला चरण
सत्यकाशी पीठ
पांचवां और अन्तिम शंकराचार्य पीठ

आर.एस.एस
रहस्योद्‌घाटन
सत्यकाशी पीठ
पांचवां और अन्तिम शंकराचार्य पीठ

125 वर्ष बाद
स्वामी विवेकानन्द
का अगला चरण
सत्यकाशी

सत्येश्वर नरेन्द्र
सत्यकाशी पीठ
पांचवां और अन्तिम शंकराचार्य पीठ

आत्मकथा
लेखन कला
का विश्वमानक
सत्यकाशी पीठ
पांचवां और अन्तिम शंकराचार्य पीठ

लुच्चा
पुराण
पौराणिक कथाओं
और पात्रों के
सत्य समझ की व्यास दृष्टि
सत्यकाशी पीठ
पांचवां और अन्तिम शंकराचार्य पीठ

आठवां
सावर्णि मनु स्मृति
सत्यकाशी पीठ
पांचवां और अन्तिम शंकराचार्य पीठ

विश्वमानक
शून्य श्रृंखला
सत्यकाशी पीठ
पांचवां और अन्तिम शंकराचार्य पीठ

सर्वजीत साधना
भवन
एक आध्यात्मिक अनुभव
सत्यकाशी पीठ
पांचवां और अन्तिम शंकराचार्य पीठ

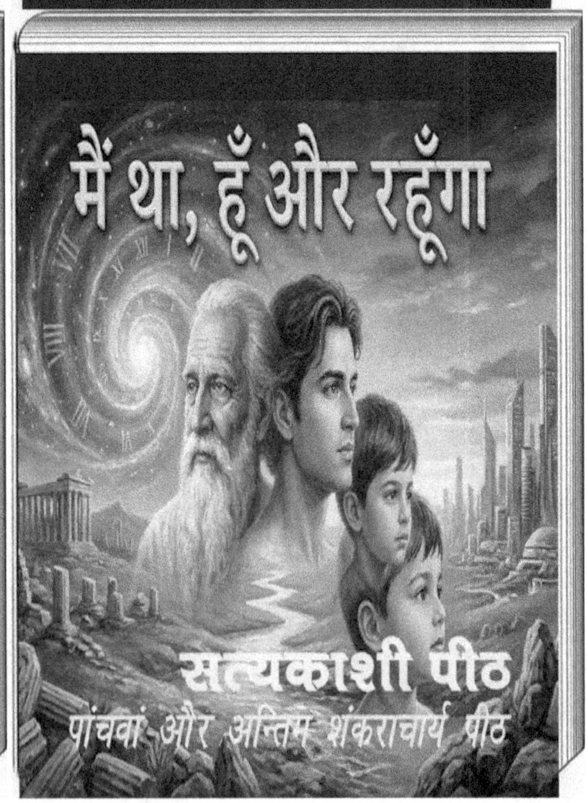
मैं था, हूँ और रहूँगा
सत्यकाशी पीठ
पांचवां और अन्तिम शंकराचार्य पीठ

लव
सत्यकाशी पीठ
पांचवां और अन्तिम शंकराचार्य पीठ

परब्रह्म,
प्रकृति,
अवतार
और वानर
सत्यकाशी पीठ
पांचवां और अन्तिम शंकराचार्य पीठ

संसार
दृश्य
और
अदृश्य
सत्यकाशी पीठ
पांचवां और अन्तिम शंकराचार्य पीठ

कर्मोपनिषद्
सत्यकाशी पीठ
पांचवां और अन्तिम शंकराचार्य पीठ

विश्वभारत
पुराण
सत्यकाशी पीठ
पांचवां और अन्तिम शंकराचार्य पीठ

एकात्म विज्ञान
सत्यकाशी पीठ
पांचवां और अन्तिम शंकराचार्य पीठ

मानक विज्ञान
सत्यकाशी पीठ
पांचवां और अन्तिम शंकराचार्य पीठ

ईश्वर शास्त्र
सत्यकाशी पीठ
पांचवां और अन्तिम शंकराचार्य पीठ

युगावतारों के प्रकटीकरण की कार्यविधि:
राम-कृष्ण-लवकुश
सत्यकाशी पीठ
पांचवां और अन्तिम शंकराचार्य पीठ

पुस्तक को देखो, लेखक को नहीं
आविष्कार को देखो, आविष्कारक को नहीं
शास्त्र को देखो, शास्त्राकार को नहीं
सत्यकाशी पीठ
पांचवां और अन्तिम शंकराचार्य पीठ

56 से 64
की ओर
सत्यकाशी पीठ
पांचवां और अन्तिम शंकराचार्य पीठ

मैं सत्यकाशी हूँ
कविता
सत्यकाशी पीठ
पांचवां और अन्तिम शंकराचार्य पीठ

पटेल
भारत के शारीरिक एकीकरण के बाद
मन का एकीकरण लक्ष्य
सत्यकाशी पीठ
पांचवां और अन्तिम शंकराचार्य पीठ

मन से
आत्मा तक
3 6 9 और 7
6
3
9
7
सत्यकाशी पीठ
पांचवां और अन्तिम शंकराचार्य पीठ

भारत
400 पार मुद्दा किसका
?
सत्यकाशी पीठ
पांचवां और अन्तिम शंकराचार्य पीठ

आर. एस. एस - पुस्तकालय
पढ़ो और कमाओ
शिक्षित समाज, समर्थ राष्ट्र
सत्यकाशी पीठ
पांचवां और अन्तिम शंकराचार्य पीठ

विश्वयुद्ध के पहले
विश्वगुरु भारत
का विश्व शान्ति और
पुनर्निर्माण का अन्तिम सन्देश
सत्यकाशी पीठ
पांचवां और अन्तिम शंकराचार्य पीठ

चुटिया पण्डित
वृन्दावन की सत्य घटना
स्वामी नन्दनानंद

कल्कि का
चुनार और वृन्दावन
से उठता प्रेम
स्वामी नन्दनानंद

कल्कि का
बेगुसराय और मीरजापुर
जन्म और कर्म क्षेत्र
स्वामी नन्दनानंद

सत्येश्वरोपनिषद्
सत्येश्वर
और
झूठेश्वर
वात्सल्य त्रिपाठी

अन्तिम अवतार
कल्कि
के लिए शेष कर्म
वात्सल्य त्रिपाठी

कल्कि अवतार
का मानव-10
विकसित भारत का प्रवेश द्वार
वात्सल्य त्रिपाठी

पप्पू-गप्पू
और
नागरिक झुलेलाल
वात्सल्य त्रिपाठी

ओपेन गेम
कभी-कभी नहीं,
अब कन्फर्म है
अपुन ही
भगवान है
(वेब सीरीज)
वात्सल्य त्रिपाठी

SATYAKASHI
THE END OF MIRZAPUR
सत्यकाशी पीठ
पांचवां और अन्तिम शंकराचार्य पीठ

अण्डरवर्ल्ड
सनातन से पुरूषों से छुपी महिलाओं की कहानी
(फिल्म स्क्रीनप्ले-रेडी टू शूट)
वात्सल्य त्रिपाठी

सोना और सोना
एवं
नारी सशक्तिकरण
वैदिक काल से वर्तमान तक
सत्यकाशी पीठ
पांचवां और अन्तिम शंकराचार्य पीठ

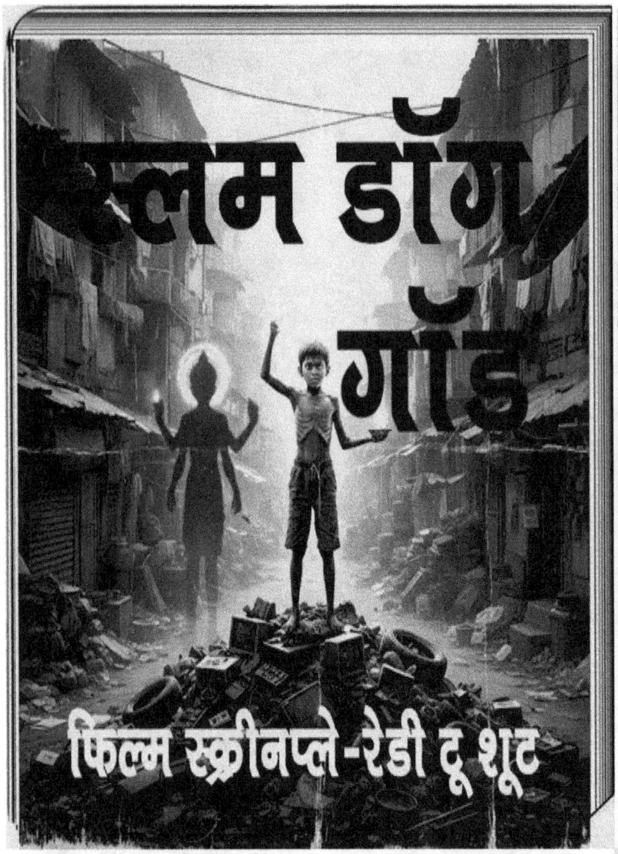
लम डॉग
गॉड
फिल्म स्क्रीनप्ले-रेडी टू शूट

उत्तर प्रदेश
का
उत्तर
वात्सल्य त्रिपाठी

अन्तिम समन्वयाचार्य
कल्कि
वात्सल्य त्रिपाठी

2026
2+0+2+6=10
पांचवां और अन्तिम शंकराचार्य पीठ

राम न आयेंगे
लवकुश आ रहें हैं
www.64inch.com
पांचवां और अन्तिम शंकराचार्य पीठ

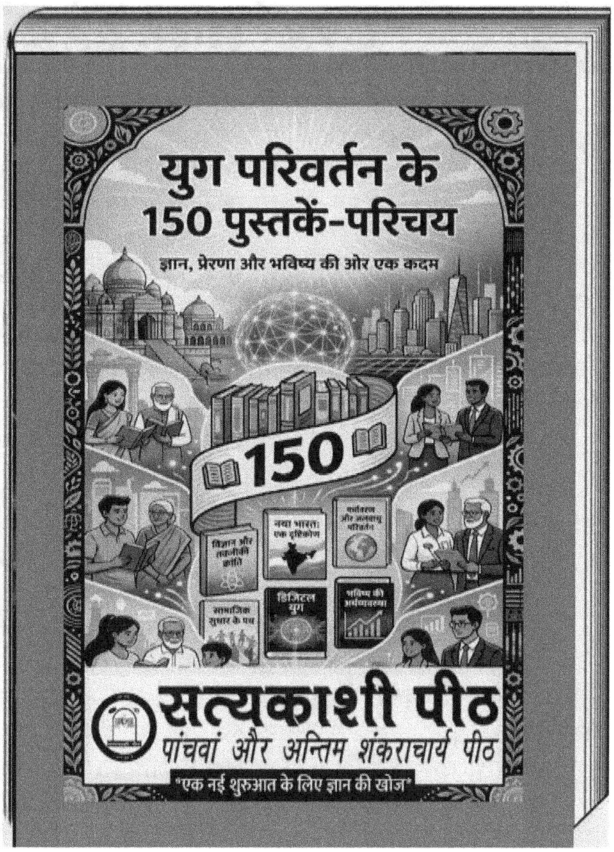
युग परिवर्तन के
150 पुस्तकें-परिचय
ज्ञान, प्रेरणा और भविष्य की ओर एक कदम
150
डिजिटल युग
सत्यकाशी पीठ
पांचवां और अन्तिम शंकराचार्य पीठ
"एक नई शुरुआत के लिए ज्ञान की खोज"

जैसी तुम्हारी इच्छा वैसा करो

डॉ0 सर्वपल्ली राधाकृष्णन का जन्म 5 सितम्बर, 1888 को दक्षिण भारत के तिरूतनि स्थान पर हुआ था जो चेन्नई से 64 किमी उत्तर–पूर्व में है। डॉ0 सर्वपल्ली राधाकृष्णन भारत के उपराष्ट्रपति और दूसरे राष्ट्रपति सन् 1952 से 1962 तक में रहे। डॉ0 सर्वपल्ली राधाकृष्णन भारतीय समाजिक संस्कृति से ओत–प्रोत एक महान शिक्षाविद् महान दार्शनिक, महान वक्ता और आस्थावान हिन्दू विचारक थे। डॉ0 सर्वपल्ली राधाकृष्णन ने अपने जीवन के महत्वपूर्ण 40 वर्ष शिक्षक के रूप में व्यतीत किये। उनमें एक आदर्श शिक्षक के सारे गुण मौजूद थे। डॉ0 सर्वपल्ली राधाकृष्णन समस्त विश्व को एक शिक्षालय मानते थे। उनकी मान्यता थी कि शिक्षा के द्वारा ही मानव दिमाग का सद्उपयोग किया जाना सम्भव है इसलिए समस्त विश्व को एक इकाई समझकर ही शिक्षा का प्रबन्धन किया जाना चाहिए। उनके जन्मदिन को "शिक्षक दिवस" के रूप में मनाया जाता है।

इति ते ज्ञानमाख्यातं गुह्यादगुह्यतरं मया।
विमृश्यैतदशेषेण यथेच्छसि तथा कुरू।।

(श्रीमद्भगवद्गीता, अध्याय–18, श्लोक–63)

अर्थात् – मैंने तुम्हें जो बताया, वह सब से बड़ा रहस्य है। इस पर भलीभाँति विचार कर तुम्हारी जैसी इच्छा वैसा करो।

"परमात्मा देखने में तटस्थ या निरपेक्ष दिखाई देता है, क्योंकि उसने चुनने का निर्णय अर्जुन के हाथ में छोड़ दिया है। उसकी यह निरपेक्षता ही अर्जुन के चिन्ता का कारण है। वह किसी पर भी दबाव नहीं डालता क्योंकि स्वतःस्फूर्त स्वतन्त्रता बहुत मूल्यवान होती है। भगवान अपना आदेश ऊपर से नहीं थोपता। वह स्वतन्त्र छोड़ देता है। परमात्मा की पुकार को स्वीकार करने या अस्वीकार कर देने के लिए हम हर समय स्वतन्त्र हैं। हम लड़खड़ाने लगें तो वह सहायता देने के लिए तैयार रहता है और प्रतीक्षा करने को तैयार है जब तक हम उसकी ओर उन्मुख न हों।

सब कुछ पहले से निर्धारित मानने वाले सिद्धान्त में टकराव के कारण यूरोप और भारत में काफी वाद–विवाद हुआ है। यूरोप का प्रमुख सिद्धान्त है कि संकल्प शक्ति और मानवीय प्रयत्न की स्वतन्त्रता का मनुष्य के उद्धार में बहुत बड़ा हाथ होता है। यद्यपि स्वयं संकल्प शक्ति को भी परमात्मा की कृपा के समर्थन की आवश्यकता पड़ सकती है। पहले से सब कुछ तय मानने वालों को अच्छे कार्यों और प्रार्थना के लिए यत्न करना होता है, क्योंकि वहाँ भी मानते हैं कि ये उपाय नियति को आगे बढ़ाने में सहायक तो हो सकते हैं लेकिन वे उसे रोक नहीं सकते। मनुष्य इस बात के लिए स्वतन्त्र है कि परमात्मा उन मनुष्यों पर कृपा करना चाहता है जो अपने आचरण से उस कृपा को ग्रहण करने के लिए तैयार करते हैं।

आध्यात्मिक नेता हम पर शारीरिक हिंसा, चमत्कार, प्रदर्शन के जरिये प्रभाव नहीं डालते। यदि सच्चा शिष्य कोई गलती कर भी बैठे, तो वह उसे केवल सलाह देगा। यदि शिष्य को चुनाव करने की स्वतन्त्रता पर आँच आती हो, तो वह उसे गलत रास्ते से भी वापस लौट आने के लिए विवश नहीं करेगा। गलती भी विकास की एक दिशा है।

कृष्ण केवल सारथी हैं। वह अर्जुन के आदेश का पालन करेगा। उसने कोई शस्त्र धारण नहीं किया हुआ है। यदि वह अर्जुन पर कोई प्रभाव डालता है तो वह उसे अपने उस सर्वजयी प्रेम के जरिए डालता है। जो कभी समाप्त नहीं होता।

अर्जुन को अपने लिए स्वयं विचार करना चाहिए और अपने लिए स्वयं ही मार्ग खोज करना चाहिए। अस्पष्ट मान्यताओं को अनिवार्य रूप से और भावुकतापूर्वक अपना लिए जाने के कारण फलस्वरूप कट्टर धर्मान्धता उत्पन्न हुई है और उनके कारण मनुष्यों को अकथनीय कष्ट उठाना पड़ा है। इसलिए यह आवश्यक है कि मन और विश्वासों के लिए कोई तर्क संगत और अनुभावात्मक औचित्य ढूंढ़े।

अर्जुन को एक वास्तविक अखण्डता की अनुभूति प्राप्त करनी होगी लेकिन उसके विचार अपने हैं। और गुरू के जरिये उस पर थोपे नहीं गये हैं। दूसरों पर अपने विचार थोपना शिक्षण नहीं हैं।"

– भगवद्गीता के आखिरी उपदेश पर भारतीय दर्शन के व्याख्याकार और दूसरे राष्ट्रपति डॉ0 राधाकृष्णनन का विवेचन

"यह विश्वशास्त्र, मनुष्यों पर थोपा नहीं जा रहा बल्कि वह मनुष्यों को, मनुष्यो के इस संसार मे जो वर्तमान है उसे और उसके आगे अनन्त मार्ग दिखा रहा है और सभी मार्गों के एकीकरण द्वारा, उस मार्ग को भी दिखा रहा है जो विश्व को सत्य–सुन्दर–शिव बना सकता है। फिर भी हे मनुष्यों जैसी तुम्हारी इच्छा वैसा करो। वर्तमान से योग कराने के लिए ही मैं व्यक्त होता हूँ।" — लव कुश सिंह "विश्वमानव"

सत्य मानक शिक्षा
(Real Standard Education)
64 Inch-BOOK
NOTICE - Software का Testing
Login?
Register now?
एक राष्ट्र
एक शास्त्र
विश्वशास्त्र
डिग्री और नौकरी
की शिक्षा
सरकार से
जीवन की "समझ और बुद्धि" की शिक्षा
रू0 1/– प्रतिदिन में यहाँ से
App-64inch-BOOK
सत्य मानक शिक्षा
App-64inch-BOOK

“सत्य मानक शिक्षा” का व्यापार-एक अन्तहीन व्यापार

एक नदी पर पुल था जिसे कोई व्यक्ति पैदल दो घण्टे में पार करता था। यह पुल पैदल यात्रीयों के लिए रोक दिया गया था जिसके लिए पुल के ठीक मध्य (एक घण्टे की यात्रा) पर एक गार्ड नियुक्त था। गार्ड एक घण्टे सोता था और एक घण्टे जागता था। एक चालाक व्यक्ति को पुल से नदी पार करना अतिआवश्यक था। इसलिए गार्ड जब सोया तब वह यात्रा प्रारम्भ किया जैसे ही गार्ड के जागने का समय आया, वह वापस लौटने लगा। गार्ड समझा कि वह दूसरे किनारे से आ रहा है इसलिए उसने उस यात्री को पकड़ा और दूसरी ओर भेज दिया। इस प्रकार यात्री नदी पार हो गया।

यदि हम में से किसी को तैरकर नदी पार करना हो और आधे से पहले ही हमारा हिम्मत टूटने लगे तो हम वापस ही आना चाहेंगे। यदि आधे से अधिक तैरने के बाद हिम्मत टूटने लगेगा तो हौसला बढ़ाकर आगे ही बढकर पार करना चाहेंगे।

इसी प्रकार मनुष्य के विकास क्रम में हम सब अदृश्य विज्ञान (आध्यात्म) से दृश्य विज्ञान (भौतिक) की ओर बढ़ गये हैं। नदी या पुल का एक किनारा अदृश्य विज्ञान है तो दूसरा किनारा दृश्य विज्ञान। वर्तमान का हमारा अधिकतम जीवन नदी के दूसरे किनारे दृश्य विज्ञान की ओर है, हर पल। जन्म से ही हम अधिकतम वे सब वस्तुएँ प्रयोग कर रहे हैं जिसका कच्चा माल भले ही ईश्वरकृत हो परन्तु उपयोग का रूप मनुष्यकृत है और विज्ञान द्वारा निर्मित है। इस प्रकार मनुष्य निर्माता के रूप में अपना रूप व्यक्त कर ईश्वर की ओर ही बढ़ रहा है।

नदी के पुल पर बैठे उस गार्ड का काम और तैरने वाले का निर्णय “सत्य शिक्षा” है। वर्तमान में मनुष्य समाज अदृश्य काल से चलकर दृश्य काल में आ चुका है। आधे से वापस किनारे जाना “सत्य” को पाना है। और आधे से दूसरे किनारे पार हो जाना “सिद्धान्त” को पाना है। इन्हीं सिद्धान्त को पाने के बाद संविधान-नियम-कानून का जन्म होता है जिससे आज हम सभी संचालित व प्रभावित है। इस “सत्य-सिद्धान्त” की शिक्षा ही “सत्य मानक शिक्षा” है।

वर्तमान में जीने का अर्थ होता है-विश्व ज्ञान जहाँ तक बढ़ चुका है वहाँ तक के ज्ञान से अपने मस्तिष्क को युक्त करना। तभी डेढ़ हजार वर्ष पुराने हमारे मस्तिष्क का आधुनिकीकरण हो पायेगा। सिर्फ वर्तमान में तो पशु रहकर कर्म करते हैं। “सत्य मानक शिक्षा” मनुष्य के मस्तिष्क के आधुनिकीकरण की शिक्षा है या विज्ञान की भाषा में कहें तो मस्तिष्क के आधुनिकीकरण का साफ्टवेयर या माइक्रोचिप्स (Integrated Circuit-I.C) है। वर्तमान की अब नवीनतम परिभाषा है-“पूर्ण ज्ञान से युक्त होना” और कार्यशैली की परिभाषा है-“भूतकाल का अनुभव, भविष्य की आवश्यकतानुसार पूर्णज्ञान और परिणाम ज्ञान से युक्त होकर वर्तमान समय में कार्य करना।”

ज्ञान के इस युग में शिक्षा-विद्या-कला का व्यापार मनुष्य के धरती पर रहने तक रहेगा। ऐसी स्थिति में ”सत्य मानक शिक्षा“का व्यापार भी उस समय तक के लिए स्थायित्व में है। शिक्षा-विद्या-कला कोई प्रापर्टी नहीं है कि पिता जी ग्रहण कर चुके हैं तो पुत्र को हिस्सा प्राप्त हो जायेगा। पुत्र को भी वहीं से अर्थात् अक्षर ज्ञान से शुरू होना पड़ेगा जहाँ से पिता ने शुरू किया था। इस प्रकार ”सत्य मानक शिक्षा“का व्यापार एक अन्तहीन व्यापार है जो मनुष्य के पृथ्वी पर रहने तक चलता रहेगा।

स्कूल-कालेजों के जाल से शिक्षा के व्यापार का विकास होता है न कि शिक्षा का। शिक्षा का विकास तो शिक्षा पाठ्यक्रम पर निर्भर होता है जिससे शिक्षक और शिक्षार्थी दोनों निर्मित होते हैं। जब तक पूर्ण शिक्षा पाठ्यक्रम का निर्माण नहीं होता, शिक्षा का विकास नहीं हो सकता लेकिन शिक्षा के व्यापार का विकास होता रहेगा।

आध्यात्म और विज्ञान ने मानव सभ्यता के विकास में अब कम से इतना विकास तो कर ही चुका है कि अब हमें मन के एकीकरण के लिए कार्य करना चाहिए। और उस मन पर कार्य करने का ही परिणाम है-

सम्पूर्ण ब्रह्माण्ड में व्याप्त एक ही सत्य-सिद्धान्त द्वारा व्यक्तिगत व संयुक्त मन को एकमुखी कर सर्वोच्च, मूल और अन्तिम स्तर पर स्थापित करने के लिए शून्य पर अन्तिम आविष्कार WS-0 श्रृंखला की निम्नलिखित पाँच शाखाएँ है।

1. डब्ल्यू.एस. (WS)-0: विचार एवम् साहित्य का विश्वमानक
2. डब्ल्यू.एस. (WS)-00: विषय एवम् विशेषज्ञों की परिभाषा का विश्वमानक
3. डब्ल्यू.एस. (WS)-000: ब्रह्माण्ड (सूक्ष्म एवम् स्थूल) के प्रबन्ध और क्रियाकलाप का विश्वमानक
4. डब्ल्यू.एस. (WS)-0000: मानव (सूक्ष्म तथा स्थूल) के प्रबन्ध और क्रियाकलाप का विश्वमानक
5. डब्ल्यू.एस. (WS)-00000: उपासना और उपासना स्थल का विश्वमानक

और पूर्णमानव निर्माण की तकनीकी WCM-TLM-SHYAM.C (World Class Manufacturing – Total Life Maintenance – Satya-Heart-Yog-Ashram-Meditaion.Conciousness) है।

जो शिक्षा का नया माडल है। गरीबों की समस्या सुलझानें का नैतिक दायित्व है। देश में 25 वर्ष से कम उम्र के 55 करोड़ लोगों के लिए पुनर्निर्माण जैसी योजना हैं। उन्हें नौकरी और प्रशिक्षण की व्यवस्था है। रचनात्मकता, समन्वय, लीडरशिप, ग्लोबल तथा प्रोफेशनल विषयों को पढ़ने तथा सूचना तकनीक के जरिए पढ़ाई पर ध्यान केन्द्रित करने से युक्त है। हमारे देश में जो अध्यापक हैं, वे शोध नहीं करते और जो शोध करते हैं वे पढ़ाते नहीं, इसलिए शिक्षार्थी को ही शोध पत्र (विश्वशास्त्र) पढ़ाया जाय क्योंकि शिक्षक पढ़ने से तो रहे क्योंकि समान्यतः धन के आने की सुनिश्चितता के बाद लोग पढ़ना छोड़ देते हैं, यही नहीं कोशिश तो यह भी रहती है कि पढ़ाना भी न पड़े और उन्हें सेवा से हटाया भी नहीं जा सकता।

स्वामी विवेकान्द जी ने कहा था – "सुधारकों से मैं कहूंगा कि मैं स्वयं उनसे कहीं बढ़कर सुधारक हूँ। वे लोग इधर-उधर थोड़ा सुधार करना चाहते हैं- और मैं चाहता हूँ आमूल सुधार। हम लोगों का मतभेद है केवल सुधार की प्रणाली में। उनकी प्रणाली विनाशात्मक है और मेरी संघटनात्मक। मैं सुधार में विश्वास नहीं करता, मैं विश्वास करता हूँ स्वाभाविक उन्नति में।"

स्वाभाविक उन्नति तभी होती है जब संसाधन उपलब्ध हो। कार-मोटरसाइकिल घर में पहले से रहता है तो स्वाभाविक रूप से कम उम्र में ही घर के लोग चलाना सिख जाते हैं

जो व्यक्ति या देश केवल आर्थिक उन्नति को ही सर्वस्व मानता है वह व्यक्ति या देश एक पशुवत् जीवन निर्वाह के मार्ग पर है-जीना और पीढ़ी बढ़ाना। दूसरे रूप में इसे ऐसे समझा जा सकता है कि ऐसे व्यक्ति जिनका लक्ष्य धन रहा था वे अपने धन के बल पर अपनी मूर्ति अपने घर पर ही लगा सकते हैं परन्तु जिनका लक्ष्य धन नहीं था, उनका समाज ने उन्हें, उनके रहते या उनके जाने के बाद अनेकों प्रकार से सम्मान दिया है और ये सार्वजनिक रूप से सभी के सामने प्रमाणित है। पूर्णत्व की प्राप्ति का मार्ग शारीरिक-आर्थिक उत्थान के साथ-साथ मानसिक-बौद्धिक उत्थान होना चाहिए और यही है ही। इस प्रकार भारत यदि पूर्णता व विश्व गुरूता की ओर बढ़ना चाहता है तब उसे मात्र कौशल विकास ही नहीं बल्कि राष्ट्रीय बौद्धिक विकास की ओर भी बढ़ना होगा। बौद्धिक विकास, व्यक्ति व राष्ट्र का इस ब्रह्माण्ड के प्रति दायित्व है और उसका लक्ष्य है।

राष्ट्र के पूर्णत्व के लिए पूर्ण शिक्षा निम्नलिखित शिक्षा का संयुक्त रूप है-

अ-सामान्यीकरण (Generalisation) शिक्षा

ज्ञान के लिए- यह शिक्षा व्यक्ति और राष्ट्र का बौद्धिक विकास कराती है जिससे व्यक्ति व राष्ट्रीय सुख में वृद्धि होती है।

ब-विशेषीकरण (Specialisation) शिक्षा

कौशल के लिए- यह शिक्षा व्यक्ति और राष्ट्र का कौशल विकास कराती है जिससे व्यक्ति व राष्ट्रीय उत्पादकता में वृद्धि होती है।

स-सत्य नेटवर्क (REAL NETWORK)

समाज में प्रकाशित होने के लिए-क्योंकि कोई भी क्यों न हो उसे स्वयं अपना परिचय (BIO-DATA) देना पड़ता है तभी उसके अनुसार समाज उसका उपयोग करता है।

वर्तमान समय में विशेषीकरण की शिक्षा, भारत में चल ही रहा है और वह कोई बहुत बड़ी समस्या भी नहीं है। समस्या है सामान्यीकरण शिक्षा की। व्यक्तियों के विचार से सदैव व्यक्त होता रहा है कि-मैकाले शिक्षा पद्धति बदलनी चाहिए, राष्ट्रीय शिक्षा नीति व पाठ्यक्रम बनना चाहिए। ये तो विचार हैं। पाठ्यक्रम बनेगा कैसे?, कौन बनायेगा? पाठ्यक्रम में पढ़ायेंगे क्या?

एक पूर्ण मानव निर्माण प्रक्रिया में शिक्षा पाठ्यक्रम के स्वरूप का विश्वमानक निम्नवत् है। जो किसी विशेष देश-काल-पात्र पर निर्भर नही करता अर्थात् यह प्रत्येक देशों और व्यक्तियों के लिए शिक्षा का स्वरूप है। जिससे ब्रह्माण्डीय, वैश्विक और व्यक्तिगत संतुलन, स्थिरता, एकता, प्रबन्ध, विकास, शान्ति और सुरक्षा निर्धारित होती है।

1. प्राइमरी शिक्षा (कक्षा-5 तक)-भाषा ज्ञान आधारित:- क्षेत्रीय, देश, विश्व और विज्ञान की भाषा का ज्ञान, सामान्य विज्ञान, सामान्य ज्ञान, चित्र कला।

2. जूनियर हाई स्कूल (कक्षा-6 से 8 तक)-समाज ज्ञान आधारित:- क्षेत्रीय, देश, विश्व और विज्ञान की भाषा का ज्ञान, सामान्य विज्ञान, सामान्य ज्ञान, चित्र कला का विस्तार, खेल, संगीत, कृषि, समाज विज्ञान।

3. हाई स्कूल (कक्षा-9 से 10 तक)-सामान्यीकृत ज्ञान आधारित:- ज्ञान-कर्मज्ञान समाहित WCM-TLM-SHYAM.C (World Class Manufacturing – Total Life Maintenance – Satya-Heart-Yog-Ashram-Meditaion.Conciousness) प्रणाली अर्थात शिक्षा पाठ्यक्रम का विश्व मानक, कालानुसार विज्ञान, तकनीकी, व्यापारीक व प्रबन्धकीय ज्ञान की शिक्षा।

4. इण्टरमीडिएट (कक्षा-11 से 12 तक)-विशेषीकृत ज्ञान आधारित:- कौशल विकास की शिक्षा।

5. उच्च शिक्षा-इच्छानुसार विशेष क्षेत्र आधारित

"किसी देश का संविधान, उस देश के स्वाभिमान का शास्त्र तब तक नहीं हो सकता जब तक उस देश की मूल भावना का शिक्षा पाठ्यक्रम उसका अंग न हो। इस प्रकार भारत देश का संविधान भारत देश का शास्त्र नहीं है। संविधान को भारत का शास्त्र बनाने के लिए भारत की मूल भावना के अनुरूप नागरिक निर्माण के शिक्षा पाठ्यक्रम को संविधान के अंग के रूप में शामिल करना होगा। जबकि राष्ट्रीय संविधान और राष्ट्रीय शास्त्र के लिए हमें विश्व के स्तर पर देखना होगा क्योंकि देश तो अनेक हैं राष्ट्र केवल एक विश्व है, यह धरती है, यह पृथ्वी है। भारत को विश्व गुरू बनने का अन्तिम रास्ता यह है कि वह अपने संविधान को वैश्विक स्तर पर विचार कर उसमें विश्व शिक्षा पाठ्यक्रम को शामिल करे। यह कार्य उसी दिशा की ओर एक पहल है, एक मार्ग है और उस उम्मीद का एक हल है। राष्ट्रीयता की परिभाषा व नागरिक कर्तव्य के निर्धारण का मार्ग है। जिस पर विचार करने का मार्ग खुला हुआ है।"

"भारत का प्रत्येक नागरिक अपने जीवकोपार्जन के मार्ग व संघर्ष में अपने विषय का जानकार व अनुभव तो प्राप्त कर रहा है परन्तु कुछ पाने के क्रम में कुछ छूट भी जाता है इसलिए प्रत्येक नागरिक को अपने अहंकार को भूलकर यह स्वीकार करना होगा कि वह अपने विषय से हटकर अन्य विषय के विषय में कम या नहीं जानता है।"

अतः एक "आदर्श नागरिक" बनने के क्रम में न्यूनतम ज्ञान सभी को एक समान रूप से चाहिए।

NEW WORLD ORDER

"न्यू इण्डिया" का एक्शन प्लान

www.64inch.com

The Knowledge Equalizer

"सार्वभौम सत्य–सिद्धान्त" एवं "आध्यात्मिक सत्य" पर आधारित जीवन शास्त्र –"विश्वशास्त्र" की

"युग परिवर्तन" श्रृंखला की पुस्तकें

मुख्य शास्त्र

01. *विश्वशास्त्र – द नॉलेज आफ फाइनल नॉलेज*

सारांश के अनुसार

02. मैं सत्यकाशी से कल्कि महावतार बोल रहा हूँ (समष्टि गीता – यथार्थ प्रकाश)

शीर्षक *के अनुसार भाग*

03. विश्वस्तरीय फिल्म लेखन कला
04. प्रारम्भिक सत्य – अन्तिम दृष्टि
05. सत्य धर्म – युग परिवर्तक दृष्टि
06. सत्य दार्शनिक–दर्शन और कर्म वेदान्त–विकास दर्शन
07. सत्य शास्त्र एवं पुराण रहस्य–महर्षि व्यास कला
08. संत एवं गुरू और विश्व संत एवं गुरू
09. समाज और ईश्वरीय समाज
10. सत्य शास्त्र और विश्वशास्त्र
11. कृति और विश्व कृति
12. भारत माता मन्दिर और विश्वधर्म मन्दिर
13. महाभारत और विश्वभारत
14. संविधान और विश्व संविधान
15. शिक्षा और पूर्ण शिक्षा
16. देवता और सार्वभौम देवता कल्कि
17. देवीयाँ और सार्वभौम देवी माँ वाल्कि
18. द्वादश ज्योतिर्लिंग और 13वां अन्तिम ज्योतिर्लिंग
19. काशी – मोक्षदायिनी और जीवनदायिनी
20. सत्यकाशी – स्वर्णयुग का तीर्थ
21. काशी – रहस्योद्घाटन
22. 2020 – मन का नवीनीकरण
23. ईश्वर का संक्षिप्त इतिहास
24. अवतार – अन्तिम सत्य दृष्टि
25. भविष्यवाणियाँ और कल्कि अवतार
26. स्वामी विवेकानन्द और कल्कि अवतार
27. मनु, मनवन्तर और कल्कि महावतार
28. व्यास, शास्त्र और कल्कि महावतार
29. ऋषि, ऋषि परम्परा और कल्कि महावतार
30. दूसरा आगमन या अन्तिम आगमन
31. परिवर्तन–काल, मनु, युग, व्यास और शास्त्र
32. राम, रावण और सार्वभौम एकात्म
33. मैं, व्यक्तिगत या सार्वभौम
34. लव कुश (त्रेतायुग) और लवकुश (कलियुग)
35. कल्कि महावतार आ चुके हैं (ACTION PLAN)
36. लव कुश सिंह (कल्कि महाअवतार)–जीवन, ज्ञान, कर्म और विश्वरूप
37. वैश्विक बुद्ध – बुद्ध का भाग दो और अन्तिम
38. बुड्ढा कृष्ण – कृष्ण का भाग दो और अन्तिम
39. सम्पूर्ण क्रान्ति–अन्तिम कार्य योजना
40. पुनर्निर्माण (RENEW)–समस्या, समाधान और राष्ट्र निर्माण की योजना
41. पुनर्निर्माण (RENEW)– ग्राम एवं नगर वार्ड प्रेरक
42. विश्वशास्त्र द नालेज आफ फाइनल नालेज–परिचय
43. एन्टायर पालिटिक्स – पूर्ण पाठ्यक्रम
44. वसुधैव–कुटुम्बकम्
45. कर्मवेद : प्रथम, अन्तिम तथा पंचम वेद
46. आठवें अवतार श्रीकृष्ण के अनकहे संदेश
47. अयोध्या नहीं, मुंगेर है राम जन्मभूमि
48. विश्वमानव–भूतपूर्व नेतृत्वकर्ताओं का स्पष्टिकरण
49. विश्वमानव–वर्तमान नेतृत्वकर्ताओं का स्पष्टिकरण
50. विश्वमानव–वार्ता, वक्तव्य एवं वाणियाँ
51. विश्वमानव–पत्रावली, प्रसारण और अन्तिम पत्र
52. सत्य जनहित आह्वान
53. विश्व शान्ति–अन्तिम सत्य दृष्टि
54. नई विश्व व्यवस्था का रहस्य
55. समाजवाद – ब्रह्माण्डीय विकास का अवतारी मार्ग
56. भारतवाद – राष्ट्रवाद की मुख्यधारा
57. 100 वर्षीय संयुक्त राष्ट्र को अग्रिम सन्देश
58. सार्वभौम एकात्म–नव विश्व निर्माण
59. गणराज्य, संघ, मानकीकरण संगठन और सम्पूर्ण मानक
60. व्यापार केन्द्र (TRADE CENTRE)–दृश्य सत्य
61. मन का विश्वमानक और पूर्ण मानव निर्माण की तकनीकी (WCM-TLM-SHYAM.C)
62. मानक विपणन प्रणाली (3F:FUEL-FIRE-FUEL)
63. स्वर्णयुग का मानक आदर्श नागरिक–दिशा निर्देश
64. विश्वधर्म : परिचय (स्वर्णयुग का धर्म)

व्यक्ति और विभागीय स्तर पर सफाई–सुधार का पहला प्रारूप की पुस्तक – डा0 रमेश कुमार द्वारा लिखित "विशाल ज्ञान विज्ञान सबका समाधान" है

दर्शन, विचार एवं संपादन

लव कुश सिंह "विश्वमानव"

Search on Google -> Lava Kush Singh "vishwmanav"

पुस्तक उपलब्ध

notionpress.com

Book Store

www.ingramcontent.com/pod-product-compliance
Lightning Source LLC
LaVergne TN
LVHW080935071026
849535LV00013B/4210
* 9 7 8 1 6 4 9 1 9 0 3 5 2 *